中国能源统计年鉴

CHINA ENERGY STATISTICAL YEARBOOK

2005

国家统计局工业交通统计司
国家发展和改革委员会能源局 编

Compiled by
Department of Industry and Transport Statistics,
National Bureau of Statistics, People's Republic of China
Energy Bureau
National Development and Reform Commission
People's Republic of China

(京)新登字 041 号

图书在版编目(CIP)数据

中国能源统计年鉴—2005/国家统计局工业交通统计司，国家发展和改革委员会能源局编．—北京：中国统计出版社，2005.12
ISBN 7-5037-4842-7

Ⅰ．中…
Ⅱ．国…
Ⅲ．能源经济-经济统计-中国-2005-年鉴
Ⅳ．F426.2-54

中国版本图书馆 CIP 数据核字(2006)第 152046 号

中国能源统计年鉴—2005

作　　者/国家统计局工业交通统计司　国家发展和改革委员会能源局
责任编辑/王立群
装帧设计/艺编广告
出版发行/中国统计出版社
通信地址/北京市西城区月坛南街 75 号　邮政编码/100826
办公地址/北京市丰台区西三环南路甲 6 号
电　　话/邮购(010)63376907　书店(010)68783172
印　　刷/河北天普润印刷厂
开　　本/880×1230mm　1/16
字　　数/720 千字
印　　张/23.75
版　　别/2006 年 6 月第 1 版
版　　次/2006 年 6 月第 1 次印刷
书　　号/ISBN 7-5037-4842-7/F·2202
定　　价/150.00 元

《中国能源统计年鉴 2005》

编委会和编辑人员

Chinese Energy Statistical Yearbook – 2005

DEITORIAL BOARD AND STAFF

编 辑 说 明

一、《中国能源统计年鉴》是一部全面反映中国能源建设、生产、消费、供需平衡的权威性资料书，从1986年开始，由国家统计局工业交通统计司主编，2000－2002年版起由国家统计局工业交通统计司与国家发展和改革委员会能源局共同主编，中国统计出版社出版，向国内外公开发行。

二、为满足广大读者对中国能源统计数据的需求，提高数据应用的时效性，从2004年起，《中国能源统计年鉴》由每两年出版一册改为每年出版一册，封面的年份由数据年改为出版年份。根据第一次经济普查结果，2005年《中国能源统计年鉴》对1999年以来的全国有关数据进行了调整。

三、《中国能源统计年鉴》信息量大，特别突出数据的权威性、完整性。全书共分为8个部分：1. 综合；2. 能源建设；3. 能源生产；4. 全国能源平衡表；5. 能源消费；6. 地区能源平衡表；7. 香港、澳门特别行政区能源数据；8. 附录：台湾省能源数据、有关国家和地区能源数据、主要统计指标解释以及各种能源折标准煤参考系数。

四、本书大部分资料来源于国家统计局年度统计报表及《中国统计年鉴》。全国性统计数字均未包括香港、澳门特别行政区和台湾省。能源平衡表均未包括非商品能源数据。

五、本书中，中国能源数据截止到2004年，世界和各国能源数据截止到2003年。

PREFACE

Chinese energy statistical yearbook is an annual statistical publication, which covers very comprehensive data in energy construction, production, consumption, equilibrium of supply and demand in an all – round way, established in 1986, edited by the department of Industrial and Transport Statistics of State Statistics Bureau. 2000 – 2002 annual is edited together by the industrial traffic statistics department of State Statistics Bureau and Energy Bureau of National Development and Reform Commission, China Statistics Press publishes, to the domestic and international public publication.

In order to satisfy the masses of readers´demands for Chinese energy statistics, improve the efficiency and timeliness of the data use, from each of 2004, *Chinese energy statistical yearbook* is published one volume every year to change into and publish every 2 years, the year of front cover also switched over to publishing year. In *Chinese energy statistical yearbook* 2005, some National data is revised from 1999 according to The First National Economic Census.

The amount of information in " Chinese energy statistical yearbook" is large, especially stress the authoritativeness, integrality of the data. The book consists of seven chapters: 1. General Survey; 2. Construction of Energy Industry; 3. Energy Production; 4. Energy Balance Table of China; 5. Energy Consumption ; 6. Energy Balance Table by Region; 7. Energy data for the Hong Kong and Macao Special Administrative Region. Additional information provided in the appendices include major energy data for Taiwan province, energy data for related countries or areas and explanatory notes of main statistical indicators and conversion factors from physical units to coal equivalent.

Annual statistical reports from the National Bureau of Statistics and the China Statistical Yearbook are the main data sources of this document. However, the national data in this book does not include that of the Hong Kong and Macao Special Administrative Region, the Taiwan province. Also, the data in the energy balance tables does not cover non – commercial energy.

The Chinese energy data were by the year of 2004, energy data for the world and other countries were by the year of 2003.

目　录
CONTENTS

一、综合
Chapter 1　General Survey

二、能源建设
Chapter 2　Construction of Energy Industry

三、能源生产

Chapter 3 Energy Production

四、全国能源平衡表
Chapter 4 Energy Balance Table of China

五、能源消费
Chapter 5 Energy Consumption

六、地区能源平衡表
Chapter 6 Energy Balance Table by Region

一、综　　合

Chapter 1　General Survey

1-1 能源生产、消费增长与国民经济增长速度

GROWTH RATE OF ENERGY PRODUCTION AND CONSUMPTION COMPARED WITH GROWTH RATE OF GDP

	1999	2000	2001	2002	2003	2004
国内生产总值增长速度（%） Growth Rate of GDP（%）	7.6	8.4	8.3	9.1	10.0	10.1
能源生产增长速度（%） Growth Rate of Energy Production	1.4	2.4	6.6	4.6	13.9	14.3
电力生产增长速度（%） Growth Rate of Electricity Production	6.2	9.4	9.2	11.7	15.5	15.3
能源消费增长速度（%） Growth Rate of Energy Consumption	1.2	3.5	3.4	6.0	15.3	16.1
电力消费增长速度（%） Growth Rate of Electricity Consumption	6.1	9.5	9.3	11.8	15.6	15.4
能源生产弹性系数 Elasticity of Energy Production	0.18	0.29	0.80	0.51	1.39	1.42
电力生产弹性系数 Elasticity of Electricity Production	0.82	1.12	1.11	1.29	1.55	1.52
能源消费弹性系数 Elasticity of Energy Consumption	0.16	0.42	0.41	0.66	1.53	1.59
电力消费弹性系数 Elasticity of Electricity Consumption	0.80	1.13	1.13	1.30	1.56	1.52

注：国内生产总值增长速度按2000年可比价格计算. 能源生产增长速度和能源消费增长速度采用等价值总量计算。

GDP growth rate is calculated at comparable prices.

1-2 国民经济和能源经济主要指标
MAIN INDICATORS OF NATIONAL ECONOMY AND ENERGY ECONOMY

指　　标	Item	单 位 unit	1999	2000	2001	2002	2003	2004
1. 年底人口总数	1. Year - end Population	万人 10^4 person	125786	126743	127627	128453	129227	129988
城镇	Urban	万人 10^4 person	43748	45906	48064	50212	52376	54283
乡村	Rural	万人 10^4 person	82038	80837	79563	78241	76851	75705
2. 国内生产总值	2. Gross Domestic Products	亿元 10^8 yuan	89677	99215	109655	120333	135823	159878
第一产业	Primary Industry	亿元 10^8 yuan	14548	14716	15516	16239	17068	20956
第二产业	Secondary Industry	亿元 10^8 yuan	41034	45556	49512	53897	62436	73904
工业	Industry	亿元 10^8 yuan	35861	40034	43581	47431	54946	65210
建筑业	Construction	亿元 10^8 yuan	5172	5522	5932	6465	7491	8694
第三产业	Tertiary Industry	亿元 10^8 yuan	34095	38943	44627	50197	56319	65018
3. 全社会固定资产投资总额	3. Investment in Fixed Assets	亿元 10^8 yuan	29855	32918	37214	43500	55567	70477
能源工业（国有）	Energy Industry (State - owned)	亿元 10^8 yuan	2963	2840	2622	2626	2876	3643
煤炭采选业	Coal Mining and Processing	亿元 10^8 yuan	213	199	199	233	310	420
石油和天然气开采业	Petroleum and Natural Gas Extraction	亿元 10^8 yuan	706	365	375	158	236	301
电力、蒸汽、热水生产和供应业	Electricity, Steam Production and Supply	亿元 10^8 yuan	1833	2130	1861	2082	2158	2640
石油加工及炼焦业	Petroleum Processing and Coking	亿元 10^8 yuan	146	95	127	93	90	188
煤气生产和供应业	Gas Production and Supply	亿元 10^8 yuan	65	60	58	60	82	95
4. 进出口总额	4. Total Value of Exports and Imports	亿元 10^8 yuan	29896	39273	42184	51378	70484	95539
出口总额	Exports	亿元 10^8 yuan	16160	20634	22024	26948	36288	49103
进口总额	Imports	亿元 10^8 yuan	13737	18639	20159	24430	34196	46436
5. 煤炭保有储量	5. Coal Ensured Reserves	亿吨 10^8 tn	10071	10084	10202			
6. 水利资源蕴藏量	6. Hydropower Resource	亿千瓦 10^8 kw	6.76	6.76	6.76	6.76	6.76	
可开发量	Developable Resources	亿千瓦 10^8 kw	3.79	3.79	3.79	3.79	3.79	
7. 海洋能源理论蕴藏量	7. Theoretical Sea - energy Reserves	亿千瓦 10^8 kw	6.30	6.30	6.30	6.30	6.30	
8. 一次能源生产总量（发电煤耗计算法）(＊)	8. Primary Energy Production (coal equivalent calculation) (＊)	万吨标准煤 10^4 tce	125935	128978	137445	143810	163842	187341
一次能源生产总量（电热当量计算法）(＊＊)	Primary Energy Production (calorific value calculation) (＊＊)	万吨标准煤 10^4 tce	120264	122673	129794	135983	155947	177962
9. 能源消费总量（发电煤耗计算法）	9. Total Energy Consumption (＊) (coal equivalent calculation) (＊)	万吨标准煤 10^4 tce	133831	138553	143199	151797	174990	203227
能源消费总量（电热当量计算法）	Total Energy Consumption (＊＊) (calorific value calculation) (＊＊)	万吨标准煤 10^4 tce	128393	132469	135765	144155	167273	193990

注：(＊) 发电煤耗计算法是指电力按当年平均火力发电煤耗换算成标准煤。（下表同）

(＊＊) 电热当量计算法是指电力按自身的热功当量换算成标准煤。采用的折标系数为 1 万千瓦时 = 1.229 吨标准煤。（下表同）

(＊) Electricity is converted to TCE by average quantity of fuel used for power generation. (the same as in the following tables).

(＊＊) Electricity is converted to TCE by 10^4kW · h = 1.229TCE. (The same as in the following tables)

1-3 万元国内生产总值能源消费量

ENERGY INTENSITY BY GDP

年 份 Year	能源消费总量（吨标准煤/万元）Total Energy Consumption（tce/10^4 yuan）	煤炭（吨/万元）Coal（tn/10^4 yuan）	焦炭（吨/万元）Coke（tn/10^4 yuan）	石油（吨/万元）Petroleum（tn/10^4 yuan）	原油（吨/万元）Crude Oil（tn/10^4 yuan）	燃料油（吨/万元）Fuel Oil（tn/10^4 yuan）	电力（万千瓦小时/万元）Electricity（10^4 kW·h/10^4 yuan）
国内生产总值按1990年可比价格计算 GDP is calculated at 1990 comparable prices.							
1991	5.12	5.46	0.35	0.61	0.61	0.17	0.34
1992	4.72	4.94	0.34	0.58	0.57	0.15	0.33
1993	4.42	4.61	0.34	0.56	0.53	0.14	0.32
1994	4.18	4.38	0.31	0.51	0.48	0.12	0.32
1995	4.01	4.21	0.33	0.49	0.46	0.11	0.31
1996	3.88	4.04	0.30	0.49	0.44	0.10	0.30
1997	3.53	3.57	0.28	0.50	0.45	0.10	0.29
1998	3.15	3.08	0.26	0.47	0.41	0.09	0.28
1999	2.90	2.82	0.23	0.46	0.41	0.09	0.27
2000	2.77	2.64	0.21	0.45	0.42	0.08	0.27
国内生产总值按2000年可比价格计算 GDP is calculated at 2000 comparable prices.							
2000	1.40	1.33	0.11	0.23	0.21	0.04	0.14
2001	1.33	1.26	0.10	0.21	0.20	0.04	0.14
2002	1.30	1.21	0.11	0.21	0.19	0.03	0.14
2003	1.36	1.31	0.11	0.19	0.19	0.07	0.15
2004	1.43	1.36	0.12	0.22	0.20	0.03	0.15

1-4 能源加工转换效率

EFFICIENCY OF ENERGY TRANSFORMATION

单位:% (%)

年 份 Year	总效率 Total Efficiency	发电及电站供热 Power Generation and Heating by Power Station	炼焦 Coking	炼油 Petroleum Refinery
1991	65.90	37.60	89.90	98.10
1992	66.00	37.80	92.70	96.80
1993	67.32	39.90	98.05	98.49
1994	65.20	39.35	89.62	97.48
1995	71.05	37.31	91.99	97.67
1996	71.50	38.30	94.07	97.46
1997	69.23	35.89	92.08	97.37
1998	69.44	37.06	94.97	97.42
1999	69.19	37.04	96.21	97.51
2000	69.04	37.36	96.21	97.32
2001	69.03	37.63	96.5	97.92
2002	69.04	38.73	96.63	96.71
2003	69.40	38.83	96.13	96.80
2004	70.71	39.46	97.61	96.43

1-5 人均能源生产量和消费量

ENERGY PRODUCTION AND CONSUMPTION PER CAPITA

年 份 Year	人均能源生产量 Per-Capita Energy Production				人均能源消费量 Per-Capita Energy Consumption			
	能源总量 Total Energy (千克标准煤) (kgce)	原煤 Raw Coal (千克) (kg)	原油 Crude Oil (千克) (kg)	电力 Electricity (千瓦小时) (kW·h)	能源总量 Total Energy (千克标准煤) (kgce)	原煤 Raw Coal (千克) (kg)	原油 Crude Oil (千克) (kg)	电力 Electricity (千瓦小时) (kW·h)
1990	915	951	122	547	869	930	101	549
1991	905	944	123	589	902	960	108	591
1992	915	958	122	647	937	979	115	651
1993	937	976	123	712	984	1022	125	715
1994	991	1040	123	779	1030	1078	125	777
1995	1065	1130	125	836	1089	1143	133	832
1996	1089	1147	129	888	1141	1189	143	884
1997	1056	1116	131	922	1123	1132	160	917
1998	991	1006	130	939	1064	1043	160	934
1999	1005	1022	128	989	1068	1038	168	982
2000	1021	1029	129	1074	1097	1045	178	1067
2001	1081	1086	129	1164	1126	1061	180	1158
2002	1123	1136	130	1292	1186	1106	194	1286
2003	1272	1337	132	1483	1358	1314	188	1477
2004	1445	1537	136	1700	1568	1494	245	1695

注:本表按年平均人口数计算。

This table is calculed by anaual average population.

1-6 人均生活用能量

RESIDENTIAL ENERGY CONSUMPTION PER CAPITA

年 份 Year	全国人均生活用能量 Annual Average Residential Energy Consumption Per Capita						城镇人均生活用能量 Urban (千克标准煤) (kgce)	农村人均生活用能量 Rural (千克标准煤) (kgce)
	(千克标准煤) (kgce)	煤炭 Coal (千克) (kg)	电力 Electricity (千瓦小时) (kW·h)	液化石油气 LPG (千克) (kg)	天然气 Natural Gas (立方米) (cu. m)	煤气 Gas (立方米) (cu. m)		
1990	139	147	42	1.4	1.6	2.5	298	83
1991	138	142	47	1.7	1.6	3.1	292	83
1992	133	126	55	2.0	1.8	4.4	267	85
1993	131	121	61	2.5	1.4	4.5	250	83
1994	129	110	73	3.2	1.7	6.3	238	86
1995	131	112	84	4.4	1.6	4.7	242	86
1996	145	118	93	5.8	1.6	3.9	260	97
1997	133	100	102	6.0	1.7	4.9	237	86
1998	116	72	107	6.2	1.9	6.0	207	72
1999	121	67	118	7.0	2.1	9.3	210	75
2000	126	63	132	7.8	2.6	10.0	215	77
2001	130	62	145	7.9	3.5	9.4	213	82
2002	137	59	156	9.1	4.0	9.8	216	87
2003	154	63	174	10.0	4.4	10.2	237	99
2004	164	63	190	10.4	5.2	10.7	243	109

1-7 年末交通运输设备拥有量

NUMBER OF TRANSPORTATION EQUIPMENT(YEAR END)

指　　标　　Item	1999	2000	2001	2002	2003	2004
铁路机车合计(辆) Total Railway Locomotives(unit)	14841	15253	15756	16026	16320	17022
蒸汽机车 Steam Locomotives	1215	911	699	374	343	263
内燃机车 Diesel Locomotives	10282	10826	11081	11312	11355	11872
电力机车 Electric Locomotives	3344	3516	3976	3918	4622	4887
铁路客车(辆) Railway Passenger Coaches(unit)	34535	35989	37214	37942	38972	39766
铁路货车(辆) Railway Freight Cars(unit)	436236	439943	449921	446707	503868	520101
民用汽车合计(10^4 辆) Total Civil Motor Vehicles(10^4 unit)	1453	1609	1802	2053	2383	2694
载客汽车 Passenger Vehicles	740	854	994	1202	1479	1739
载货汽车 Trucks	677	716	765	812	854	893
其它机动车(10^4 辆) Others(10^4 unit)	3457	4168	4724	6174	7109	7786
公路部门营运车辆(10^4 辆) Motor Vehicles Owned by Highway Department(10^4 unit)	502	703	764	826	925	1067
私人汽车(10^4 辆) Private Vehicles(10^4 unit)	534	625	771	969	1219	1482
民航飞机合计(架) Total Civil Aircraft(unit)	795	982	1031	1112	1160	1245
民用运输船舶合计(艘) Total Civil Transport Vessels(unit)	242043	229676	210786	202977	204270	210700
机动船 Motor Vessels	194590	185018	169329	165936	163813	166854
驳船 Barges	47453	44658	41457	37041	40457	43846
帆船 Sailing Boats						
私人运输船舶(艘) Private Transport Vessels(unit)	224224	142117	121721	115108	114297	115503

1-8 主要能源品种进、出口量
IMPORTS AND EXPORTS OF MAJOR ENERGY PRODUCTS

	1999	2000	2001	2002	2003	2004
进口量 Import						
煤(万吨) Coal(10^4tn)	167.0	212.0	249.0	1081.0	1109.8	1861.4
焦炭(万吨) Coke(10^4tn)					0.2	0.5
原油(万吨) Crude Oil(10^4tn)	3661.4	7027.0	6026.0	6941.0	9102.0	12272.0
汽油(万吨) Gasoline(10^4tn)						
柴油(万吨) Diesel Oil(10^4tn)	30.9	25.9	27.5	47.7	84.9	274.9
煤油(万吨) Kerosene(10^4tn)	211.2	255.5	201.9	214.5	210.3	282.0
燃料油(万吨) Fuel Oil(10^4tn)	1757.0	1480.0	1823.6	1659.7	2395.5	3059.2
液化石油气(万吨) LPG(10^4tn)	322.3	481.7	488.9	626.2	636.7	641.0
其它石油制品(万吨) Other Petroleum Products(10^4tn)	208.1	161.5	201.3	384.3	432.1	384.2
天然气(亿立方米) Natural Gas(10^8cu.m)						
电力(亿千瓦小时) Electricity(10^8kW·h)	3.7	15.5	18.0	23.0	29.8	34.0
出口量 Export						
煤(万吨) Coal(10^4tn)	3743.9	5505.0	9012.0	8384.0	9402.9	8666.4
焦炭(万吨) Coke(10^4tn)	997.4	1520.0	1385.0	1357.0	1472.1	1501.2
原油(万吨) Crude Oil(10^4tn)	716.7	1031.0	755.0	766.0	813.3	549.2
汽油(万吨) Gasoline(10^4tn)	413.8	455.2	572.5	612.0	754.2	540.7
柴油(万吨) Diesel Oil(10^4tn)	60.5	55.5	25.6	124.0	224.0	63.7
煤油(万吨) Kerosene(10^4tn)	125.0	198.9	182.2	170.0	201.7	205.0
燃料油(万吨) Fuel Oil(10^4tn)	25.5	33.4	44.1	64.0	76.1	181.7
液化石油气(万吨) LPG(10^4tn)	7.5	1.6	2.1	5.6	2.4	3.2
其它石油制品(万吨) Other Petroleum Products(10^4tn)	221.0	280.5	325.5	246.0	261.8	360.7
天然气(亿立方米) Natural Gas(10^8cu.m)	33.8	31.4	30.4	32.0	18.7	24.4
电力(亿千瓦小时) Electricity(10^8kW·h)	91.5	98.8	101.9	97.0	103.4	94.8

1-9 主要高耗能产品的进、出口量

IMPORTS AND EXPORTS OF ENERGY INTENSIVE PRODUCTS

	1999	2000	2001	2002	2003	2004
进口量 Import						
钢材（万吨） Steel Products(10^4tn)	1486	1596	1722	2449	3717	2930
钢铁丝(吨) Iron and Steel Wire(tn)	192984	336300	353771	427554	465540	
铜及铜合金(吨) Copper and Copper Alloys(tn)	547736	812126	954167	1330146	1562151	1381112
铝及铝合金(吨) Aluminum and Aluminum Alloys(tn)	534004	914099	529419	581757	880735	1033422
锌及锌合金(吨) Zinc and Zinc Alloys(tn)	107439	129974	141159	211722	310221	
烧碱(吨) Caustic Soda(tn)	24123	46458	27357	114834	104686	
纯碱(吨) Soda Ash(tn)	35705	134953	68665	293685	301276	197174
肥料 Chemical Fertilizers, Manufactured(10^4tn)	1335	1189	1092	1682	1213	1240
纸浆(万吨) Paper Pulp(10^4tn)	310	335	490	526	603	732
纺织用合成纤维(万吨) Synthetic Fiber Suitable for Spinning (10^4tn)	83	100	92	104	106	99
出口量 Export						
水泥(万吨) Cement(10^4tn)	636	605	621	518	533	704
平板玻璃(万平方米) Plate Glass(10^4sq. m)	4418	5592	6123	11359	12427	14464
钢材（万吨） Steel Products(10^4tn)	368	621	474	545	696	1423
钢铁丝(吨) Iron and Steel Wire(tn)	176013	190122	224484	310992	401235	
铜材(吨) Copper Products	101974	144484	123790	171710	232879	390023
铝材(吨) Aluminum Products(tn)	94796	130052	135630	188744	273874	430988
锌及锌合金(吨) Zinc and Zinc Alloys(tn)	527142	593336	562021	495987	484231	263149
纸及 纸板(万吨) Paper and Paperboard(10^4tn)	21	65	68	74	114	101

1－10 分地区工业废气排放量
EMISSION OF INDUSTRIAL WASTE GAS BY REGION

地　区	Region	工业废气排放总量（亿标准立方米）Total Volume of Industrial Waste Gas Emissions (10^8 cu. m)			燃料燃烧工业废气排放量（亿标准立方米）Waste Gas from Fuel (10^8 cu. m)		
		2002	2003	2004	2002	2003	2004
全国总计	**National**	**175257**	**198906**	**237696**	**103776**	**116447**	**139726**
北　京	Beijing	2966	3005	3198	1816	1825	1927
天　津	Tianjin	3677	4360	3058	2722	3467	2223
河　北	Hebei	12743	15768	21696	7079	8147	11556
山　西	Shanxi	9402	12849	13351	5786	7191	7976
内　蒙	Inner Mongolia	5998	7961	13518	4391	5273	8579
辽　宁	Liaoning	10462	12774	13015	6077	6814	6798
吉　林	Jilin	3516	3869	4316	2375	2456	2761
黑龙江	Heilongjiang	4628	4841	4968	3787	3943	4110
上　海	Shanghai	7440	7799	8834	3288	3377	3603
江　苏	Jiangsu	14286	14633	17818	8826	8981	11029
浙　江	Zhejiang	8532	10432	11749	5921	7208	8223
安　徽	Anhui	5119	5383	5934	3092	3281	3670
福　建	Fujian	3565	4189	5020	1845	2379	2819
江　西	Jiangxi	2612	3202	3972	1458	1812	2100
山　东	Shandong	14306	16139	20357	8987	10314	12355
河　南	Henan	10645	11992	13103	6536	7093	7728
湖　北	Hubei	6440	6707	8838	2963	3248	3626
湖　南	Hunan	4190	4603	5527	2048	2497	2750
广　东	Guangdong	10579	11075	12543	6575	6934	7805
广　西	Guangxi	5693	6636	10656	2425	2937	7223
海　南	Hainan	528	533	634	291	294	342
重　庆	Chongqing	1979	2277	3541	1185	1341	2490
四　川	Sichuan	7287	6634	7466	4021	3384	3840
贵　州	Guizhou	3515	3477	4182	1953	1822	2112
云　南	Yunnan	3659	4197	4940	1650	1978	2723
西　藏	Tibet	14	14	16	9	9	10
陕　西	Shaanxi	3424	3861	4374	1944	2505	2804
甘　肃	Gansu	2972	4033	3690	1598	2292	2191
青　海	Qinghai	937	1002	1238	241	312	324
宁　夏	Ningxia	1631	1727	2338	957	1022	1273
新　疆	Xinjiang	2512	2934	3806	1930	2311	2755

资料来源：《中国统计年鉴》。

Source: *STATISTICAL YEARBOOK OF CHINA.*

1-11 分地区工业废水排放及处理情况

DISCHARGE AND TREATMENT OF INDUSTRIAL WASTE WATER BY REGION

单位:万吨 (10^4tn)

地区	Region	工业废水排放总量 Total Volume of Industrial Waste Water Discharged			工业废水排放达标量 Volume of Industrial Waste Water up to the Discharge Standards		
		2002	2003	2004	2002	2003	2004
全国总计	**National**	**2071885**	**2122527**	**2211425**	**1830394**	**1892891**	**2005680**
北京	Beijing	18044	13107	12617	17745	13015	12442
天津	Tianjin	21959	21605	22628	21898	21571	22482
河北	Hebei	106772	108324	127386	97988	102609	122817
山西	Shanxi	30777	30929	31393	26626	26939	28135
内蒙	Inner Mongolia	22737	23577	22848	15759	15076	13968
辽宁	Liaoning	92001	89186	91810	80819	81704	86234
吉林	Jilin	34783	31365	33568	26782	24071	26668
黑龙江	Heilongjiang	47983	50286	45190	44515	47353	42339
上海	Shanghai	64857	61112	56359	61521	58020	54255
江苏	Jiangsu	262715	247524	263538	251997	241765	256210
浙江	Zhejiang	168048	168088	165274	161873	163387	158556
安徽	Anhui	64577	63525	64054	61827	60908	62076
福建	Fujian	78511	98388	115228	75094	95633	111989
江西	Jiangxi	46119	50135	54949	35786	41642	48720
山东	Shandong	106668	115933	128706	102801	112590	124839
河南	Henan	114431	114224	117328	103124	104480	109909
湖北	Hubei	98481	96498	97451	82930	80848	83591
湖南	Hunan	111788	124132	123126	86768	99127	102990
广东	Guangdong	145236	148867	164728	130225	123453	138162
广西	Guangxi	97126	119291	122731	81774	103212	106282
海南	Hainan	7170	7181	6894	6712	6741	6464
重庆	Chongqing	79872	81973	83031	71372	73663	77560
四川	Sichuan	117638	120160	119223	93045	98313	103048
贵州	Guizhou	17117	16815	16119	9720	9411	9374
云南	Yunnan	33696	34655	38402	22186	24172	28697
西藏	Tibet	1063	612	993			
陕西	Shanxi	30496	33526	36833	25491	29138	33737
甘肃	Gansu	19677	20899	18293	14218	15901	13390
青海	Qinghai	3583	3453	3544	2148	2067	2223
宁夏	Ningxia	11534	10740	9510	6461	6288	7676
新疆	Xinjiang	16426	16417	17671	11189	9794	10847

资料来源:《中国统计年鉴》。

Source: *STATISTICAL YEARBOOK OF CHINA.*

二、能源建设

Chapter 2　Construction of Energy Industry

2-1 国有经济能源工业分行业固定资产投资
INVESTMENT IN FIXED ASSETS OF STATE-OWNED UNITS IN ENERGY INDUSTRY

单位:亿元 (100 million yuan)

	1995	2000	2001	2002	2003	2004
能源工业 Energy Industry	**2025.28**	**2839.59**	**2621.60**	**2626.17**	**2876.44**	**3643.01**
煤炭采选业 Coal Mining and Processing	282.26	198.90	199.22	233.17	310.05	419.88
石油和天然气开采业 Petroleum and Natural Gas Extraction	499.68	355.55	375.19	157.57	236.37	300.73
电力、蒸汽、热水生产和供应业 Electricity, Steam, Hot Water Producing and Supply	1042.71	2130.30	1861.44	2082.18	2158.03	2639.79
石油加工及炼焦业 Petroleum Processing and Coking	161.64	94.81	127.36	93.16	89.74	187.66
煤气生产和供应业 Coal Gas and Coal Products	38.99	60.03	58.39	60.09	82.25	94.95

2-2 国有经济能源工业分行业固定资产投资构成
PROPORTIONS OF INVESTMENT IN FIXED ASSETS OF STATE-OWNED UNITS IN ENERGY INDUSTRY

单位:% (%)

	1995	2000	2001	2002	2003	2004
能源工业 Energy Industry	**100.00**	**100.00**	**100.00**	**100.00**	**100.00**	**100.00**
煤炭采选业 Coal Mining and Processing	13.94	7.00	7.60	8.88	10.78	11.53
石油和天然气开采业 Petroleum and Natural Gas Extraction	24.67	12.52	14.31	6.00	8.22	8.25
电力、蒸汽、热水生产和供应业 Electricity, Steam, Hot Water Producing and Supply	51.48	75.02	71.00	79.29	75.02	72.46
石油加工及炼焦业 Petroleum Processing and Coking	7.98	3.34	4.86	3.55	3.12	5.15
煤气生产和供应业 Coal Gas and Coal Products	1.93	2.11	2.23	2.29	2.86	2.61

2-3 分地区国有经济能源工业固定资产投资

INVESTMENT IN FIXED ASSETS OF STATE-OWNED UNITS IN ENERGY INDUSTRY BY REGION

单位:亿元 (100 million yuan)

地区	Region	1995	2000	2001	2002	2003	2004
北京	Beijing	48.33	54.14	39.67	49.23	32.41	52.98
天津	Tianjin	120.62	30.67	24.57	36.86	48.41	41.95
河北	Hebei	108.93	166.82	91.52	80.94	88.76	96.31
山西	Shanxi	70.05	106.57	104.55	100.04	120.43	157.72
内蒙	Inner Mongolia	73.62	33.36	31.42	47.55	110.81	225.18
辽宁	Liaoning	133.08	179.51	162.37	108.15	99.80	109.92
吉林	Jilin	44.26	66.45	68.11	42.68	42.97	34.08
黑龙江	Heilongjiang	163.08	72.04	78.70	68.23	66.48	87.79
上海	Shanghai	75.72	76.10	77.88	66.78	74.86	93.17
江苏	Jiangsu	49.28	202.11	140.65	194.00	269.97	310.33
浙江	Zhejiang	56.44	91.08	90.51	83.31	108.66	199.30
安徽	Anhui	76.87	54.25	53.74	72.98	63.64	107.11
福建	Fujian	38.19	70.64	61.41	51.07	37.34	72.60
江西	Jiangxi	18.65	50.71	44.88	35.68	37.55	57.29
山东	Shandong	180.99	330.44	291.03	174.07	196.99	247.65
河南	Henan	99.65	180.77	167.61	148.98	157.64	183.66
湖北	Hubei	138.42	221.63	227.98	241.71	191.77	187.33
湖南	Hunan	57.75	88.95	85.76	100.82	81.78	96.31
广东	Guangdong	84.91	90.46	119.04	159.48	192.01	242.91
广西	Guangxi	21.36	71.02	46.79	60.67	59.08	68.90
海南	Hainan	1.53	13.01	10.14	4.92	7.65	24.00
重庆	Chongqing		42.89	34.55	32.74	34.09	41.73
四川	Sichuan	110.55	94.62	80.25	89.10	66.52	122.74
贵州	Guizhou	26.83	67.38	94.99	114.03	140.41	169.84
云南	Yunnan	22.63	49.37	52.60	75.30	55.99	86.00
西藏	Tibet	9.01	9.73	6.58	14.65	20.65	15.33
陕西	Shaanxi	40.35	94.33	83.31	91.26	124.88	183.73
甘肃	Gansu	33.99	53.01	45.03	39.54	67.17	79.80
青海	Qinghai	22.24	10.59	15.22	18.41	29.69	35.18
宁夏	Ningxia	11.57	16.32	20.85	34.38	31.59	27.36
新疆	Xinjiang	106.91	49.90	59.69	54.87	61.01	64.81

2-4 分地区国有经济煤炭采选业固定资产投资

INVESTMENT IN FIXED ASSETS OF STATE-OWNED UNITS IN COAL MINING AND PROCESSING BY REGION

单位:亿元 (100 million yuan)

地　区	Region	1995	2000	2001	2002	2003	2004
北　京	Beijing	0.62	0.21	0.22	0.12		
天　津	Tianjin						
河　北	Hebei	62.86	19.54	9.93	16.56	16.70	11.49
山　西	Shanxi	46.59	34.25	42.14	51.63	68.61	104.60
内　蒙	Inner Mongolia	35.26	2.49	3.94	6.55	13.72	17.88
辽　宁	Liaoning	6.09	7.95	6.13	7.62	11.46	9.38
吉　林	Jilin	2.86	0.84	1.27	1.99	2.23	3.00
黑龙江	Heilongjiang	14.12	7.46	10.48	8.32	11.53	14.33
上　海	Shanghai						
江　苏	Jiangsu	6.16	5.48	5.39	8.40	15.82	11.76
浙　江	Zhejiang	0.12				0.21	
安　徽	Anhui	34.64	13.16	21.54	21.51	35.44	56.19
福　建	Fujian	1.48	1.27	0.91	1.48	0.54	1.54
江　西	Jiangxi	1.72	0.89	2.57	2.83	4.62	2.41
山　东	Shandong	24.62	39.50	51.70	46.42	51.45	59.62
河　南	Henan	22.83	18.47	13.38	17.93	18.48	17.44
湖　北	Hubei	0.56	0.43	0.17	0.70	0.37	0.37
湖　南	Hunan	3.38	1.04	1.82	2.00	1.69	3.07
广　东	Guangdong	0.99	0.17	0.05		0.04	
广　西	Guangxi	0.93	0.52	0.46	0.63	0.69	1.96
海　南	Hainan	0.01					
重　庆	Chongqing		1.08	1.20	1.00	1.19	1.63
四　川	Sichuan	6.61	2.21	1.89	2.43	3.87	3.66
贵　州	Guizhou	6.65	4.46	3.85	4.20	9.76	15.19
云　南	Yunnan	3.59	1.90	2.02	2.53	1.88	6.60
西　藏	Tibet	0.09					
陕　西	Shaanxi	8.38	3.20	2.88	6.12	8.36	12.61
甘　肃	Gansu	4.07	4.97	5.34	3.86	6.45	9.86
青　海	Qinghai	0.24	0.01	0.19	0.11	0.94	0.53
宁　夏	Ningxia	5.21	2.79	0.56	3.51	4.92	11.60
新　疆	Xinjiang	3.34	2.15	1.57	2.43	4.04	5.50

2-5 分地区国有经济石油和天然气开采业固定资产投资
INVESTMENT IN FIXED ASSETS OF STATE-OWNED UNITS IN PETROLEUM AND NATURAL GAS EXTRACTION BY REGION

单位:亿元 (100 million yuan)

地区	Region	1995	2000	2001	2002	2003	2004
北京	Beijing						0.06
天津	Tianjin	30.77	4.11	6.79	8.18	19.76	22.88
河北	Hebei	3.06	3.35	0.40	0.48	0.02	
山西	Shanxi						0.02
内蒙	Inner Mongolia		0.70	0.59	0.60	5.46	14.84
辽宁	Liaoning	54.91	67.50	68.55	13.88	14.24	16.52
吉林	Jilin	17.39	20.85	32.40	5.49	5.95	0.62
黑龙江	Heilongjiang	103.85	0.40	0.67		2.00	3.29
上海	Shanghai	0.07	2.17	1.24	0.28		
江苏	Jiangsu	6.28	10.74	9.07	8.38	8.85	11.18
浙江	Zhejiang						
安徽	Anhui					0.01	
福建	Fujian						
江西	Jiangxi						
山东	Shandong	79.97	132.95	125.18		0.15	0.45
河南	Henan	26.10	43.95	56.96	55.30	61.24	73.73
湖北	Hubei	3.77	13.20	16.05	12.79	10.36	10.76
湖南	Hunan						
广东	Guangdong	6.28	0.72	0.48	6.64	6.95	0.75
广西	Guangxi	0.04					
海南	Hainan		5.00	3.10			
重庆	Chongqing		0.09	0.12	0.32	1.15	0.61
四川	Sichuan	24.11	6.87	6.28	6.13	5.00	12.74
贵州	Guizhou			0.52	0.69	0.39	0.47
云南	Yunnan		0.03				
西藏	Tibet						
陕西	Shaanxi	2.76	23.98	29.07	31.72	55.01	80.50
甘肃	Gansu	4.29	6.57	0.01	0.08	3.15	5.09
青海	Qinghai	6.00	1.76	1.89	4.44	19.02	28.22
宁夏	Ningxia						
新疆	Xinjiang	85.85	10.61	15.81	2.17	17.63	18.03

2-6 分地区国有经济电力、蒸汽、热水生产和供应业固定资产投资

INVESTMENT IN FIXED ASSETS OF STATE-OWNED UNITS IN ELECTRICITY STEAM, HOT WATER PRODUCTION AND SUPPLY BY REGION

单位:亿元 (100 million yuan)

地　区	Region	1995	2000	2001	2002	2003	2004
北　京	Beijing	36.72	35.85	25.70	33.77	19.65	42.47
天　津	Tianjin	23.28	21.18	13.22	26.05	25.48	16.43
河　北	Hebei	37.82	134.25	71.93	56.61	62.76	74.68
山　西	Shanxi	21.33	66.63	55.25	43.36	38.82	41.57
内　蒙	Inner Mongolia	32.63	29.17	24.71	38.22	87.92	180.07
辽　宁	Liaoning	41.63	85.64	55.94	67.06	62.54	64.94
吉　林	Jilin	19.95	43.46	33.39	34.69	34.38	28.70
黑龙江	Heilongjiang	25.76	58.69	56.56	45.66	49.13	55.85
上　海	Shanghai	57.17	61.71	67.11	58.57	63.23	79.93
江　苏	Jiangsu	29.18	172.25	114.51	166.52	232.25	280.85
浙　江	Zhejiang	53.58	89.68	89.15	79.29	104.85	171.93
安　徽	Anhui	26.96	39.05	26.91	49.66	25.35	40.62
福　建	Fujian	32.89	67.33	59.22	48.62	34.31	64.26
江　西	Jiangxi	14.28	47.42	40.60	30.23	29.59	49.07
山　东	Shandong	60.82	148.94	101.84	113.01	128.25	159.30
河　南	Henan	46.00	113.29	90.06	72.15	71.39	81.92
湖　北	Hubei	126.00	204.23	208.59	225.65	173.93	166.11
湖　南	Hunan	51.30	75.46	72.63	88.44	74.42	78.97
广　东	Guangdong	64.11	81.64	100.36	146.38	180.41	237.78
广　西	Guangxi	20.19	68.96	44.55	58.53	57.67	66.61
海　南	Hainan	1.51	6.43	5.78	4.86	7.59	10.23
重　庆	Chongqing		40.85	31.90	29.83	30.75	37.75
四　川	Sichuan	77.03	82.51	68.10	77.19	52.99	103.22
贵　州	Guizhou	19.98	62.37	90.33	108.71	129.31	153.61
云　南	Yunnan	18.58	47.18	50.43	72.38	53.51	78.24
西　藏	Tibet	8.92	9.73	6.58	14.65	20.65	15.26
陕　西	Shaanxi	25.12	63.09	46.36	47.75	50.20	76.60
甘　肃	Gansu	18.47	38.85	39.29	34.44	45.90	49.75
青　海	Qinghai	16.00	8.82	12.90	13.67	9.73	6.37
宁　夏	Ningxia	6.02	13.01	19.93	30.56	26.15	14.78
新　疆	Xinjiang	12.11	34.39	34.99	44.21	34.49	29.53

2-7 分地区国有经济石油加工及炼焦业固定资产投资

INVESTMENT IN FIXED ASSETS OF STATE-OWNED UNITS IN PETROLEUM PROCESSING AND COKING BY REGION

单位:亿元 (100 million yuan)

地区	Region	1995	2000	2001	2002	2003	2004
北京	Beijing	6.95	5.59	2.42	1.63	1.38	3.88
天津	Tianjin	5.17	1.48	2.10	0.07	0.15	
河北	Hebei	4.66	7.14	5.41	3.81	2.19	3.20
山西	Shanxi	1.06	2.90	4.18	4.19	6.11	8.11
内蒙	Inner Mongolia	5.59	0.26	1.42	1.31	1.82	11.15
辽宁	Liaoning	28.90	16.59	29.61	18.63	9.54	16.18
吉林	Jilin	3.15	0.55	0.86	0.51	0.41	0.66
黑龙江	Heilongjiang	16.74	4.26	8.82	11.86	2.88	14.12
上海	Shanghai	10.05	5.33	5.83	5.30	6.93	10.80
江苏	Jiangsu	6.80	12.24	10.20	6.17	8.72	4.08
浙江	Zhejiang	1.36	0.24	0.34	1.90	0.11	0.15
安徽	Anhui	14.39	1.42	3.94	0.69	0.40	6.88
福建	Fujian	3.56				1.20	5.11
江西	Jiangxi	1.87	1.76	1.34	2.38	2.78	4.42
山东	Shandong	13.21	5.68	8.61	11.17	12.64	24.74
河南	Henan	1.48	1.42	3.26	0.36	0.02	0.47
湖北	Hubei	6.80	3.33	2.79	1.80	2.98	7.48
湖南	Hunan	2.02	11.62	10.71	8.37	4.58	12.29
广东	Guangdong	11.70	6.48	16.35	4.97	3.35	2.64
广西	Guangxi	0.09	0.10	0.05	0.20	0.11	0.15
海南	Hainan						13.62
重庆	Chongqing		0.15	0.17	0.13	0.14	0.25
四川	Sichuan	0.53	0.03	0.37	0.68	0.70	0.74
贵州	Guizhou		0.07	0.19	0.01		0.07
云南	Yunnan	0.05	0.06	0.04			0.54
西藏	Tibet						
陕西	Shaanxi	3.31	1.70	1.80	3.42	8.49	11.98
甘肃	Gansu	6.64	2.26	0.09	0.64	10.22	14.47
青海	Qinghai			0.18			
宁夏	Ningxia	0.25	0.05				0.47
新疆	Xinjiang	5.32	2.07	6.29	2.97	1.87	9.02

2-8 分地区国有经济煤气生产和供应业固定资产投资

INVESTMENT IN FIXED ASSETS OF STATE-OWNED UNITS IN GAS PRODUCTION AND SUPPLY BY REGION

单位:亿元 (100 million yuan)

地区	Region	1995	2000	2002	2003	2004
北京	Beijing	4.04	12.50	13.71	11.38	6.56
天津	Tianjin	1.10	3.90	2.57	3.02	2.64
河北	Hebei	0.53	2.53	3.48	7.10	6.95
山西	Shanxi	1.07	2.80	0.87	6.88	3.43
内蒙	Inner Mongolia	0.14	0.74	0.87	1.88	1.24
辽宁	Liaoning	1.55	1.83	0.96	2.02	2.90
吉林	Jilin	0.91	0.76			1.09
黑龙江	Heilongjiang	2.61	1.22	2.39	0.93	0.20
上海	Shanghai	8.43	6.88	2.63	4.71	2.44
江苏	Jiangsu	0.86	1.41	4.52	4.33	2.46
浙江	Zhejiang	1.38	1.16	2.12	3.49	27.22
安徽	Anhui	0.88	0.61	1.12	2.44	3.41
福建	Fujian	0.26	2.03	0.97	1.28	1.69
江西	Jiangxi	0.78	0.64	0.24	0.56	1.38
山东	Shandong	2.37	3.38	3.47	4.50	3.53
河南	Henan	3.24	3.64	3.24	6.50	10.10
湖北	Hubei	1.29	0.44	0.77	4.12	2.62
湖南	Hunan	1.05	0.83	2.01	1.09	1.97
广东	Guangdong	1.83	1.45	1.49	1.24	1.75
广西	Guangxi	0.11	1.44	1.31	0.62	0.18
海南	Hainan	0.01	1.58	0.06	0.06	0.15
重庆	Chongqing		0.72	1.47	0.86	1.49
四川	Sichuan	2.27	3.00	2.68	3.96	2.38
贵州	Guizhou	0.20	0.49	0.42	0.94	0.51
云南	Yunnan	0.41	0.19	0.38	0.60	0.62
西藏	Tibet					0.06
陕西	Shaanxi	0.78	2.37	2.25	2.83	2.04
甘肃	Gansu	0.52	0.36	0.51	1.45	0.62
青海	Qinghai			0.19		0.06
宁夏	Ningxia	0.09	0.47	0.31	0.52	0.51
新疆	Xinjiang	0.29	0.68	3.09	2.97	2.73

2-9 城镇能源工业分行业投资

INVESTMENT OF URBAN IN ENERGY INDUSTRY

单位:亿元 (100 million yuan)

	1995	2000	2002	2003	2004
能源工业 Energy Industry	**2369.16**	**3991.48**	**4261.94**	**5159.94**	**7504.80**
煤炭采选业 Coal Mining and Processing	285.60	211.39	301.19	436.43	690.42
石油和天然气开采业 Petroleum and Natural Gas Extraction	503.82	789.41	814.63	945.99	1112.28
电力、蒸汽、热水生产和供应业 Electricity Steam, Hot Water Producing and and Supply	1336.86	2744.47	2822.82	3304.82	4854.41
石油加工及炼焦业 Petroleum Processing and Coking	194.38	172.55	235.97	321.05	637.91
煤气生产和供应业 Gas Production and Supply	48.51	73.66	87.33	151.64	209.77

2-10 城镇能源工业分行业投资构成

INVESTMENT OF URBAN IN ENERGY INDUSTRY BY PROPORTIONS

单位:% (%)

	1995	2000	2002	2003	2004
能源工业 Energy Industry	**100.00**	**100.00**	**100.00**	**100.00**	**100.00**
煤炭采选业 Coal Mining and Processing	12.05	5.30	7.07	8.46	9.20
石油和天然气开采业 Petroleum and Natural Gas Extraction	21.27	19.78	19.11	18.33	14.82
电力、蒸汽、热水生产和供应业 Electricity Steam, Hot Water Producing and and Supply	56.43	68.76	66.23	64.05	64.68
石油加工及炼焦业 Petroleum Processing and Coking	8.20	4.32	5.54	6.22	8.50
煤气生产和供应业 Gas Production and Supply		1.85	2.05	2.94	2.80

2-11 分地区城镇能源工业投资

INVESTMENT OF URBAN IN ENERGY INDUSTRY BY REGION

单位:万元 (10 000 yuan)

地区 Region	1995	2000	2002	2003	2004
北京 Beijing	580106	577931	518232	350754	660309
天津 Tianjin	592634	997416	960098	1257903	1605499
河北 Hebei	800280	2003185	1370340	1584197	2495757
山西 Shanxi	727468	1572844	1821173	3046474	4930625
内蒙 Inner Mongolia	737152	402299	1046060	2130454	4776237
辽宁 Liaoning	1539475	1904716	1889294	1975754	2384310
吉林 Jilin	444053	798735	880905	913772	1079042
黑龙江 Heilongjiang	1634605	2253840	2051676	2196129	2598165
上海 Shanghai	813844	1148266	900259	940675	1183193
江苏 Jiangsu	902150	2232172	2138867	3720192	5948967
浙江 Zhejiang	697792	2150971	1952084	2201857	3596570
安徽 Anhui	776267	813056	895066	860286	1629053
福建 Fujian	636218	1254552	1147652	808188	1577329
江西 Jiangxi	253058	599004	526847	559364	959438
山东 Shandong	1955268	3931843	4033086	4778666	6194247
河南 Henan	1329607	1879757	1856095	2682376	3926407
湖北 Hubei	1458289	2389352	2704859	2457819	2694469
湖南 Hunan	590819	961959	1085071	1175809	1487899
广东 Guangdong	1744346	1819912	2660235	2863810	4462237
广西 Guangxi	267558	873235	879007	1116014	1563626
海南 Hainan	238795	145957	93502	99970	283286
重庆 Chongqing		498323	477691	673475	1003519
四川 Sichuan	1228031	1365482	1397960	1628038	3026056
贵州 Guizhou	271653	717444	1158315	1624957	2167279
云南 Yunnan	351856	572173	911724	1022318	2128603
西藏 Tibet	90070	97340	146541	206532	154347
陕西 Shaanxi	418013	1058410	1065301	1527677	2342372
甘肃 Gansu	340874	648601	616677	948549	1127938
青海 Qinghai	222683	303079	528514	510611	823525
宁夏 Ningxia	117431	191842	354187	403772	593805
新疆 Xinjiang	1071295	1797885	2103791	2330512	3086140

2-12 分地区煤炭采选业城镇投资

INVESTMENT OF URBAN IN COAL MINING AND PROCESSING BY REGION

单位:万元 (10 000 yuan)

地区	Region	1995	2000	2002	2003	2004
北京	Beijing	6186	2076	1206	1292	
天津	Tianjin		843	83		
河北	Hebei	170999	199587	211519	185274	114850
山西	Shanxi	473255	365317	674181	903602	1045978
内蒙	Inner Mongolia	352778	28201	74389	204192	178826
辽宁	Liaoning	60867	79575	114269	143183	93848
吉林	Jilin	29953	8873	24005	28021	30045
黑龙江	Heilongjiang	142853	114599	122598	180684	143279
上海	Shanghai					
江苏	Jiangsu	61551	55179	84049	158717	117632
浙江	Zhejiang	1153			2110	
安徽	Anhui	346997	141949	235819	399678	561885
福建	Fujian	14812	13481	15521	7115	15399
江西	Jiangxi	18561	9895	34735	50593	24143
山东	Shandong	252635	403475	714886	1055199	596210
河南	Henan	231828	187061	204548	217554	174400
湖北	Hubei	5766	7809	10345	17134	3653
湖南	Hunan	33756	12192	26811	31860	30747
广东	Guangdong	9922	1712	5511	6093	
广西	Guangxi	10419	5227	6276	6854	19559
海南	Hainan	110				
重庆	Chongqing		11115	14366	31822	16342
四川	Sichuan	66415	28415	35214	69094	36609
贵州	Guizhou	66497	53089	50024	127172	151916
云南	Yunnan	36807	20673	27088	37873	65954
西藏	Tibet	900				
陕西	Shaanxi	87340	37459	74737	129168	126132
甘肃	Gansu	40740	49806	41583	68836	98645
青海	Qinghai	2379	130	2168	13611	5315
宁夏	Ningxia	53710	28204	38204	58373	116024
新疆	Xinjiang	33585	23451	44890	78834	55013

2-13 分地区石油和天然气开采业城镇投资

INVESTMENT OF URBAN IN PETROLEUM AND NATURAL GAS EXTRACTION BY REGION

单位:万元 (10 000 yuan)

地区	Region	1995	2000	2002	2003	2004
北京	Beijing					639
天津	Tianjin	307679	601436	583664	881913	228759
河北	Hebei	30600	33545	48913	23998	
山西	Shanxi					175
内蒙	Inner Mongolia		7003	6110	56725	148359
辽宁	Liaoning	549104	675014	684719	717609	165162
吉林	Jilin	173950	221980	381403	435308	6150
黑龙江	Heilongjiang	1038519	1394374	1235560	1136853	32908
上海	Shanghai	654	21675	6583	24702	
江苏	Jiangsu	62806	107387	83783	88482	111759
浙江	Zhejiang					
安徽	Anhui			75	100	
福建	Fujian		1000		900	
江西	Jiangxi					
山东	Shandong	799717	1329483	1170090	1190383	4500
河南	Henan	260967	439471	553038	612420	737341
湖北	Hubei	37705	131998	127877	104470	107584
湖南	Hunan					
广东	Guangdong	62844	44097	212123	205617	7530
广西	Guangxi	420				
海南	Hainan	36213	50000	18885	5378	
重庆	Chongqing		3377	6664	15691	6051
四川	Sichuan	242277	116256	79145	65484	127389
贵州	Guizhou		1000	6865	3927	4688
云南	Yunnan		300			
西藏	Tibet					
陕西	Shaanxi	31620	239757	320380	550427	804999
甘肃	Gansu	42928	65748	102524	115455	50881
青海	Qinghai	59969	169180	177800	190245	282154
宁夏	Ningxia				950	
新疆	Xinjiang	858475	1293814	1229048	1584775	180289

2-14 分地区电力、蒸汽、热水生产和供应业城镇投资

INVESTMENT OF URBAN IN ELECTRICITY STEAM, HOT WATER PRODUCTION AND SUPPLY BY REGION

单位:万元 (10 000 yuan)

地区	Region	1995	2000	2002	2003	2004
北京	Beijing	464034	384200	352019	221579	424721
天津	Tianjin	222172	340961	333817	324895	164301
河北	Hebei	541859	1661981	1006117	1171473	746765
山西	Shanxi	222337	1054166	862064	1304368	415723
内蒙	Inner Mongolia	326587	354399	922244	1614378	1800680
辽宁	Liaoning	495116	890619	792353	850267	649440
吉林	Jilin	199538	546346	465676	416588	286998
黑龙江	Heilongjiang	257770	668546	513428	591250	558502
上海	Shanghai	582874	887196	621445	661562	799273
江苏	Jiangsu	687769	1873140	1834792	3257704	2808497
浙江	Zhejiang	596495	2036481	1726987	1987327	1719265
安徽	Anhui	269432	648320	624109	393004	406213
福建	Fujian	582995	1208401	793259	760753	642589
江西	Jiangxi	207855	564657	462586	456831	490713
山东	Shandong	738805	1899026	1892827	2069545	1593016
河南	Henan	789102	1196424	1032245	1709460	819182
湖北	Hubei	1303271	2176337	2507727	2234034	1661102
湖南	Hunan	525130	813996	946510	1047758	789702
广东	Guangdong	1511922	1667758	2325886	2527506	2377757
广西	Guangxi	254788	848859	851179	1079966	666129
海南	Hainan	138897	71397	67813	84234	102334
重庆	Chongqing		467102	434464	594546	377484
四川	Sichuan	888303	1180216	1223569	1342195	1032245
贵州	Guizhou	203109	648738	1093806	1471718	1536068
云南	Yunnan	310470	546983	867430	927028	782405
西藏	Tibet	89170	97340	146541	206532	152636
陕西	Shaanxi	256452	732021	592966	662604	765983
甘肃	Gansu	184703	501710	457412	631574	497467
青海	Qinghai	160335	133689	345816	304657	63673
宁夏	Ningxia	60259	145166	311790	294489	147841
新疆	Xinjiang	122091	416024	605028	444390	295302

2-15 分地区石油加工及炼焦业城镇投资

INVESTMENT OF URBAN IN PETROLEUM PROCESSING AND COKING BY REGION

单位:万元 (10 000 yuan)

地 区	Region	1995	2000	2002	2003	2004
北 京	Beijing	69456	66661	24822	13770	38845
天 津	Tianjin	51740	15221	16851	16400	
河 北	Hebei	50918	76523	58753	100033	31955
山 西	Shanxi	21173	118894	266173	761553	81061
内 蒙	Inner Mongolia	56435	4941	18790	136034	111539
辽 宁	Liaoning	418895	237034	282581	242772	161757
吉 林	Jilin	31483	10852	8407	29535	6644
黑龙江	Heilongjiang	169346	62707	156213	276382	141183
上 海	Shanghai	100510	170589	203881	114189	108001
江 苏	Jiangsu	71219	174603	69497	103939	40800
浙 江	Zhejiang	82441	98553	196763	154892	1540
安 徽	Anhui	150488	14592	18605	21283	68821
福 建	Fujian	35853	10493	326454	19793	51145
江 西	Jiangxi	18737	17599	24782	29329	44244
山 东	Shandong	140387	259955	194168	324315	247417
河 南	Henan	15346	17635	5794	36734	4680
湖 北	Hubei	98575	49743	41612	48093	74838
湖 南	Hunan	20210	124671	85624	71868	122879
广 东	Guangdong	118511	69631	79517	83813	26361
广 西	Guangxi	852	1416	6162	16494	1515
海 南	Hainan	55993	3768	793	400	136153
重 庆	Chongqing		1470	1260	8958	2450
四 川	Sichuan	6654	1390	22858	73807	7365
贵 州	Guizhou		4779	620	9303	679
云 南	Yunnan	458	2186	12662	47762	5391
西 藏	Tibet					
陕 西	Shaanxi	34818	20899	42821	147840	119753
甘 肃	Gansu	66450	27787	9698	112628	144717
青 海	Qinghai			110	98	
宁 夏	Ningxia	2536	8375	300	42490	4676
新 疆	Xinjiang	54268	52535	183107	166016	90238

2－16 分地区煤气生产和供应业城镇投资

INVESTMENT OF URBAN IN GAS PRODUCTION AND SUPPLY BY REGION

单位:万元 (10 000 yuan)

地区	Region	1995	2000	2002	2003	2004
北京	Beijing	40430	124994	140185	114113	65605
天津	Tianjin	11043	38955	25683	34695	26443
河北	Hebei	5904	31549	45038	103419	69482
山西	Shanxi	10703	34467	18755	76951	34262
内蒙	Inner Mongolia	1352	7755	24527	119125	12394
辽宁	Liaoning	15493	22474	15372	21923	29038
吉林	Jilin	9129	10684	1414	4320	10921
黑龙江	Heilongjiang	26117	13614	23877	10960	2022
上海	Shanghai	129806	68806	68350	140222	24380
江苏	Jiangsu	18805	21863	66746	111350	24642
浙江	Zhejiang	17703	15937	28334	57528	272243
安徽	Anhui	9350	8195	16458	46221	34138
福建	Fujian	2558	21177	12418	19627	16859
江西	Jiangxi	7905	6853	4744	22611	13766
山东	Shandong	23724	39904	61115	139224	35344
河南	Henan	32364	39166	60470	106208	100988
湖北	Hubei	12972	23465	17298	54088	26152
湖南	Hunan	11723	11100	26126	24323	19733
广东	Guangdong	41147	36714	37198	40781	17480
广西	Guangxi	1079	17733	15390	12700	1820
海南	Hainan	7582	20792	6011	9958	1483
重庆	Chongqing		15259	20937	22458	14926
四川	Sichuan	24382	39205	37174	77458	23788
贵州	Guizhou	2047	9838	7000	12837	5062
云南	Yunnan	4121	2031	4544	9655	6205
西藏	Tibet					631
陕西	Shaanxi	7783	28274	34397	37638	20422
甘肃	Gansu	6053	3550	5460	20056	6240
青海	Qinghai		80	2620	2000	623
宁夏	Ningxia	926	10097	3893	7470	5094
新疆	Xinjiang	2876	12061	41718	56497	27298

三、能源生产
Chapter 3 Energy Production

3－1　一次能源生产量和构成

PRIMARY ENERGY PRODUCTION AND COMPOSITION

	1995	1999	2000	2001	2002	2003	2004
一次能源生产量(万吨标煤)(电热当量计算法)	123519	120264	122673	129794	135983	155947	177962
Primary Energy Production (10⁴ tce)							
(calorific value calculation)							
一次能源生产量(万吨标煤)(发电煤耗计算法)	129034	125935	128978	137445	143810	163842	187341
Primary Energy Production (10⁴ tce)							
(coal equivalent calculation)							
原煤（万吨）Raw Coal (10^4 tn)	136073	128000	129921	138152	145456	172200	199232
原油（万吨）Crude Oil (10^4 tn)	15004	16000	16300	16396	16700	16960	17587
天然气（亿立方米）Natural Gas (10^8 cu. m)	179	252	272	303	327	350	415
水电（亿千瓦时）Hydro Power (10^8 kW·h)	1906	1966	2224	2774	2880	2837	3535
核电（亿千瓦时）Nuclear Power (10^8 kW·h)	128	149	167	175	251	433	505
构成(电热当量计算法)(%)							
As Percentage of Primary Energy Production(%)							
(calorific value calculation)							
原煤　Raw Coal	78.69	76.02	75.65	76.03	76.41	78.87	79.97
原油　Crude Oil	17.35	19.01	18.98	18.05	17.54	15.54	14.12
天然气 Natural Gas	1.93	2.79	2.95	3.11	3.19	2.99	3.10
水电 Hydro Power	1.90	2.03	2.25	2.65	2.63	2.26	2.47
核电 Nuclear Power	0.13	0.15	0.17	0.17	0.23	0.34	0.35
构成(发电煤耗计算法)(%)							
As percentage of primary energy production(%)							
(coal equivalent calculation)							
原煤　Raw Coal	75.30	72.60	71.95	71.80	72.25	75.07	75.96
原油　Crude Oil	16.60	18.15	18.05	17.04	16.59	14.79	13.41
天然气　Natural Gas	1.90	2.66	2.80	2.93	3.02	2.84	2.94
水电　Hydro Power	5.85	5.76	6.69	7.74	7.49	6.34	6.73
核电　Nuclear Power	0.39	0.43	0.50	0.48	0.65	0.96	0.95

3-2 分地区原煤生产量

COAL PRODUCTION BY REGION

单位:万吨 (10 000 ton)

地区	Region	1995	2000	2001	2002	2003	2004
北京	Beijing	995	553.00	690.22	880.95	822.57	1067.96
天津	Tianjin						
河北	Hebei	8101	5781.21	5865.70	6083.70	6600.15	8651.97
山西	Shanxi	34731	19602.70	27614.67	24361.30	29508.66	48392.72
内蒙	Inner Mongolia	7055	7247.29	8162.89	8880.30	11959.35	21235.21
辽宁	Liaoning	5626	4454.89	4468.15	5180.77	5870.69	6641.94
吉林	Jilin	2644	1636.71	1761.95	1685.25	2037.63	2589.96
黑龙江	Heilongjiang	7938	4974.36	5686.73	5882.58	6669.20	8476.49
上海	Shanghai						
江苏	Jiangsu	2651	2479.02	2505.14	2593.59	2760.40	2763.13
浙江	Zhejiang	125	72.96	121.02	73.50	69.39	65.32
安徽	Anhui	4444	4678.31	5524.98	6137.84	6726.41	8147.86
福建	Fujian	1134	375.03	1063.00	644.51	778.22	1492.61
江西	Jiangxi	2878	1813.76	1515.09	1375.04	951.66	2871.75
山东	Shandong	8827	8038.59	10824.96	13065.97	14667.27	14764.28
河南	Henan	10334	7577.90	9170.98	9921.21	11871.01	16829.42
湖北	Hubei	1533	389.32	1016.54	372.55	366.40	1016.62
湖南	Hunan	5565	1490.81	3673.35	1845.42	2366.69	6016.57
广东	Guangdong	1069	161.71	462.72	168.71	202.34	557.35
广西	Guangxi	1391	706.67	613.52	463.51	417.14	589.19
海南	Hainan	1	2.00	1.95	1.26	2.00	
重庆	Chongqing		1149.90	1918.46	1211.73	1484.20	3654.61
四川	Sichuan	9561	2061.95	4371.75	2753.89	3133.88	7651.35
贵州	Guizhou	5472	3676.75	4898.66	5001.12	7802.51	7953.02
云南	Yunnan	2803	994.13	2394.12	1219.34	1399.39	5045.03
西藏	Tibet		2.13	2.53	1.56	2.21	1.64
陕西	Shaanxi	4248	1983.89	5282.20	5859.31	7392.76	13068.42
甘肃	Gansu	2466	1632.71	1819.05	2089.21	2603.27	3539.98
青海	Qinghai	278	145.44	192.00	249.77	310.57	452.26
宁夏	Ningxia	1480	1581.00	1635.72	1707.31	2047.90	2432.70
新疆	Xinjiang	2721	2745.82	2819.61	1582.28	1845.71	3263.00

3-3 分地区焦炭生产量

COKE PRODUCTION BY REGION

单位:万吨 (10 000 ton)

地区	Region	1995	2000	2001	2002	2003	2004
北京	Beijing	400.87	402.07	396.36	357.44	362.39	362.04
天津	Tianjin	174.78	170.92	219.30	282.38	310.84	376.68
河北	Hebei	937.54	792.47	920.55	972.61	1128.23	1941.00
山西	Shanxi	5297.62	4967.22	4987.72	5852.00	6747.41	6582.31
内蒙	Inner Mongolia	394.50	393.65	445.72	506.74	805.25	877.85
辽宁	Liaoning	820.15	788.90	801.39	871.50	923.01	1013.77
吉林	Jilin	135.79	153.88	149.07	153.79	177.76	224.64
黑龙江	Heilongjiang	189.55	128.64	148.56	192.64	298.96	414.84
上海	Shanghai	651.20	776.39	739.79	692.79	741.65	746.58
江苏	Jiangsu	191.25	237.15	243.31	358.44	410.97	490.54
浙江	Zhejiang	57.34	60.13	59.38	60.55	58.81	57.79
安徽	Anhui	293.45	330.16	349.29	351.03	367.31	438.15
福建	Fujian	38.89	44.89	45.04	45.77	49.09	68.69
江西	Jiangxi	166.53	186.71	184.76	223.63	239.76	340.54
山东	Shandong	464.75	361.99	361.51	369.73	596.56	1124.76
河南	Henan	488.74	355.22	424.80	427.51	527.34	833.63
湖北	Hubei	398.44	410.52	408.43	415.56	473.93	469.36
湖南	Hunan	214.66	207.17	215.88	206.39	272	410.12
广东	Guangdong	54.47	53.96	53.85	54.72	56.06	90.62
广西	Guangxi	63.69	60.68	67.35	77.99	99.44	152.17
海南	Hainan						
重庆	Chongqing		136.41	149.50	136.18	153.17	196.62
四川	Sichuan	707.76	382.22	517.24	486.13	606.51	819.09
贵州	Guizhou	426.18	133.69	280.88	153.29	530.91	695.26
云南	Yunnan	370.27	221.25	444.02	532.33	659.67	917.59
西藏	Tibet						
陕西	Shaanxi	340.78	175.38	247.20	245.06	871.02	573.39
甘肃	Gansu	94.62	126.22	131.21	117.39	136.18	149.64
青海	Qinghai	1.47	1.50	3.09	2.00	0.03	
宁夏	Ningxia	42.96	29.58	25.48	27.88	45.21	98.93
新疆	Xinjiang	91.78	95.06	110.09	106.34	126.25	152.03

3-4 分地区原油生产量

CRUDE OIL PRODUCTION BY REGION

单位:万吨 (10 000 ton)

地区	Region	1995	2000	2001	2002	2003	2004
北京	Beijing						
天津	Tianjin	620.82	763.99	970.29	1215.94	1316.30	1446.21
河北	Hebei	517.02	518.26	513.22	503.26	511.01	537.78
山西	Shanxi						
内蒙	Inner Mongolia			81.55	3.73	5.00	113.22
辽宁	Liaoning	1552.68	1401.12	1385.01	1351.15	1332.22	1283.19
吉林	Jilin	342.73	348.46	388.83	477.01	476.40	481.11
黑龙江	Heilongjiang	5601.49	5306.73	5161.13	5029.35	4840.12	4666.49
上海	Shanghai		52.73	58.93	47.32	38.02	31.86
江苏	Jiangsu	101.41	155.02	157.02	162.97	166.35	168.94
浙江	Zhejiang						
安徽	Anhui						
福建	Fujian						
江西	Jiangxi						
山东	Shandong	3006.27	2675.69	2668.01	2671.51	2665.51	2590.19
河南	Henan	601.96	562.18	566.57	568.06	549.77	523.41
湖北	Hubei	85.03	75.11	77.20	78.30	77.53	165.02
湖南	Hunan						
广东	Guangdong	650.97	1393.17	1238.11	1264.46	1275.70	1481.90
广西	Guangxi	3.65	3.29	3.25	3.52	3.28	3.59
海南	Hainan	0.11		2.96	4.64	7.57	8.04
重庆	Chongqing						
四川	Sichuan	17.23	17.32	14.68	14.05	13.92	14.62
贵州	Guizhou						
云南	Yunnan	10.21					0.09
西藏	Tibet						
陕西	Shaanxi	166.95	746.44	918.94	1063.77	1267.43	1531.51
甘肃	Gansu	267.83	55.25	53.66	63.24	73.44	77.04
青海	Qinghai	121.72	200.01	206.03	214.02	220.02	222.02
宁夏	Ningxia	39.04	139.01	4.29			4.10
新疆	Xinjiang	1297.83	1848.24	1926.19	2015.19	2120.39	2237.00

3-5 分地区燃料油生产量

FUEL OIL PRODUCTION BY REGION

单位:万吨 (10 000 ton)

地区	Region	1995	2000	2001	2002	2003	2004
北京	Beijing	220.31	78.95	70.80	68.32	69.21	73.36
天津	Tianjin	142.38	40.60	41.33	32.60	50.17	102.02
河北	Hebei	44.26	30.17	34.99	63.88	41.46	41.53
山西	Shanxi						
内蒙	Inner Mongolia	18.85		23.43	21.93	16.32	16.07
辽宁	Liaoning	610.43	413.40	390.50	394.37	338.28	420.47
吉林	Jilin	85.11	95.59	75.35	73.21	47.42	27.26
黑龙江	Heilongjiang	181.28	120.56	100.65	70.88	63.97	76.88
上海	Shanghai	290.40	139.03	112.50	80.20	94.75	118.63
江苏	Jiangsu	162.04	136.29	74.47	113.84	156.43	217.44
浙江	Zhejiang	78.33	123.40	74.99	57.62	75.41	160.89
安徽	Anhui	48.48	10.68	5.67	7.44	2.19	10.69
福建	Fujian	10.44	10.01	3.75	11.56	19.27	105.10
江西	Jiangxi	43.27	54.27	53.78	42.25	52.10	58.95
山东	Shandong	334.33	274.66	323.72	338.73	421.08	429.98
河南	Henan	19.56	30.42	24.94	23.58	37.96	47.54
湖北	Hubei	95.49	40.24	28.96	26.59	20.03	35.70
湖南	Hunan	55.29	33.95	29.60	18.04	23.42	32.80
广东	Guangdong	214.73	186.13	171.12	181.65	246.04	279.49
广西	Guangxi	3.60	4.37	4.24	7.22	10.58	17.47
海南	Hainan		9.45	4.10	7.73	7.20	
重庆	Chongqing						0.06
四川	Sichuan	3.58	4.10	3.93	4.36	1.87	0.23
贵州	Guizhou						
云南	Yunnan	0.58					0.04
西藏	Tibet						
陕西	Shaanxi	55.64	41.54	66.63	90.02	103.93	98.19
甘肃	Gansu	101.21	91.65	70.94	66.33	71.48	73.38
青海	Qinghai	19.72	6.39	4.27	2.50	1.97	2.75
宁夏	Ningxia	10.24	10.54	6.25	2.03	5.28	3.59
新疆	Xinjiang	111.22	67.26	63.48	38.62	27.02	28.58

3-6 分地区汽油生产量

GASOLINE PRODUCTION BY REGION

单位:万吨 (10 000 ton)

地区	Region	1995	2000	2001	2002	2003	2004
北京	Beijing	101.95	146.20	146.69	154.12	151.44	169.77
天津	Tianjin	94.02	122.02	131.30	110.44	124.61	130.89
河北	Hebei	135.11	159.04	134.88	135.22	173.76	210.79
山西	Shanxi						0.03
内蒙	Inner Mongolia	23.43		28.99	30.44	39.20	40.20
辽宁	Liaoning	398.22	683.88	747.33	766.86	823.04	925.79
吉林	Jilin	147.88	159.45	160.44	160.43	172.93	155.48
黑龙江	Heilongjiang	261.72	347.46	378.34	391.27	395.43	405.27
上海	Shanghai	111.00	263.69	240.38	268.01	297.94	290.56
江苏	Jiangsu	108.07	171.53	172.03	184.94	215.18	219.00
浙江	Zhejiang	124.15	178.98	174.52	198.94	245.05	292.47
安徽	Anhui	74.11	79.38	63.29	66.86	71.90	86.99
福建	Fujian	81.49	102.22	98.34	96.48	103.48	108.72
江西	Jiangxi	64.56	82.51	71.38	73.99	78.46	83.19
山东	Shandong	214.88	280.15	273.79	291.65	361.76	438.54
河南	Henan	138.68	136.86	123.16	129.49	139.37	136.20
湖北	Hubei	126.32	154.97	130.38	144.65	166.99	170.96
湖南	Hunan	90.38	120.19	108.65	116.33	124.27	129.67
广东	Guangdong	286.47	331.50	323.81	356.64	371.44	400.73
广西	Guangxi	15.09	15.64	15.02	15.87	15.84	16.24
海南	Hainan						
重庆	Chongqing						0.01
四川	Sichuan	5.92	8.42	10.61	11.52	13.24	18.33
贵州	Guizhou						
云南	Yunnan						
西藏	Tibet						
陕西	Shaanxi	49.68	180.13	197.33	199.40	229.59	310.54
甘肃	Gansu	166.84	150.92	166.42	168.50	193.71	226.94
青海	Qinghai	29.48	20.78	21.77	20.89	22.57	26.32
宁夏	Ningxia	23.57	26.91	35.36	29.06	38.77	48.51
新疆	Xinjiang	178.53	211.86	200.45	197.87	220.88	235.85

3-7 分地区煤油生产量

KEROSENE PRODUCTION BY REGION

单位:万吨 (10 000 ton)

地区	Region	1995	2000	2001	2002	2003	2004
北京	Beijing	0.26					8.11
天津	Tianjin	8.85	32.57	22.37	26.90	27.07	29.19
河北	Hebei	4.83	12.69	9.15	8.71	11.43	12.08
山西	Shanxi						
内蒙	Inner Mongolia	0.02					
辽宁	Liaoning	84.34	231.53	205.39	200.21	214.19	213.46
吉林	Jilin	1.96	1.28	1.23	0.22	0.31	0.05
黑龙江	Heilongjiang	22.27	23.27	24.05	22.61	22.07	20.53
上海	Shanghai	35.84	48.38	53.12	65.62	105.06	137.05
江苏	Jiangsu	50.64	67.21	55.10	66.94	59.16	69.18
浙江	Zhejiang	32.31	107.28	85.35	100.40	110.31	130.69
安徽	Anhui						
福建	Fujian	3.49	8.64	5.61	4.93	5.24	5.64
江西	Jiangxi	2.14	4.44	2.21	4.08	5.08	5.34
山东	Shandong	24.89	44.96	45.10	46.73	50.85	59.44
河南	Henan	21.10	17.04	19.32	17.55	15.88	28.2
湖北	Hubei	13.64	16.38	17.66	17.47	12.93	8.59
湖南	Hunan	7.49	8.57	4.03	8.25	7.17	10.43
广东	Guangdong	72.28	147.68	155.83	160.45	145.23	165.25
广西	Guangxi	0.55	0.05	0.05	0.01	0.01	
海南	Hainan						
重庆	Chongqing			0.02	0.04	0.04	0.04
四川	Sichuan	2.76	4.23	5.50	2.76	1.41	1.42
贵州	Guizhou						
云南	Yunnan						
西藏	Tibet						
陕西	Shaanxi	1.65	8.46	8.29	10.24	6.87	8.21
甘肃	Gansu	38.64	55.88	49.17	42.44	35.39	42.76
青海	Qinghai						
宁夏	Ningxia						
新疆	Xinjiang	15.80	31.75	20.80	19.55	19.60	24.45

3－8 分地区柴油生产量

DIESEL OIL PRODUCTION BY REGION

单位:万吨 (10 000 ton)

地 区	Region	1995	2000	2001	2002	2003	2004
北 京	Beijing	79.20	183.92	186.74	174.05	170.17	180.74
天 津	Tianjin	119.44	246.82	274.00	259.89	278.71	310.24
河 北	Hebei	165.81	271.19	228.46	230.85	293.59	374.98
山 西	Shanxi	0.16					0.01
内 蒙	Inner Mongolia	20.46		45.14	42.62	45.63	48.66
辽 宁	Liaoning	677.68	1202.07	1304.15	1350.79	1567.72	1831.60
吉 林	Jilin	99.83	178.81	199.92	226.89	290.52	332.73
黑龙江	Heilongjiang	379.68	532.61	609.19	593.85	596.76	616.80
上 海	Shanghai	129.13	401.30	448.19	452.46	571.35	637.89
江 苏	Jiangsu	207.31	408.69	383.83	369.26	433.99	544.96
浙 江	Zhejiang	201.52	387.40	437.89	488.88	549.69	688.46
安 徽	Anhui	98.87	151.85	129.15	134.89	146.31	181.39
福 建	Fujian	85.15	161.49	161.26	147.08	147.38	174.44
江 西	Jiangxi	83.17	127.09	111.01	112.82	116.62	137.25
山 东	Shandong	328.63	540.04	564.04	609.13	669.78	875.31
河 南	Henan	121.69	213.42	209.94	202.79	215.96	250.51
湖 北	Hubei	153.05	247.01	219.31	227.27	245.88	298.38
湖 南	Hunan	104.36	215.53	192.33	185.83	178.87	240.6
广 东	Guangdong	377.36	654.02	685.33	685.59	716.37	867.05
广 西	Guangxi	14.98	24.92	26.44	25.36	24.15	27.93
海 南	Hainan						
重 庆	Chongqing				0.01	0.01	0.38
四 川	Sichuan	5.78	11.14	14.02	16.41	27.07	39.72
贵 州	Guizhou						
云 南	Yunnan						
西 藏	Tibet						
陕 西	Shaanxi	52.93	223.19	277.59	308.00	358.03	453.62
甘 肃	Gansu	188.59	276.23	303.78	336.94	364.34	442.53
青 海	Qinghai	20.99	22.63	24.96	25.27	26.41	36.14
宁 夏	Ningxia	24.92	33.44	41.17	33.10	50.73	63.24
新 疆	Xinjiang	231.88	364.79	407.82	429.40	446.78	523.10

3-9 分地区天然气生产量

NATURAL GAS PRODUCTION BY REGION

单位:亿立方米 (100 million cu. m)

地 区	Region	1995	2000	2001	2002	2003	2004
北 京	Beijing						
天 津	Tianjin	7.57	9.10	8.95	8.88	8.49	8.72
河 北	Hebei	3.49	5.14	5.21	5.90	6.34	6.63
山 西	Shanxi	0.47	1.14	1.58	2.06	2.50	
内 蒙	Inner Mongolia		4.55	7.01	8.49		17.19
辽 宁	Liaoning	21.12	14.70	14.71	13.31	13.28	10.30
吉 林	Jilin	1.83	2.05	2.05	2.41	2.32	3.44
黑龙江	Heilongjiang	25.91	23.04	22.03	20.22	20.96	20.34
上 海	Shanghai		2.60	3.30	4.33	4.97	5.73
江 苏	Jiangsu	0.19	0.24	0.23	0.23	0.33	0.53
浙 江	Zhejiang		0.04	0.05	0.05		
安 徽	Anhui						
福 建	Fujian						
江 西	Jiangxi						
山 东	Shandong	12.85	6.88	8.50	7.50	8.10	9.25
河 南	Henan	11.38	14.95	17.36	19.36	20.14	18.55
湖 北	Hubei	0.76	0.91	0.76	0.91	0.94	1.08
湖 南	Hunan						
广 东	Guangdong	1.03	34.60	32.87	31.55	26.88	42.82
广 西	Guangxi						
海 南	Hainan						1.29
重 庆	Chongqing		1.94	1.45	1.94	2.23	4.69
四 川	Sichuan	76.64	88.60	94.50	100.06	113.43	114.03
贵 州	Guizhou		0.70	0.68	0.48	0.52	
云 南	Yunnan	1.81	0.05	0.09	0.15	0.24	0.18
西 藏	Tibet						
陕 西	Shaanxi	0.22	21.10	34.40	40.04	52.86	74.46
甘 肃	Gansu	1.13	0.20	0.37	0.87	0.21	0.20
青 海	Qinghai	0.64	3.91	5.87	11.51	15.57	17.94
宁 夏	Ningxia	0.62	0.15	0.08			
新 疆	Xinjiang	11.81	35.38	41.24	46.08	49.84	57.23

3－10　分地区发电量

POWER GENERATION BY REGION

单位:亿千瓦小时　　　　(100 million kW · h)

地　区	Region	1995	2000	2001	2002	2003	2004
北　京	Beijing	132.21	145.26	133.28	141.98	192.16	203.89
天　津	Tianjin	133.65	211.49	217.43	268.83	320.07	339.76
河　北	Hebei	607.17	844.42	901.63	1014.26	1088.34	1255.56
山　西	Shanxi	505.97	620.31	710.33	842.01	965.01	1078.99
内　蒙	Inner Mongolia	278.54	439.22	465.49	514.85	647.73	816.44
辽　宁	Liaoning	540.08	645.58	662.12	725.27	837.11	874.85
吉　林	Jilin	284.60	313.50	329.57	295.65	338.83	386.19
黑龙江	Heilongjiang	388.01	426.73	438.37	459.28	493.78	501.83
上　海	Shanghai	403.42	553.09	574.88	608.92	687.63	705.02
江　苏	Jiangsu	700.41	909.70	987.47	1116.56	1336.77	1554.89
浙　江	Zhejiang	401.48	624.83	734.94	778.20	1101.74	1231.90
安　徽	Anhui	310.32	355.44	398.62	465.66	557.15	607.10
福　建	Fujian	261.55	403.73	501.24	533.08	610.70	674.64
江　西	Jiangxi	176.48	203.35	216.95	247.99	320.94	378.98
山　东	Shandong	739.24	1005.26	1104.35	1220.84	1396.97	1688.19
河　南	Henan	547.71	694.93	792.85	876.82	1025.10	1280.75
湖　北	Hubei	452.74	559.12	598.00	606.57	780.46	1096.77
湖　南	Hunan	332.94	354.42	401.84	425.54	537.76	651.11
广　东	Guangdong	821.06	1292.69	1417.65	1525.53	1882.68	2141.23
广　西	Guangxi	217.29	289.09	292.31	307.74	362.91	378.49
海　南	Hainan	31.53	39.05	43.89	50.11	58.59	65.70
重　庆	Chongqing		167.90	178.08	184.75	204.11	262.66
四　川	Sichuan	575.97	500.24	633.38	695.74	849.26	934.49
贵　州	Guizhou	231.55	404.70	490.51	547.12	640.98	720.46
云　南	Yunnan	228.42	297.84	359.52	373.16	474.80	548.05
西　藏	Tibet	4.83	6.61	6.97	7.96		11.51
陕　西	Shaanxi	236.77	272.28	424.22	343.51	419.16	498.29
甘　肃	Gansu	237.75	253.52	302.55	340.18	404.87	455.34
青　海	Qinghai	60.42	133.79	141.67	139.49	130.48	172.51
宁　夏	Ningxia	107.77	136.61	150.30	171.02	206.13	253.66
新　疆	Xinjiang	120.43	182.12	197.61	195.37	233.53	263.84

3－11 分地区水力发电量
HYDRO POWER GENERATION BY REGION

单位:亿千瓦小时 (100 million kW · h)

地区 Region	1995	2000	2001	2002	2003	2004
北京 Beijing	3.18	8.64	1.64	4.10	6.52	3.96
天津 Tianjin	0.21	0.14				
河北 Hebei	12.63	4.70	3.62	3.64	3.01	4.02
山西 Shanxi	7.11	13.04	16.73	18.83	19.29	21.00
内蒙 Inner Mongolia	1.43	5.59	6.19	6.69	7.07	8.49
辽宁 Liaoning	41.71	14.89	22.72	14.46	22.97	38.59
吉林 Jilin	83.16	47.84	58.13	44.57	40.80	56.35
黑龙江 Heilongjiang	6.69	13.19	12.76	15.09	11.72	13.96
上海 Shanghai						
江苏 Jiangsu	0.35	0.13	0.20	1.03	4.00	3.00
浙江 Zhejiang	78.25	65.23	86.40	95.29	125.00	95.38
安徽 Anhui	11.39	4.58	8.41	10.51	15.60	18.11
福建 Fujian	154.91	195.22	287.75	224.35	188.99	184.84
江西 Jiangxi	55.13	53.50	54.73	61.51	47.64	75.55
山东 Shandong	0.40	0.03	0.01	0.01	0.20	0.98
河南 Henan	15.64	15.52	36.13	15.52	54.00	78.36
湖北 Hubei	258.82	281.40	275.12	272.58	380.64	697.24
湖南 Hunan	157.97	191.15	212.01	227.93	242.97	280.93
广东 Guangdong	131.10	106.11	189.74	108.62	180.02	192.13
广西 Guangxi	138.30	168.87	176.09	184.12	192.63	185.41
海南 Hainan	11.32	11.54	15.15	13.74	13.22	9.23
重庆 Chongqing		38.22	40.70	37.48	46.19	93.50
四川 Sichuan	259.79	315.11	422.36	409.85	480.15	620.57
贵州 Guizhou	114.90	183.44	221.96	221.53	208.25	226.05
云南 Yunnan	162.05	196.53	216.48	209.24	280.90	299.83
西藏 Tibet	3.04	5.54	5.90	6.88		10.32
陕西 Shaanxi	25.43	34.80	149.14	25.92	46.75	42.49
甘肃 Gansu	96.18	102.54	117.97	105.74	108.07	119.42
青海 Qinghai	42.57	107.69	94.59	88.97	66.60	111.30
宁夏 Ningxia	9.30	8.18	7.59	7.78	7.28	9.40
新疆 Xinjiang	22.82	30.83	34.10	29.21	36.33	35.03

3-12 分地区火力发电量

THERMAL POWER GENERATION BY REGION

单位:亿千瓦小时 (100 million kW·h)

地 区	Region	1995	2000	2001	2002	2003	2004
北 京	Beijing	128.18	136.62	130.35	136.18	185.64	198.07
天 津	Tianjin	131.58	211.35	217.43	268.83	320.07	339.76
河 北	Hebei	593.72	839.53	897.88	1010.32	1085.17	1251.11
山 西	Shanxi	498.85	607.27	691.14	823.18	945.71	1058.00
内 蒙	Inner Mongolia	277.11	432.09	456.93	507.30	639.53	805.84
辽 宁	Liaoning	496.63	628.00	638.68	709.29	812.30	834.48
吉 林	Jilin	201.45	265.48	270.83	250.37	297.39	329.15
黑龙江	Heilongjiang	381.30	413.54	425.41	444.19	483.12	484.98
上 海	Shanghai	401.93	553.09	572.86	608.92	687.51	703.77
江 苏	Jiangsu	698.42	909.57	986.49	1115.53	1332.77	1550.78
浙 江	Zhejiang	300.67	539.18	614.29	630.12	827.50	915.34
安 徽	Anhui	297.94	350.87	381.22	455.15	541.60	587.58
福 建	Fujian	106.60	208.45	211.70	308.50	421.46	489.52
江 西	Jiangxi	121.35	149.85	162.22	186.48	273.30	303.43
山 东	Shandong	738.83	1005.14	1068.95	1220.73	1396.77	1681.78
河 南	Henan	532.01	677.76	753.81	858.86	968.26	1200.87
湖 北	Hubei	193.71	277.73	322.88	333.98	395.32	396.80
湖 南	Hunan	174.86	163.27	189.07	197.61	294.79	371.31
广 东	Guangdong	583.62	1038.61	1075.18	1209.57	1399.46	1661.26
广 西	Guangxi	78.99	120.21	116.21	123.61	170.28	192.02
海 南	Hainan	20.21	27.51	28.61	36.37	45.25	56.40
重 庆	Chongqing		129.68	136.87	147.27	158.18	168.99
四 川	Sichuan	316.18	185.13	208.77	285.65	368.45	313.79
贵 州	Guizhou	116.64	221.27	268.55	325.59	432.74	490.40
云 南	Yunnan	66.37	101.32	142.99	163.93	193.91	248.22
西 藏	Tibet	0.25	0.05	0.05	0.07		0.08
陕 西	Shaanxi	211.34	237.48	275.04	317.59	373.35	455.90
甘 肃	Gansu	141.56	150.98	184.13	234.26	295.95	334.71
青 海	Qinghai	17.85	26.10	44.98	50.52	63.88	61.21
宁 夏	Ningxia	98.48	128.43	142.71	163.24	198.85	243.99
新 疆	Xinjiang	97.27	149.29	151.30	164.43	195.10	226.34

3－13 分地区城市天然气供应情况

BASIC STATISTICS ON SUPPLY OF NATURAL GAS IN CITIES BY REGION

地区	Region	供气总量（万立方米） Total Gas Supply (10^4 cu. m)			用气人口（万人） Population with Access (10^4 person)		
		2000	2003	2004	2000	2003	2004
全国	**National Total**	**821476**	**1416415**	**1693364**	**2580.98**	**4320.2**	**5627.6**
北京	Beijing	95740	238471	270213	295.30	538.0	738.0
天津	Tianjin	23474	48004	62350	304.12	391.5	404.6
河北	Hebei	4647	12059	17123	31.08	86.7	118.0
山西	Shanxi	5611	3874	10585	35.68	31.4	44.3
内蒙古	Inner Mongolia		33	4021		28.0	39.5
辽宁	Liaoning	24923	30338	37698	409.88	456.5	575.9
吉林	Jilin	13162	19109	21131	76.50	123.3	147.5
黑龙江	Heilongjiang	4185	18175	16932	55.71	84.4	89.0
上海	Shanghai	25974	49682	98268	66.99	180.2	396.5
江苏	Jiangsu		1677	20976		9.9	178.8
浙江	Zhejiang		1008	3052		11.9	58.1
安徽	Anhui	600	32	3839	5.29	3.4	105.3
福建	Fujian						
江西	Jiangxi			123		0.1	12.6
山东	Shandong	84065	83721	93978	61.88	225.6	258.9
河南	Henan	55018	43136	36603	185.89	283.4	316.6
湖北	Hubei	1	892	5884	0.20	6.8	14.2
湖南	Hunan			1538			
广东	Guangdong	339	2178	4857	4.00	18.0	19.7
广西	Guangxi			168	0.12		1.4
海南	Hainan		2309	4632		41.6	48.4
重庆	Chongqing	68049	110438	135173	328.63	438.0	458.0
四川	Sichuan	388394	559452	582734	556.00	862.5	911.7
贵州	Guizhou	450	6199	6199	1.89	1.7	1.7
云南	Yunnan	1533	14500	14500	2.00	4.5	4.9
西藏	Tibet						
陕西	Shaanxi	17770	50336	59153	125.95	240.3	321.6
甘肃	Gansu	78	9687	13200	1.60	86.4	88.8
青海	Qinghai	2022	38126	67456	3.93	7.8	30.5
宁夏	Ningxia	56	50464	63749	1.35	16.6	27.0
新疆	Xinjiang	5385	22515	37230	26.99	142.0	186.3

3－14 分地区城市人工煤气供应情况

BASIC STATISTICS ON SUPPLY OF COAL GAS IN CITIES BY REGION

地 区 Region	供气总量(万立方米) Total Gas Supply (10^4 cu. m)			用气人口(万人) Population with Access(10^4 person)		
	2000	2003	2004	2000	2003	2004
全 国 National Total	**1523615**	**2020883.2**	**2137224.8**	**3944.45**	**4792.1**	**4653.8**
北 京 Beijing	47310	27286.6	16890.0	82.94	26.0	28.0
天 津 Tianjin	9882	25896.0	25800.0	72.62	96.3	98.5
河 北 Hebei	45918	70347.5	73647.0	278.73	360.5	378.5
山 西 Shanxi	241869	89706.1	77720.6	295.07	370.1	396.0
内蒙古 Inner Mongolia	7485	9043.0	6549.1	77.93	74.1	88.9
辽 宁 Liaoning	81957	69121.2	61112.0	422.10	541.6	474.7
吉 林 Jilin	15508	20562.2	12119.7	149.88	158.6	154.2
黑龙江 Heilongjiang	30347	36183.3	41726.0	211.03	256.0	274.6
上 海 Shanghai	213147	250873.6	207463.3	449.95	592.5	719.4
江 苏 Jiangsu	362606	802429.5	1027886.1	324.65	405.8	333.8
浙 江 Zhejiang	27796	33721.0	33503.5	47.77	156.5	110.8
安 徽 Anhui	22996	20147.8	18510.7	168.76	203.1	129.3
福 建 Fujian	12727	1257.4	1537.2	21.21	8.9	9.3
江 西 Jiangxi	39463	39984.3	46473.8	125.38	138.7	155.0
山 东 Shandong	43041	47187.4	47103.9	335.43	422.0	396.8
河 南 Henan	81775	84775.5	95994.3	136.31	139.3	142.3
湖 北 Hubei	14588	15592.6	16618.0	180.08	137.2	140.7
湖 南 Hunan	60375	43529.7	44119.0	81.29	100.5	102.2
广 东 Guangdong	12097	128836.1	64345.9	150.07	246.8	155.6
广 西 Guangxi	2817	3903.4	4120.8	14.51	23.2	23.9
海 南 Hainan						
重 庆 Chongqing	100	336.0		0.50	1.8	
四 川 Sichuan	111677	120233.0	113863.0	30.08	31.5	31.9
贵 州 Guizhou	8727	14411.0	16929.0	73.35	100.3	110.5
云 南 Yunnan	15407	17330.0	16899.0	99.60	144.3	127.1
西 藏 Tibet						
陕 西 Shaanxi	4447	1258.0	4534.0	32.67	15.2	29.8
甘 肃 Gansu	6691	3433.1	4694.0	70.24	24.8	26.3
青 海 Qinghai	24			2.50		
宁 夏 Ningxia	2838	2848.0	2883.0	9.80	10.5	10.9
新 疆 Xinjiang		40650.0	54182.0		5.9	5.0

3－15 分地区城市液化石油气供应情况

BASIC STATISTICS ON SUPPLY OF LPG IN CITIES BY REGION

地　区	Region	供气总量（吨）Total Gas Supply (ton)			用气人口（万人）Population with Access(10^4 person)		
		2000	2003	2004	2000	2003	2004
全　国	**National Total**	**10537147**	**11264000**	**11267119.9**	**11106.62**	**16833.9**	**17559.2**
北　京	Beijing	176460	384000	431399.0	252.69	397.0	418.0
天　津	Tianjin	44203	80000	69779.0	89.40	117.8	119.3
河　北	Hebei	189612	337000	336674.1	475.66	707.7	708.8
山　西	Shanxi	34152	49000	38741.6	102.28	174.8	168.2
内蒙古	Inner Mongolia	59425	134000.0	144113	191.86	260.3	266.7
辽　宁	Liaoning	379194	432000	456355.0	568.82	734.4	726.8
吉　林	Jilin	169062	203000	210681.0	350.34	437.8	447.4
黑龙江	Heilongjiang	601427	222000	236835.0	546.44	583.6	603.3
上　海	Shanghai	490561	429000	446543.0	421.15	505.6	702.5
江　苏	Jiangsu	705010	1358000	1226674.8	882.85	1673.5	1712.1
浙　江	Zhejiang	630895	1185000	1050666.6	555.11	1103.5	1144.3
安　徽	Anhui	458621	333000	590159.1	378.80	517.3	517.3
福　建	Fujian	737609	301000	346659.6	340.72	573.4	598.2
江　西	Jiangxi	164698	150000	175642.0	220.08	356.5	387.9
山　东	Shandong	276543	545000	517235.0	886.80	1614.3	1750.9
河　南	Henan	162199	175000	171956.4	429.88	507.7	544.3
湖　北	Hubei	296179	313000	315009.2	908.34	1230.0	1224.1
湖　南	Hunan	199873	231000	300410.3	460.65	571.8	592.9
广　东	Guangdong	3108612	334000	3121280.1	1485.28	2702.3	2908.3
广　西	Guangxi	204904	250000	271967.6	373.57	466.6	506.1
海　南	Hainan	77856	80000	68291.0	116.53	110.8	91.1
重　庆	Chongqing	38769	63000	96022.6	35.05	46.1	75.1
四　川	Sichuan	66154	142000	163946.8	80.54	137.8	139.2
贵　州	Guizhou	28973	57000	60465.0	89.71	184.6	189.6
云　南	Yunnan	82954	94000	95078.1	137.50	174.7	184.1
西　藏	Tibet	16680	1000	704.5	13.80	12.5	12.5
陕　西	Shaanxi	79038	107000	51448.0	205.97	336.6	241.2
甘　肃	Gansu	783739	55000	73240.2	101.73	191.6	208.6
青　海	Qinghai	11496	15000	17399.0	29.50	35.5	35.8
宁　夏	Ningxia	18231	22000	27217.2	69.87	81.8	87.8
新　疆	Xinjiang	244018	172000	154526.2	305.70	286.2	246.9

3-16 分地区城市集中供热情况

BASIC STATISTICS ON HEATING SUPPLY IN CITIES BY REGION

地　区	Region	蒸汽供应能力（吨/小时）Capacity of Steam Supply (tn/hr)			热水供应能力（兆瓦）Capacity of Hot Water Supply(10^6 w)		
		2000	2003	2004	2000	2003	2004
全　国	**National Total**	**74148**	**92590**	**98262**	**97417**	**59136**	**174442**
北　京	Beijing	3408	3816	1384	4755	3406	23706
天　津	Tianjin	9106	3234	3407	5608	1486	10111
河　北	Hebei	6427	6881	8140	8388	6119	12866
山　西	Shanxi	3316	3397	2799	5347	929	6627
内蒙古	Inner Mongolia	1200	874	844	5687	532	10160
辽　宁	Liaoning	11569	10975	11844	19154	3999	30488
吉　林	Jilin	3425	4450	5763	10564	1570	18330
黑龙江	Heilongjiang	4513	5993	5690	13750	2524	22646
上　海	Shanghai						
江　苏	Jiangsu	2554	13372	17157	8	9637	228
浙　江	Zhejiang	1516	3333	3583		2969	233
安　徽	Anhui	1915	1798	2276	214	2325	135
福　建	Fujian			160	43		286
江　西	Jiangxi						
山　东	Shandong	12498	18754	20054	9206	9636	13901
河　南	Henan	3261	3899	4602	1334	2348	1617
湖　北	Hubei	775	1404	1404		596	78
湖　南	Hunan	493	105	105		5	
广　东	Guangdong						
广　西	Guangxi						
海　南	Hainan						
重　庆	Chongqing						
四　川	Sichuan		160	160		134	
贵　州	Guizhou						
云　南	Yunnan						
西　藏	Tibet						
陕　西	Shaanxi	1923	2258	1983	551	1711	1499
甘　肃	Gansu	3949	5845	4774	3611	8113	5474
青　海	Qinghai				89		158
宁　夏	Ningxia	662	646	646	2963	241	4822
新　疆	Xinjiang	1638	1396	1487	6145	856	11077

四、全国能源平衡表

Chapter 4 Energy Balance Table of China

4－1 中国能源平衡表(标准量) －1999

单位:万吨标准煤

		能源合计 Energy Total	
		(发电煤耗计算法) (coal equivalent calculation)	(电热当量计算法) (calorific value calculation)
一. 可供本地区消费的能源量	**Total Primary Energy Supply**	**132065.36**	**126628.10**
1. 一次能源生产量	Indigenous Production	125934.78	120264.43
水电	Hydro Power	7634.59	2415.97
核电	Nuclear Power	580.58	183.72
2. 回收能	Recovery of Energy	1693.52	1693.52
3. 进口量	Import	9092.54	9082.82
4. 我轮、机在外国加油量	China Airplanes&ships Refueling in Abroad	421.14	421.14
5. 出口量(－)	Export (－)	－6943.05	－6700.25
6. 外轮、机在我国加油量(－)	Foreign Airplanes&ships Refueling in China	－107.55	－107.55
7. 库存增(－)、减(＋)量	Stock Change	1973.98	1973.98
二. 加工转换投入(－)产出(＋)量	**Input(－) & Output(＋) of Transformation**	**－2227.85**	**－31450.60**
1. 火力发电	Thermal Power		－27229.44
2. 供热	Heating Supply		－1993.32
3. 洗选煤	Coal Washing	－767.05	－767.05
4. 炼焦	Coking	－515.62	－515.62
5. 炼油	Petroleum Refineries	－647.68	－647.68
6. 制气	Gas Works	－105.12	－105.12
#焦炭再投入量(－)	Coke Input (－)	－153.32	－153.32
7. 煤制品加工	Briquettes	－39.06	－39.06
三. 损失量	**Loss**	**3789.44**	**1476.38**
四. 终端消费量	**Total Final Consumption**	**127813.68**	**95466.10**
1. 农、林、牧、渔、水利业	Farming, Forestry, Animal Husbandry, Fishery & Water Conservancy	5993.39	4239.55
2. 工业	Industry	87151.21	64390.11
#用作原料、材料	Non-Energy Use	5789.89	5789.89
3. 建筑业	Construction	1979.35	1599.52
4. 交通运输、仓储及邮电通讯业	Transport, Storage, Postal & Telecommunications Services	9011.78	8325.87
5. 批发和零售贸易业、餐饮业	Wholesale, Retail Trade and Catering Service	2901.48	1975.12
6. 生活消费	Residential Consumption	15213.92	10984.48
城 镇	Urban	8978.58	6392.75
乡 村	Rural	6235.33	4591.73
7. 其他	Other	5562.54	3951.45
五. 平衡差额	**Statistical Difference**	**－1765.61**	**－1764.98**
六. 能源消费总量	**Total Energy Consumption**	**133830.97**	**128393.08**

ENERGY BALANCE OF CHINA －1999（STANDARD QUANTITY）

（10 000 tce）

煤合计 Coal Total	原煤 Raw Coal	洗精煤 Cleaned Coal	其他洗煤 Other Washed Coal	型煤 Briquettes	焦炭 Coke	焦炉煤气 Coke Oven Gas	其他煤气 Other Gas	其他焦化产品 Other Coking Products	油品合计 Petroleum Products Total
90557.06	**90894.72**	**－379.31**	**47.50**	**－5.85**	**－1071.55**		**1080.73**	**－1.07**	**30059.65**
91430.40	91430.40								22857.60
							1080.67		28.95
124.70	100.72	23.97						31.85	8921.78
									421.14
－2893.18	－2414.30	－478.79		－0.09	－968.89			－32.92	－2243.71
									－107.55
1895.14	1777.90	75.50	47.50	－5.76	－102.66		0.06		181.44
－58398.08	**－61918.76**	**1051.26**	**1930.19**	**539.24**	**11575.11**	**1265.68**	**203.67**	**209.16**	**－2923.08**
－37559.30	－36862.69	－82.07	－614.54			－57.01	－188.74		－1765.23
－5658.85	－5573.56	－5.24	－80.05			－47.36	－96.97		－575.15
－768.44	－14460.36	11032.69	2659.23						
－13628.42	－4043.69	－9565.12	－19.60		11520.06	1354.63	42.15	194.86	
									－536.27
－744.01	－408.56	－328.99	－6.46		208.38	15.42	447.24	14.30	－46.43
					－153.32				
－39.06	－569.90		－8.40	539.24					
						15.55			**266.20**
34268.68	**30779.53**	**951.63**	**1963.50**	**574.02**	**10008.03**	**1290.49**	**1283.02**	**215.12**	**27017.26**
1209.73	1195.33		14.13	0.27	141.64				2074.74
25057.03	22579.16	944.02	1498.93	34.92	9652.86	1046.49	1036.73	215.12	11521.67
1612.20	1499.26	48.52	62.95	1.47	635.38	11.93		54.75	2533.90
364.48	354.44	3.95	6.09		16.61				1029.92
897.93	885.62	3.47	8.70	0.15	9.85	0.12	0.58		7071.82
624.42	612.99	0.09	5.38	5.96	35.48	11.04	8.40		797.93
5669.56	4738.06		400.94	530.55	138.99	213.82	234.18		1879.65
2285.71	1762.84		188.19	334.68	68.00	213.82	231.79		1506.06
3383.85	2975.22		212.75	195.88	70.99		2.39		373.59
445.53	413.93	0.10	29.33	2.16	12.61	19.02	3.13		2641.53
－2109.70	**－1803.57**	**－279.68**	**14.20**	**－40.64**	**495.53**	**－40.36**	**1.38**	**－7.03**	**－146.88**

续表

单位:万吨标准煤

		原油 Crude Oil	汽油 Gasoline
一.可供本地区消费的能源量	**Total Primary Energy Supply**	**27068.03**	**-531.88**
1.一次能源生产量	Indigenous Production	22857.60	
水电	Hydro Power		
核电	Nuclear Power		
2.回收能	Recovery of Energy		
3.进口量	Import	5230.63	0.06
4.我轮、机在外国加油量	China Airplanes&ships Refueling in Abroad		
5.出口量(-)	Export (-)	-1023.92	-608.91
6.外轮、机在我国加油量(-)	Foreign Airplanes&ships Refueling in China		-17.66
7.库存增(-)、减(+)量	Stock Change	3.71	94.63
二.加工转换投入(-)产出(+)量	**Input(-) & Output(+) of Transformation**	**-26065.75**	**5503.29**
1.火力发电	Thermal Power	-114.52	-1.34
2.供热	Heating Supply	-18.40	-0.28
3.洗选煤	Coal Washing		
4.炼焦	Coking		
5.炼油	Petroleum Refineries	-25932.83	5504.90
6.制气	Gas Works		
#焦炭再投入量(-)	Coke Input (-)		
7.煤制品加工	Briquettes		
三.损失量	**Loss**	**263.41**	
四.终端消费量	**Total Final Consumption**	**742.03**	**4972.79**
1.农、林、牧、渔、水利业	Farming, Forestry, Animal Husbandry, Fishery & Water Conservancy		262.12
2.工业	Industry	707.73	949.64
#用作原料、材料	Non-Energy Use	94.13	30.48
3.建筑业	Construction	4.56	167.40
4.交通运输、仓储及邮电通迅业	Transport, Storage, Postal & Telecommunications Services	27.54	1862.09
5.批发和零售贸易业、餐饮业	Wholesale, Retail Trade and Catering Service	0.24	303.58
6.生活消费	Residential Consumption		178.23
城镇	Urban		133.56
乡村	Rural		44.67
7.其他	Other	1.96	1249.73
五.平衡差额	**Statistical Difference**	**-3.16**	**-1.38**
六.能源消费总量	**Total Energy Consumption**		

Continued

(10 000 tce)

煤油 Kerosene	柴油 Diesel Oil	燃料油 Fuel Oil	液化石油气 PLG	炼厂干气 Refinery Gas	其他石油制品 Other Petroleum Products	天然气 Natural Gas	热力 Heat	电力 Electricity	其他能源 Other Energy
154.20	**46.13**	**2773.88**	**566.15**		**-16.86**	**2902.19**		**2517.19**	**583.90**
						3351.33		2625.09	
								2415.97	
								183.72	
			28.95						583.90
310.74	44.97	2510.04	552.54		272.80			4.50	
89.81	36.66	294.66							
-183.88	-88.11	-36.37	-12.86		-289.66	-449.14		-112.40	
-55.66	-15.18	-19.04							
-6.81	67.80	24.60	-2.49						
1094.35	**8680.12**	**1027.56**	**1396.76**	**807.75**	**4632.84**	**-293.27**	**4584.62**	**12605.90**	**-280.33**
	-313.98	-1294.80	-3.19	-37.42		-168.64		12605.90	-96.42
		-430.39		-126.07		-124.62	4584.62		-74.99
									1.39
									1.10
1094.35	8994.10	2799.18	1399.95	971.24	4632.84				-111.41
		-46.43							
			2.79			**78.07**	**57.25**	**1059.31**	
1212.74	**8766.13**	**3848.65**	**2065.70**	**793.21**	**4616.01**	**2487.37**	**4528.75**	**14063.79**	**303.59**
2.10	1809.49	0.50	0.53				1.87	811.57	
115.28	1881.66	2582.29	431.95	793.21	4059.90	2078.26	3682.27	9796.10	303.59
13.44	35.56	125.16	47.13	1.75	2186.26	638.13			303.59
5.69	259.45	23.11	13.59		556.11	9.04	4.52	174.94	
743.97	3237.15	1200.02	1.05			10.51	21.94	313.12	
16.85	380.17	15.06	82.03			39.10	37.43	421.33	
104.19	91.30		1505.93			342.08	686.33	1819.88	
9.24	58.68		1304.58			342.08	686.33	1058.97	
94.95	32.62		201.34					760.91	
224.65	1106.92	27.66	30.62			8.38	94.39	726.86	
35.81	**-39.88**	**-47.20**	**-105.58**	**14.54**	**-0.03**	**43.49**	**-1.38**	**-0.01**	**-0.02**

4-1 中国能源平衡表(实物量) -1999

		煤合计 (万吨) Coal Total (10^4 tn)	原煤 (万吨) Raw Coal (10^4 tn)
一.可供本地区消费的能源量	**Total Primary Energy Supply**	**127076.12**	**127410.95**
1.一次能源生产量	Indigenous Production	128000.00	128000.00
水电	Hydro Power		
核电	Nuclear Power		
2.回收能	Recovery of Energy		
3.进口量	Import	167.28	141.01
4.我轮、机在外国加油量	China Airplanes&Ships Refueling in Abroad		
5.出口量(-)	Export (-)	-3743.86	-3219.07
6.外轮、机在我国加油量(-)	Foreign Airplanes&Ships Refueling in China		
7.库存增(-)、减(+)量	Stock Change	2652.70	2489.01
二.加工转换投入(-)产出(+)量	**Input(-) & Output(+) of Transformation**	**-80285.78**	**-86000.94**
1.火力发电	Thermal Power	-52458.21	-51198.18
2.供热	Heating Supply	-7960.98	-7802.83
3.洗选煤	Coal Washing	-3091.53	-20244.10
4.炼焦	Coking	-15931.74	-5413.24
5.炼油	Petroleum Refineries		
6.制气	Gas Works	-917.55	-544.75
#焦炭再投入量(-)	Coke Input (-)		
7.煤制品加工	Briquettes	74.23	-797.84
三.损失量	**Loss**		
四.终端消费量	**Total Final Consumption**	**49714.22**	**43987.52**
1.农、林、牧、渔、水利业	Farming, Forestry, Animal Husbandry, Fishery & Water Conservancy	1735.61	1708.26
2.工业	Industry	36214.19	32268.24
#用作原料、材料	Non-Energy Use	2318.07	2142.61
3.建筑业	Construction	522.46	506.54
4.交通运输、仓储及邮电通迅业	Transport, Storage, Postal & Telecommunications Services	1286.26	1265.65
5.批发和零售贸易业、餐饮业	Wholesale, Retail Trade and Catering Service	896.20	876.03
6.生活消费	Residential Consumption	8408.42	6771.24
城 镇	Urban	3428.81	2519.30
乡 村	Rural	4979.61	4251.94
7.其他	Other	651.08	591.56
五.平衡差额	**Statistical Difference**	**-2923.88**	**-2577.51**
六.能源消费合计	**Total Energy Consumption**	**130000.00**	**129988.46**

ENERGY BANLANCE OF CHINA -1999(PHYSICAL QUANTITY)

洗精煤 (万吨) Cleaned Coal (10^4 tn)	其他洗煤 (万吨) Other Washed Coal (10^4 tn)	型煤 (万吨) Briquettes (10^4 tn)	焦炭 (万吨) Coke (10^4 tn)	焦炉煤气 (亿立方米) Coke Oven Gas (10^8 cu. m)	其他煤气 (亿立方米) Other Gas (10^8 cu. m)	其他焦化产品 (万吨) Other Coking Products (10^4 tn)	油品合计 (万吨) Petroleum Products Total (10^4 tn)	原油 (万吨) Crude Oil (10^4 tn)
-415.64	**90.45**	**-9.64**	**-1103.10**		**375.80**	**-0.93**	**20981.29**	**18947.24**
							16000.00	16000.00
					375.78		16.89	
26.27						27.60	6190.88	3661.37
							292.46	
-524.64		-0.15	-997.42			-28.53	-1569.94	-716.73
							-73.58	
82.73	90.45	-9.49	-105.68		0.02		124.58	2.60
1151.94	**3675.15**	**888.07**	**11915.91**	**207.59**	**70.87**	**181.25**	**-2222.18**	**-18245.66**
-89.93	-1170.10			-9.28	-65.63		-1228.56	-80.16
-5.74	-152.41			-7.71	-33.72		-394.57	-12.88
12089.29	5063.28							
-10481.18	-37.32		11859.23	222.07	14.66	168.86		
							-566.55	-18152.62
-360.50	-12.30		214.51	2.51	155.56	12.39	-32.50	
			-157.83					
	-16.00	888.07						
				2.55			**186.01**	**184.38**
1042.77	**3738.57**	**945.36**	**10302.69**	**211.66**	**446.19**	**186.41**	**18664.68**	**519.41**
	26.90	0.45	145.81				1422.07	
1034.43	2854.01	57.51	9937.06	171.64	360.54	186.41	8172.11	495.40
53.17	119.87	2.42	654.09	1.96		47.44	1959.67	65.89
4.33	11.59		17.10				747.25	3.19
3.80	16.56	0.25	10.14	0.02	0.20		4852.67	19.28
0.10	10.25	9.82	36.52	1.81	2.92		537.24	0.17
	763.41	873.77	143.08	35.07	81.44		1133.05	
	358.33	551.18	70.00	35.07	80.61		898.32	
	405.08	322.59	73.08		0.83		234.73	
0.11	55.85	3.56	12.98	3.12	1.09		1800.29	1.37
-306.47	**27.03**	**-66.93**	**510.12**	**-6.62**	**0.48**	**-6.09**	**-91.58**	**-2.21**
11980.12	**5126.70**	**945.36**	**10460.52**	**231.20**	**545.54**	**186.41**	**21072.87**	**18949.45**

续表

		汽油 (万吨) Gasoline (10^4tn)	煤油 (万吨) Kerosene (10^4tn)
一. 可供本地区消费的能源量	**Total Primary Energy Supply**	**-361.48**	**104.80**
1. 一次能源生产量	Indigenous Production		
水电	Hydro Power		
核电	Nuclear Power		
2. 回收能	Recovery of Energy		
3. 进口量	Import	0.04	211.19
4. 我轮、机在外国加油量	China Airplanes&Ships Refueling in Abroad		61.04
5. 出口量(-)	Export(-)	-413.83	-124.97
6. 外轮、机在我国加油量(-)	Foreign Airplanes&ships Refueling in China	-12.00	-37.83
7. 库存增(-)、减(+)量	Stock Change	64.31	-4.63
二. 加工转换投入(-)产出(+)量	**Input(-) & Output(+) of Transformation**	**3740.17**	**743.75**
1. 火力发电	Thermal Power	-0.91	
2. 供热	Heating Supply	-0.19	
3. 洗选煤	Coal Washing		
4. 炼焦	Coking		
5. 炼油	Petroleum Refineries	3741.27	743.75
6. 制气	Gas Works		
#焦炭再投入量(-)	Coke Input(-)		
7. 煤制品加工	Briquettes		
三. 损失量	**Loss**		
四. 终端消费量	**Total Final Consumption**	**3379.63**	**824.21**
1. 农、林、牧、渔、水利业	Farming, Forestry, Animal Husbandry, Fishery & Water Conservancy	178.14	1.43
2. 工业	Industry	645.40	78.35
#用作原料、材料	Non-Energy Use	20.72	9.14
3. 建筑业	Construction	113.77	3.87
4. 交通运输、仓储及邮电通讯业	Transport, Storage, Postal & Telecommunications Services	1265.52	505.62
5. 批发和零售贸易业、餐饮业	Wholesale, Retail Trade and Catering Service	206.32	11.45
6. 生活消费	Residential Consumption	121.13	70.81
城 镇	Urban	90.77	6.28
乡 村	Rural	30.36	64.53
7. 其他	Other	849.35	152.68
五. 平衡差额	**Statistical Difference**	**-0.94**	**24.34**
六. 能源消费合计	**Total Energy Consumption**	**3380.73**	**824.21**

Continued

柴油（万吨）Diesel Oil (10⁴tn)	燃料油（万吨）Fuel Oil (10⁴tn)	液化石油气（万吨）PLG (10⁴tn)	炼厂干气（万吨）Refinery Gas (10⁴tn)	其他石油制品（万吨）Other Petroleum Products (10⁴tn)	天然气（亿立方米）Natural Gas (10^8 cu. m)	热力（万百万千焦）Heat (10^{10} kj)	电力（亿千瓦小时）Electricity (10^8 kW·h)	其他能源（万吨标煤）Other Energy (10⁴tce)
31.66	**1941.68**	**330.25**		**-12.86**	**218.21**		**2048.16**	**583.90**
					251.98		2135.96	
							1965.80	
							149.49	
		16.89						583.90
30.86	1756.99	322.31		208.12			3.66	
25.16	206.26							
-60.47	-25.46	-7.50		-220.98	-33.77		-91.46	
-10.42	-13.33							
46.53	17.22	-1.45						
5957.12	**719.28**	**814.77**	**514.03**	**3534.36**	**-22.05**	**134446.33**	**10257.04**	**-280.33**
-215.48	-906.34	-1.86	-23.81		-12.68		10257.04	-96.42
	-301.27		-80.23		-9.37	134446.33		-74.99
								1.39
								1.10
6172.60	1959.39	816.63	618.07	3534.36				-111.41
	-32.50							
		1.63			**5.87**	**1678.81**	**861.93**	
6016.15	**2694.00**	**1204.98**	**504.78**	**3521.52**	**187.02**	**132808.04**	**11443.28**	**303.59**
1241.84	0.35	0.31				54.90	660.35	
1291.37	1807.57	251.97	504.78	3097.27	156.26	107984.44	7970.79	303.59
24.41	108.45	27.49	35.70	1667.88	47.98			303.59
178.06	16.18	7.93		424.25	0.68	132.65	142.34	
2221.64	840.00	0.61			0.79	643.39	254.78	
260.91	10.54	47.85			2.94	1097.74	342.82	
62.66		878.45			25.72	20126.84	1480.78	
40.27		761.00			25.72	20126.84	861.65	
22.39		117.45					619.13	
759.67	19.36	17.86			0.63	2768.08	591.42	
-27.37	**-33.04**	**-61.59**	**9.25**	**-0.02**	**3.27**	**-40.52**	**-0.01**	**-0.02**
6231.63	**3934.11**	**1208.47**	**608.82**	**3521.52**	**214.94**	**134486.85**	**12305.21**	**586.41**

4-2 中国能源平衡表(标准量) -2000

单位:万吨标准煤

		能源合计 Energy Total	
		(发电煤耗计算法)(coal equivalent calculation)	(电热当量计算法)(calorific value calculation)
一.可供本地区消费的能源量	**Total Primary Energy Supply**	**136535.10**	**130448.14**
1.一次能源生产量	Indigenous Production	128977.88	122673.33
水电	Hydro Power	8541.84	2733.47
核电	Nuclear Power	642.79	205.70
2.回收能	Recovery of Energy	1759.74	1759.74
3.进口量	Import	13876.91	13836.53
4.我轮、机在外国加油量	China Airplanes&ships Refueling in Abroad	456.78	456.78
5.出口量(-)	Export (-)	-9462.79	-9204.83
6.外轮、机在我国加油量(-)	Foreign Airplanes&ships Refueling in China	-170.10	-170.10
7.库存增(-)、减(+)量	Stock Change	1096.68	1096.68
二.加工转换投入(-)产出(+)量	**Input(-) & Output(+) of Transformation**	**-2460.81**	**-33771.49**
1.火力发电	Thermal Power		-29097.10
2.供热	Heating Supply		-2213.59
3.洗选煤	Coal Washing	-861.49	-861.49
4.炼焦	Coking	-524.67	-524.67
5.炼油	Petroleum Refineries	-780.54	-780.54
6.制气	Gas Works	-119.51	-119.51
#焦炭再投入量(-)	Coke Input (-)	-138.78	-138.78
7.煤制品加工	Briquettes	-35.82	-35.82
三.损失量	**Loss**	**4062.15**	**1589.25**
四.终端消费量	**Total Final Consumption**	**132029.63**	**97108.34**
1.农、林、牧、渔、水利业	Farming, Forestry, Animal Husbandry, Fishery & Water Conservancy	6045.26	4286.98
2.工业	Industry	89265.68	64735.67
#用作原料、材料	Non-Energy Use	5757.44	5757.44
3.建筑业	Construction	2142.53	1736.29
4.交通运输、仓储及邮电通迅业	Transport, Storage, Postal & Telecommunications Services	9721.24	8977.14
5.批发和零售贸易业、餐饮业	Wholesale, Retail Trade and Catering Service	3038.77	1993.65
6.生活消费	Residential Consumption	15964.61	11246.36
城 镇	Urban	9656.09	6700.56
乡 村	Rural	6308.52	4545.80
7.其他	Other	5851.53	4132.27
五.平衡差额	**Statistical Difference**	**-2017.48**	**-2020.95**
六.能源消费总量	**Total Energy Consumption**	**138552.58**	**132469.09**

ENERGY BALANCE OF CHINA -2000 (STANDARD QUANTITY)

(10 000 tce)

煤合计 Coal Total	原煤 Raw Coal	洗精煤 Cleaned Coal	其他洗煤 Other Washed Coal	型煤 Briquettes	焦炭 Coke	焦炉煤气 Coke Oven Gas	其他煤气 Other Gas	其他焦化产品 Other Coking Products	油品合计 Petroleum Products Total
91398.91	**91786**	**-364.06**	**-25.58**	**2.19**	**-1254.76**		**1175.57**	**31.17**	**32448.38**
92802.57	92803								23286.18
							1175.57		
161.19	127	30.97	3.26					52.53	13603.81
									456.78
-4234.70	-3643	-590.45	-0.55	-0.49	-1476.24			-21.36	-2933.64
									-170.10
2669.85	2500.05	195.42	-28.28	2.67	221.48				-1794.65
-62152.36	**-65629**	**980.22**	**2000.19**	**496.31**	**11696.77**	**1350.09**	**172.04**	**220.22**	**-3056.09**
-40514.61	-39785	-96.46	-633.08			-65.67	-201.36		-1691.00
-6128.05	-6035	-5.70	-87.52			-59.10	-100.45		-622.23
-861.49	-14703	11088.09	2753.36						
-13851.32	-4168	-9664.42	-18.91		11618.47	1458.14	43.93	205.41	
									-705.90
-761.07	-414	-341.28	-5.79		217.09	16.71	429.93	14.81	-36.97
					-138.78				
-35.82	-524		-7.88	496.31					
						13.29			**276.13**
31910.82	**28377**	**1057.76**	**1979.10**	**496.81**	**10002.64**	**1363.87**	**1346.95**	**249.49**	**28830.71**
1134.11	1121		13.28		140.06				2183.87
23353.70	20774	1050.02	1485.39	44.13	9653.46	1107.69	1078.32	249.49	12037.57
1497.62	1379	53.97	62.39	1.86	606.87	12.63		63.50	2625.78
369.59	359	3.99	7.10		18.44				1142.52
780.18	767	3.65	9.15	0.21	10.92	0.12	0.60		7804.47
560.60	551	0.09	5.38	3.79	34.69	11.58	7.59		811.27
5265.71	4390		428.87	446.61	133.28	225.33	257.24		2087.83
2021.74	1532		200.16	289.46	65.63	225.33	254.97		1685.48
3243.98	2858		228.70	157.15	67.65		2.27		402.35
446.93	415	0.01	29.94	2.08	11.80	19.14	3.19		2763.18
-2664.27	**-2220**	**-441.60**	**-4.49**	**1.69**	**439.37**	**-27.07**	**0.66**	**1.89**	**285.46**

续表

单位:万吨标准煤

		原油 Crude Oil	汽油 Gasoline
一. 可供本地区消费的能源量	**Total Primary Energy Supply**	**30547.74**	**-927.25**
1. 一次能源生产量	Indigenous Production	23286.18	
水电	Hydro Power		
核电	Nuclear Power		
2. 回收能	Recovery of Energy		
3. 进口量	Import	10038.10	0.04
4. 我轮、机在外国加油量	China Airplanes&ships Refueling in Abroad		
5. 出口量(-)	Export (-)	-1472.32	-669.78
6. 外轮、机在我国加油量(-)	Foreign Airplanes&ships Refueling in China		-18.39
7. 库存增(-)、减(+)量	Stock Change	-1304.23	-239.12
二. 加工转换投入(-)产出(+)量	**Input(-) & Output(+) of Transformation**	**-29149.58**	**6081.99**
1. 火力发电	Thermal Power	-121.43	-1.47
2. 供热	Heating Supply	-20.00	-0.29
3. 洗选煤	Coal Washing		
4. 炼焦	Coking		
5. 炼油	Petroleum Refineries	-29008.15	6083.75
6. 制气	Gas Works		
#焦炭再投入量(-)	Coke Input (-)		
7. 煤制品加工	Briquettes		
三. 损失量	**Loss**	**272.73**	
四. 终端消费量	**Total Final Consumption**	**909.73**	**5155.36**
1. 农、林、牧、渔、水利业	Farming, Forestry, Animal Husbandry, Fishery & Water Conservancy		271.49
2. 工业	Industry	874.79	883.99
#用作原料、材料	Non-Energy Use	116.35	28.38
3. 建筑业	Construction	4.71	170.02
4. 交通运输、仓储及邮电通迅业	Transport, Storage, Postal & Telecommunications Services	27.97	2041.98
5. 批发和零售贸易业、餐饮业	Wholesale, Retail Trade and Catering Service	0.26	308.76
6. 生活消费	Residential Consumption		187.72
城 镇	Urban		140.03
乡 村	Rural		47.69
7. 其他	Other	2.00	1291.40
五. 平衡差额	**Statistical Difference**	**215.69**	**-0.62**
六. 能源消费总量	**Total Energy Consumption**		

Continued

(10 000 tce)

煤油 Kerosene	柴油 Diesel Oil	燃料油 Fuel Oil	液化石油气 PLG	炼厂干气 Refinery Gas	其他石油制品 Other Petroleum Products	天然气 Natural Gas	热力 Heat	电力 Electricity	其他能源 Other Energy
12.65	**-397.99**	**2547.17**	**822.08**		**-156.01**	**3200.11**		**2864.58**	**584.17**
						3617.60		2966.98	
								2733.47	
								205.70	
									584.17
375.90	37.78	2114.50	825.85		211.64			19.00	
98.61	37.88	320.28							
-292.63	-80.84	-47.67	-2.74		-367.65	-417.49		-121.40	
-84.55	-32.11	-35.04							
-84.68	-360.71	195.10	-1.03						
1283.49	**9983.99**	**1317.65**	**1568.10**	**890.23**	**4968.04**	**-391.82**	**4983.24**	**13693.35**	**-286.94**
	-331.72	-1163.19	-3.26	-39.29	-30.63	-202.29		13693.35	-115.51
		-416.05		-160.19	-25.69	-189.53	4983.24		-97.49
									0.70
1283.49	10315.71	2933.87	1571.36	1089.70	5024.36				-74.64
		-36.97							
			3.39			**88.58**	**60.04**	**1151.22**	
1279.54	**9539.07**	**3916.39**	**2336.23**	**882.36**	**4812.03**	**2778.50**	**4923.04**	**15405.11**	**297.21**
2.21	1909.00	0.57	0.60				1.88	827.07	
123.52	1994.48	2633.94	469.84	882.36	4174.66	2270.18	3974.95	10713.08	297.21
14.40	37.70	127.66	51.26	1.99	2248.06	653.83			297.21
5.89	285.39	23.87	15.27		637.36	10.91	4.63	190.21	
788.52	3706.59	1214.31	25.10			13.30	21.95	345.59	
17.66	372.93	16.56	95.11			45.75	38.33	483.83	
106.19	99.61		1694.31			429.86	792.28	2054.83	
9.56	63.86		1472.02			429.86	792.28	1225.28	
96.63	35.74		222.29					829.55	
235.56	1171.07	27.14	36.00			8.51	89.02	790.49	
16.60	**46.93**	**-51.57**	**50.55**	**7.87**		**-58.79**	**0.17**	**1.60**	**0.02**

4-2 中国能源平衡表(实物量)-2000

		煤合计(万吨) Coal Total (10^4 tn)	原煤(万吨) Raw Coal (10^4 tn)
一.可供本地区消费的能源量	**Total Primary Energy Supply**	**128297.09**	**128741.12**
1.一次能源生产量	Indigenous Production	129921.00	129921.00
水电	Hydro Power		
核电	Nuclear Power		
2.回收能	Recovery of Energy		
3.进口量	Import	217.88	177.74
4.我轮、机在外国加油量	China Airplanes&Ships Refueling in Abroad		
5.出口量(-)	Export (-)	-5506.47	-4857.62
6.外轮、机在我国加油量(-)	Foreign Airplanes&Ships Refueling in China		
7.库存增(-)、减(+)量	Stock Change	3664.68	3500.00
二.加工转换投入(-)产出(+)量	**Input(-) & Output(+) of Transformation**	**-85178.61**	**-90878.52**
1.火力发电	Thermal Power	-55811.20	-54500.10
2.供热	Heating Supply	-8794.07	-8621.17
3.洗选煤	Coal Washing	-3191.20	-20583.70
4.炼焦	Coking	-16496.40	-5870.41
5.炼油	Petroleum Refineries		
6.制气	Gas Works	-959.99	-575.01
#焦炭再投入量(-)	Coke Input (-)		
7.煤制品加工	Briquettes	74.25	-728.13
三.损失量	**Loss**		
四.终端消费量	**Total Final Consumption**	**46821.39**	**41075.85**
1.农、林、牧、渔、水利业	Farming, Forestry, Animal Husbandry, Fishery & Water Conservancy	1647.68	1622.39
2.工业	Industry	34122.04	30070.56
#用作原料、材料	Non-Energy Use	2177.67	1996.69
3.建筑业	Construction	536.82	518.94
4.交通运输、仓储及邮电通迅业	Transport, Storage and Post	1132.24	1110.48
5.批发和零售贸易业、餐饮业	Wholesale, Retail Trade and Hotel ,Restaurants	814.64	798.06
6.生活消费	Residential Consumption	7906.96	6354.86
城 镇	Urban	3075.56	2217.73
乡 村	Rural	4831.40	4137.13
7.其他	Other	661.01	600.56
五.平衡差额	**Statistical Difference**	**-3702.91**	**-3213.25**
六.能源消费合计	**Total Energy Consumption**	**132000.00**	**131954.37**

ENERGY BANLANCE OF CHINA －2000(PHYSICAL QUANTITY)

洗精煤 （万吨） Cleaned Coal (10^4 tn)	其他洗煤 （万吨） Other Washed Coal (10^4 tn)	型煤 （万吨） Briquettes (10^4 tn)	焦炭 （万吨） Coke (10^4 tn)	焦炉煤气 （亿立方米） Coke Oven Gas (10^8 cu. m)	其他煤气 （亿立方米） Other Gas (10^8 cu. m)	其他焦化产品 （万吨） Other Coking Products (10^4 tn)	油品合计 （万吨） Petroleum Products Total (10^4 tn)	原油 （万吨） Crude Oil (10^4 tn)
-398.93	**-48.70**	**3.60**	**-1291.70**		**408.78**	**27.01**	**22631.77**	**21382.99**
							16300.00	16300.00
					408.78			
33.94	6.20					45.52	9431.28	7026.53
							317.21	
-647.00	-1.05	-0.80	-1519.70			-18.51	-2055.61	-1030.60
							-116.53	
214.13	-53.85	4.40	228.00				-1244.58	-912.94
1074.10	**3808.43**	**817.38**	**12041.15**	**221.45**	**59.87**	**190.83**	**-2352.92**	**-20404.30**
-105.70	-1205.40			-10.69	-70.02		-1178.15	-85.00
-6.25	-166.65			-9.62	-34.93		-426.97	-14.00
12150.00	5242.50							
-10589.99	-36.00		11960.54	239.04	15.28	178.00		
							-721.92	-20305.30
-373.96	-11.02		223.48	2.72	149.54	12.83	-25.88	
			-142.87					
	-15.00	817.38						
				2.18			**192.89**	**190.91**
1159.06	**3768.28**	**818.20**	**10297.14**	**223.71**	**468.42**	**216.20**	**19893.51**	**636.80**
	25.29		144.18				1496.90	
1150.58	2828.23	72.67	9937.68	181.69	375.00	216.20	8529.99	612.34
59.14	118.79	3.06	624.74	2.07		55.02	2032.25	81.44
4.37	13.51		18.98				830.57	3.30
4.00	17.42	0.34	11.24	0.02	0.21		5351.71	19.58
0.10	10.24	6.24	35.71	1.90	2.64		545.03	0.18
	816.58	735.52	137.20	36.96	89.46		1256.45	
	381.12	476.71	67.56	36.96	88.67		1004.17	
	435.46	258.81	69.64		0.79		252.28	
0.01	57.01	3.43	12.15	3.14	1.11		1882.86	1.40
-483.89	**-8.55**	**2.78**	**452.31**	**-4.44**	**0.23**	**1.64**	**192.45**	**150.98**
12234.96	**5202.35**	**818.20**	**10440.01**	**246.20**	**573.37**	**216.20**	**22439.32**	**21232.01**

续表

		汽油 （万吨） Gasoline （10^4tn）	煤油 万吨 Kerosene （10^4tn）
一.可供本地区消费的能源量	**Total Primary Energy Supply**	**-630.18**	**8.60**
1.一次能源生产量	Indigenous Production		
水电	Hydro Power		
核电	Nuclear Power		
2.回收能	Recovery of Energy		
3.进口量	Import	0.03	255.47
4.我轮、机在外国加油量	China Airplanes&Ships Refueling in Abroad		67.02
5.出口量（-）	Export（-）	-455.20	-198.88
6.外轮、机在我国加油量（-）	Foreign Airplanes&ships Refueling in China	-12.50	-57.46
7.库存增（-）、减（+）量	Stock Change	-162.51	-57.55
二.加工转换投入（-）产出（+）量	**Input（-）& Output（+）of Transformation**	**4133.47**	**872.29**
1.火力发电	Thermal Power	-1.00	
2.供热	Heating Supply	-0.20	
3.洗选煤	Coal Washing		
4.炼焦	Coking		
5.炼油	Petroleum Refineries	4134.67	872.29
6.制气	Gas Works		
#焦炭再投入量（-）	Coke Input（-）		
7.煤制品加工	Briquettes		
三.损失量	**Loss**		
四.终端消费量	**Total Final Consumption**	**3503.71**	**869.61**
1.农、林、牧、渔、水利业	Farming, Forestry, Animal Husbandry, Fishery & Water Conservancy	184.51	1.50
2.工业	Industry	600.78	83.95
#用作原料、材料	Non-Energy Use	19.29	9.79
3.建筑业	Construction	115.55	4.00
4.交通运输、仓储及邮电通迅业	Transport, Storage and Post	1387.78	535.90
5.批发和零售贸易业、餐饮业	Wholesale, Retail Trade and Hotel ,Restaurants	209.84	12.00
6.生活消费	Residential Consumption	127.58	72.17
城镇	Urban	95.17	6.50
乡村	Rural	32.41	65.67
7.其他	Other	877.67	160.09
五.平衡差额	**Statistical Difference**	**-0.42**	**11.28**
六.能源消费合计	**Total Energy Consumption**	**3504.91**	**869.61**

Continued

柴油（万吨）Diesel Oil (10^4tn)	燃料油（万吨）Fuel Oil (10^4tn)	液化石油气（万吨）PLG (10^4tn)	炼厂干气（万吨）Refinery Gas (10^4tn)	其他石油制品（万吨）Other Petroleum Products (10^4tn)	天然气（亿立方米）Natural Gas (10^8 cu. m)	热力（万百万千焦）Heat (10^{10} kj)	电力（亿千瓦小时）Electricity (10^8 kW · h)	其他能源（万吨标煤）Other Energy (10^4tce)
-273.14	**1782.98**	**479.54**		**-119.02**	**240.61**		**2330.82**	**584.17**
					272.00		2414.14	
							2224.14	
							167.37	
								584.17
25.93	1480.12	481.74		161.46			15.46	
26.00	224.19							
-55.48	-33.37	-1.60		-280.48	-31.39		-98.78	
-22.04	-24.53							
-247.55	136.57	-0.60						
6851.96	**922.34**	**914.72**	**566.52**	**3790.08**	**-29.46**	**146136.16**	**11141.86**	**-286.94**
-227.66	-814.22	-1.90	-25.00	-23.37	-15.21		11141.86	-115.51
	-291.23		-101.94	-19.60	-14.25	146136.16		-97.49
								0.70
7079.62	2053.67	916.62	693.46	3833.05				-74.64
	-25.88							
		1.98			**6.66**	**1760.58**	**936.71**	
6546.61	**2741.42**	**1362.79**	**561.51**	**3671.06**	**208.91**	**144370.70**	**12534.67**	**297.21**
1310.14	0.40	0.35				55.08	672.96	
1368.80	1843.72	274.07	561.51	3184.82	170.69	116567.55	8716.91	297.21
25.87	110.62	29.90	40.32	1715.03	49.16			297.21
195.86	16.71	8.91		486.24	0.82	135.64	154.77	
2543.81	850.00	14.64			1.00	643.71	281.20	
255.94	11.59	55.48			3.44	1124.12	393.68	
68.36		988.34			32.32	23234.03	1671.95	
43.83		858.67			32.32	23234.03	996.97	
24.53		129.67					674.98	
803.70	19.00	21.00			0.64	2610.57	643.20	
32.21	**-36.10**	**29.49**	**5.01**		**-4.42**	**4.88**	**1.30**	**0.02**
6774.27	**3872.75**	**1366.67**	**688.45**	**3714.03**	**245.03**	**146131.28**	**13471.38**	**584.85**

4-3 中国能源平衡表(标准量) -2001

单位:万吨标准煤

		能源合计 Energy Total	
		(发电煤耗计算法)(coal equivalent calculation)	(电热当量计算法)(calorific value calculation)
一.可供本地区消费的能源量	**Total Primary Energy Supply**	**140981.30**	**133545.45**
1.一次能源生产量	Indigenous Production	137445.44	129793.63
水电	Hydro Power	10548.24	3409.64
核电	Nuclear Power	664.30	214.73
2.回收能	Recovery of Energy	1858.54	1858.54
3.进口量	Import	12968.58	12922.31
4.我轮、机在外国加油量	China Airplanes&ships Refueling in Abroad	503.50	503.50
5.出口量(-)	Export(-)	-11816.00	-11553.78
6.外轮、机在我国加油量(-)	Foreign Airplanes&ships Refueling in China	-203.53	-203.53
7.库存增(-)、减(+)量	Stock Change	224.79	224.79
二.加工转换投入(-)产出(+)量	**Input(-) & Output(+) of Transformation**	**-2325.33**	**-35089.64**
1.火力发电	Thermal Power		-30450.70
2.供热	Heating Supply		-2313.61
3.洗选煤	Coal Washing	-874.89	-874.89
4.炼焦	Coking	-517.90	-517.90
5.炼油	Petroleum Refineries	-607.12	-607.12
6.制气	Gas Works	-125.41	-125.41
#焦炭再投入量(-)	Coke Input(-)	-149.26	-149.26
7.煤制品加工	Briquettes	-50.75	-50.75
三.损失量	**Loss**	**4387.85**	**1701.52**
四.终端消费量	**Total Final Consumption**	**136486.03**	**98973.90**
1.农、林、牧、渔、水利业	Farming, Forestry, Animal Husbandry, Fishery & Water Conservancy	6400.29	4437.76
2.工业	Industry	91903.19	65592.66
#用作原料、材料	Non-Energy Use	5924.87	5924.87
3.建筑业	Construction	2234.03	1858.79
4.交通运输、仓储及邮电通迅业	Transport, Storage, Postal & Telecommunications Services	10019.66	9213.38
5.批发和零售贸易业、餐饮业	Wholesale, Retail Trade and Catering Service	3264.99	2102.67
6.生活消费	Residential Consumption	16567.50	11482.06
城 镇	Urban	9992.80	6896.55
乡 村	Rural	6574.70	4585.51
7.其他	Other	6096.37	4286.57
五.平衡差额	**Statistical Difference**	**-2217.91**	**-2219.61**
六.能源消费总量	**Total Energy Consumption**	**143199.21**	**135765.06**

ENERGY BALANCE OF CHINA －2001 (STANDARD QUANTITY)

(10 000 tce)

煤合计 Coal Total	原煤 Raw Coal	洗精煤 Cleaned Coal	其他洗煤 Other Washed Coal	型煤 Briquettes	焦炭 Coke	焦炉煤气 Coke Oven Gas	其他煤气 Other Gas	其他焦化产品 Other Coking Products	油品合计 Petroleum Products Total
92809.66	**93808**	**－907.01**	**－91.06**	**－0.43**	**－1620.13**		**1242.35**	**40.52**	**33275.68**
98681.97	98682								23423.14
							1242.35		
192.41	159	25.25	8.59					54.82	12652.99
									503.50
－6945.48	－5900	－1044.50	－0.55	－0.18	－1345.00			－14.30	－2719.57
									－203.53
880.75	868	112.23	－99.11	－0.25	－275.13				－380.83
－65582.01	**－69419**	**1220.60**	**2095.77**	**520.37**	**12605.97**	**1404.51**	**135.03**	**235.35**	**－2955.42**
－42635.06	－41894	－103.45	－637.86			－65.24	－241.62	－0.76	－1740.80
－6412.99	－6317	－5.87	－89.84			－43.19	－115.38	－1.03	－637.82
－874.89	－15194	11462.68	2856.04						
－14788.36	－5003	－9765.22	－20.45		12522.57	1494.50	32.78	220.41	
									－544.29
－819.96	－446	－367.53	－6.87		232.66	18.43	459.25	16.72	－32.51
					－149.26				
－50.75	－566		－5.25	520.37					
						16.52			**270.90**
30398.67	**26685**	**1084.22**	**2107.90**	**521.64**	**10535.40**	**1411.82**	**1376.88**	**266.37**	**29517.19**
1075.44	1062		13.47		135.25				2288.24
22172.38	19447	1076.93	1601.26	46.75	10184.89	1165.13	1123.61	266.37	12004.84
1415.89	1291	55.35	67.25	1.97	752.90	13.28		67.79	2591.79
360.40	352	3.63	5.25		23.23				1282.15
701.36	690	3.56	7.32	0.27	11.35	0.12	0.72		8080.29
545.11	535	0.09	5.18	4.80	38.59	12.19	8.63		845.19
5103.23	4186		449.06	467.68	130.36	215.66	240.42		2148.42
1963.35	1451		210.10	301.98	66.30	215.66	238.09		1719.29
3139.88	2735		238.97	165.70	64.06		2.33		429.13
440.75	412	0.01	26.37	2.14	11.73	18.72	3.51		2868.06
－3171.02	**－2295**	**－770.64**	**－103.19**	**－1.70**	**450.45**	**－23.84**	**0.49**	**9.50**	**532.17**

续表

单位:万吨标准煤

		原油 Crude Oil	汽油 Gasoline
一. 可供本地区消费的能源量	**Total Primary Energy Supply**	**30767.99**	**-806.03**
1. 一次能源生产量	Indigenous Production	23423.14	
水电	Hydro Power		
核电	Nuclear Power		
2. 回收能	Recovery of Energy		
3. 进口量	Import	8608.74	0.03
4. 我轮、机在外国加油量	China Airplanes&ships Refueling in Abroad		
5. 出口量(-)	Export (-)	-1078.59	-842.32
6. 外轮、机在我国加油量(-)	Foreign Airplanes&ships Refueling in China		-19.86
7. 库存增(-)、减(+)量	Stock Change	-185.30	56.12
二. 加工转换投入(-)产出(+)量	**Input(-) & Output(+) of Transformation**	**-29287.33**	**6112.11**
1. 火力发电	Thermal Power	-116.57	-0.88
2. 供热	Heating Supply	-17.60	-0.18
3. 洗选煤	Coal Washing		
4. 炼焦	Coking		
5. 炼油	Petroleum Refineries	-29153.15	6113.17
6. 制气	Gas Works		
#焦炭再投入量(-)	Coke Input (-)		
7. 煤制品加工	Briquettes		
三. 损失量	**Loss**	**268.43**	
四. 终端消费量	**Total Final Consumption**	**934.48**	**5292.67**
1. 农、林、牧、渔、水利业	Farming, Forestry, Animal Husbandry, Fishery & Water Conservancy		280.45
2. 工业	Industry	901.19	908.47
#用作原料、材料	Non-Energy Use	119.86	29.16
3. 建筑业	Construction	4.81	171.71
4. 交通运输、仓储及邮电通迅业	Transport, Storage, Postal & Telecommunications Services	26.54	2088.46
5. 批发和零售贸易业、餐饮业	Wholesale, Retail Trade and Catering Service	0.21	314.94
6. 生活消费	Residential Consumption		198.05
城 镇	Urban		147.02
乡 村	Rural		51.03
7. 其他	Other	1.71	1330.59
五. 平衡差额	**Statistical Difference**	**277.75**	**13.40**
六. 能源消费总量	**Total Energy Consumption**		

Continued

(10 000 tce)

煤油 Kerosene	柴油 Diesel Oil	燃料油 Fuel Oil	液化石油气 PLG	炼厂干气 Refinery Gas	其他石油制品 Other Petroleum Products	天然气 Natural Gas	热力 Heat	电力 Electricity	其他能源 Other Energy
154.32	**-311.19**	**2817.87**	**815.49**		**-162.76**	**3629.57**		**3551.61**	**616.19**
						4033.76		3654.76	
								3409.64	
								214.73	
									616.19
297.06	40.03	2605.19	838.05		263.88			22.10	
142.28	39.66	321.55							
-268.12	-37.33	-62.99	-3.58		-426.64	-404.19		-125.25	
-94.46	-30.95	-58.26							
77.56	-322.60	12.37	-18.98						
1161.45	**10557.00**	**1004.98**	**1630.78**	**864.27**	**5001.33**	**-391.15**	**5224.24**	**14544.29**	**-310.44**
	-350.27	-1197.94	-1.80	-36.14	-37.19	-172.90		14544.29	-138.61
		-428.04		-157.14	-34.87	-218.25	5224.24		-109.20
									0.20
1161.45	10907.27	2663.47	1632.58	1057.55	5073.39				-62.83
		-32.51							
			2.47			**82.73**	**61.23**	**1270.13**	
1309.94	**10006.30**	**3841.93**	**2414.88**	**878.41**	**4838.57**	**3174.31**	**5162.84**	**16825.00**	**305.43**
2.24	2004.45	0.60	0.51				1.86	936.98	
126.54	2034.72	2554.91	498.02	878.41	4102.57	2486.30	4206.77	11676.96	305.43
14.75	38.46	123.83	54.33	2.16	2209.23	777.78			305.43
5.15	325.05	23.11	16.30		736.00	9.58	5.35	178.09	
825.00	3891.91	1221.45	26.91			15.96	23.43	380.15	
18.35	390.60	17.54	103.54			66.50	39.69	546.77	
110.36	115.36		1724.65			586.66	796.90	2260.41	
10.33	74.49		1487.45			586.66	796.90	1310.31	
100.03	40.87		237.21					950.10	
222.31	1244.20	24.31	44.93			9.31	88.86	845.63	
5.83	**239.50**	**-19.09**	**28.92**	**-14.14**		**-18.62**	**0.17**	**0.77**	**0.32**

4-3 中国能源平衡表(实物量) -2001

		煤合计 (万吨) Coal Total (10^4 tn)	原煤 (万吨) Raw Coal (10^4 tn)
一.可供本地区消费的能源量	**Total Primary Energy Supply**	**130554.02**	**131722.00**
1.一次能源生产量	Indigenous Production	138152.00	138152.00
水电	Hydro Power		
核电	Nuclear Power		
2.回收能	Recovery of Energy		
3.进口量	Import	266.02	222.00
4.我轮.机在外国加油量	China Airplanes&Ships Refueling in Abroad		
5.出口量(-)	Export (-)	-9012.87	-7867.00
6.外轮.机在我国加油量(-)	Foreign Airplanes&Ships Refueling in China		
7.库存增(-)、减(+)量	Stock Change	1148.87	1215.00
二.加工转换投入(-)产出(+)量	**Input(-) & Output(+) of Transformation**	**-89388.33**	**-95573.26**
1.火力发电	Thermal Power	-59797.86	-58470.00
2.供热	Heating Supply	-8951.49	-8774.00
3.洗选煤	Coal Washing	-2450.54	-20449.00
4.炼焦	Coking	-17236.37	-6497.00
5.炼油	Petroleum Refineries		
6.制气	Gas Works	-1002.07	-586.26
#焦炭再投入量(-)	Coke Input (-)		
7.煤制品加工	Briquettes	50.00	-797.00
三.损失量	**Loss**		
四.终端消费量	**Total Final Consumption**	**45611.67**	**39551.00**
1.农、林、牧、渔、水利业	Farming, Forestry, Animal Husbandry, Fishery & Water Conservancy	1599.64	1574.00
2.工业	Industry	33129.92	28824.00
#用作原料、材料	Non-Energy Use	2105.86	1913.91
3.建筑业	Construction	534.98	521.00
4.交通运输、仓储及邮电通迅业	Transport, Storage, Postal & Telecommunications Services	1041.28	1023.00
5.批发和零售贸易业、餐饮业	Wholesale, Retail Trade and Catering Service	810.87	793.00
6.生活消费	Residential Consumption	7830.25	6205.00
城 镇	Urban	3048.36	2151.00
乡 村	Rural	4781.89	4054.00
7.其他	Other	664.73	611.00
五.平衡差额	**Statistical Difference**	**-4445.98**	**-3402.26**
六.消费量合计	**Total Final Consumption**	**135000.00**	**135124.26**

ENERGY BANLANCE OF CHINA －2001(PHYSICAL QUANTITY)

洗精煤 (万吨) Cleaned Coal (10^4 tn)	其他洗煤 (万吨) Other Washed Coal (10^4 tn)	型煤 (万吨) Briquettes (10^4 tn)	焦炭 (万吨) Coke (10^4 tn)	焦炉煤气 (亿立方米) Coke Oven Gas (10^8 cu. m)	其他煤气 (亿立方米) Other Gas (10^8 cu. m)	其他焦化产品 (万吨) Other Coking Products (10^4 tn)	油品合计 (万吨) Petroleum Products Total (10^4 tn)	原油 (万吨) Crude Oil (10^4 tn)
－993.88	**－173.39**	**－0.71**	**－1667.83**		**432.00**	**35.11**	**23204.67**	**21537.16**
							16395.87	16395.87
					432.00			
27.67	16.35					47.50	8769.15	6026.00
							349.00	
－1144.53	－1.04	－0.30	－1384.60			－12.39	－1906.96	－755.00
							－139.72	
122.98	－188.70	－0.41	－283.23				－262.67	－129.71
1337.50	**3990.43**	**857.00**	**12977.12**	**230.35**	**47.00**	**203.94**	**－2291.99**	**－20500.72**
－113.36	－1214.50			－10.62	－84.02	－0.66	－1213.55	－81.60
－6.43	－171.06			－7.03	－40.12	－0.89	－438.66	－12.32
12560.46	5438.00							
－10700.44	－38.93		12891.26	245.00	11.40	191.00		
							－617.02	－20406.80
－402.73	－13.08		239.51	3.00	159.74	14.49	－22.76	
			－153.65					
	－10.00	857.00						
				2.71			**189.34**	**187.90**
1188.06	**4013.52**	**859.09**	**10845.58**	**231.55**	**478.83**	**230.82**	**20356.97**	**654.12**
	25.64		139.23				1568.48	
1180.07	3048.85	77.00	10484.75	191.09	390.75	230.82	8498.39	630.82
60.66	128.05	3.24	775.07	2.18		58.74	2008.54	83.90
3.98	10.00		23.91				933.83	3.37
3.90	13.93	0.45	11.68	0.02	0.25		5540.34	18.58
0.10	9.87	7.90	39.73	2.00	3.00		567.41	0.15
	855.03	770.22	134.20	35.37	83.61		1294.81	
	400.03	497.33	68.25	35.37	82.80		1025.73	
	455.00	272.89	65.95		0.81		269.08	
0.01	50.20	3.52	12.08	3.07	1.22		1953.71	1.20
－844.44	**－196.48**	**－2.80**	**463.71**	**－3.91**	**0.17**	**8.23**	**366.37**	**194.42**
12411.02	**5461.09**	**859.09**	**10999.23**	**251.91**	**602.97**	**232.37**	**22838.30**	**21342.74**

续表

		汽油（万吨）Gasoline (10^4tn)	煤油（万吨）Kerosene (10^4tn)
一. 可供本地区消费的能源量	**Total Primary Energy Supply**	**-547.80**	**104.88**
1. 一次能源生产量	Indigenous Production		
水电	Hydro Power		
核电	Nuclear Power		
2. 回收能	Recovery of Energy		
3. 进口量	Import	0.02	201.89
4. 我轮. 机在外国加油量	China Airplanes&Ships Refueling in Abroad		96.70
5. 出口量(－)	Export (－)	-572.46	-182.22
6. 外轮. 机在我国加油量(－)	Foreign Airplanes&ships Refueling in China	-13.50	-64.20
7. 库存增(－)、减(＋)量	Stock Change	38.14	52.71
二. 加工转换投入(－)产出(＋)量	**Input(－) & Output(＋) of Transformation**	**4153.94**	**789.35**
1. 火力发电	Thermal Power	-0.60	
2. 供热	Heating Supply	-0.12	
3. 洗选煤	Coal Washing		
4. 炼焦	Coking		
5. 炼油	Petroleum Refineries	4154.66	789.35
6. 制气	Gas Works		
#焦炭再投入量(－)	Coke Input (－)		
7. 煤制品加工	Briquettes		
三. 损失量	**Loss**		
四. 终端消费量	**Total Final Consumption**	**3597.03**	**890.27**
1. 农、林、牧、渔、水利业	Farming, Forestry, Animal Husbandry, Fishery & Water Conservancy	190.60	1.52
2. 工业	Industry	617.42	86.00
#用作原料、材料	Non-Energy Use	19.82	10.03
3. 建筑业	Construction	116.70	3.50
4. 交通运输、仓储及邮电通迅业	Transport, Storage, Postal & Telecommunications Services	1419.37	560.69
5. 批发和零售贸易业、餐饮业	Wholesale, Retail Trade and Catering Service	214.04	12.47
6. 生活消费	Residential Consumption	134.60	75.00
城 镇	Urban	99.92	7.02
乡 村	Rural	34.68	67.98
7. 其他	Other	904.30	151.09
五. 平衡差额	**Statistical Difference**	**9.11**	**3.96**
六. 消费量合计	**Total Final Consumption**	**3597.75**	**890.27**

Continued

柴油 (万吨) Diesel Oil (10⁴tn)	燃料油 (万吨) Fuel Oil (10⁴tn)	液化石油气 (万吨) PLG (10⁴tn)	炼厂干气 (万吨) Refinery Gas (10⁴tn)	其他石油制品 (万吨) Other Petroleum Products (10⁴tn)	天然气 (亿立方米) Natural Gas (10⁸ cu. m)	热力 (万百万千焦) Heat (10¹⁰ kj)	电力 (亿千瓦小时) Electricity (10⁸ kW·h)	其他能源 (万吨标煤) Other Energy (10⁴tce)
-213.57	**1972.47**	**475.70**		**-124.17**	**272.90**		**2889.84**	**616.19**
					303.29		2973.77	
							2774.32	
							174.72	
								616.19
27.47	1823.60	488.86		201.31			17.98	
27.22	225.08							
-25.62	-44.09	-2.09		-325.48	-30.39		-101.91	
-21.24	-40.78							
-221.40	8.66	-11.07						
7245.21	**703.47**	**951.28**	**550.00**	**3815.48**	**-29.41**	**153203.45**	**11834.25**	**-310.44**
-240.39	-838.54	-1.05	-23.00	-28.37	-13.00		11834.25	-138.61
	-299.62		-100.00	-26.60	-16.41	153203.45		-109.20
								0.20
7485.60	1864.39	952.33	673.00	3870.45				-62.83
	-22.76							
		1.44			**6.22**	**1795.58**	**1033.47**	
6867.27	**2689.30**	**1408.67**	**559.00**	**3691.31**	**238.67**	**151402.97**	**13689.99**	**305.43**
1375.64	0.42	0.30				54.41	762.39	
1396.42	1788.40	290.51	559.00	3129.82	186.94	123365.60	9501.19	305.43
26.39	107.30	31.69	44.00	1685.41	58.48			305.43
223.08	16.18	9.51		561.49	0.72	156.94	144.91	
2671.00	855.00	15.70			1.20	687.06	309.32	
268.07	12.28	60.40			5.00	1163.83	444.89	
79.17		1006.04			44.11	23369.40	1839.23	
51.12		867.67			44.11	23369.40	1066.16	
28.05		138.37					773.07	
853.89	17.02	26.21			0.70	2605.73	688.06	
164.37	**-13.36**	**16.87**	**-9.00**		**-1.40**	**4.90**	**0.63**	**0.32**
7107.66	**3850.22**	**1411.16**	**682.00**	**3746.28**	**274.30**	**153198.55**	**14723.46**	**616.07**

4-4 中国能源平衡表(标准量) -2002

单位:万吨标准煤

		能源合计 Energy Total	
		(发电煤耗计算法)(coal equivalent calculation)	(电热当量计算法)(calorific value calculation)
一.可供本地区消费的能源量	**Total Primary Energy Supply**	**149081.57**	**141437.93**
1.一次能源生产量	Indigenous Production	143809.83	135982.72
水电	Hydro Power	10675.20	3539.20
核电	Nuclear Power	931.46	308.81
2.回收能	Recovery of Energy	1907.98	1907.98
3.进口量	Import	15197.59	15140.60
4.我轮、机在外国加油量	China Airplanes&ships Refueling in Abroad	571.75	571.75
5.出口量(-)	Export (-)	-11474.36	-11233.90
6.外轮、机在我国加油量(-)	Foreign Airplanes&ships Refueling in China	-220.88	-220.88
7.库存增(-)、减(+)量	Stock Change	-710.34	-710.34
二.加工转换投入(-)产出(+)量	**Input(-) & Output(+) of Transformation**	**-2787.97**	**-37667.84**
1.火力发电	Thermal Power		-33159.02
2.供热	Heating Supply		-1720.85
3.洗选煤	Coal Washing	-922.72	-922.72
4.炼焦	Coking	-540.52	-540.52
5.炼油	Petroleum Refineries	-1015.44	-1015.44
6.制气	Gas Works	-123.88	-123.88
#焦炭再投入量(-)	Coke Input (-)	-133.42	-133.42
7.煤制品加工	Briquettes	-51.98	-51.98
三.损失量	**Loss**	**4778.11**	**1861.15**
四.终端消费量	**Total Final Consumption**	**144231.17**	**104625.94**
1.农、林、牧、渔、水利业	Farming, Forestry, Animal Husbandry, Fishery & Water Conservancy	6612.49	4688.30
2.工业	Industry	96864.19	68839.15
#用作原料、材料	Non-Energy Use	6024.56	6024.56
3.建筑业	Construction	2543.66	2135.02
4.交通运输、仓储及邮电通迅业	Transport, Storage, Postal & Telecommunications Services	10829.08	9983.02
5.批发和零售贸易业、餐饮业	Wholesale, Retail Trade and Catering Service	3520.34	2265.97
6.生活消费	Residential Consumption	17527.36	12288.91
城 镇	Urban	10629.98	7454.42
乡 村	Rural	6897.38	4834.49
7.其他	Other	6334.05	4425.56
五.平衡差额	**Statistical Difference**	**-2715.68**	**-2717.00**
六.能源消费总量	**Total Energy Consumption**	**151797.25**	**144154.93**

ENERGY BALANCE OF CHINA －2002（STANDARD QUANTITY）

（10 000 tce）

煤合计 Coal Total	原煤 Raw Coal	洗精煤 Cleaned Coal	其他洗煤 Other Washed Coal	型煤 Briquettes	焦炭 Coke	焦炉煤气 Coke Oven Gas	其他煤气 Other Gas	其他焦化产品 Other Coking Products	油品合计 Petroleum Products Total
97409.42	**98537.58**	**－1121.39**	**－6.69**	**－0.09**	**－1382.12**		**1263.63**	**43.16**	**35750.61**
103899.22	103899.22								23857.62
							1263.63		
806.23	774.66	23.34	8.22	0.01				57.33	14248.77
									571.75
－6507.06	－5290.49	－1213.33	－2.74	－0.50	－1318.21			－14.17	－2849.20
									－220.88
－788.97	－845.80	68.59	－12.16	0.41	－63.91				142.53
－71169.09	**－74954.59**	**1060.40**	**2172.54**	**552.55**	**13712.27**	**1486.69**	**126.31**	**246.63**	**－3408.47**
－47121.71	－46361.98	－107.05	－652.68			－84.04	－257.01		－1827.83
－6259.89	－6157.51	－6.30	－96.07			－29.67	－99.36		－613.88
－922.72	－16247.27	12366.72	2957.82						
－16027.94	－5138.06	－10866.24	－23.64		13631.47	1583.50	43.13	229.32	
									－939.75
－784.85	－450.49	－326.74	－7.63		214.22	16.89	439.56	17.31	－27.01
					－133.42				
－51.98	－599.28		－5.25	552.55					
									272.28
29668.37	**26072.15**	**850.86**	**2189.34**	**556.01**	**11857.45**	**1496.14**	**1389.54**	**288.50**	**31861.12**
1153.17	1141.14		12.02		136.95				2441.95
21157.12	18579.89	844.15	1680.64	52.43	11502.06	1248.53	1120.22	288.50	12914.50
1349.89	1233.70	43.39	70.59	2.21	778.50	14.23		73.42	2967.32
393.51	385.14	2.97	5.41		22.71				1501.83
750.24	738.14	3.65	8.15	0.30	11.11	0.12	0.60		8757.14
574.24	563.44	0.09	5.26	5.45	41.38	10.37	11.13		883.23
5174.84	4229.69		449.66	495.49	131.26	220.84	257.59		2456.71
1889.41	1369.42		207.87	312.11	67.27	220.84	254.51		1997.83
3285.43	2860.27		241.79	183.37	63.99		3.08		458.88
465.25	434.70		28.20	2.34	11.99	16.28			2905.75
－3428.04	**－2489.16**	**－911.85**	**－23.48**	**－3.55**	**472.70**	**－9.45**	**0.40**	**1.29**	**208.74**

续表

单位:万吨标准煤

		原油 Crude Oil	汽油 Gasoline
一.可供本地区消费的能源量	**Total Primary Energy Supply**	**32527.78**	**-840.29**
1.一次能源生产量	Indigenous Production	23857.62	
水电	Hydro Power		
核电	Nuclear Power		
2.回收能	Recovery of Energy		
3.进口量	Import	9915.40	
4.我轮、机在外国加油量	China Airplanes&ships Refueling in Abroad		
5.出口量(-)	Export (-)	-1094.96	-900.79
6.外轮、机在我国加油量(-)	Foreign Airplanes&ships Refueling in China		-26.79
7.库存增(-)、减(+)量	Stock Change	-150.27	87.30
二.加工转换投入(-)产出(+)量	**Input(-) & Output(+) of Transformation**	**-30959.63**	**6356.48**
1.火力发电	Thermal Power	-111.90	-0.91
2.供热	Heating Supply	-18.23	-0.18
3.洗选煤	Coal Washing		
4.炼焦	Coking		
5.炼油	Petroleum Refineries	-30829.50	6357.57
6.制气	Gas Works		
#焦炭再投入量(-)	Coke Input (-)		
7.煤制品加工	Briquettes		
三.损失量	**Loss**	**269.26**	
四.终端消费量	**Total Final Consumption**	**973.25**	**5516.22**
1.农、林、牧、渔、水利业	Farming, Forestry, Animal Husbandry, Fishery & Water Conservancy		276.52
2.工业	Industry	940.02	928.31
#用作原料、材料	Non-Energy Use	125.02	29.80
3.建筑业	Construction	6.00	179.98
4.交通运输、仓储及邮电通迅业	Transport, Storage, Postal & Telecommunications Services	25.21	2212.25
5.批发和零售贸易业、餐饮业	Wholesale, Retail Trade and Catering Service	0.17	329.92
6.生活消费	Residential Consumption		241.02
城 镇	Urban		176.42
乡 村	Rural		64.59
7.其他	Other	1.84	1348.23
五.平衡差额	**Statistical Difference**	**325.64**	**-0.03**
六.能源消费总量	**Total Energy Consumption**		

Continued

(10 000 tce)

煤油 Kerosene	柴油 Diesel Oil	燃料油 Fuel Oil	液化石油气 PLG	炼厂干气 Refinery Gas	其他石油制品 Other Petroleum Products	天然气 Natural Gas	热力 Heat	电力 Electricity	其他能源 Other Energy
130.47	**23.65**	**2653.34**	**1074.56**		**181.10**	**3917.91**		**3790.97**	**644.35**
						4343.91		3881.97	
								3539.20	
								308.81	
									644.35
315.66	69.53	2370.99	1073.43		503.77			28.27	
161.56	45.17	365.02							
-249.61	-180.23	-91.30	-9.63		-322.67	-426.00		-119.26	
-104.91	-30.60	-58.57							
7.77	119.77	67.20	10.77						
1215.54	**10899.27**	**924.69**	**1774.73**	**883.80**	**5496.66**	**-373.33**	**5598.91**	**16445.69**	**-333.45**
	-329.29	-1303.83	-2.64	-31.90	-47.36	-146.97		16445.69	-167.16
		-380.95		-177.82	-36.70	-226.37	5598.91		-90.60
1215.54	11228.56	2636.48	1777.37	1093.52	5580.72				-75.69
		-27.01							
			3.02			**84.19**	**68.40**	**1436.28**	
1352.51	**10842.51**	**3822.42**	**2780.75**	**895.70**	**5677.76**	**3423.95**	**5530.32**	**18799.75**	**310.80**
2.06	2162.79	0.59					2.24	953.99	
128.53	2193.43	2503.81	546.47	895.70	4778.25	2632.60	4442.63	13222.20	310.80
14.99	41.46	121.35	59.62	1.99	2573.09	798.00			43.20
	367.17	27.29	21.87		899.51	9.04	6.19	201.73	
907.49	4320.02	1245.88	46.29			20.75	27.65	415.40	
19.13	409.14	17.57	107.30			81.13	50.00	614.50	
89.31	122.28		2004.10			680.43	907.51	2459.75	
9.30	86.68		1725.43			680.43	907.51	1436.63	
80.01	35.60		278.68					1023.12	
206.00	1267.68	27.29	54.72				94.10	932.20	
-6.50	**80.40**	**-244.39**	**65.52**	**-11.90**		**36.44**	**0.18**	**0.63**	**0.10**

4-4 中国能源平衡表(实物量) -2002

		煤合计（万吨）Coal Total (10^4 tn)	原煤（万吨）Raw Coal (10^4 tn)
一.可供本地区消费的能源量	**Total Primary Energy Supply**	**137060.75**	**138302.41**
1.一次能源生产量	Indigenous Production	145456.00	145456.00
水电	Hydro Power		
核电	Nuclear Power		
2.回收能	Recovery of Energy		
3.进口量	Import	1125.74	1084.50
4.我轮、机在外国加油量	China Airplanes&Ships Refueling in Abroad		
5.出口量(-)	Export (-)	-8389.56	-7053.99
6.外轮、机在我国加油量(-)	Foreign Airplanes&Ships Refueling in China		
7.库存增(-)、减(+)量	Stock Change	-1131.43	-1184.10
二.加工转换投入(-)产出(+)量	**Input(-) & Output(+) of Transformation**	**-99028.12**	**-105236.68**
1.火力发电	Thermal Power	-68600.03	-67240.00
2.供热	Heating Supply	-8973.73	-8783.90
3.洗选煤	Coal Washing	-1917.46	-21100.35
4.炼焦	Coking	-18624.72	-6672.80
5.炼油	Petroleum Refineries		
6.制气	Gas Works	-973.20	-600.65
#焦炭再投入量(-)	Coke Input (-)		
7.煤制品加工	Briquettes	61.02	-838.98
三.损失量	**Loss**		
四.终端消费量	**Total Final Consumption**	**42572.41**	**36555.78**
1.农、林、牧、渔、水利业	Farming, Forestry, Animal Husbandry, Fishery & Water Conservancy	1622.89	1600.00
2.工业	Industry	30262.23	26050.88
#用作原料、材料	Non-Energy Use	1915.36	1729.78
3.建筑业	Construction	553.55	540.00
4.交通运输、仓储及邮电通迅业	Transport, Storage, Postal & Telecommunications Services	1054.96	1034.95
5.批发和零售贸易业、餐饮业	Wholesale, Retail Trade and Catering Service	809.08	790.00
6.生活消费	Residential Consumption	7602.64	5930.45
城镇	Urban	2829.89	1920.07
乡村	Rural	4772.75	4010.38
7.其他	Other	667.06	609.50
五.平衡差额	**Statistical Difference**	**-4539.78**	**-3490.05**
六.消费量合计	**Total Final Consumption**	**141600.53**	**141792.46**

ENERGY BANLANCE OF CHINA －2001(PHYSICAL QUANTITY)

洗精煤（万吨）Cleaned Coal (10^4 tn)	其他洗煤（万吨）Other Washed Coal (10^4 tn)	型煤（万吨）Briquettes (10^4 tn)	焦炭（万吨）Coke (10^4 tn)	焦炉煤气（亿立方米）Coke Oven Gas (10^8 cu. m)	其他煤气（亿立方米）Other Gas (10^8 cu. m)	其他焦化产品（万吨）Other Coking Products (10^4 tn)	油品合计（万吨）Petroleum Products Total (10^4 tn)	原油（万吨）Crude Oil (10^4 tn)
－1228.79	**－12.73**	**－0.14**	**－1422.81**		**439.40**	**37.40**	**24925.09**	**22768.99**
							16700.00	16700.00
					439.40			
25.58	15.65	0.01				49.68	9873.03	6940.64
							396.31	
－1329.53	－5.22	－0.82	－1357.02			－12.28	－1987.68	－766.46
							－151.51	
75.16	－23.16	0.67	－65.79				94.94	－105.19
1161.96	**4136.60**	**910.00**	**14115.99**	**243.83**	**43.97**	**213.72**	**－2606.76**	**－21671.31**
－117.30	－1242.73			－13.68	－89.37		－1275.57	－78.33
－6.90	－182.93			－4.83	－34.55		－420.70	－12.76
13551.09	5631.80							
－11906.90	－45.02		14032.81	259.59	15.00	198.72		
							－891.58	－21580.22
－358.03	－14.52		220.53	2.75	152.89	15.00	－18.91	
			－137.35					
	－10.00	910.00						
							190.24	**188.48**
932.35	**4168.58**	**915.70**	**12206.56**	**245.38**	**483.23**	**250.00**	**21989.83**	**681.26**
	22.89		140.98				1674.05	
925.00	3200.00	86.35	11840.70	204.77	389.57	250.00	9168.28	658.00
47.55	134.40	3.64	801.42	2.33		63.63	2294.08	87.51
3.25	10.30		23.38				1096.60	4.20
4.00	15.51	0.50	11.44	0.02	0.21		6001.81	17.65
0.10	10.01	8.97	42.60	1.70	3.87		593.02	0.12
	856.17	816.02	135.12	36.22	89.58		1477.47	
	395.80	514.02	69.25	36.22	88.51		1192.20	
	460.37	302.00	65.87		1.07		285.27	
	53.70	3.86	12.34	2.67			1978.60	1.29
－999.18	**－44.71**	**－5.84**	**486.62**	**－1.55**	**0.14**	**1.12**	**138.26**	**227.94**
13321.48	**5663.78**	**915.70**	**12343.91**	**263.89**	**607.15**	**250.00**	**24786.83**	**22541.05**

续表

		汽油（万吨）Gasoline (10^4tn)	煤油（万吨）Kerosene (10^4tn)
一. 可供本地区消费的能源量	**Total Primary Energy Supply**	**-571.08**	**88.67**
1. 一次能源生产量	Indigenous Production		
水电	Hydro Power		
核电	Nuclear Power		
2. 回收能	Recovery of Energy		
3. 进口量	Import		214.53
4. 我轮、机在外国加油量	China Airplanes&Ships Refueling in Abroad		109.80
5. 出口量(-)	Export (-)	-612.20	-169.64
6. 外轮、机在我国加油量(-)	Foreign Airplanes&ships Refueling in China	-18.21	-71.30
7. 库存增(-)、减(+)量	Stock Change	59.33	5.28
二. 加工转换投入(-)产出(+)量	**Input(-) & Output(+) of Transformation**	**4320.02**	**826.11**
1. 火力发电	Thermal Power	-0.62	
2. 供热	Heating Supply	-0.12	
3. 洗选煤	Coal Washing		
4. 炼焦	Coking		
5. 炼油	Petroleum Refineries	4320.76	826.11
6. 制气	Gas Works		
#焦炭再投入量(-)	Coke Input (-)		
7. 煤制品加工	Briquettes		
三. 损失量	**Loss**		
四. 终端消费量	**Total Final Consumption**	**3748.96**	**919.20**
1. 农、林、牧、渔、水利业	Farming, Forestry, Animal Husbandry, Fishery & Water Conservancy	187.93	1.40
2. 工业	Industry	630.90	87.35
#用作原料、材料	Non-Energy Use	20.25	10.19
3. 建筑业	Construction	122.32	
4. 交通运输、仓储及邮电通迅业	Transport, Storage, Postal & Telecommunications Services	1503.50	616.75
5. 批发和零售贸易业、餐饮业	Wholesale, Retail Trade and Catering Service	224.22	13.00
6. 生活消费	Residential Consumption	163.80	60.70
城 镇	Urban	119.90	6.32
乡 村	Rural	43.90	54.38
7. 其他	Other	916.29	140.00
五. 平衡差额	**Statistical Difference**	**-0.02**	**-4.42**
六. 消费量合计	**Total Final Consumption**	**3749.70**	**919.20**

Continued

柴油（万吨）Diesel Oil（10^4tn）	燃料油（万吨）Fuel Oil（10^4tn）	液化石油气（万吨）PLG（10^4tn）	炼厂干气（万吨）Refinery Gas（10^4tn）	其他石油制品（万吨）Other Petroleum Products（10^4tn）	天然气（亿立方米）Natural Gas（10^8 cu. m）	热力（万百万千焦）Heat（10^{10} kj）	电力（亿千瓦小时）Electricity（10^8 kW·h）	其他能源（万吨标煤）Other Energy（10^4tce）
16.23	**1857.30**	**626.82**		**138.16**	**294.58**		**3084.60**	**644.35**
					326.61		3158.64	
							2879.74	
							251.27	
								644.35
47.72	1659.66	626.16		384.32			23.00	
31.00	255.51							
-123.69	-63.91	-5.62		-246.16	-32.03		-97.04	
-21.00	-41.00							
82.20	47.04	6.28						
7480.11	**647.27**	**1035.25**	**562.43**	**4193.36**	**-28.07**	**164190.77**	**13381.36**	**-333.45**
-225.99	-912.66	-1.54	-20.30	-36.13	-11.05		13381.36	-167.16
	-266.66		-113.16	-28.00	-17.02	164190.77		-90.60
7706.10	1845.50	1036.79	695.89	4257.49				-75.69
	-18.91							
		1.76			**6.33**	**2005.84**	**1168.66**	
7441.16	**2675.64**	**1622.09**	**570.00**	**4331.52**	**257.44**	**162179.59**	**15296.79**	**310.80**
1484.31	0.41					65.83	776.23	
1505.34	1752.63	318.77	570.00	3645.29	197.94	130282.41	10758.50	310.80
28.45	105.16	34.78	44.75	1962.99	60.00			43.20
251.99	19.10	12.76		686.23	0.68	181.67	164.14	
2964.81	872.10	27.00			1.56	810.73	338.00	
280.79	12.30	62.59			6.10	1466.42	500.00	
83.92		1169.05			51.16	26613.07	2001.42	
59.49		1006.49			51.16	26613.07	1168.94	
24.43		162.56					832.48	
870.00	19.10	31.92				2759.46	758.50	
55.18	**-171.07**	**38.22**	**-7.57**		**2.74**	**5.34**	**0.51**	**0.10**
7667.15	**3873.87**	**1625.39**	**703.46**	**4395.65**	**291.84**	**164185.43**	**16465.45**	**644.25**

4-5 中国能源平衡表(标准量) -2003

单位:万吨标准煤

		能源合计 Energy Total	
		(发电煤耗计算法)(coal equivalent calculation)	(电热当量计算法)(calorific value calculation)
一. 可供本地区消费的能源量	**Total Primary Energy Supply**	**172128.74**	**164409.96**
1. 一次能源生产量	Indigenous Production	163841.53	155946.81
水电	Hydro Power	10268.65	3486.44
核电	Nuclear Power	1568.89	532.67
2. 回收能	Recovery of Energy	2042.76	2042.76
3. 进口量	Import	19573.99	19502.75
4. 我轮、机在外国加油量	China Airplanes&ships Refueling in Abroad	474.14	474.14
5. 出口量(-)	Export (-)	-12689.70	-12442.52
6. 外轮、机在我国加油量(-)	Foreign Airplanes&ships Refueling in China	-299.76	-299.76
7. 库存增(-)、减(+)量	Stock Change	-814.22	-814.22
二. 加工转换投入(-)产出(+)量	**Input(-) & Output(+) of Transformation**	**-3377.59**	**-43505.36**
1. 火力发电	Thermal Power		-37783.07
2. 供热	Heating Supply		-2344.71
3. 洗选煤	Coal Washing	-1191.50	-1191.50
4. 炼焦	Coking	-768.61	-768.61
5. 炼油	Petroleum Refineries	-1091.65	-1091.65
6. 制气	Gas Works	-93.62	-93.62
#焦炭再投入量(-)	Coke Input (-)	-172.76	-172.76
7. 煤制品加工	Briquettes	-59.44	-59.44
三. 损失量	**Loss**	**4979.33**	**1938.52**
四. 终端消费量	**Total Final Consumption**	**166633.39**	**121829.04**
1. 农、林、牧、渔、水利业	Farming, Forestry, Animal Husbandry, Fishery & Water Conservancy	6715.97	4866.60
2. 工业	Industry	113724.87	81710.69
#用作原料、材料	Non-Energy Use	6998.38	6998.38
3. 建筑业	Construction	2859.57	2402.99
4. 交通运输、仓储及邮电通迅业	Transport, Storage and Post	12507.57	11547.28
5. 批发和零售贸易业、餐饮业	Wholesale, Retail Trade and Hotel ,Restaurants	4179.55	2669.75
6. 生活消费	Residential Consumption	19827.16	14031.27
城 镇	Urban	12152.41	8462.01
乡 村	Rural	7674.76	5569.26
7. 其他	Other	6818.69	4600.46
五. 平衡差额	**Statistical Difference**	**-2861.57**	**-2862.96**
六. 能源消费总量	**Total Energy Consumption**	**174990.30**	**167272.92**

ENERGY BALANCE OF CHINA －2003（STANDARD QUANTITY）

（10 000 tce）

煤合计 Coal Total	原煤 Raw Coal	洗精煤 Cleaned Coal	其他洗煤 Other Washed Coal	型煤 Briquettes	焦炭 Coke	焦炉煤气 Coke Oven Gas	其他煤气 Other Gas	其他焦化产品 Other Coking Products	油品合计 Petroleum Products Total
116221.75	**117331.58**	**－1051.30**	**－55.93**	**－2.60**	**－1792.07**		**1381.53**	**88.75**	**39472.99**
123002.46	123002.46								24229.03
							1381.53		
839.35	587.75	237.69	13.91		0.17			110.30	18516.31
									474.14
－7263.81	－6059.40	－1198.73	－3.09	－2.59	－1430.01			－21.55	－3350.98
									－299.76
－356.25	－199.23	－90.26	－66.75	－0.01	－362.23				－95.75
－83655.99	**－88237.26**	**1092.44**	**2822.73**	**666.10**	**17094.56**	**1680.73**	**150.45**	**263.59**	**－3792.25**
－54344.30	－53416.97	－112.98	－814.35			－69.72	－288.36		－2135.50
－7373.87	－7241.40	－7.30	－125.17			－29.06	－105.31		－611.20
－1191.50	－20801.90	15805.32	3805.07						
－19861.34	－5567.10	－14264.98	－29.26		17039.14	1759.85	48.62	245.12	
									－1015.65
－825.53	－489.60	－327.62	－8.30		228.18	19.66	495.51	18.46	－29.90
					－172.76				
－59.44	－720.29		－5.25	666.10					
									231.61
37304.75	**32858.37**	**1025.98**	**2754.96**	**665.44**	**13916.19**	**1694.05**	**1532.82**	**350.82**	**34845.86**
1324.35	1312.09		12.25		136.95				2452.69
27441.57	24149.63	1019.60	2208.39	63.95	13572.40	1426.93	1254.65	350.82	14010.25
1751.39	1603.54	52.41	92.75	2.69	837.53	16.27		80.78	3372.58
453.45	444.53	2.76	6.16		20.20				1679.44
840.17	828.74	3.50	7.62	0.31	10.48	0.09	0.89		10155.44
675.33	663.52	0.12	5.84	5.86	46.10	12.20	12.77		1013.97
6034.41	4961.34		479.56	593.51	119.00	238.55	264.52		2719.59
2131.30	1569.26		205.16	356.89	60.44	238.55	261.67		2197.18
3903.11	3392.09		274.40	236.62	58.56		2.85		522.41
535.47	498.52		35.14	1.81	11.06	16.28			2814.48
－4738.99	**－3764.05**	**－984.84**	**11.84**	**－1.94**	**1386.30**	**－13.32**	**－0.83**	**1.52**	**603.27**

续表

单位:万吨标准煤

		原油 Crude Oil	汽油 Gasoline
一.可供本地区消费的能源量	**Total Primary Energy Supply**	**35982.28**	**-1057.30**
1.一次能源生产量	Indigenous Production	24229.03	
水电	Hydro Power		
核电	Nuclear Power		
2.回收能	Recovery of Energy		
3.进口量	Import	13003.13	
4.我轮、机在外国加油量	China Airplanes&ships Refueling in Abroad		
5.出口量(-)	Export (-)	-1161.92	-1109.79
6.外轮、机在我国加油量(-)	Foreign Airplanes&ships Refueling in China		
7.库存增(-)、减(+)量	Stock Change	-87.96	52.48
二.加工转换投入(-)产出(+)量	**Input(-) & Output(+) of Transformation**	**-34213.54**	**7048.57**
1.火力发电	Thermal Power	-134.27	-0.59
2.供热	Heating Supply	-15.73	-0.12
3.洗选煤	Coal Washing		
4.炼焦	Coking		
5.炼油	Petroleum Refineries	-34063.54	7049.27
6.制气	Gas Works		
#焦炭再投入量(-)	Coke Input (-)		
7.煤制品加工	Briquettes		
三.损失量	**Loss**	**229.69**	
四.终端消费量	**Total Final Consumption**	**1160.34**	**5990.86**
1.农、林、牧、渔、水利业	Farming, Forestry, Animal Husbandry, Fishery & Water Conservancy		286.92
2.工业	Industry	1132.88	908.44
#用作原料、材料	Non-Energy Use	150.67	29.16
3.建筑业	Construction	5.71	181.95
4.交通运输、仓储及邮电通迅业	Transport, Storage and Post	19.90	2739.22
5.批发和零售贸易业、餐饮业	Wholesale, Retail Trade and Hotel ,Restaurants	0.13	350.33
6.生活消费	Residential Consumption		292.44
城 镇	Urban		211.71
乡 村	Rural		80.74
7.其他	Other	1.71	1231.56
五.平衡差额	**Statistical Difference**	**378.71**	**0.40**
六.能源消费总量	**Total Energy Consumption**		

Continued

(10 000 tce)

煤油 Kerosene	柴油 Diesel Oil	燃料油 Fuel Oil	液化石油气 PLG	炼厂干气 Refinery Gas	其他石油制品 Other Petroleum Products	天然气 Natural Gas	热力 Heat	电力 Electricity	其他能源 Other Energy
87.12	**-95.09**	**3266.19**	**1070.49**		**219.30**	**4407.89**		**3967.89**	**661.23**
						4657.00		4058.33	
								3486.44	
								532.67	
									661.23
309.39	123.63	3422.14	1091.56		566.45			36.62	
157.59	39.04	277.52							
-296.77	-326.39	-108.77	-4.11		-343.22	-249.11		-127.07	
-109.18	-29.72	-160.86							
26.09	98.35	-163.83	-16.95		-3.93				
1258.49	**12037.83**	**952.00**	**2074.59**	**903.79**	**6146.01**	**-362.29**	**6045.93**	**19422.64**	**-352.73**
	-395.28	-1509.63	-2.67	-26.64	-66.42	-176.09		19422.64	-191.73
		-372.58		-188.69	-34.08	-186.20	6045.93		-85.00
1258.49	12433.11	2864.11	2077.27	1119.12	6246.51				-76.00
		-29.90							
			1.92			**88.45**	**69.09**	**1549.38**	
1356.06	**11858.58**	**4117.34**	**3075.28**	**920.84**	**6366.56**	**4059.03**	**5976.70**	**21840.46**	**308.37**
1.99	2162.92	0.86					2.42	950.20	
129.14	2271.95	2711.93	617.15	920.84	5317.92	3178.70	4633.68	15533.33	308.37
15.06	42.94	131.44	67.33	72.28	2863.70	888.17			43.15
	402.49	25.43	15.21		1048.64	9.31	7.36	233.24	
914.74	5078.28	1343.30	60.00			23.28	29.10	487.84	
16.54	518.04	18.57	110.37			91.11	52.64	765.63	
82.96	128.06		2216.13			756.64	1148.01	2750.55	
8.83	92.31		1884.34			756.64	1148.01	1668.21	
74.13	35.76		331.79					1082.34	
210.69	1296.82	17.26	56.43				103.49	1119.67	
-10.45	**84.16**	**100.86**	**67.89**	**-17.05**	**-1.25**	**-101.88**	**0.15**	**0.69**	**0.13**

4-5 中国能源平衡表(实物量) -2003

		煤合计 (万吨) Coal Total (10^4 tn)	原煤 (万吨) Raw Coal (10^4 tn)
一. 可供本地区消费的能源量	**Total Primary Energy Supply**	**163401.95**	**164664.72**
1. 一次能源生产量	Indigenous Production	172200.00	172200.00
水电	Hydro Power		
核电	Nuclear Power		
2. 回收能	Recovery of Energy		
3. 进口量	Import	1109.77	822.83
4. 我轮、机在外国加油量	China Airplanes&Ships Refueling in Abroad		
5. 出口量(-)	Export (-)	-9402.89	-8079.20
6. 外轮、机在我国加油量(-)	Foreign Airplanes&Ships Refueling in China		
7. 库存增(-)、减(+)量	Stock Change	-504.93	-278.91
二. 加工转换投入(-)产出(+)量	**Input(-) & Output(+) of Transformation**	**-120187.27**	**-127855.92**
1. 火力发电	Thermal Power	-81976.47	-80302.12
2. 供热	Heating Supply	-10895.45	-10649.12
3. 洗选煤	Coal Washing	-2699.30	-27263.30
4. 炼焦	Coking	-23639.86	-7953.00
5. 炼油	Petroleum Refineries		
6. 制气	Gas Works	-1054.81	-680.00
#焦炭再投入量(-)	Coke Input (-)		
7. 煤制品加工	Briquettes	78.62	-1008.38
三. 损失量	**Loss**		
四. 终端消费量	**Total Final Consumption**	**49044.77**	**41570.90**
1. 农、林、牧、渔、水利业	Farming, Forestry, Animal Husbandry, Fishery & Water Conservancy	1683.33	1660.00
2. 工业	Industry	35981.21	30553.00
#用作原料、材料	Non-Energy Use	2267.22	2028.72
3. 建筑业	Construction	577.15	562.40
4. 交通运输、仓储及邮电通迅业	Transport, Storage and Post	1067.33	1048.48
5. 批发和零售贸易业、餐饮业	Wholesale, Retail Trade and Hotel ,Restaurants	860.42	839.45
6. 生活消费	Residential Consumption	8174.71	6276.86
城 镇	Urban	2968.13	1985.35
乡 村	Rural	5206.58	4291.51
7. 其他	Other	700.62	630.71
五. 平衡差额	**Statistical Difference**	**-5830.09**	**-4762.10**
六. 能源消费合计	**Total Energy Consumption**	**169232.04**	**169426.82**

ENERGY BANLANCE OF CHINA －2003 (PHYSICAL QUANTITY)

洗精煤（万吨）Cleaned Coal (10^4 tn)	其他洗煤（万吨）Other Washed Coal (10^4 tn)	型煤（万吨）Briquettes (10^4 tn)	焦炭（万吨）Coke (10^4 tn)	焦炉煤气（亿立方米）Coke Oven Gas (10^8 cu. m)	其他煤气（亿立方米）Other Gas (10^8 cu. m)	其他焦化产品（万吨）Other Coking Products (10^4 tn)	油品合计（万吨）Petroleum Products Total (10^4 tn)	原油（万吨）Crude Oil (10^4 tn)
-1151.98	**-106.50**	**-4.29**	**-1844.83**		**480.40**	**76.91**	**27540.51**	**25187.09**
							16959.98	16959.98
					480.40			
260.45	26.49		0.17			95.58	12861.46	9102.01
							328.15	
-1313.53	-5.89	-4.27	-1472.11			-18.67	-2333.64	-813.33
							-207.20	
-98.90	-127.10	-0.02	-372.89				-68.24	-61.57
1197.06	**5374.59**	**1097.00**	**17597.86**	**275.62**	**52.37**	**228.41**	**-2901.36**	**-23949.00**
-123.80	-1550.55			-11.35	-100.27		-1491.57	-93.99
-8.00	-238.33			-4.73	-36.62		-417.97	-11.01
17319.00	7245.00							
-15631.14	-55.72		17540.81	288.50	16.91	212.41		
							-970.89	-23844.00
-359.00	-15.81		234.90	3.20	172.35	16.00	-20.93	
			-177.85					
	-10.00	1097.00						
							161.90	**160.78**
1124.24	**5245.54**	**1104.09**	**14325.91**	**277.81**	**533.06**	**304.00**	**24062.83**	**812.22**
	23.33		140.98				1681.35	
1117.25	4204.86	106.10	13972.00	234.00	436.32	304.00	9958.71	793.00
57.43	176.60	4.47	862.19	2.67		77.37	5280.77	105.47
3.02	11.73		20.79				1230.56	4.00
3.84	14.50	0.51	10.79	0.02	0.31		6957.74	13.93
0.13	11.12	9.72	47.46	2.00	4.44		682.33	0.09
	913.10	984.75	122.50	39.12	91.99		1635.75	
	390.63	592.15	62.22	39.12	91.00		1312.42	
	522.47	392.60	60.28		0.99		323.33	
	66.90	3.01	11.39	2.67			1916.39	1.20
-1079.16	**22.55**	**-11.38**	**1427.12**	**-2.18**	**-0.29**	**1.32**	**414.42**	**265.09**
17246.18	**7115.95**	**1104.09**	**14503.76**	**293.89**	**669.95**	**304.00**	**27126.09**	**24922.00**

续表

		汽油（万吨）Gasoline (10^4tn)	煤油（万吨）Kerosene (10^4tn)
一.可供本地区消费的能源量	**Total Primary Energy Supply**	**-718.57**	**59.21**
1.一次能源生产量	Indigenous Production		
水电	Hydro Power		
核电	Nuclear Power		
2.回收能	Recovery of Energy		
3.进口量	Import		210.27
4.我轮、机在外国加油量	China Airplanes&Ships Refueling in Abroad		107.10
5.出口量(-)	Export (-)	-754.24	-201.69
6.外轮、机在我国加油量(-)	Foreign Airplanes&ships Refueling in China		-74.20
7.库存增(-)、减(+)量	Stock Change	35.67	17.73
二.加工转换投入(-)产出(+)量	**Input(-) & Output(+) of Transformation**	**4790.38**	**855.30**
1.火力发电	Thermal Power	-0.40	
2.供热	Heating Supply	-0.08	
3.洗选煤	Coal Washing		
4.炼焦	Coking		
5.炼油	Petroleum Refineries	4790.86	855.30
6.制气	Gas Works		
#焦炭再投入量(-)	Coke Input (-)		
7.煤制品加工	Briquettes		
三.损失量	**Loss**		
四.终端消费量	**Total Final Consumption**	**4071.54**	**921.61**
1.农、林、牧、渔、水利业	Farming, Forestry, Animal Husbandry, Fishery & Water Conservancy	195.00	1.35
2.工业	Industry	617.40	87.77
#用作原料、材料	Non-Energy Use	19.82	10.23
3.建筑业	Construction	123.66	
4.交通运输、仓储及邮电通迅业	Transport, Storage and Post	1861.64	621.68
5.批发和零售贸易业、餐饮业	Wholesale, Retail Trade and Hotel ,Restaurants	238.09	11.24
6.生活消费	Residential Consumption	198.75	56.38
城 镇	Urban	143.88	6.00
乡 村	Rural	54.87	50.38
7.其他	Other	837.00	143.19
五.平衡差额	**Statistical Difference**	**0.27**	**-7.10**
六.能源消费合计	**Total Energy Consumption**	**4072.02**	**921.61**

Continued

柴油 （万吨） Diesel Oil (10^4tn)	燃料油 （万吨） Fuel Oil (10^4tn)	液化石油气 （万吨） PLG (10^4tn)	炼厂干气 （万吨） Refinery Gas (10^4tn)	其他石油制品 （万吨） Other Petroleum Products (10^4tn)	天然气 （亿立方米） Natural Gas (10^8 cu. m)	热力 （万百万千焦） Heat (10^{10} kj)	电力 （亿千瓦小时） Electricity (10^8 kW · h)	其他能源 （万吨标煤） Other Energy (10^4tce)
-65.26	**2286.29**	**624.45**		**167.30**	**331.42**		**3228.55**	**661.23**
					350.15		3302.14	
							2836.81	
							433.42	
								661.23
84.85	2395.45	636.74		432.14			29.80	
26.79	194.26							
-224.00	-76.14	-2.40		-261.84	-18.73		-103.39	
-20.40	-112.60							
67.50	-114.68	-9.89		-3.00				
8261.50	**666.39**	**1210.17**	**575.15**	**4688.75**	**-27.24**	**177300.00**	**15803.61**	**-352.73**
-271.28	-1056.72	-1.56	-16.95	-50.67	-13.24		15803.61	-191.73
	-260.80		-120.08	-26.00	-14.00	177300.00		-85.00
8532.78	2004.84	1211.73	712.18	4765.42				-76.00
	-20.93							
		1.12			**6.65**	**2026.06**	**1260.68**	
8138.48	**2882.08**	**1793.90**	**586.00**	**4857.00**	**305.19**	**175269.66**	**17770.92**	**308.37**
1484.40	0.60					70.83	773.15	
1559.23	1898.31	360.00	586.00	4057.00	239.00	135885.00	12639.00	308.37
29.47	113.90	39.28	46.00	2184.69	66.78			43.15
276.23	17.80	8.87		800.00	0.70	215.93	189.78	
3485.20	940.29	35.00			1.75	853.31	396.94	
355.53	13.00	64.38			6.85	1543.69	622.97	
87.89		1292.73			56.89	33666.00	2238.04	
63.35		1099.19			56.89	33666.00	1357.37	
24.54		193.54					880.67	
890.00	12.08	32.92				3034.90	911.04	
57.76	**70.60**	**39.60**	**-10.85**	**-0.95**	**-7.66**	**4.28**	**0.56**	**0.13**
8409.76	**4220.53**	**1796.58**	**723.03**	**4933.67**	**339.08**	**177295.72**	**19031.60**	**661.10**

4-6 中国能源平衡表(标准量) -2004

单位:万吨标准煤

		能源合计 Energy Total	
		(发电煤耗计算法)(coal equivalent calculation)	(电热当量计算法)(calorific value calculation)
一.可供本地区消费的能源量	**Total Primary Energy Supply**	**203343.73**	**194104.38**
1.一次能源生产量	Indigenous Production	187341.15	177962.03
水电	Hydro Power	12477.88	4345.06
核电	Nuclear Power	1781.24	620.26
2.回收能	Recovery of Energy	2507.99	2507.99
3.进口量	Import	26045.95	25967.73
4.我轮、机在外国加油量	China Airplanes&ships Refueling in Abroad	546.74	546.74
5.出口量(-)	Export (-)	-11159.24	-10941.26
6.外轮、机在我国加油量(-)	Foreign Airplanes&ships Refueling in China	-486.79	-486.79
7.库存增(-)、减(+)量	Stock Change	-1452.07	-1452.07
二.加工转换投入(-)产出(+)量	**Input(-) & Output(+) of Transformation**	**-3683.59**	**-47622.04**
1.火力发电	Thermal Power		-41305.20
2.供热	Heating Supply		-2633.25
3.洗选煤	Coal Washing	-1326.65	-1326.65
4.炼焦	Coking	-526.88	-526.88
5.炼油	Petroleum Refineries	-1415.60	-1415.60
6.制气	Gas Works	-162.31	-162.31
#焦炭再投入量(-)	Coke Input (-)	-196.36	-196.36
7.煤制品加工	Briquettes	-55.78	-55.78
三.损失量	**Loss**	**5439.16**	**2140.34**
四.终端消费量	**Total Final Consumption**	**194103.93**	**144227.22**
1.农、林、牧、渔、水利业	Farming, Forestry, Animal Husbandry, Fishery & Water Conservancy	7679.89	5818.18
2.工业	Industry	134442.37	98384.39
#用作原料、材料	Non-Energy Use	8412.26	8412.26
3.建筑业	Construction	3258.61	2741.89
4.交通运输、仓储及邮电通迅业	Transport, Storage, Postal & Telecommunications Services	14783.26	13732.18
5.批发和零售贸易业、餐饮业	Wholesale, Retail Trade and Catering Service	4820.32	3098.56
6.生活消费	Residential Consumption	21280.66	15045.43
城 镇	Urban	12973.12	8994.90
乡 村	Rural	8307.54	6050.52
7.其他	Other	7838.84	5406.60
五.平衡差额	**Statistical Difference**	**117.05**	**114.77**
六.能源消费总量	**Total Energy Consumption**	**203226.68**	**193989.61**

ENERGY BALANCE OF CHINA －2004 (STANDARD QUANTITY)

(10 000 tce)

煤合计 Coal Total	原煤 Raw Coal	洗精煤 Cleaned Coal	其他洗煤 Other Washed Coal	型煤 Briquettes	焦炭 Coke	焦炉煤气 Coke Oven Gas	其他煤气 Other Gas	其他焦化产品 Other Coking Products	油品合计 Petroleum Products Total
137316.09	**137335.12**	**－36.23**	**20.29**	**－3.10**	**－2015.08**		**1640.36**	**127.27**	**46042.22**
142311.70	142311.70								25125.25
							1640.36		
1444.68	811.03	614.66	18.99		0.52			160.56	24320.19
									546.74
－6296.41	－5774.32	－518.09	－0.91	－3.10	－1458.27			－33.28	－2712.32
									－486.79
－143.89	－13.29	－132.81	2.21		－557.34				－750.84
－92017.76	**－97151.22**	**1638.95**	**2810.85**	**683.66**	**19178.62**	**1838.78**	**16.13**	**328.50**	**－4662.64**
－59662.31	－58504.17	－140.92	－1017.22			－154.07	－333.01		－2671.73
－7936.42	－7820.14	－10.58	－105.71			－87.35	－229.58		－609.83
－1326.65	－26280.83	20312.69	4641.49						
－22021.99	－3841.50	－18146.40	－34.09		19068.37	2054.22	58.29	314.23	
									－1366.06
－1014.60	－629.66	－375.84	－9.10		299.00	25.98	520.43	21.89	－15.01
					－188.74			－7.6164	
－55.78	－74.92		－664.52	683.66					
									214.13
46348.21	**40957.00**	**1798.16**	**2904.90**	**688.15**	**16584.43**	**1827.69**	**1656.61**	**455.22**	**40507.03**
1805.16	1792.13		13.02		95.86				2920.55
35990.13	31732.11	1795.37	2376.61	86.05	16306.73	1550.00	1358.80	455.22	15855.57
2302.73	2107.01	92.28	99.82	3.62	799.46	17.67		115.85	4123.16
483.23	478.06	2.79	2.38		16.31				1936.62
668.35	665.60		2.75		1.74		0.60		12400.29
696.11	682.47		5.79	7.84	51.83	11.24	18.52		1219.78
6134.59	5069.99		472.10	592.50	102.15	252.93	278.68		2942.63
1902.82	1395.15		180.19	327.48	53.08	252.93	275.44		2386.01
4231.77	3674.84		291.91	265.01	49.07		3.25		556.61
570.64	536.63		32.25	1.77	9.80	13.51			3231.60
－1049.88	**－773.10**	**－195.43**	**－73.76**	**－7.59**	**579.11**	**11.10**	**－0.12**	**0.56**	**658.42**

续表

单位:万吨标准煤

		原油 Crude Oil	汽油 Gasoline
一.可供本地区消费的能源量	**Total Primary Energy Supply**	**41446.99**	**-835.87**
1.一次能源生产量	Indigenous Production	25125.25	
水电	Hydro Power		
核电	Nuclear Power		
2.回收能	Recovery of Energy		
3.进口量	Import	17531.78	
4.我轮、机在外国加油量	China Airplanes&ships Refueling in Abroad		
5.出口量(-)	Export (-)	-784.53	-795.60
6.外轮、机在我国加油量(-)	Foreign Airplanes&ships Refueling in China		
7.库存增(-)、减(+)量	Stock Change	-425.51	-40.27
二.加工转换投入(-)产出(+)量	**Input(-) & Output(+) of Transformation**	**-39651.59**	**7746.63**
1.火力发电	Thermal Power	-25.77	-0.44
2.供热	Heating Supply	-0.36	-0.22
3.洗选煤	Coal Washing		
4.炼焦	Coking		
5.炼油	Petroleum Refineries	-39625.46	7747.29
6.制气	Gas Works		
#焦炭再投入量(-)	Coke Input (-)		
7.煤制品加工	Briquettes		
三.损失量	**Loss**	**212.59**	
四.终端消费量	**Total Final Consumption**	**1207.08**	**6908.68**
1.农、林、牧、渔、水利业	Farming, Forestry, Animal Husbandry, Fishery & Water Conservancy		323.90
2.工业	Industry	1207.08	745.93
#用作原料、材料	Non-Energy Use	160.54	23.94
3.建筑业	Construction		230.26
4.交通运输、仓储及邮电通迅业	Transport, Storage, Postal & Telecommunications Services		3396.67
5.批发和零售贸易业、餐饮业	Wholesale, Retail Trade and Catering Service		411.70
6.生活消费	Residential Consumption		421.61
城 镇	Urban		329.48
乡 村	Rural		92.14
7.其他	Other		1378.61
五.平衡差额	**Statistical Difference**	**375.72**	**2.07**
六.能源消费总量	**Total Energy Consumption**		

Continued

(10 000 tce)

煤油 Kerosene	柴油 Diesel Oil	燃料油 Fuel Oil	液化石油气 PLG	炼厂干气 Refinery Gas	其他石油制品 Other Petroleum Products	天然气 Natural Gas	热力 Heat	电力 Electricity	其他能源 Other Energy
135.68	**152.75**	**4024.81**	**1087.03**		**30.84**	**5189.66**		**4936.23**	**867.63**
						5514.18		5010.90	
								4345.06	
								620.26	
									867.63
414.93	400.59	4370.40	1098.87		503.62			41.79	
204.52	42.20	300.02							
-301.64	-92.74	-259.56	-5.47		-472.78	-324.52		-116.46	
-186.13	-33.51	-267.15							
3.99	-163.78	-118.90	-6.37						
1415.84	**13855.10**	**537.51**	**2413.01**	**1060.13**	**7960.74**	**-524.02**	**6567.20**	**22067.78**	**-414.64**
	-488.01	-2041.74	-3.77	-47.58	-64.41	-253.10		22067.78	-298.75
		-304.76	-12.34	-200.23	-91.91	-270.92	6567.20		-66.35
1415.84	14343.11	2899.03	2429.13	1307.94	8117.06				-49.54
		-15.01							
			1.54			**103.21**	**77.08**	**1745.92**	
1560.95	**13930.22**	**4472.15**	**3438.49**	**1050.72**	**7938.74**	**4649.13**	**6489.96**	**25256.91**	**452.04**
1.59	2585.34	0.94	8.78				2.51	994.10	
89.59	2433.21	2739.15	826.65	1050.72	6763.24	3359.58	4825.72	18230.61	452.04
10.45	45.99	132.76	90.19	17.29	3642.00	1015.06			38.33
	485.40	30.51	14.93		1175.51	18.49	14.24	273.01	
1206.12	6093.94	1643.53	60.03			66.90	41.67	552.62	
5.34	610.51	35.69	156.53			122.08	75.25	903.75	
40.26	165.63		2315.13			894.03	1411.56	3028.86	
3.03	121.98		1931.52			890.04	1411.56	1823.02	
37.22	43.64		383.61			3.99		1205.84	
218.05	1556.18	22.33	56.43			188.06	119.01	1273.96	
-9.43	**77.63**	**90.17**	**60.00**	**9.41**	**52.84**	**-86.70**	**0.16**	**1.18**	**0.95**

4-6 中国能源平衡表(实物量) -2004

		煤合计 (万吨) Coal Total (10^4 tn)	原煤 (万吨) Raw Coal (10^4 tn)
一.可供本地区消费的能源量	**Total Primary Energy Supply**	**192265.48**	**192272.20**
1.一次能源生产量	Indigenous Production	199232.40	199232.40
水电	Hydro Power		
核电	Nuclear Power		
2.回收能	Recovery of Energy		
3.进口量	Import	1861.40	1142.29
4.我轮、机在外国加油量	China Airplanes&Ships Refueling in Abroad		
5.出口量(-)	Export (-)	-8666.36	-8083.88
6.外轮、机在我国加油量(-)	Foreign Airplanes&Ships Refueling in China		
7.库存增(-)、减(+)量	Stock Change	-161.96	-18.61
二.加工转换投入(-)产出(+)量	**Input(-) & Output(+) of Transformation**	**-134052.25**	**-142351.19**
1.火力发电	Thermal Power	-91961.56	-89868.15
2.供热	Heating Supply	-11546.56	-11333.54
3.洗选煤	Coal Washing	-3633.89	-35041.11
4.炼焦	Coking	-25349.58	-5122.00
5.炼油	Petroleum Refineries		
6.制气	Gas Works	-1316.43	-881.51
#焦炭再投入量(-)	Coke Input (-)		
7.煤制品加工	Briquettes	-244.23	-104.88
三.损失量	**Loss**		
四.终端消费量	**Total Final Consumption**	**59543.75**	**50881.44**
1.农、林、牧、渔、水利业	Farming, Forestry, Animal Husbandry, Fishery & Water Conservancy	2251.19	2226.39
2.工业	Industry	46082.95	39421.24
#用作原料、材料	Non-Energy Use	2916.13	2617.57
3.建筑业	Construction	601.53	593.89
4.交通运输、仓储及邮电通迅业	Transport, Storage, Postal & Telecommunications Services	832.12	826.89
5.批发和零售贸易业、餐饮业	Wholesale, Retail Trade and Catering Service	871.79	847.84
6.生活消费	Residential Consumption	8173.20	6298.52
城 镇	Urban	2615.63	1733.21
乡 村	Rural	5557.57	4565.31
7.其他	Other	730.97	666.66
五.平衡差额	**Statistical Difference**	**-1330.52**	**-960.43**
六.消费量合计	**Total Final Consumption**	**193596.00**	**193232.63**

ENERGY BANLANCE OF CHINA －2004(PHYSICAL QUANTITY)

洗精煤 (万吨) Cleaned Coal (10^4 tn)	其他洗煤 (万吨) Other Washed Coal (10^4 tn)	型煤 (万吨) Briquettes (10^4 tn)	焦炭 (万吨) Coke (10^4 tn)	焦炉煤气 (亿立方米) Coke Oven Gas (10^8 cu. m)	其他煤气 (亿立方米) Other Gas (10^8 cu. m)	其他焦化产品 (万吨) Other Coking Products (10^4 tn)	油品合计 (万吨) Petroleum Products Total (10^4 tn)	原油 (万吨) Crude Oil (10^4 tn)
-40.25	**38.64**	**-5.10**	**-2074.41**		**570.40**	**110.29**	**32116.21**	**29012.31**
							17587.32	17587.32
					570.40			
682.96	36.15		0.54			139.13	16913.35	12272.00
							377.97	
-575.65	-1.73	-5.10	-1501.20			-28.84	-1904.08	-549.16
							-336.50	
-147.56	4.22		-573.75				-521.85	-297.85
1821.06	**5351.96**	**1125.92**	**19743.28**	**299.33**	**5.61**	**284.67**	**-3488.18**	**-27755.56**
-156.58	-1936.83			-25.08	-115.80		-1864.07	-18.04
-11.75	-201.27			-14.22	-79.83		-418.47	-0.25
22569.66	8837.56							
-20162.67	-64.91		19629.78	334.40	20.27	272.30		
							-1195.13	-27737.27
-417.60	-17.32		307.80	4.23	180.97	18.97	-10.51	
			-194.30			-6.60		
	-1265.27	1125.92						
							149.71	**148.81**
1997.95	**5531.04**	**1133.32**	**17072.71**	**297.52**	**576.05**	**394.47**	**28062.02**	**844.94**
	24.80		98.69				2001.29	
1994.85	4525.15	141.71	16786.83	252.32	472.49	394.47	11344.10	844.94
102.54	190.06	5.97	823.00	2.88		100.39	3142.49	112.38
3.10	4.54		16.79				1422.31	
	5.23		1.79		0.21		8495.88	
	11.03	12.91	53.36	1.83	6.44		818.72	
	898.89	975.78	105.16	41.17	96.91		1778.05	
	343.09	539.33	54.65	41.17	95.78		1436.41	
	555.80	436.45	50.51		1.13		341.64	
	61.40	2.91	10.09	2.20			2201.68	
-217.14	**-140.45**	**-12.50**	**596.16**	**1.81**	**-0.04**	**0.49**	**416.30**	**263.00**
22746.55	**9016.64**	**1133.32**	**17267.01**	**336.82**	**771.68**	**401.07**	**31699.91**	**28749.31**

续表

		汽油（万吨）Gasoline (10^4 tn)	煤油（万吨）Kerosene (10^4 tn)
一.可供本地区消费的能源量	**Total Primary Energy Supply**	**-568.08**	**92.21**
1.一次能源生产量	Indigenous Production		
水电	Hydro Power		
核电	Nuclear Power		
2.回收能	Recovery of Energy		
3.进口量	Import		282.00
4.我轮、机在外国加油量	China Airplanes&Ships Refueling in Abroad		139.00
5.出口量(-)	Export (-)	-540.71	-205.00
6.外轮、机在我国加油量(-)	Foreign Airplanes&ships Refueling in China		-126.50
7.库存增(-)、减(+)量	Stock Change	-27.37	2.71
二.加工转换投入(-)产出(+)量	**Input(-) & Output(+) of Transformation**	**5264.80**	**962.24**
1.火力发电	Thermal Power	-0.30	
2.供热	Heating Supply	-0.15	
3.洗选煤	Coal Washing		
4.炼焦	Coking		
5.炼油	Petroleum Refineries	5265.25	962.24
6.制气	Gas Works		
#焦炭再投入量(-)	Coke Input (-)		
7.煤制品加工	Briquettes		
三.损失量	**Loss**		
四.终端消费量	**Total Final Consumption**	**4695.31**	**1060.86**
1.农、林、牧、渔、水利业	Farming, Forestry, Animal Husbandry, Fishery & Water Conservancy	220.13	1.08
2.工业	Industry	506.95	60.89
#用作原料、材料	Non-Energy Use	16.27	7.10
3.建筑业	Construction	156.49	
4.交通运输、仓储及邮电通迅业	Transport, Storage, Postal & Telecommunications Services	2308.46	819.71
5.批发和零售贸易业、餐饮业	Wholesale, Retail Trade and Catering Service	279.80	3.63
6.生活消费	Residential Consumption	286.54	27.36
城镇	Urban	223.92	2.06
乡村	Rural	62.62	25.30
7.其他	Other	936.94	148.19
五.平衡差额	**Statistical Difference**	**1.41**	**-6.41**
六.消费量合计	**Total Final Consumption**	**4695.76**	**1060.86**

Continued

柴油（万吨）Diesel Oil (10^4 tn)	燃料油（万吨）Fuel Oil (10^4 tn)	液化石油气（万吨）PLG (10^4 tn)	炼厂干气（万吨）Refinery Gas (10^4 tn)	其他石油制品（万吨）Other Petroleum Products (10^4 tn)	天然气（亿立方米）Natural Gas (10^8 cu. m)	热力（万百万千焦）Heat (10^{10} kj)	电力（亿千瓦小时）Electricity (10^8 kW · h)	其他能源（万吨标煤）Other Energy (10^4 tce)
104.83	**2817.31**	**634.09**		**23.53**	**390.20**		**4016.46**	**867.63**
					414.60		4077.22	
							3535.44	
							504.69	
								867.63
274.92	3059.22	641.00		384.21			34.00	
28.96	210.01							
-63.65	-181.69	-3.19		-360.68	-24.40		-94.76	
-23.00	-187.00							
-112.40	-83.23	-3.72						
9508.68	**376.25**	**1407.58**	**674.64**	**6073.19**	**-39.40**	**192586.50**	**17955.88**	**-414.64**
-334.92	-1429.19	-2.20	-30.28	-49.14	-19.03		17955.88	-298.75
	-213.33	-7.20	-127.42	-70.12	-20.37	192586.50		-66.35
9843.60	2029.28	1416.98	832.34	6192.45				-49.54
	-10.51							
		0.90			**7.76**	**2260.48**	**1420.60**	
9560.23	**3130.44**	**2005.77**	**668.65**	**6095.81**	**349.56**	**190321.46**	**20550.78**	**452.04**
1774.30	0.66	5.12				73.60	808.87	
1669.90	1917.37	482.21	668.65	5193.19	252.60	141516.66	14833.69	452.04
31.56	115.04	52.61	11.00	2796.53	76.32			38.33
333.13	21.36	8.71		902.62	1.39	417.58	222.14	
4182.24	1150.45	35.02			5.03	1221.92	449.65	
418.99	24.98	91.31			9.18	2206.70	735.35	
113.67		1350.48			67.22	41394.86	2464.49	
83.72		1126.71			66.92	41394.86	1483.33	
29.95		223.77			0.30		981.15	
1068.00	15.63	32.92			14.14	3490.14	1036.58	
53.28	**63.12**	**35.00**	**5.99**	**0.91**	**-6.52**	**4.57**	**0.96**	**0.95**
9895.15	**4783.47**	**2016.07**	**826.35**	**6215.07**	**396.72**	**192581.93**	**21971.38**	**866.68**

4-7 综合能源平衡表

单位：万吨标准煤

项　目	Item	1980	1985
可供消费的能源总量	**Total Energy Available for Consumption**	**61557**	**77603**
一次能源生产量	Primary Energy Output	63735	85546
回收能	Recovery of Energy		
进口量	Imports	261	340
出口量(－)	Exports (－)	3058	5774
年初年末库存差额	Stock Changes in the Year	619	-2509
能源消费总量	**Total Energy Consumption**	**60275**	**76682**
在总量中：	Consumption by Sector		
1. 农、林、牧、渔业	Farming, Forestry, Animal Husbandry, Fishery Conservancy	4692	4045
2. 工 业	Industry	38986	51068
3. 建筑业	Construction	957	1302
4. 交通运输、仓储和邮政业	Transport, Storage and Post	2902	3713
5. 批发、零售业和住宿 、餐饮业	Wholesale, Retail Trade and Hotel , Restaurants	518	766
6. 其他	Others	1205	2470
7. 生活消费	Residential Consumption	11015	13318
在总量中：	Consumption by Usage		
(一) 终端消费	(I) Final Consumption	57508	73586
#工业	Industry	38293	48021
(二)加工转换损失量	(II) Losses in Processing and	1358	1491
#炼焦	Coking	644	572
炼油	Petroleum Refining	113	110
(三) 损失量	(III) Other Losses	1409	1605
平衡差额	**Balance**	**1282**	**921**

注：1. 村办工业包括在工业中(下同)。

2. 电力、热力按等价热值折算，因此加工转换损失量中不包括发电、供热损失量。

3. 进口量包括我国飞机、轮船在国外加油量；出口量包括外国飞机、轮船在我国加油量。

OVERALL ENERGY BALANCE SHEET

(10 000 tce)

1990	1995	1998	1999	2000	2001	2002	2003	2004
96138	**129535**	**128368**	**132065**	**136535**	**140981**	**149082**	**172129**	**203344**
103922	129034	124250	125935	128978	137445	143810	163842	187341
	2312	1920	1694	1760	1859	1908	2043	2508
1310	5456	8474	9514	14334	13472	15769	20048	26593
5875	6776	7153	7051	9633	12020	11695	12989	11646
-3219	-491	878	1974	1097	225	-710	-814	-1452
98703	**131176**	**132214**	**133831**	**138553**	**143199**	**151797**	**174990**	**203227**
4852	5505	5790	5993	6045	6400	6612	6716	7680
67578	96191	94409	92840	95443	98273	104088	121771	143244
1213	1335	1612	1979	2143	2234	2544	2860	3259
4541	5863	8245	9340	10067	10363	11171	12819	15104
1247	2018	2552	2901	3039	3265	3520	4180	4820
3473	4519	5213	5563	5852	6096	6334	6819	7839
15799	15745	14393	15214	15965	16568	17527	19827	21281
94289	124252	126039	127814	132030	136486	144231	166633	194104
63239	89473	88522	87151	89266	91903	96864	113725	134442
2264	3634	2629	2228	2461	2325	2788	3378	3684
905		684	516	525	518	541	769	527
326		616	648	781	607	1015	1092	1416
2150	3289	3546	3789	4062	4388	4778	4979	5439
-2565	**-1641**	**-3846**	**-1766**	**-2017**	**-2218**	**-2716**	**-2862**	**117**

a) Data on industry include the data of village - run industry. (The sane as in the following tables).

b) Electric power and heat are converted on the basic of equal caloric value. Therefore, losses in processing and transformation exclude losses in power generation and heating.

c) Data on imports include the petroleum consumed by the Chinese airplanes and ships in refueling abroad. Data on exports include the petroleum consumed by the foreign airplanes and ships in refueling in China.

4-8 煤炭平衡表

单位：万吨

项　目	Item	1980	1985
可供量	**Total Energy Available for Consumption**	**62601.0**	**82776.6**
生产量	Output	62015.0	87228.4
进口量	Imports	199.0	230.7
出口量（－）	Exports（－）	632.0	777.0
年初年末库存差额	Stock Changes in the Year	1019.0	-3905.5
消费量	**Total Energy Consumption**	**61009.5**	**81603.0**
在消费量中：	Consumption by Sector		
1. 农、林、牧、渔 业	Farming, Forestry, Animal Husbandry, Fishery Conservancy	1550.3	2208.6
2. 工 业	Industry	43848.4	58613.3
3. 建筑业	Construction	556.0	531.9
4. 交通运输、仓储和邮政业	Transport, Storage and Post	1934.4	2307.1
5. 批发、零售业和住宿 、餐饮业	Wholesale, Retail Trade and Hotel , Restaurants	455.2	738.2
6. 其他	Other	1091.2	1579.5
7. 生活消费	Residential Consumption	11574.0	15624.4
在消费量中：	Consumption by Usage		
（一）终端消费	(1) Final Consumption	38804.2	52704.4
#工 业	Industry	21643.1	29715.0
（二）中间消费	(2) Intermediate Consumption		
（用于加工转换）	(Consumed in Transformation)	19461.6	25397.4
发 电	Power Generation	12648.4	16440.7
供 热	Heating		1462.3
炼 焦	Coking	6682.2	7303.8
制 气	Gas Production	131.0	190.6
（三）洗选损耗	(3) Losses in Coal Washing and Dressing	2743.7	3501.2
平衡差额	**Balance**	**1591.5**	**1173.6**

注：生产量为原煤产量。

COAL BALANCE SHEET

(10 000 ton)

1990	1995	1998	1999	2000	2001	2002	2003	2004
102221.0	**133461.7**	**122810.6**	**127076.1**	**128297.1**	**130554.0**	**137060.8**	**163402.0**	**192265.5**
107988.3	136073.1	125000.0	128000.0	129921.0	138152.0	145456.0	172200.0	199232.4
200.3	163.5	158.6	167.3	217.9	266.0	1125.7	1109.8	1861.4
1729.0	2861.7	3229.7	-3743.9	-5506.5	-9012.9	-8389.6	-9402.9	-8666.4
-4238.5	86.8	881.7	2652.7	3664.7	1148.9	-1131.4	-504.9	-162.0
105523.0	**137676.5**	**129492.2**	**130000.0**	**132000.0**	**135000.0**	**141600.5**	**169232.0**	**193596.0**
2095.2	1856.7	1923.3	1735.6	1647.7	1599.6	1622.9	1683.3	2251.2
81090.9	117570.7	114952.4	116500.0	119300.7	122518.3	129290.4	156168.5	180135.2
437.6	439.8	611.6	522.5	536.8	535.0	553.6	577.2	601.5
2160.9	1315.1	1390.6	1286.3	1132.2	1041.3	1055.0	1067.3	832.1
1058.3	977.4	947.6	896.2	814.6	810.9	809.1	860.4	871.8
1980.4	1986.7	782.7	651.1	661.0	664.7	667.1	700.6	731.0
16699.7	13530.1	8884.0	8408.4	7907.0	7830.3	7602.6	8174.7	8173.2
60205.9	66156.1	56347.1	49714.2	46821.4	45611.7	42572.4	49044.8	59543.8
35773.8	46050.3	41807.3	36214.2	34122.0	33129.9	30262.2	35981.2	46083.0
41257.8	69487.6	73145.1	80285.8	85178.6	89388.3	99028.1	120187.3	134052.3
27204.3	44440.2	49489.3	52458.2	55811.2	59797.9	68600.0	81976.5	91961.6
2995.5	5887.3	6319.9	7961.0	8794.1	8951.5	8973.7	10895.5	11546.6
10697.6	18396.4	15628.1	15931.7	16496.4	17236.4	18624.7	2699.3	25349.6
360.4	763.7	685.1	917.6	960.0	1002.1	973.2	23639.9	1316.4
4059.3	2032.8	1159.3	3091.5	3191.2	2450.5	1917.5	1054.8	3633.9
-3302.0	**-4214.8**	**-6681.6**	**-2923.9**	**-3702.9**	**-4446.0**	**-4539.8**	**-5830.1**	**-1330.5**

a) Data on output refer to the output of raw coal.

4-9 焦炭平衡表

单位：万吨

项　目	Item	1980	1985
可供量	**Total Energy Available for Consumption**	**4315.3**	**4689.7**
生产量	Output	4343.0	4802.1
进口量	Imports		2.1
出口量(-)	Exports (-)	27.1	36.9
年初年末库存差额	Stock Changes in the Year	-0.6	-77.6
消费量	**Total Energy Consumption**	**4303.0**	**4689.7**
在消费量中：	Consumption by Sector		
1. 农、林、牧、渔 业	Farming, Forestry, Animal Husbandry, Fishery Conservancy	10.6	20.8
2. 工 业	Industry	4266.7	4627.7
3. 建筑业	Construction	11.9	7.8
4. 交通运输、仓储和邮政业	Transport, Storage and Post	8.2	5.7
5. 批发、零售业和住宿 、餐饮业	Wholesale, Retail Trade and Hotel , Restaurants	0.9	2.7
6. 其他	Other	4.7	2.0
7. 生活消费	Residential Consumption		23.0
在消费量中：	Consumption by Usage		
(一)终端消费	(1) Final Consumption	4294.7	4677.9
#工 业	Industry	4258.4	4615.9
(二)中间消费	(2) Intermediate Consumption		
(用于加工转换)	(Consumed in Transformation)	8.3	11.8
制 气	Gas Production	8.3	11.8
(三) 损失量	(3) Losses in Coal Washing and Dressing		
平衡差额	**Balance**	**12.3**	

COKE BALANCE SHEET

(10 000 ton)

1990	1995	1998	1999	2000	2001	2002	2003	2004
7085.8	**12207.1**	**11733.5**	**10970.6**	**10892.3**	**11462.9**	**12830.5**	**15930.9**	**17863.2**
7328.3	13424.5	12899.1	12073.7	12184.0	13130.8	14253.3	17775.7	19937.6
	0.1						0.2	0.5
129.0	886.1	1146.4	997.4	1519.7	1384.6	1357.0	1472.1	1501.2
-113.5	-331.4	-19.2	-105.7	228.0	-283.2	-65.8	-372.9	-573.8
6914.7	**10725.3**	**11078.2**	**10460.5**	**10440.0**	**10999.2**	**12343.9**	**14503.8**	**17267.0**
60.1	128.6	151.4	145.8	144.2	139.2	141.0	141.0	98.7
6808.8	10412.0	10710.3	10094.9	10080.5	10638.4	11978.1	14149.8	16981.1
5.2	10.8	14.6	17.1	19.0	23.9	23.4	20.8	16.8
4.1	10.1	10.3	10.1	11.2	11.7	11.4	10.8	1.8
7.7	25.7	38.8	36.5	35.7	39.7	42.6	47.5	53.4
1.9	6.4	12.8	13.0	12.2	12.1	12.3	11.4	10.1
26.9	131.6	140.0	143.1	137.2	134.2	135.1	122.5	105.2
6846.3	10648.0	11008.6	10302.7	10297.1	10845.6	12206.6	14325.9	17072.7
6740.4	10334.7	10640.6	9937.1	9937.7	10484.8	11840.7	13972.0	16786.8
68.4	77.3	69.7	157.8	142.9	153.7	137.4	177.9	194.3
68.4	77.3	69.7	157.8	142.9	153.7	137.4	177.9	194.3
171.1	**1481.8**	**655.2**	**510.1**	**452.3**	**463.7**	**486.6**	**1427.1**	**596.2**

4-10 石油平衡表

单位：万吨

项 目	Item	1980	1985
可供量	**Total Energy Available for Consumption**	**8794.5**	**9193.7**
生产量	Output	10594.6	12489.5
进口量	Imports	82.7	90.0
出口量(-)	Exports (-)	1806.2	3630.4
年初年末库存差额	Stock Changes in the Year	-76.6	244.6
消费量	**Total Energy Consumption**	**8757.4**	**9168.8**
在消费量中：	Consumption by Sector		
1. 农、林、牧、渔 业	Farming, Forestry, Animal Husbandry, Fishery Conservancy	814..9	758.7
2. 工 业	Industry	6203.2	6171.4
3. 建筑业	Construction	175.2	292.2
4. 交通运输、仓储和邮政业	Transport, Storage and Post	911.5	1176.4
5. 批发、零售业和住宿 、餐饮业	Wholesale, Retail Trade and Hotel , Restaurants	29.0	38.1
6. 其他	Other	481.7	506.1
7. 生活消费	Residential Consumption	141.9	225.9
在消费量中：	Consumption by Usage	8757.4	
(一) 终端消费	(I) Final Consumption	6311.0	7063.3
#工 业	Industry	3780.3	4462.0
(二) 中间消费	(II) Intermediate Consumption		
(用于加工转换)	(Consumed in Transformation)	2102.1	1745.6
发 电	Power Generation	2065.4	1425.5
供 热	Heating		285.6
制 气	Gas Production	36.7	34.5
(三) 炼油损失量	(III) Losses in Petroleum Refining	81.5	112.9
(四) 损失量	Other Losses	262.8	247.0
平衡差额	**Balance**	**37.1**	**24.9**

注：1. 生产量为原油产量。

2. 进口量包括我国飞机、轮船在国外加油量；出口量包括外国飞机、轮船在我国加油量。

PETROLEUM BALANCE

(10 000 ton)

1990	1995	1998	1999	2000	2001	2002	2003	2004
11435.0	**16072.7**	**19686.1**	**20981.3**	**22631.8**	**23204.7**	**24925.1**	**27540.5**	**32116.2**
13830.6	15005.0	16100.0	16000.0	16300.0	16395.9	16700.0	16960.0	17587.3
755.6	3673.2	5738.7	6483.3	9748.5	9118.2	10269.3	13189.6	17291.3
3110.4	2454.5	2326.5	1643.5	2172.1	2046.7	2139.2	2540.8	2240.6
-40.8	-151.0	174.0	124.6	-1244.6	-262.7	94.9	-68.2	-521.9
11485.6	**16064.9**	**19817.8**	**21072.9**	**22439.3**	**22838.3**	**24786.8**	**27126.1**	**31699.9**
1033.6	1203.2	1294.7	1422.1	1496.9	1568.5	1674.1	1681.4	2001.3
7321.6	9349.3	10870.8	10428.7	10918.5	10827.2	11803.4	12886.5	14857.3
327.3	242.8	293.9	747.3	830.6	933.8	1096.6	1230.6	1422.3
1683.2	2863.6	4245.3	5004.3	5509.0	5692.9	6163.7	7093.2	8620.6
77.6	333.9	426.0	537.2	545.0	567.4	593.0	682.3	818.7
757.8	1390.3	1704.8	1800.3	1882.9	1953.7	1978.6	1916.4	2201.7
284.5	682.0	983.3	1133.1	1256.5	1294.8	1477.5	1635.8	1778.0
9304.7	13676.3	17514.3	18664.7	19893.5	20357.0	21989.8	24062.8	28062.0
5180.4	7095.5	8717.3	8172.1	8530.0	8498.4	9168.3	9958.7	11344.1
1630.4	2230.0	2106.1	2222.2	2352.9	2292.0	2606.8	2901.4	3488.2
1234.4	1358.5	1304.8	1228.6	1178.2	1213.6	1275.6	1491.6	1864.1
356.3	399.9	455.5	394.6	427.0	438.7	420.7	418.0	418.5
39.7	51.6	35.4	32.5	25.9	22.8	18.9	20.9	10.5
295.8	420.1	310.4	566.6	721.9	617.0	891.6	970.9	1195.1
254.7	158.6	197.3	186.0	192.9	189.3	190.2	161.9	149.7
-50.6	**7.8**	**-131.5**	**-108.5**	**192.5**	**366.4**	**138.3**	**414.4**	**416.3**

a) Data on output refer to the output of crude oil.

b) Data on imports include the petroleum consumed by the Chinese airplanes and ships in refueling abroad. Data on exports include the petroleum consumed by the foreign airplanes and ships in refueling in China.

4-11 原油平衡表

单位：万吨

项　目	Item	1980	1985
可供量	**Total Energy Available for Consumption**	**9222.9**	**9516.5**
生产量	Output	10594.6	12489.5
进口量	Imports	36.6	
出口量(-)	Exports (-)	1330.9	3003.0
年初年末库存差额	Stock Changes in the Year	-77.4	30.0
消费量	**Total Energy Consumption**	**9205.0**	**9509.5**
在消费量中：	Consumption by Sector		
1. 农、林、牧、渔 业	Farming, Forestry, Animal Husbandry, Fishery Conservancy	8.0	0.8
2. 工 业	Industry	9112.0	9389.9
3. 建筑业	Construction	28.8	74.0
4. 交通运输、仓储和邮政业	Transport, Storage and Post	50.1	44.3
5. 批发、零售业和住宿、餐饮业	Wholesale, Retail Trade and Hotel, Restaurants		0.1
6. 其他	Other	6.1	0.4
7. 生活消费	Residential Consumption		
在消费量中：	Consumption by Usage		
(一)终端消费	(Ⅰ) Final Consumption	499.6	350.4
#工 业	Industry	429.7	254.9
(二)中间消费	(Ⅱ) Intermediate Consumption		
(用于加工转换)	(Consumed in Transformation)	8443.0	8929.7
发 电	Power Generation	574.0	279.5
供 热	Heating		61.3
炼油	Petroleum Refineries	7869.0	8588.9
(三) 油田原油损失量	(Ⅲ) Losses in Oil Field for Crude Oil	262.4	229.4
平衡差额	**Balance**	**17.9**	**7.0**

KEROSENE BALANCE SHEET

(10 000 ton)

1990	1995	1998	1999	2000	2001	2002	2003	2004
11770.6	**14794.9**	**17316.9**	**18947.2**	**21383.0**	**21537.2**	**22769.0**	**25187.1**	**29012.3**
13830.6	15004.4	16100.0	16000.0	16300.0	16395.9	16700.0	16960.0	17587.3
292.3	1709.0	2732.0	3661.4	7026.5	6026.0	6940.6	9102.0	12272.0
2399.0	1822.7	1560.0	716.7	1030.6	755.0	766.5	813.3	549.2
46.7	-95.8	44.9	2.6	-912.9	-129.7	-105.2	-61.6	-297.9
11762.2	**14886.4**	**17395.3**	**18949.5**	**21232.0**	**21342.7**	**22541.1**	**24922.0**	**28749.3**
0.2	10.1							
11653.8	14716.3	17222.5	18775.2	21052.1	21168.2	22357.5	24768.4	28625.5
55.2	2.7	2.2	3.2	3.3	3.4	4.2	4.0	
52.1	156.8	168.9	169.5	175.0	169.8	177.9	148.3	123.8
0.3	0.5	0.2	0.2	0.2	0.2	0.1	0.1	
0.6	1390.3	1.5	1.4	1.4	1.2	1.3	1.2	
402.1	309.9	518.7	519.4	636.8	654.1	681.3	812.2	844.9
333.4	274.7	495.4	495.4	612.3	630.8	658.0	793.0	844.9
11106.9	14419.4	16680.7	18245.7	20404.3	20500.7	21671.3	23949.0	27755.6
124.6	61.6	74.4	80.2	85.0	81.6	78.3	94.0	18.0
21.1	4.4	24.5	12.9	14.0	12.3	12.8	11.0	0.3
10961.2	14353.4	16581.8	18152.6	20305.3	20406.8	21580.2	23844.0	27737.3
253.2	157.1	196.0	184.4	190.9	187.9	188.5	160.8	148.8
8.4	**-91.5**	**-78.4**	**-2.2**	**151.0**	**194.4**	**227.9**	**265.1**	**263.0**

4－12 燃料油平衡表

单位：万吨

项　目	Item	1980	1985
可供量	**Total Energy Available for Consumption**	**3096.1**	**2848.0**
生产量	Output	3142.0	2835.8
进口量	Imports	39.0	70.0
出口量(－)	Exports (－)	45.4	64.9
年初年末库存差额	Stock Changes in the Year	-39.5	7.1
消费量	**Total Energy Consumption**	**3073.7**	**2837.4**
在消费量中：	Consumption by Sector		
1. 农、林、牧、渔 业	Farming, Forestry, Animal Husbandry, Fishery Conservancy	2.3	3.1
2. 工 业	Industry	2937.4	2662.2
3. 建筑业	Construction	15.0	18.9
4. 交通运输、仓储和邮政业	Transport, Storage and Post	109.0	144.1
5. 批发、零售业和住宿 、餐饮业	Wholesale, Retail Trade and Hotel , Restaurants	2.9	3.1
6. 其他	Other	7.1	6.0
7. 生活消费	Residential Consumption		
在消费量中：	Consumption by Usage		
(一)终端消费	(I) Final Consumption	1617.9	1538.8
#工 业	Industry	1481.6	1363.5
(二) 中间消费	(II) Intermediate Consumption		
(用于加工转换)	(Consumed in Transformation)	1455.8	1296.1
发 电	Power Generation	1419.1	1042.3
供 热	Heating		219.3
制 气	Gas Production	36.7	34.5
(三)损失量	(III) Other Losses		2.5
平衡差额	**Balance**	**22.4**	**10.6**

DIESEL OIL BALANCE SHEET

(10 000 ton)

1990	1995	1998	1999	2000	2001	2002	2003	2004
3320.7	**3717.3**	**3828.7**	**3901.1**	**3836.7**	**3836.9**	**3702.8**	**4291.1**	**4846.6**
3267.9	2960.8	2100.4	1959.4	2053.7	1864.4	1845.5	2004.8	2029.3
167.3	859.1	1818.3	1963.3	1704.3	2048.7	1915.2	2589.7	3269.2
97.2	68.6	72.9	38.8	57.9	84.9	104.9	188.7	368.7
-17.3	-34.0	-17.2	17.2	136.6	8.7	47.0	-114.7	-83.2
3367.8	**3693.7**	**3828.6**	**3934.1**	**3872.8**	**3850.2**	**3873.9**	**4220.5**	**4783.5**
2.9	8.4	0.3	0.4	0.4	0.4	0.4	0.6	0.7
3091.7	3406.2	3217.3	3047.7	2975.1	2949.3	2950.9	3236.8	3570.4
47.3	14.2	16.6	16.2	16.7	16.2	19.0	17.8	21.4
208.2	227.5	565.6	840.0	850.0	855.0	872.1	940.3	1150.4
1.6	6.6	7.4	10.5	11.6	12.3	12.3	13.0	25.0
16.1	30.8	21.4	19.4	19.0	17.0	19.1	12.1	15.6
2042.6	2262.8	2456.4	2694.0	2741.4	2689.3	2675.6	2882.1	3130.4
1766.5	1975.3	1845.1	1807.6	1843.7	1788.4	1752.6	1898.3	1917.4
1325.2	1430.9	1372.2	1240.1	1131.3	1160.9	1198.2	1338.5	1653.0
977.3	1071.5	993.8	906.3	814.2	838.5	912.7	1056.7	1429.2
308.3	307.8	343.0	301.3	291.2	299.6	266.7	260.8	213.3
39.6	51.6	35.4	32.5	25.9	22.8	18.9	20.9	10.5
-47.1	**23.6**	**0.1**	**-33.0**	**-36.1**	**-13.4**	**-171.1**	**70.6**	**63.1**

4-13 汽油平衡表

单位：万吨

项目	Item	1980	1985
可供量	**Total Energy Available for Consumption**	**999.4**	**1399.6**
生产量	Output	1079.0	1471.9
进口量	Imports		0.3
出口量(-)	Exports (-)	117.8	129.9
年初年末库存差额	Stock Changes in the Year	38.2	57.3
消费量	**Total Energy Consumption**	**998.6**	**1396.3**
在消费量中:	Consumption by Sector		
1. 农、林、牧、渔业	Farming, Forestry, Animal Husbandry, Fishery Conservancy	53.3	122.3
2. 工业	Industry	273.2	451.3
3. 建筑业	Construction	54.1	73.0
4. 交通运输、仓储和邮政业	Transport, Storage and Post	404.9	477.4
5. 批发、零售业和住宿、餐饮业	Wholesale, Retail Trade and Hotel, Restaurants	19.4	23.4
6. 其他	Other	193.7	238.3
7. 生活消费	Residential Consumption		10.6
平衡差额	**Balance**	**0.8**	**3.3**

4-14 煤油平衡表

单位：万吨

项目	Item	1980	1985
可供量	**Total Energy Available for Consumption**	**359.0**	**383.2**
生产量	Output	398.5	405.3
进口量	Imports		15.2
出口量(-)	Exports (-)	46.8	46.0
年初年末库存差额	Stock Changes in the Year	2.3	8.7
消费量	**Total Energy Consumption**	**365.9**	**385.5**
在消费量中:	Consumption by Sector		
1. 农、林、牧、渔业	Farming, Forestry, Animal Husbandry, Fishery Conservancy	2.3	3.3
2. 工业	Industry	15.7	20.1
3. 建筑业	Construction	0.8	1.3
4. 交通运输、仓储和邮政业	Transport, Storage and Post	31.4	56.2
5. 批发、零售业和住宿、餐饮业	Wholesale, Retail Trade and Hotel, Restaurants	0.2	0.1
6. 其他	Other	216.7	182.9
7. 生活消费	Residential Consumption	98.8	121.6
平衡差额	**Balance**	**-6.9**	**-2.3**

GASOLINE BALANCE SHEET

(10 000 ton)

1990	1995	1998	1999	2000	2001	2002	2003	2004
1884.1	**2902.0**	**3307.6**	**3379.8**	**3504.5**	**3606.9**	**3749.7**	**4072.3**	**4697.2**
2173.4	3051.6	3501.0	3741.3	4134.7	4154.7	4320.8	4790.9	5265.3
16.9	15.9	1.5						
233.8	193.1	194.5	425.8	467.7	586.0	630.4	754.2	540.7
-72.4	27.6	-0.5	64.3	-162.5	38.1	59.3	35.7	-27.4
1899.5	**2909.6**	**3328.6**	**3380.7**	**3504.9**	**3597.8**	**3749.7**	**4072.0**	**4695.8**
145.9	179.7	172.6	178.1	184.5	190.6	187.9	195.0	220.1
589.3	812.4	677.5	646.5	602.0	618.1	631.6	617.9	507.4
89.5	103.6	112.6	113.8	115.6	116.7	122.3	123.7	156.5
620.1	982.3	1216.6	1265.5	1387.8	1419.4	1503.5	1861.6	2308.5
46.0	197.2	216.5	206.3	209.8	214.0	224.2	238.1	279.8
390.7	570.7	825.7	849.4	877.7	904.3	916.3	837.0	936.9
18.0	63.7	107.1	121.1	127.6	134.6	163.8	198.8	286.5
-15.4	**-7.6**	**-21.1**	**-0.9**	**-0.4**	**9.1**		**0.3**	**1.4**

KEROSENE BALANCE SHEET

(10 000 ton)

1990	1995	1998	1999	2000	2001	2002	2003	2004
350.9	**486.4**	**699.9**	**848.6**	**880.9**	**894.2**	**914.8**	**914.5**	**1054.5**
392.5	445.8	616.1	743.8	872.3	789.4	826.1	855.3	962.2
26.1	115.7	188.0	272.2	322.5	298.6	324.3	317.4	421.0
55.5	62.4	127.6	162.8	256.3	246.4	240.9	275.9	331.5
-12.2	-12.7	23.3	-4.6	-57.6	52.7	5.3	17.7	2.7
350.9	**512.1**	**671.4**	**824.2**	**869.6**	**890.3**	**919.2**	**921.6**	**1060.9**
3.1	3.6	1.6	1.4	1.5	1.5	1.4	1.4	1.1
20.6	44.9	62.2	78.4	84.0	86.0	87.4	87.8	60.9
1.3	3.5	3.5	3.9	4.0	3.5			
93.4	250.0	390.5	505.6	535.9	560.7	616.7	621.7	819.7
0.6	8.5	9.0	11.5	12.0	12.5	13.0	11.2	3.6
127.3	137.3	141.6	152.7	160.1	151.1	140.0	143.2	148.2
104.6	64.3	63.1	70.8	72.2	75.0	60.7	56.4	27.4
	-25.7	**28.5**	**24.3**	**11.3**	**4.0**	**-4.4**	**-7.1**	**-6.4**

4-15 柴油平衡表

单位：万吨

项　目	Item	1980	1985
可供量	**Total Energy Available for Consumption**	**1663.2**	**1944.1**
生产量	Output	1827.8	2023.2
进口量	Imports	2.1	4.5
出口量(－)	Exports (－)	166.5	225.6
年初年末库存差额	Stock Changes in the Year	-0.2	142.0
消费量	**Total Energy Consumption**	**1663.2**	**1939.4**
在消费量中:	Consumption by Sector		
1. 农、林、牧、渔 业	Farming, Forestry, Animal Husbandry, Fishery Conservancy	749.0	629.2
2. 工 业	Industry	457.4	644.1
3. 建筑业	Construction	76.5	125.0
4. 交通运输、仓储和邮政业	Transport, Storage and Post	316.1	454.4
5. 批发、零售业和住宿 、餐饮业	Wholesale, Retail Trade and Hotel , Restaurants	6.5	10.9
6. 其他	Other	57.7	74.0
7. 生活消费	Residential Consumption		
在消费量中:	Consumption by Usage		
(一)终端消费	(I) Final Consumption	1590.9	1827.4
#工 业	Industry	385.1	532.1
(二) 中间消费	(II) Intermediate Consumption		
(用于加工转换)	(Consumed in Transformation)	72.3	108.6
发 电	Power Generation	72.3	103.6
供 热	Heating		5.0
(三) 损失量	Other Losses		3.4
平衡差额	**Balance**		**4.7**

DIESEL OIL BALANCE SHEET

(10 000 ton)

1990	1995	1998	1999	2000	2001	2002	2003	2004
2689.4	**4404.2**	**5229.8**	**6204.3**	**6806.5**	**7272.0**	**7722.3**	**8467.5**	**9948.4**
2609.0	3972.6	4897.7	6172.6	7079.6	7485.6	7706.1	8532.8	9843.6
233.8	645.3	331.7	56.0	51.9	54.7	78.7	111.6	303.9
169.8	169.5	118.8	70.9	77.5	46.9	144.7	244.4	86.7
16.4	-44.2	119.2	46.5	-247.6	-221.4	82.2	67.5	-112.4
2691.7	**4321.4**	**5282.8**	**6231.6**	**6774.3**	**7107.7**	**7667.2**	**8409.8**	**9895.2**
881.5	1001.4	1120.2	1241.8	1310.1	1375.6	1484.3	1484.4	1774.3
728.1	1189.9	1346.1	1506.8	1596.5	1636.8	1731.3	1830.5	2004.8
133.0	118.2	153.5	178.1	195.9	223.1	252.0	276.2	333.1
709.4	1246.6	1901.9	2221.7	2543.8	2671.0	2964.8	3485.2	4182.2
22.5	103.6	153.3	260.9	255.9	268.1	280.8	355.5	419.0
217.0	645.7	564.0	759.7	803.7	853.9	870.0	890.0	1068.0
	16.1	43.9	62.7	68.4	79.2	83.9	87.9	113.7
2564.8	4070.0	5078.9	6016.2	6546.6	6867.3	7441.2	8138.5	9560.2
601.2	938.5	1142.2	1291.4	1368.8	1396.4	1505.3	1559.2	1669.9
126.9	251.4	203.9	215.5	227.7	240.4	226.0	271.3	334.9
124.5	204.9	203.9	215.5	227.7	240.4	226.0	271.3	334.9
2.4	46.6							
-2.3	**82.7**	**-52.9**	**-27.4**	**32.2**	**164.4**	**55.2**	**57.8**	**53.3**

4－16 液化石油气平衡表

单位：万吨

项　目	Item	1980	1985
可供量	**Total Energy Available for Consumption**	**122.5**	**157.3**
生产量	Output	122.5	159.7
进口量	Imports		
出口量(－)	Exports (－)		1.9
年初年末库存差额	Stock Changes in the Year		-0.5
消费量	**Total Energy Consumption**	**119.6**	**155.7**
在消费量中：	Consumption by Sector		
1. 农、林、牧、渔 业	Farming, Forestry, Animal Husbandry, Fishery Conservancy		
2. 工 业	Industry	76.1	59.9
3. 建筑业	Construction		
4. 交通运输、仓储和邮政业	Transport, Storage and Post		
5. 批发、零售业和住宿 、餐饮业	Wholesale, Retail Trade and Hotel , Restaurants		0.5
6. 其他	Other	0.4	4.5
7. 生活消费	Residential Consumption	43.1	90.8
平衡差额	**Balance**	**2.9**	**1.6**

4－17 天然气平衡表

单位：万吨

项　目	Item	1980	1985
可供量	**Total Energy Available for Consumption**	**142.7**	**129.3**
生产量	Output	142.7	129.3
进口量	Imports		
出口量(－)	Exports (－)		
年初年末库存差额	Stock Changes in the Year		
消费量	**Total Energy Consumption**	**140.6**	**129.3**
在消费量中：	Consumption by Sector		
1. 农、林、牧、渔 业	Farming, Forestry, Animal Husbandry, Fishery Conservancy		
2. 工 业	Industry	131.4	109.6
3. 建筑业	Construction	6.0	14.1
4. 交通运输、仓储和邮政业	Transport, Storage and Post	0.7	0.8
5. 批发、零售业和住宿 、餐饮业	Wholesale, Retail Trade and Hotel , Restaurants		
6. 其他	Other	0.5	0.5
7. 生活消费	Residential Consumption	2.0	4.3
平衡差额	**Balance**	**2.1**	

LPG BALANCE SHEET

(10 000 ton)

1990	1995	1998	1999	2000	2001	2002	2003	2004
258.5	**774.3**	**1178.0**	**1146.6**	**1396.2**	**1428.0**	**1663.6**	**1836.2**	**2051.1**
261.6	540.8	747.4	816.6	916.6	952.3	1036.8	1211.7	1417.0
	232.6	476.6	322.3	481.7	488.9	626.2	636.7	641.0
1.1	7.1	50.2	7.5	1.6	2.1	5.6	2.4	3.2
-2.0	8.0	4.2	-1.5	-0.6	-11.1	6.3	-9.9	-3.7
254.2	**750.6**	**1186.0**	**1208.5**	**1366.7**	**1411.0**	**1625.4**	**1796.6**	**2016.1**
	0.1			0.4	0.3			5.1
82.0	192.5	220.5	254.0	276.1	291.7	320.5	361.6	491.6
1.0	0.5	5.7	7.9	8.9	9.5	12.8	8.9	8.7
	0.5	0.5	2.0	16.5	17.0	28.6	36.1	35.9
6.6	17.4	39.5	47.9	55.5	60.4	62.6	64.4	91.3
6.1	5.7	150.6	17.9	21.0	26.2	31.9	32.9	32.9
158.5	534.0	769.2	878.5	988.3	1006.0	1169.1	1292.7	1350.5
4.3	**23.7**	**-8.0**	**-61.6**	**29.5**	**16.9**	**38.2**	**39.6**	**35.0**

NATURAL GAS BALANCE SHEET

(100 million cu. m)

1990	1995	1998	1999	2000	2001	2002	2003	2004
153.0	**179.5**	**232.8**	**218.2**	**240.6**	**272.9**	**294.6**	**331.42**	**390.2**
153.0	179.5	232.8	252.0	272.0	303.3	326.6	350.15	414.6
			33.8	31.4	30.1	32.0	18.73	24.4
152.5	**177.4**	**202.6**	**214.9**	**245.0**	**274.3**	**291.8**	**339.1**	**396.7**
120.2	154.4	171.5	180.2	202.0	217.8	227.5	267.8	293.6
10.6	0.3	0.1	0.7	0.8	0.7	0.7	0.7	1.4
1.9	1.6	3.7	4.8	5.8	6.0	6.4	6.8	11.2
	0.6	2.5	2.9	3.4	5.0	6.1	6.9	9.2
1.2	1.2	0.6	0.6	0.6	0.7			14.1
18.6	19.4	24.1	25.7	32.3	44.1	51.2	56.9	67.2
0.5	**2.1**	**30.2**	**3.3**	**-4.4**	**-1.4**	**2.7**	**-7.7**	**-6.5**

4-18 电力平衡表

单位：亿千瓦小时

项　目	Item	1980	1985
可供量	**Total Energy Available for Consumption**	**3006.3**	**4117.6**
生产量	Output	3006.3	4106.9
水电	Hydropower	582.1	923.7
火电	Thermal Power	2424.2	3183.2
核电	Nuclear Power		
进口量	Imports		11.1
出口量(－)	Exports (－)		0.4
消费量	**Total Energy Consumption**	**3006.3**	**4117.6**
在消费量中：	Consumption by Sector		
1. 农、林、牧、渔 业	Farming, Forestry, Animal Husbandry, Fishery Conservancy	270	317.4
2. 工 业	Industry	2471.9	3283.4
3. 建筑业	Construction	47.1	71.2
4. 交通运输、仓储和邮政业	Transport, Storage and Post	26.5	63.4
5. 批发、零售业和住宿 、餐饮业	Wholesale, Retail Trade and Hotel , Restaurants	16.8	38.0
6. 其他	Others	68.8	121.7
7. 生活消费	Residential Consumption	105.2	222.5
在消费量中：	Consumption by Usage		
(一)终端消费	(I) Final Consumption	2763.4	3813.3
#工 业	Industry	2229.0	2979.1
(二)输配电损失量	(II) Losses in Transmission	242.9	304.3

ELECTRICITY BALANCE

(100 million kW · h)

1990	1995	1998	1999	2000	2001	2002	2003	2004
6230.4	**10023.4**	**11590.4**	**12305.2**	**13472.7**	**14724.1**	**16466.0**	**19032.2**	**21972.3**
6212.0	10077.3	11662.0	12393.0	13556.0	14808.0	16540.0	19105.8	22033.1
1267.2	1905.8	2080.0	2038.1	2224.1	2774.3	2879.7	2836.8	3535.4
4944.8	8043.2	9441.0	10205.4	11141.9	11834.3	13381.4	15803.6	17955.9
	128.3	141.0	149.5	167.4	174.7	251.3	433.4	504.7
19.3	6.4	0.2	3.7	15.5	18.0	23.0	29.8	34.0
0.9	60.3	71.7	91.5	98.8	101.9	97.0	103.4	94.8
6230.4	**10023.4**	**11598.4**	**12305.2**	**13471.4**	**14723.5**	**16465.5**	**19031.6**	**21971.4**
426.8	582.4	623.5	660.4	673.0	762.4	776.2	773.2	808.9
4873.3	7659.8	8406.0	8832.7	9653.6	10534.7	11927.2	13899.7	16254.3
65.0	159.6	188.8	142.3	154.8	144.9	164.1	189.8	222.1
105.9	182.3	255.6	254.8	281.2	309.3	338.0	396.9	449.6
76.2	199.5	293.4	342.8	393.7	444.9	500.0	623.0	735.4
202.4	234.2	506.7	591.4	643.2	688.1	758.5	911.0	1036.6
480.8	1005.6	1324.5	1480.8	1672.0	1839.2	2001.4	2238.0	2464.5
5795.8	9278.9	10807.5	11443.3	12534.7	13690.0	15296.8	17770.9	20550.8
4438.7	6915.3	7615.0	7970.8	8716.9	9501.2	10758.5	12639.0	14833.7
434.6	744.5	790.9	861.9	936.7	1033.5	1168.7	1260.7	1420.6

五、能源消费
Chapter 5 Energy Consumption

5-1 能源消费总量和构成

PRIMARY ENERGY COMPOSITION AND ITS COMPOSITION

	1995	1999	2000	2001	2002	2003	2004
能源消费总量(万吨标煤)(电热当量计算法)	125763	128393	132469	135765	144155	167272.92	193989.61
Total Energy Consumption (10^4 tce)							
(calorific value calculation)							
能源消费总量(万吨标煤)(发电煤耗计算法)	131176	133831	138553	143199	151797	174990	203227
Total Energy Consumption (10^4 tce)							
(coal equivalent calculation)							
煤炭(万吨) Coal (10^4 tn)	137677	130000	132000	135000	141601	169232	193596
石油(万吨) Petroleum (10^4 tn)	16065	21073	22439	22838	24787	24269	31700
天然气(亿立方米) Natural Gas (10^8 cu. m)	177	215	245	274	292	339	397
水电(亿千瓦时) Hydro Power (10^8 kW·h)	1906	1966	2224	2774	2880	2837	3535
核电(亿千瓦时) Nuclear Power (10^8 kW·h)	128	149	167	175	251	433	505
构成(电热当量计算法)(%)							
As Percentage of Primary Energy Production(%)							
(calorific value calculation)							
煤炭 Coal	77.40	72.40	71.02	70.50	69.96	71.63	71.31
石油 Petroleum	18.30	23.53	24.28	24.12	24.66	23.24	23.39
天然气 Natural Gas	1.88	2.23	2.46	2.69	2.69	2.70	2.72
水电 Hydro Power	1.84	1.90	2.08	2.53	2.48	2.11	2.26
核电 Nuclear Power	0.13	0.14	0.16	0.16	0.21	0.32	0.32
构成(发电煤耗计算法)(%)							
As percentage of primary energy production(%)							
(coal equivalent calculation)							
煤炭 Coal	74.60	69.10	67.75	66.69	66.32	68.38	67.99
石油 Petroleum	17.50	22.57	23.21	22.87	23.41	22.21	22.33
天然气 Natural Gas	1.80	2.14	2.35	2.55	2.56	2.58	2.60
水电 Hydro Power	5.71	5.76	6.23	7.43	7.10	5.93	6.20
核电 Nuclear Power	0.39	0.43	0.46	0.46	0.61	0.90	0.88

5-2 工业分行业终端能源消费量(实物量)-1999

		煤合计 (万吨) Coal Total (10^4 tn)	原煤 (万吨) Raw Coal (10^4 tn)
		L1	L2
工业合计	**Industry Total**	**36214.19**	**32268.24**
(一)采掘业	**Mining and Quarrying**	**2803.73**	**2437.88**
煤炭采选业	Coal Mining and Dressing	2200.00	1864.42
石油和天然气开采业	Petroleum and Naturl Gas Extraction	145.91	141.42
黑色金属矿采选业	Ferrous Metals Mining and Dressing	71.52	49.88
有色金属矿采选业	Nonferrous Metals Mining and Dressing	63.09	62.30
非金属矿采选业	Nonmetal Minerals Mining and Dressing	239.99	236.66
其他矿采选业	Other Minerals Mining and Dressing	83.22	83.20
(二)制造业	**Manufacturing**	**30439.80**	**27135.51**
食品加工业	Food Processing	969.52	868.46
食品制造业	Food Production	648.85	580.95
饮料制造业	Beverage Production	613.88	610.01
烟草加工业	Tobacco Processing	174.65	172.82
纺织业	Textile Industry	1293.46	1281.86
服装及其他纤维制品制造业	Garments and Other Fiber Products	128.99	128.44
皮革、毛皮、羽绒及其制品业	Leather, Furs, Down and Related Products	84.74	84.66
木材加工及竹、藤、棕、草制品业	Timber Processing, Bamboo, Cane, Palm & Straw Products	230.24	229.93
家具制造业	Furniture Manufacturing	51.39	51.36
造纸及纸制品业	Papermaking and Paper Products	1164.58	1110.74
印刷业、记录媒介的复制	Printing and Record Medium Reproduction	52.97	52.27
文教体育用品制造业	Cultural, Educational and Sports Articles	20.14	20.07
石油加工及炼焦业	Petroleum Processing and Coking	711.09	581.21
化学原料及化学品制造业	Raw Chemical Materials and Chemical Products	4688.65	4419.83
医药制造业	Medical and Pharmaceutical Products	517.03	501.65
化学纤维制造业	Chemical Fiber	313.54	310.85
橡胶制品业	Rubber Products	340.04	338.46
塑料制品业	Plastic Products	164.54	162.18
非金属矿物制品业	Nonmetal Mineral Products	11253.33	9506.93
黑色金属冶炼及压延加工业	Smelting and Pressing of Ferrous Metals	3804.62	3141.25
有色金属冶炼及压延加工业	Smelting and Pressing of Nonferrous Metals	847.71	726.94
金属制品业	Metal Products	287.15	279.66
普通机械制造业	Ordinary Machinery	454.83	410.31
专用设备制造业	Equipment for Special Purpose	361.20	321.76
交通运输设备制造业	Transportation Equipment	571.30	565.55
电气机械及器材制造业	Electric Equipment and Machinery	215.35	211.30
电子及通信设备制造业	Electronic and Telecommunications Equipment	77.89	76.57
仪器仪表、文化办公用机械制造业	Instruments, Meters Cultural and Office Machinery	42.38	42.27
其他制造业	Other Manufacturing Industry	355.74	347.22
(三)电力、煤气及水生产和供应业	**Electric Power, Gas and Water Production and Supply**	**2970.66**	**2694.85**
电力、蒸汽、热水的生产和供应业	Electric Power, Steam and Hot Water Production and Supply	2687.63	2437.60
煤气生产和供应业	Gas Production and Supply	246.66	221.98
自来水的生产和供应业	Tap Water Production and Supply	36.37	35.27

FINAL ENERGY CONSUMPTION BY INDUSTRIAL SECTOR – 1999 (PHYSICAL QUANTITY)

洗精煤 （万吨） Cleaned Coal (10^4 tn)	其他洗煤 （万吨） Other Washed Coal (10^4 tn)	焦炭 （万吨） Coke (10^4 tn)	焦炉煤气 （亿立方米） Coke Oven Gas (10^8 cu. m)	其他煤气 （亿立方米） Other Gas (10^8 cu. m)	其他焦化产品 （万吨） Other Coking Products (10^4 tn)	油品合计 （万吨） Petroleum Products Total (10^4 tn)	原油 （万吨） Crude Oil (10^4 tn)
L3	L4	L6	L7	L8	L9	L10	L11
1034.43	**2854.01**	**9937.06**	**171.64**	**360.54**	**186.41**	**8172.11**	**495.40**
129.24	**236.22**	**131.11**	**0.70**	**0.70**	**5.72**	**960.73**	**332.40**
127.11	208.46	45.64	0.70	0.70	4.39	97.07	1.88
0.11	4.38	5.24				765.60	330.52
0.29	21.04	38.10				17.70	
0.07	0.65	19.11				17.79	
1.65	1.68	22.72			1.33	34.88	
0.01	0.01	0.30				27.69	
859.53	**2387.64**	**9778.55**	**165.15**	**358.82**	**178.96**	**6983.15**	**161.71**
4.58	96.47	14.41		0.01		81.90	0.38
62.90	4.97	15.95	0.23	0.06		39.72	0.44
2.06	1.81	3.24			0.09	29.82	0.48
0.07	1.76	1.15		0.01		41.32	
2.72	8.83	3.83	0.23	0.14		168.67	0.04
0.48	0.02	1.56		0.01		36.33	0.12
0.06	0.02	1.58				25.16	
0.25	0.06	1.37			0.25	11.65	
	0.03	1.05				6.92	
13.71	40.11	1.48				54.41	0.53
0.47	0.23	0.27	0.03	0.01		22.62	
0.07		1.57		0.01		15.47	0.09
103.63	26.25	38.36	10.31	2.56	15.99	2850.03	79.22
89.69	159.62	994.03	8.45	1.98	41.52	1363.68	53.84
1.34	13.98	0.67	0.18	0.01	4.39	23.92	
0.09	2.60	25.14	0.01			364.98	6.73
0.83	0.75	2.48	0.02	0.01		30.29	0.04
0.71	1.65	6.26		0.01		61.71	0.33
94.27	1624.97	286.92	2.66	5.52	12.34	697.92	8.25
342.20	311.08	7690.39	141.36	332.23	94.18	394.16	9.10
55.50	65.24	201.48	0.18	7.64	9.56	128.20	0.67
6.24	1.24	130.31	0.10	0.26	0.09	70.50	0.03
39.95	4.53	205.41	0.33	1.15	0.27	71.54	0.10
30.64	8.79	68.56	0.09	5.13	0.08	65.10	0.25
3.51	2.23	37.81	0.12	1.13	0.20	93.12	0.05
1.92	2.12	11.42	0.37	0.41		60.55	0.45
1.19	0.13	0.33	0.48	0.07		59.63	
0.09	0.02	4.83		0.03		14.50	
0.36	8.13	26.69		0.43		99.33	0.57
45.66	**230.15**	**27.40**	**5.79**	**1.02**	**1.73**	**228.23**	**1.29**
20.05	229.98	9.15			0.13	204.78	1.29
24.51	0.17	11.54	5.79	1.02	1.60	17.28	
1.10		6.71				6.17	

续表

		汽油（万吨）Gasoline (10⁴tn)	煤油（万吨）Kerosene (10⁴tn)
		L12	L13
工业合计	**Industry Total**	**645.40**	**78.35**
（一）采掘业	**Mining and Quarrying**	**117.63**	**6.97**
煤炭采选业	Coal Mining and Dressing	36.88	5.01
石油和天然气开采业	Petroleum and Naturl Gas Extraction	43.14	0.41
黑色金属矿采选业	Ferrous Metals Mining and Dressing	6.90	0.04
有色金属矿采选业	Nonferrous Metals Mining and Dressing	5.08	1.19
非金属矿采选业	Nonmetal Minerals Mining and Dressing	8.46	0.31
其他矿采选业	Other Minerals Mining and Dressing	17.17	0.01
（二）制造业	**Manufacturing**	**498.76**	**70.98**
食品加工业	Food Processing	33.59	0.26
食品制造业	Food Production	13.06	0.08
饮料制造业	Beverage Production	11.82	0.09
烟草加工业	Tobacco Processing	34.34	0.09
纺织业	Textile Industry	40.76	3.52
服装及其他纤维制品制造业	Garments and Other Fiber Products	8.75	0.38
皮革、毛皮、羽绒及其制品业	Leather, Furs, Down and Related Products	4.63	0.17
木材加工及竹、藤、棕、草制品业	Timber Processing, Bamboo, Cane, Palm & Straw Products	2.95	0.10
家具制造业	Furniture Manufacturing	3.29	0.04
造纸及纸制品业	Papermaking and Paper Products	11.08	3.39
印刷业、记录媒介的复制	Printing and Record Medium Reproduction	6.43	5.34
文教体育用品制造业	Cultural, Educational and Sports Articles	2.55	1.21
石油加工及炼焦业	Petroleum Processing and Coking	14.11	16.79
化学原料及化学品制造业	Raw Chemical Materials and Chemical Products	44.89	8.12
医药制造业	Medical and Pharmaceutical Products	10.34	0.13
化学纤维制造业	Chemical Fiber	3.73	0.41
橡胶制品业	Rubber Products	9.14	0.06
塑料制品业	Plastic Products	12.78	0.43
非金属矿物制品业	Nonmetal Mineral Products	48.65	2.24
黑色金属冶炼及压延加工业	Smelting and Pressing of Ferrous Metals	29.21	5.03
有色金属冶炼及压延加工业	Smelting and Pressing of Nonferrous Metals	11.51	0.57
金属制品业	Metal Products	17.68	1.54
普通机械制造业	Ordinary Machinery	22.61	3.04
专用设备制造业	Equipment for Special Purpose	32.11	1.24
交通运输设备制造业	Transportation Equipment	23.48	5.84
电气机械及器材制造业	Electric Equipment and Machinery	17.55	0.25
电子及通信设备制造业	Electronic and Telecommunications Equipment	9.90	0.17
仪器仪表、文化办公用机械制造业	Instruments, Meters Cultural and Office Machinery	3.14	0.13
其他制造业	Other Manufacturing Industry	14.68	10.32
（三）电力、煤气及水生产和供应业	**Electric Power, Gas and Water Production and Supply**	**29.01**	**0.40**
电力、蒸汽、热水的生产和供应业	Electric Power, Steam and Hot Water Production and Supply	24.14	0.36
煤气生产和供应业	Gas Production and Supply	1.82	0.01
自来水的生产和供应业	Tap Water Production and Supply	3.05	0.03

Continued

柴油（万吨） Diesel Oil (10^4 tn)	燃料油（万吨） Fuel Oil (10^4 tn)	液化石油气（万吨） PLG (10^4 tn)	炼厂干气（万吨） Refinery Gas (10^4 tn)	其他石油制品（万吨） Other Petroleum Products (10^4 tn)	天然气（万吨） Nature Gas (10^8 cu. m)	热力（万百万千焦） Heat (10^{10} kJ)	电力（亿千瓦小时） Electricity (10^8 kW · h)
L14	L15	L16	L17	L18	L19	L20	L21
1291.37	**1807.57**	**251.97**	**504.78**	**3097.27**	**156.26**	**107984.44**	**7970.79**
243.76	**155.72**	**16.70**	**56.22**	**31.33**	**46.63**	**7051.54**	**912.67**
45.35	5.51	0.08		2.36	0.11	842.31	395.24
140.94	148.81	16.59	56.22	28.97	46.48	4781.19	299.86
10.76						2.52	58.86
11.30	0.21	0.01				11.09	68.94
24.92	1.19				0.04	1234.01	69.46
10.49		0.02				180.42	20.31
970.05	**1543.37**	**227.39**	**448.37**	**3062.52**	**107.97**	**94754.44**	**5875.12**
30.83	7.36	1.63	0.11	7.74	0.14	1622.17	150.90
16.04	8.58	1.36		0.16	0.06	1735.31	96.31
9.62	7.55	0.06		0.20	0.02	970.99	55.42
3.91	2.78	0.02		0.18	0.07	217.28	29.72
34.67	77.59	4.17	0.23	7.69	0.93	5933.82	305.94
13.46	11.93	0.87		0.82		199.61	43.68
15.63	3.59	0.15		0.99		93.75	24.07
5.97	2.60	0.01		0.02		778.48	27.99
2.69	0.67	0.21		0.02		145.35	10.86
18.84	16.13	0.56	0.38	3.50	0.26	4215.46	192.88
6.18	2.60	0.28		1.79	0.07	124.49	26.89
10.37	1.03	0.18		0.04		27.93	17.28
61.02	282.00	95.01	345.2	1956.68	9.4	24195.32	207.46
99.78	321.24	57.33	38.35	740.13	83.91	20687.00	1058.15
6.19	5.78	0.22		1.26	0.57	2986.48	76.88
8.31	50.15	4.32	59.5	231.83	0.04	5343.46	158.75
6.54	11.15	0.01		3.35		705.70	76.75
33.43	9.52	2.20		3.02	0.09	139.27	93.90
268.97	308.15	38.81	4.15	18.70	2.21	971.73	660.71
62.29	287.24	0.50		0.79	1.14	11356.61	1004.72
38.08	51.74	1.00		24.63	0.45	5732.59	608.07
33.66	10.04	6.54		1.01	0.57	228.10	160.61
32.69	8.05	0.60		4.45	0.19	771.74	137.27
15.17	11.90	1.72		2.71	1.22	1149.23	80.67
47.21	11.98	0.88		3.68	1.20	2037.43	170.74
24.82	12.14	4.23	0.1	1.01	0.78	563.89	78.10
34.95	10.74	3.28	0.19	0.40	2.91	249.71	105.66
10.38	0.14	0.07		0.64	0.02	149.63	21.30
18.35	9.00	1.17	0.16	45.08	1.72	1421.91	193.44
77.56	**108.48**	**7.88**	**0.19**	**3.42**	**1.66**	**6178.46**	**1183.00**
69.11	107.42	0.86	0.12	1.48	0.18	5780.03	1012.65
5.94	1.05	7.02	0.07	1.37	1.46	372.45	28.03
2.51	0.01			0.57	0.02	25.98	142.32

5-2 工业分行业终端能源消费量(标准量)-1999

单位:万吨标准煤

		终端消费合计 Final Consumption Total	
		(发电煤耗计算法)(coal equivalent calculation)	(电热当量计算法)(calorific value calculation)
工业合计	**Industry Total**	**87151.21**	**64390.11**
(一)采掘业	**Mining and Quarrying**	**8004.65**	**5477.23**
煤炭采选业	Coal Mining and Dressing	3316.84	2255.11
石油和天然气开采业	Petroleum and Naturl Gas Extraction	3232.13	2365.20
黑色金属矿采选业	Ferrous Metals Mining and Dressing	338.62	182.33
有色金属矿采选业	Nonferrous Metals Mining and Dressing	356.93	173.75
非金属矿采选业	Nonmetal Minerals Mining and Dressing	573.22	370.53
其他矿采选业	Other Minerals Mining and Dressing	186.91	130.31
(二)制造业	**Manufacturing**	**71762.33**	**54760.76**
食品加工业	Food Processing	1553.52	1128.87
食品制造业	Food Production	1001.57	720.17
饮料制造业	Beverage Production	739.36	577.84
烟草加工业	Tobacco Processing	310.65	228.53
纺织业	Textile Industry	2645.34	1745.18
服装及其他纤维制品制造业	Garments and Other Fiber Products	324.27	205.35
皮革、毛皮、羽绒及其制品业	Leather, Furs, Down and Related Products	195.47	130.18
木材加工及竹、藤、棕、草制品业	Timber Processing, Bamboo, Cane, Palm & Straw Products	326.73	240.88
家具制造业	Furniture Manufacturing	96.43	65.44
造纸及纸制品业	Papermaking and Paper Products	1849.74	1275.20
印刷业、记录媒介的复制	Printing and Record Medium Reproduction	182.01	108.78
文教体育用品制造业	Cultural, Educational and Sports Articles	106.80	60.51
石油加工及炼焦业	Petroleum Processing and Coking	6697.15	5787.68
化学原料及化学品制造业	Raw Chemical Materials and Chemical Products	12527.44	9411.65
医药制造业	Medical and Pharmaceutical Products	853.46	605.09
化学纤维制造业	Chemical Fiber	1628.50	1127.85
橡胶制品业	Rubber Products	616.77	402.55
塑料制品业	Plastic Products	583.78	332.44
非金属矿物制品业	Nonmetal Mineral Products	11598.95	9830.55
黑色金属冶炼及压延加工业	Smelting and Pressing of Ferrous Metals	17191.59	14355.98
有色金属冶炼及压延加工业	Smelting and Pressing of Nonferrous Metals	3662.87	1963.63
金属制品业	Metal Products	1076.84	647.09
普通机械制造业	Ordinary Machinery	1208.54	832.68
专用设备制造业	Equipment for Special Purpose	820.84	589.64
交通运输设备制造业	Transportation Equipment	1357.30	873.83
电气机械及器材制造业	Electric Equipment and Machinery	595.62	379.93
电子及通信设备制造业	Electronic and Telecommunications Equipment	607.28	323.08
仪器仪表、文化办公用机械制造业	Instruments, Meters Cultural and Office Machinery	145.85	87.09
其他制造业	Other Manufacturing Industry	1257.67	723.06
(三)电力、煤气及水生产和供应业	**Electric Power, Gas and Water Production and Supply**	**7384.24**	**4152.12**
电力、蒸汽、热水的生产和供应业	Electric Power, Steam and Hot Water Production and Supply	6382.44	3608.46
煤气生产和供应业	Gas Production and Supply	406.37	326.44
自来水的生产和供应业	Tap Water Production and Supply	595.43	217.23

FINAL ENERGY CONSUMPTION BY INDUSTRIAL SECTOR – 1999
(STANDARD QUANTITY)

(10 000 tce)

煤合计 Coal Total	原煤 Raw Coal	洗精煤 Cleaned Coal	其他洗煤 Other Washed Coal	焦炭 Coke	焦炉煤气 Coke Oven Gas	其他煤气 Other Gas	其他焦化产品 Other Coking Products	油品合计 Petroleum Products Total
L1	L2	L3	L4	L6	L7	L8	L9	L10
25057.03	**22579.16**	**944.02**	**1498.93**	**9652.86**	**1046.49**	**1036.73**	**215.12**	**11521.67**
1948.11	**1705.87**	**117.94**	**124.06**	**127.36**	**4.27**	**2.01**	**6.60**	**1393.89**
1530.09	1304.60	116.00	109.48	44.33	4.27	2.01	5.07	141.50
101.36	98.96	0.10	2.30	5.09				1108.97
46.41	34.90	0.26	11.05	37.01				25.89
44.04	43.59	0.06	0.34	18.56				26.01
167.99	165.60	1.51	0.88	22.07			1.53	50.92
58.23	58.22	0.01	0.01	0.29				40.60
21060.70	**18987.62**	**784.41**	**1253.99**	**9498.88**	**1006.92**	**1031.79**	**206.52**	**9796.39**
662.54	607.69	4.18	50.67	14.00		0.03		118.90
466.54	406.51	57.40	2.61	15.49	1.40	0.17		58.13
429.67	426.84	1.88	0.95	3.15			0.10	43.38
121.92	120.93	0.06	0.92	1.12		0.03		60.60
904.11	896.96	2.48	4.64	3.72	1.40	0.40		244.16
90.35	89.87	0.44	0.01	1.52		0.03		52.83
59.30	59.24	0.05	0.01	1.53				36.52
161.15	160.89	0.23	0.03	1.33			0.29	16.94
35.95	35.94		0.02	1.02				10.16
810.81	777.22	12.51	21.07	1.44				78.69
37.12	36.58	0.43	0.12	0.26	0.18	0.03		32.86
14.11	14.04	0.06		1.53		0.03		22.60
515.05	406.69	94.57	13.79	37.26	62.86	7.36	18.45	3920.56
3270.23	3092.70	81.85	83.83	965.60	51.52	5.69	47.91	1887.93
359.62	351.02	1.22	7.34	0.65	1.10	0.03	5.07	34.71
218.96	217.51	0.08	1.37	24.42	0.06			504.25
237.98	236.83	0.76	0.39	2.41	0.12	0.03		43.46
115.00	113.48	0.65	0.87	6.08		0.03		89.95
7608.27	6652.31	86.03	853.43	278.71	16.22	15.87	14.24	1016.37
2679.83	2198.04	312.29	163.38	7470.44	861.87	955.33	108.68	566.39
593.60	508.66	50.65	34.26	195.72	1.10	21.97	11.03	182.13
202.04	195.69	5.69	0.65	126.58	0.61	0.75	0.10	104.25
325.97	287.11	36.46	2.38	199.54	2.01	3.31	0.31	103.88
257.73	225.15	27.96	4.62	66.60	0.55	14.75	0.09	95.03
400.11	395.73	3.20	1.17	36.73	0.73	3.25	0.23	135.45
150.73	147.85	1.75	1.11	11.09	2.26	1.18		89.07
54.73	53.58	1.09	0.07	0.32	2.93	0.20		87.53
29.67	29.58	0.08	0.01	4.69		0.09		21.10
247.58	242.96	0.33	4.27	25.93		1.24		138.54
2048.22	**1885.68**	**41.67**	**120.87**	**26.62**	**35.30**	**2.93**	**2.00**	**331.39**
1844.75	1705.67	18.30	120.79	8.89			0.15	295.66
177.78	155.33	22.37	0.09	11.21	35.30	2.93	1.85	26.79
25.68	24.68	1.00		6.52				8.95

续表

单位:万吨标准煤

		原油 Crude Oil	汽油 Gasoline
		L11	L12
工业合计	**Industry Total**	**707.73**	**949.64**
(一)采掘业	**Mining and Quarrying**	**474.87**	**173.08**
煤炭采选业	Coal Mining and Dressing	2.69	54.27
石油和天然气开采业	Petroleum and Naturl Gas Extraction	472.18	63.48
黑色金属矿采选业	Ferrous Metals Mining and Dressing		10.15
有色金属矿采选业	Nonferrous Metals Mining and Dressing		7.47
非金属矿采选业	Nonmetal Minerals Mining and Dressing		12.45
其他矿采选业	Other Minerals Mining and Dressing		25.26
(二)制造业	**Manufacturing**	**231.02**	**733.88**
食品加工业	Food Processing	0.54	49.42
食品制造业	Food Production	0.63	19.22
饮料制造业	Beverage Production	0.69	17.39
烟草加工业	Tobacco Processing		50.53
纺织业	Textile Industry	0.06	59.97
服装及其他纤维制品制造业	Garments and Other Fiber Products	0.17	12.87
皮革、毛皮、羽绒及其制品业	Leather, Furs, Down and Related Products		6.81
木材加工及竹、藤、棕、草制品业	Timber Processing, Bamboo, Cane, Palm & Straw Products		4.34
家具制造业	Furniture Manufacturing		4.84
造纸及纸制品业	Papermaking and Paper Products	0.76	16.30
印刷业,记录媒介的复制	Printing and Record Medium Reproduction		9.46
文教体育用品制造业	Cultural, Educational and Sports Articles	0.13	3.75
石油加工及炼焦业	Petroleum Processing and Coking	113.17	20.76
化学原料及化学品制造业	Raw Chemical Materials and Chemical Products	76.92	66.05
医药制造业	Medical and Pharmaceutical Products		15.21
化学纤维制造业	Chemical Fiber	9.61	5.49
橡胶制品业	Rubber Products	0.06	13.45
塑料制品业	Plastic Products	0.47	18.80
非金属矿物制品业	Nonmetal Mineral Products	11.79	71.58
黑色金属冶炼及压延加工业	Smelting and Pressing of Ferrous Metals	13.00	42.98
有色金属冶炼及压延加工业	Smelting and Pressing of Nonferrous Metals	0.96	16.94
金属制品业	Metal Products	0.04	26.01
普通机械制造业	Ordinary Machinery	0.14	33.27
专用设备制造业	Equipment for Special Purpose	0.36	47.25
交通运输设备制造业	Transportation Equipment	0.07	34.55
电气机械及器材制造业	Electric Equipment and Machinery	0.64	25.82
电子及通信设备制造业	Electronic and Telecommunications Equipment		14.57
仪器仪表、文化办公用机械制造业	Instruments, Meters Cultural and Office Machinery		4.62
其他制造业	Other Manufacturing Industry	0.81	21.60
(三)电力、煤气及水生产和供应业	**Electric Power, Gas and Water Production and Supply**	**1.84**	**42.69**
电力、蒸汽、热水的生产和供应业	Electric Power, Steam and Hot Water Production and Supply	1.84	35.52
煤气生产和供应业	Gas Production and Supply		2.68
自来水的生产和供应业	Tap Water Production and Supply		4.49

Continued

(10 000 tce)

煤油 Kerosene	柴油 Diesel Oil	燃料油 Fuel Oil	液化石油气 PLG	炼厂干气 Refinery Gas	其他石油制品 Other Petroleum Products	天然气 Nature Gas	热力 Heat	电力 Electricity
L13	L14	L15	L16	L17	L18	L19	L20	L21
115.28	**1881.66**	**2582.29**	**431.95**	**793.21**	**4059.90**	**2078.26**	**3682.27**	**9796.10**
10.26	**355.18**	**222.46**	**28.63**	**88.34**	**41.07**	**620.18**	**240.46**	**1121.67**
7.37	66.08	7.87	0.14		3.09	1.46	28.72	485.75
0.60	205.36	212.59	28.44	88.34	37.97	618.18	163.04	368.53
0.06	15.68						0.09	72.34
1.75	16.47	0.30	0.02				0.38	84.73
0.46	36.31	1.70				0.53	42.08	85.37
0.01	15.28		0.03				6.15	24.96
104.44	**1413.46**	**2204.86**	**389.81**	**704.57**	**4014.35**	**1436.00**	**3231.13**	**7220.52**
0.38	44.92	10.51	2.79	0.17	10.15	1.86	55.32	185.46
0.12	23.37	12.26	2.33		0.21	0.80	59.17	118.36
0.13	14.02	10.79	0.10		0.26	0.27	33.11	68.11
0.13	5.70	3.97	0.03		0.24	0.93	7.41	36.53
5.18	50.52	110.85	7.15	0.36	10.08	12.37	202.34	376.00
0.56	19.61	17.04	1.49		1.07		6.81	53.68
0.25	22.77	5.13	0.26		1.30		3.20	29.58
0.15	8.70	3.71	0.02		0.03		26.55	34.40
0.06	3.92	0.96	0.36		0.03		4.96	13.35
4.99	27.45	23.04	0.96	0.60	4.59	3.46	143.75	237.05
7.86	9.00	3.71	0.48		2.35	0.93	4.25	33.05
1.78	15.11	1.47	0.31		0.05		0.95	21.24
24.70	88.91	402.87	162.88	542.45	2564.82	125.02	825.06	254.97
11.95	145.39	458.92	98.28	60.26	970.16	1116.00	705.43	1300.47
0.19	9.02	8.26	0.38		1.65	7.58	101.84	94.49
0.60	12.11	71.64	7.41	93.50	303.88	0.53	182.21	195.10
0.09	9.53	15.93	0.02		4.39		24.06	94.33
0.63	48.71	13.60	3.77		3.96	1.20	4.75	115.40
3.30	391.92	440.22	66.53	6.52	24.51	29.39	33.14	812.01
7.40	90.76	410.35	0.86		1.04	15.16	387.26	1234.80
0.84	55.49	73.92	1.71		32.29	5.99	195.48	747.32
2.27	49.05	14.34	11.21		1.32	7.58	7.78	197.39
4.47	47.63	11.50	1.03		5.83	2.53	26.32	168.70
1.82	22.10	17.00	2.95		3.55	16.23	39.19	99.14
8.59	68.79	17.11	1.51		4.82	15.96	69.48	209.84
0.37	36.17	17.34	7.25	0.16	1.32	10.37	19.23	95.98
0.25	50.93	15.34	5.62	0.30	0.52	38.70	8.52	129.86
0.19	15.12	0.20	0.12		0.84	0.27	5.10	26.18
15.18	26.74	12.86	2.01	0.25	59.09	22.88	48.49	237.74
0.59	**113.01**	**154.97**	**13.51**	**0.30**	**4.48**	**22.08**	**210.69**	**1453.91**
0.53	100.70	153.46	1.47	0.19	1.94	2.39	197.10	1244.55
0.01	8.66	1.50	12.03	0.11	1.80	19.42	12.70	34.45
0.04	3.66	0.01			0.75	0.27	0.89	174.91

5-3 工业分行业终端能源消费量(实物量)-2000

		煤合计 (万吨) Coal Total (10⁴ tn)	原煤 (万吨) Raw Coal (10⁴ tn)
		L1	L2
工业合计	**Industry Total**	**34122.04**	**30070.56**
(一)采掘业	**Mining and Quarrying**	**2715.14**	**2313.71**
煤炭采选业	Coal Mining and Dressing	2095.50	1717.85
石油和天然气开采业	Petroleum and Naturl Gas Extraction	153.47	149.37
黑色金属矿采选业	Ferrous Metals Mining and Dressing	63.63	47.51
有色金属矿采选业	Nonferrous Metals Mining and Dressing	70.05	69.31
非金属矿采选业	Nonmetal Minerals Mining and Dressing	247.73	244.93
其他矿采选业	Other Minerals Mining and Dressing	84.76	84.74
(二)制造业	**Manufacturing**	**28702.07**	**25327.80**
食品加工业	Food Processing	915.01	817.97
食品制造业	Food Production	564.60	497.54
饮料制造业	Beverage Production	530.70	527.50
烟草加工业	Tobacco Processing	116.28	116.22
纺织业	Textile Industry	1156.90	1146.15
服装及其他纤维制品制造业	Garments and Other Fiber Products	104.53	104.08
皮革、毛皮、羽绒及其制品业	Leather, Furs, Down and Related Products	63.13	63.06
木材加工及竹、藤、棕、草制品业	Timber Processing, Bamboo, Cane, Palm & Straw Products	193.69	193.44
家具制造业	Furniture Manufacturing	38.26	38.24
造纸及纸制品业	Papermaking and Paper Products	1173.96	1116.85
印刷业、记录媒介的复制	Printing and Record Medium Reproduction	44.69	44.09
文教体育用品制造业	Cultural, Educational and Sports Articles	15.80	15.74
石油加工及炼焦业	Petroleum Processing and Coking	751.06	561.52
化学原料及化学品制造业	Raw Chemical Materials and Chemical Products	4672.85	4393.24
医药制造业	Medical and Pharmaceutical Products	431.02	414.45
化学纤维制造业	Chemical Fiber	288.91	286.53
橡胶制品业	Rubber Products	244.26	242.86
塑料制品业	Plastic Products	123.36	121.26
非金属矿物制品业	Nonmetal Mineral Products	11041.87	9297.59
黑色金属冶炼及压延加工业	Smelting and Pressing of Ferrous Metals	3699.48	3022.47
有色金属冶炼及压延加工业	Smelting and Pressing of Nonferrous Metals	733.14	618.56
金属制品业	Metal Products	210.40	202.69
普通机械制造业	Ordinary Machinery	312.54	268.48
专用设备制造业	Equipment for Special Purpose	274.31	233.78
交通运输设备制造业	Transportation Equipment	451.44	446.43
电气机械及器材制造业	Electric Equipment and Machinery	165.29	161.58
电子及通信设备制造业	Electronic and Telecommunications Equipment	61.27	60.17
仪器仪表、文化办公用机械制造业	Instruments, Meters Cultural and Office Machinery	28.97	28.88
其他制造业	Other Manufacturing Industry	294.35	286.43
(三)电力、煤气及水生产和供应业	**Electric Power, Gas and Water Production and Supply**	**2704.83**	**2429.05**
电力、蒸汽、热水的生产和供应业	Electric Power, Steam and Hot Water Production and Supply	2459.77	2206.17
煤气生产和供应业	Gas Production and Supply	217.53	196.35
自来水的生产和供应业	Tap Water Production and Supply	27.53	26.53

FINAL ENERGY CONSUMPTION BY INDUSTRIAL SECTOR - 2000 (PHYSICAL QUANTITY)

洗精煤（万吨）Cleaned Coal (10^4 tn)	其他洗煤（万吨）Other Washed Coal (10^4 tn)	焦炭（万吨）Coke (10^4 tn)	焦炉煤气（亿立方米）Coke Oven Gas (10^8 cu. m)	其他煤气（亿立方米）Other Gas (10^8 cu. m)	其他焦化产品（万吨）Other Coking Products (10^4 tn)	油品合计（万吨）Petroleum Products Total (10^4 tn)	原油（万吨）Crude Oil (10^4 tn)
L3	L4	L6	L7	L8	L9	L10	L11
1150.58	**2828.23**	**9937.68**	**181.69**	**375.00**	**216.20**	**8529.99**	**612.34**
178.13	**222.90**	**153.27**	**0.71**	**0.73**	**6.13**	**1060.44**	**410.86**
176.06	201.58	50.64	0.71	0.73	4.69	98.45	2.32
0.10	4.00	5.50				860.74	408.54
0.30	15.51	50.00				17.74	
0.06	0.60	21.11				19.36	
1.60	1.20	25.72			1.44	36.92	
0.01	0.01	0.30				27.23	
929.43	**2372.57**	**9784.41**	**174.98**	**373.17**	**208.23**	**7237.35**	**199.87**
4.00	93.03	15.41		0.01		77.05	0.42
63.03	4.00	14.00	0.24	0.06		39.73	0.48
2.00	1.20	3.00			0.10	28.88	0.52
0.06		1.20		0.01		37.29	
2.50	8.20	4.00	0.23	0.15		146.99	0.05
0.37	0.02	1.60		0.01		35.42	0.16
0.05	0.02	1.68				23.53	
0.20	0.05	1.40			0.24	12.56	
	0.02	1.00				6.83	
10.57	46.52	1.50				60.33	0.48
0.40	0.20	0.28	0.03	0.01		23.30	
0.06		1.60		0.01		16.25	0.10
158.53	31.01	42.00	10.90	2.79	19.55	2956.05	102.47
94.54	158.54	1047.61	9.08	2.46	48.16	1461.65	65.55
1.00	15.51	0.65	0.19		5.09	22.87	
0.08	2.30	26.24	0.01			405.37	7.32
0.70	0.70	2.50	0.02			32.21	0.05
0.60	1.50	6.00				67.88	0.40
97.53	1611.58	298.13	3.13	6.72	15.31	725.65	9.25
356.67	310.12	7652.01	149.42	344.11	106.95	406.36	10.25
52.53	62.02	198.75	0.19	8.72	12.10	136.09	0.80
6.50	1.20	120.31	0.11	0.27	0.10	75.88	0.03
40.02	4.00	198.75	0.33	1.16	0.31	64.61	0.11
31.52	9.00	70.56	0.09	4.69	0.09	60.29	0.27
3.00	2.00	30.81	0.13	1.03	0.23	91.18	0.06
1.70	2.00	10.42	0.38	0.42		58.06	0.50
1.00	0.10	0.30	0.50	0.07		58.00	
0.07	0.02	4.00		0.03		13.71	
0.20	7.71	28.70		0.44		93.33	0.60
43.02	**232.76**		**6.00**	**1.10**	**1.84**	**232.20**	**1.61**
21.01	232.59				0.14	207.64	1.61
21.01	0.17		6.00	1.10	1.70	19.26	
1.00						5.30	

续表

		汽油（万吨）Gasoline (10^4 tn)	煤油（万吨）Kerosene (10^4 tn)
		L12	L13
工业合计	**Industry Total**	**600.78**	**83.95**
（一）采掘业	**Mining and Quarrying**	**106.59**	**7.44**
煤炭采选业	Coal Mining and Dressing	32.05	5.37
石油和天然气开采业	Petroleum and Naturl Gas Extraction	40.05	0.42
黑色金属矿采选业	Ferrous Metals Mining and Dressing	6.01	0.04
有色金属矿采选业	Nonferrous Metals Mining and Dressing	5.18	1.26
非金属矿采选业	Nonmetal Minerals Mining and Dressing	8.00	0.34
其他矿采选业	Other Minerals Mining and Dressing	15.30	0.01
（二）制造业	**Manufacturing**	**466.39**	**76.05**
食品加工业	Food Processing	30.04	0.25
食品制造业	Food Production	12.02	0.08
饮料制造业	Beverage Production	10.02	0.08
烟草加工业	Tobacco Processing	30.04	0.08
纺织业	Textile Industry	34.97	3.78
服装及其他纤维制品制造业	Garments and Other Fiber Products	7.01	0.42
皮革、毛皮、羽绒及其制品业	Leather, Furs, Down and Related Products	5.01	0.17
木材加工及竹、藤、棕、草制品业	Timber Processing, Bamboo, Cane, Palm & Straw Products	3.25	0.08
家具制造业	Furniture Manufacturing	3.50	0.04
造纸及纸制品业	Papermaking and Paper Products	12.02	3.61
印刷业、记录媒介的复制	Printing and Record Medium Reproduction	6.01	5.71
文教体育用品制造业	Cultural, Educational and Sports Articles	2.25	1.26
石油加工及炼焦业	Petroleum Processing and Coking	14.50	18.06
化学原料及化学品制造业	Raw Chemical Materials and Chemical Products	45.05	8.73
医药制造业	Medical and Pharmaceutical Products	9.02	0.15
化学纤维制造业	Chemical Fiber	3.80	0.42
橡胶制品业	Rubber Products	8.55	0.07
塑料制品业	Plastic Products	12.12	0.42
非金属矿物制品业	Nonmetal Mineral Products	45.65	2.43
黑色金属冶炼及压延加工业	Smelting and Pressing of Ferrous Metals	30.04	5.37
有色金属冶炼及压延加工业	Smelting and Pressing of Nonferrous Metals	11.02	0.59
金属制品业	Metal Products	18.02	1.68
普通机械制造业	Ordinary Machinery	21.02	3.27
专用设备制造业	Equipment for Special Purpose	30.11	1.34
交通运输设备制造业	Transportation Equipment	20.03	6.30
电气机械及器材制造业	Electric Equipment and Machinery	16.02	0.25
电子及通信设备制造业	Electronic and Telecommunications Equipment	8.00	0.18
仪器仪表、文化办公用机械制造业	Instruments, Meters Cultural and Office Machinery	3.00	0.15
其他制造业	Other Manufacturing Industry	14.30	11.08
（三）电力、煤气及水生产和供应业	**Electric Power, Gas and Water Production and Supply**	**27.80**	**0.46**
电力、蒸汽、热水的生产和供应业	Electric Power, Steam and Hot Water Production and Supply	24.03	0.42
煤气生产和供应业	Gas Production and Supply	1.72	0.01
自来水的生产和供应业	Tap Water Production and Supply	2.05	0.03

Continued

柴油（万吨）Diesel Oil（10^4tn）	燃料油（万吨）Fuel Oil（10^4tn）	液化石油气（万吨）PLG（10^4tn）	炼厂干气（万吨）Refinery Gas（10^4tn）	其他石油制品（万吨）Other Petroleum Products（10^4tn）	天然气（亿立方米）Nature Gas（10^8 cu. m）	热力（万百万千焦）Heat（10^{10} kJ）	电力（亿千瓦小时）Electricity（10^8kW·h）
L14	L15	L16	L17	L18	L19	L20	L21
1368.80	**1843.72**	**274.07**	**561.51**	**3184.82**	**170.69**	**116567.55**	**8716.91**
264.98	**157.53**	**18.26**	**61.77**	**33.01**	**51.35**	**7084.08**	**955.25**
50.75	5.61	0.05		2.30	0.10	1065.68	401.01
150.57	150.50	18.18	61.77	30.71	51.21	4662.70	309.19
11.69						2.60	61.00
12.69	0.22	0.01				12.00	77.66
27.38	1.20				0.04	1165.68	81.55
11.90		0.02				175.42	24.84
1026.08	**1574.41**	**246.69**	**499.55**	**3148.31**	**117.41**	**103225.31**	**6470.88**
29.38	7.46	1.70	0.10	7.70	0.15	1831.65	155.00
16.50	9.04	1.46		0.15	0.07	1831.35	95.00
10.00	8.00	0.06		0.20	0.03	1065.68	56.70
4.00	3.00	0.02		0.15	0.08	220.28	31.58
35.06	60.75	4.48	0.20	7.70	1.11	6381.71	356.08
13.69	12.44	0.90		0.80		200.00	47.17
13.69	3.50	0.16		1.00		100.00	26.07
6.50	2.70	0.01		0.02		865.68	30.99
2.40	0.67	0.20		0.02		140.35	12.00
22.38	17.44	0.50	0.30	3.60	0.30	4662.70	228.22
7.18	2.30	0.30		1.80	0.08	144.49	30.00
11.37	1.04	0.19		0.04		30.00	20.00
68.44	295.00	105.92	381.83	1969.83	10.24	25644.86	236.09
112.17	331.87	63.04	43.71	791.53	90.32	22147.83	1109.08
6.69	5.50	0.21		1.30	0.60	3497.03	84.94
9.69	55.31	4.48	67.38	256.97	0.05	5828.38	187.25
7.69	12.44	0.01		3.40		805.68	94.92
39.06	10.44	2.34		3.10	0.10	159.27	116.14
287.45	313.43	41.11	5.62	20.71	2.50	1165.68	734.18
68.44	290.97	0.49		0.80	1.71	12822.43	1077.69
41.06	55.31	0.60		26.71	0.50	6328.38	670.58
37.06	11.44	6.55		1.10	0.60	238.10	188.70
28.06	7.05	0.60		4.50	0.20	865.68	154.55
12.69	11.44	1.74		2.70	1.31	1165.68	90.83
47.75	12.44	0.90		3.70	1.51	2331.35	195.55
23.38	12.44	4.38	0.09	1.00	0.80	665.68	87.17
35.06	11.44	2.74	0.18	0.40	3.41	269.71	121.01
9.69	0.15	0.07		0.65	0.02	150.00	24.39
19.55	9.40	1.53	0.14	36.73	1.72	1665.68	209.00
77.74	**111.78**	**9.12**	**0.19**	**3.50**	**1.93**	**6258.16**	**1290.78**
68.44	110.62	0.90	0.12	1.50	0.20	5828.36	1112.60
6.69	1.15	8.22	0.07	1.40	1.71	400.00	33.08
2.61	0.01			0.60	0.02	29.80	145.10

5-3 工业分行业终端能源消费量(标准量)-2000

单位:万吨标准煤

		终端消费合计 Final Consumption Total	
		(发电煤耗计算法)(coal equivalent calculation)	(电热当量计算法)(calorific value calculation)
工业合计	**Industry Total**	**89265.68**	**64735.67**
(一)采掘业	**Mining and Quarrying**	**8290.10**	**5688.15**
煤炭采选业	Coal Mining and Dressing	3262.33	2198.95
石油和天然气开采业	Petroleum and Naturl Gas Extraction	3455.00	2576.92
黑色金属矿采选业	Ferrous Metals Mining and Dressing	350.92	191.58
有色金属矿采选业	Nonferrous Metals Mining and Dressing	395.98	192.99
非金属矿采选业	Nonmetal Minerals Mining and Dressing	623.00	392.37
其他矿采选业	Other Minerals Mining and Dressing	202.87	135.34
(二)制造业	**Manufacturing**	**73445.91**	**54983.53**
食品加工业	Food Processing	1517.75	1085.22
食品制造业	Food Production	932.80	656.97
饮料制造业	Beverage Production	682.56	518.35
烟草加工业	Tobacco Processing	269.40	183.59
纺织业	Textile Industry	2714.44	1687.86
服装及其他纤维制品制造业	Garments and Other Fiber Products	316.49	190.28
皮革、毛皮、羽绒及其制品业	Leather, Furs, Down and Related Products	184.49	114.90
木材加工及竹、藤、棕、草制品业	Timber Processing, Bamboo, Cane, Palm & Straw Products	315.62	221.58
家具制造业	Furniture Manufacturing	90.43	56.97
造纸及纸制品业	Papermaking and Paper Products	2004.48	1337.86
印刷业、记录媒介的复制	Printing and Record Medium Reproduction	188.76	108.23
文教体育用品制造业	Cultural, Educational and Sports Articles	114.60	61.91
石油加工及炼焦业	Petroleum Processing and Coking	7092.31	6087.30
化学原料及化学品制造业	Raw Chemical Materials and Chemical Products	12990.88	9759.02
医药制造业	Medical and Pharmaceutical Products	842.67	567.87
化学纤维制造业	Chemical Fiber	1794.07	1216.78
橡胶制品业	Rubber Products	621.92	361.83
塑料制品业	Plastic Products	645.10	339.39
非金属矿物制品业	Nonmetal Mineral Products	11699.11	9764.14
黑色金属冶炼及压延加工业	Smelting and Pressing of Ferrous Metals	17494.42	14485.79
有色金属冶炼及压延加工业	Smelting and Pressing of Nonferrous Metals	3838.01	1990.92
金属制品业	Metal Products	1121.49	625.09
普通机械制造业	Ordinary Machinery	1155.64	738.92
专用设备制造业	Equipment for Special Purpose	789.69	534.82
交通运输设备制造业	Transportation Equipment	1366.64	820.65
电气机械及器材制造业	Electric Equipment and Machinery	591.55	353.82
电子及通信设备制造业	Electronic and Telecommunications Equipment	654.70	334.60
仪器仪表、文化办公用机械制造业	Instruments, Meters Cultural and Office Machinery	145.26	79.29
其他制造业	Other Manufacturing Industry	1270.61	699.57
(三)电力、煤气及水生产和供应业	**Electric Power, Gas and Water Production and Supply**	**7529.66**	**4063.98**
电力、蒸汽、热水的生产和供应业	Electric Power, Steam and Hot Water Production and Supply	6543.65	3549.80
煤气生产和供应业	Gas Production and Supply	400.10	307.66
自来水的生产和供应业	Tap Water Production and Supply	585.91	206.53

FINAL ENERGY CONSUMPTION BY INDUSTRIAL SECTOR – 2000
(STANDARD QUANTITY)

(10 000 tce)

煤合计 Coal Total	原煤 Raw Coal	洗精煤 Cleaned Coal	其他洗煤 Other Washed Coal	焦炭 Coke	焦炉煤气 Coke Oven Gas	其他煤气 Other Gas	其他焦化产品 Other Coking Products	油品合计 Petroleum Products Total
L1	L2	L3	L4	L6	L7	L8	L9	L10
23353.70	**20774.17**	**1050.02**	**1485.39**	**9653.46**	**1107.69**	**1078.32**	**249.49**	**12037.57**
1878.29	**1598.42**	**162.56**	**117.07**	**148.89**	**4.33**	**2.10**	**7.07**	**1537.53**
1453.32	1186.77	160.67	105.87	49.19	4.33	2.10	5.41	143.44
105.38	103.19	0.09	2.10	5.34				1246.07
41.43	32.82	0.27	8.15	48.57				25.94
48.30	47.88	0.05	0.32	20.51				28.30
171.30	169.21	1.46	0.63	24.98			1.66	53.88
58.56	58.54	0.01	0.01	0.29				39.90
19635.80	**17497.65**	**848.20**	**1246.07**	**9504.58**	**1066.78**	**1073.06**	**240.30**	**10162.68**
617.61	565.09	3.65	48.86	14.97		0.03		111.80
403.36	343.72	57.52	2.10	13.60	1.46	0.17		58.15
366.88	364.42	1.83	0.63	2.91			0.12	41.97
80.35	80.29	0.05		1.17		0.03		54.66
798.43	791.81	2.28	4.31	3.89	1.40	0.43		213.05
72.29	71.90	0.34	0.01	1.55		0.03		51.47
43.62	43.56	0.05	0.01	1.63				34.15
133.85	133.64	0.18	0.03	1.36			0.28	18.27
26.43	26.42		0.01	0.97				10.03
805.66	771.57	9.65	24.43	1.46				87.26
30.93	30.46	0.37	0.11	0.27	0.18	0.03		33.87
10.93	10.87	0.05		1.55		0.03		23.74
548.89	387.92	144.67	16.29	40.80	66.45	8.02	22.56	4079.10
3220.71	3035.06	86.28	83.27	1017.65	55.36	7.07	55.58	2024.62
295.42	286.32	0.91	8.15	0.63	1.16		5.87	33.16
199.23	197.95	0.07	1.21	25.49	0.06			560.20
168.79	167.78	0.64	0.37	2.43	0.12			46.21
85.11	83.77	0.55	0.79	5.83				98.93
7379.98	6423.22	89.01	846.40	289.60	19.08	19.32	17.67	1057.02
2582.64	2088.07	325.50	162.88	7433.16	910.95	989.49	123.42	584.04
507.86	427.33	47.94	32.57	193.07	1.16	25.07	13.96	193.11
146.60	140.03	5.93	0.63	116.87	0.67	0.78	0.12	112.04
224.13	185.48	36.52	2.10	193.07	2.01	3.34	0.36	93.78
195.00	161.51	28.77	4.73	68.54	0.55	13.49	0.10	88.02
312.21	308.42	2.74	1.05	29.93	0.79	2.96	0.27	132.57
114.24	111.63	1.55	1.05	10.12	2.32	1.21		85.45
42.53	41.57	0.91	0.05	0.29	3.05	0.20		84.97
20.03	19.95	0.06	0.01	3.89		0.09		19.94
202.12	197.88	0.18	4.05	27.88		1.27		131.10
1839.61	**1678.10**	**39.26**	**122.25**		**36.58**	**3.16**	**2.12**	**337.37**
1665.46	1524.13	19.17	122.16				0.16	299.73
154.91	135.65	19.17	0.09		36.58	3.16	1.96	29.97
19.24	18.33	0.91						7.66

续表

单位:万吨标准煤

		原油 Crude Oil	汽油 Gasoline
		L11	L12
工业合计	**Industry Total**	**874.79**	**883.99**
(一)采掘业	**Mining and Quarrying**	**586.95**	**156.84**
煤炭采选业	Coal Mining and Dressing	3.31	47.16
石油和天然气开采业	Petroleum and Naturl Gas Extraction	583.64	58.93
黑色金属矿采选业	Ferrous Metals Mining and Dressing		8.84
有色金属矿采选业	Nonferrous Metals Mining and Dressing		7.62
非金属矿采选业	Nonmetal Minerals Mining and Dressing		11.77
其他矿采选业	Other Minerals Mining and Dressing		22.51
(二)制造业	**Manufacturing**	**285.53**	**686.25**
食品加工业	Food Processing	0.60	44.20
食品制造业	Food Production	0.69	17.69
饮料制造业	Beverage Production	0.74	14.74
烟草加工业	Tobacco Processing		44.20
纺织业	Textile Industry	0.07	51.45
服装及其他纤维制品制造业	Garments and Other Fiber Products	0.23	10.31
皮革、毛皮、羽绒及其制品业	Leather, Furs, Down and Related Products		7.37
木材加工及竹、藤、棕、草制品业	Timber Processing, Bamboo, Cane, Palm & Straw Products		4.78
家具制造业	Furniture Manufacturing		5.15
造纸及纸制品业	Papermaking and Paper Products	0.69	17.69
印刷业,记录媒介的复制	Printing and Record Medium Reproduction		8.84
文教体育用品制造业	Cultural, Educational and Sports Articles	0.14	3.31
石油加工及炼焦业	Petroleum Processing and Coking	146.39	21.34
化学原料及化学品制造业	Raw Chemical Materials and Chemical Products	93.64	66.29
医药制造业	Medical and Pharmaceutical Products		13.27
化学纤维制造业	Chemical Fiber	10.46	5.59
橡胶制品业	Rubber Products	0.07	12.58
塑料制品业	Plastic Products	0.57	17.83
非金属矿物制品业	Nonmetal Mineral Products	13.21	67.17
黑色金属冶炼及压延加工业	Smelting and Pressing of Ferrous Metals	14.64	44.20
有色金属冶炼及压延加工业	Smelting and Pressing of Nonferrous Metals	1.14	16.21
金属制品业	Metal Products	0.04	26.51
普通机械制造业	Ordinary Machinery	0.16	30.93
专用设备制造业	Equipment for Special Purpose	0.39	44.30
交通运输设备制造业	Transportation Equipment	0.09	29.47
电气机械及器材制造业	Electric Equipment and Machinery	0.71	23.57
电子及通信设备制造业	Electronic and Telecommunications Equipment		11.77
仪器仪表、文化办公用机械制造业	Instruments, Meters Cultural and Office Machinery		4.41
其他制造业	Other Manufacturing Industry	0.86	21.04
(三)电力、煤气及水生产和供应业	**Electric Power, Gas and Water Production and Supply**	**2.30**	**40.90**
电力、蒸汽、热水的生产和供应业	Electric Power, Steam and Hot Water Production and Supply	2.30	35.36
煤气生产和供应业	Gas Production and Supply		2.53
自来水的生产和供应业	Tap Water Production and Supply		3.02

Continued

(10 000 tce)

煤油 Kerosene	柴油 Diesel Oil	燃料油 Fuel Oil	液化石油气 PLG	炼厂干气 Refinery Gas	其他石油制品 Other Petroleum Products	天然气 Nature Gas	热力 Heat	电力 Electricity
L13	L14	L15	L16	L17	L18	L19	L20	L21
123.52	**1994.48**	**2633.94**	**469.84**	**882.36**	**4174.66**	**2270.18**	**3974.95**	**10713.08**
10.95	**386.10**	**225.05**	**31.30**	**97.07**	**43.27**	**682.96**	**241.57**	**1174.00**
7.90	73.95	8.01	0.09		3.01	1.33	36.34	492.84
0.62	219.40	215.00	31.17	97.07	40.25	681.09	159.00	379.99
0.06	17.03						0.09	74.97
1.85	18.49	0.31	0.02				0.41	95.44
0.50	39.90	1.71				0.53	39.75	100.22
0.01	17.34		0.03				5.98	30.53
111.90	**1495.10**	**2249.20**	**422.90**	**784.99**	**4126.80**	**1561.55**	**3519.98**	**7952.71**
0.37	42.81	10.66	2.91	0.16	10.09	2.00	62.46	190.50
0.12	24.04	12.91	2.50		0.20	0.93	62.45	116.76
0.12	14.57	11.43	0.10		0.26	0.40	36.34	69.68
0.12	5.83	4.29	0.03		0.20	1.06	7.51	38.81
5.56	51.09	86.79	7.68	0.31	10.09	14.76	217.62	437.62
0.62	19.95	17.77	1.54		1.05		6.82	57.97
0.25	19.95	5.00	0.27		1.31		3.41	32.04
0.12	9.47	3.86	0.02		0.03		29.52	38.09
0.06	3.50	0.96	0.34		0.03		4.79	14.75
5.31	32.61	24.91	0.86	0.47	4.72	3.99	159.00	280.48
8.40	10.46	3.29	0.51		2.36	1.06	4.93	36.87
1.85	16.57	1.49	0.33		0.05		1.02	24.58
26.57	99.72	421.44	181.58	600.01	2582.05	136.19	874.49	290.15
12.85	163.44	474.11	108.07	68.69	1037.54	1201.26	755.24	1363.06
0.22	9.75	7.86	0.36		1.70	7.98	119.25	104.39
0.62	14.12	79.02	7.68	105.88	336.84	0.67	198.75	230.13
0.10	11.21	17.77	0.02		4.46		27.47	116.66
0.62	56.91	14.91	4.01		4.06	1.33	5.43	142.74
3.58	418.84	447.77	70.47	8.83	27.15	33.25	39.75	902.31
7.90	99.72	415.68	0.84		1.05	22.74	437.24	1324.48
0.87	59.83	79.02	1.03		35.01	6.65	215.80	824.14
2.47	54.00	16.34	11.23		1.44	7.98	8.12	231.91
4.81	40.89	10.07	1.03		5.90	2.66	29.52	189.94
1.97	18.49	16.34	2.98		3.54	17.42	39.75	111.63
9.27	69.58	17.77	1.54		4.85	20.08	79.50	240.33
0.37	34.07	17.77	7.51	0.14	1.31	10.64	22.70	107.13
0.26	51.09	16.34	4.70	0.28	0.52	45.35	9.20	148.72
0.22	14.12	0.21	0.12		0.85	0.27	5.12	29.98
16.30	28.49	13.43	2.62	0.22	48.15	22.88	56.80	256.86
0.68	**113.27**	**159.69**	**15.63**	**0.30**	**4.59**	**25.67**	**213.40**	**1586.37**
0.62	99.72	158.03	1.54	0.19	1.97	2.66	198.75	1367.39
0.01	9.75	1.64	14.09	0.11	1.84	22.74	13.64	40.66
0.04	3.80	0.01			0.79	0.27	1.02	178.33

5-4 工业分行业终端能源消费量(实物量)-2001

		煤合计 (万吨) Coal Total (10^4 tn)	原煤 (万吨) Raw Coal (10^4 tn)
		L1	L2
工业合计	**Industry Total**	**33129.97**	**28824.00**
(一)采掘业	**Mining and Quarrying**	**2704.28**	**2309.26**
煤炭采选业	Coal Mining and Dressing	2103.66	1729.45
石油和天然气开采业	Petroleum and Naturl Gas Extraction	136.48	133.48
黑色金属矿采选业	Ferrous Metals Mining and Dressing	62.41	47.41
有色金属矿采选业	Nonferrous Metals Mining and Dressing	71.60	71.07
非金属矿采选业	Nonmetal Minerals Mining and Dressing	250.81	248.53
其他矿采选业	Other Minerals Mining and Dressing	79.32	79.32
(二)制造业	**Manufacturing**	**27945.90**	**24264.97**
食品加工业	Food Processing	911.89	820.67
食品制造业	Food Production	571.61	507.39
饮料制造业	Beverage Production	517.87	514.52
烟草加工业	Tobacco Processing	127.91	127.84
纺织业	Textile Industry	1163.70	1152.96
服装及其他纤维制品制造业	Garments and Other Fiber Products	105.45	105.08
皮革、毛皮、羽绒及其制品业	Leather, Furs, Down and Related Products	65.07	65.00
木材加工及竹、藤、棕、草制品业	Timber Processing, Bamboo, Cane, Palm & Straw Products	203.02	202.78
家具制造业	Furniture Manufacturing	42.08	42.06
造纸及纸制品业	Papermaking and Paper Products	1174.51	1119.19
印刷业、记录媒介的复制	Printing and Record Medium Reproduction	47.46	47.01
文教体育用品制造业	Cultural, Educational and Sports Articles	17.36	17.31
石油加工及炼焦业	Petroleum Processing and Coking	752.73	571.48
化学原料及化学品制造业	Raw Chemical Materials and Chemical Products	4674.58	4373.60
医药制造业	Medical and Pharmaceutical Products	436.42	421.14
化学纤维制造业	Chemical Fiber	264.65	262.32
橡胶制品业	Rubber Products	259.46	258.24
塑料制品业	Plastic Products	122.36	120.26
非金属矿物制品业	Nonmetal Mineral Products	10525.82	8458.96
黑色金属冶炼及压延加工业	Smelting and Pressing of Ferrous Metals	3552.24	2882.40
有色金属冶炼及压延加工业	Smelting and Pressing of Nonferrous Metals	675.84	576.48
金属制品业	Metal Products	208.41	197.20
普通机械制造业	Ordinary Machinery	323.17	278.24
专用设备制造业	Equipment for Special Purpose	263.39	223.28
交通运输设备制造业	Transportation Equipment	454.85	449.69
电气机械及器材制造业	Electric Equipment and Machinery	142.41	138.80
电子及通信设备制造业	Electronic and Telecommunications Equipment	55.47	54.30
仪器仪表、文化办公用机械制造业	Instruments, Meters Cultural and Office Machinery	25.60	25.53
其他制造业	Other Manufacturing Industry	260.57	251.24
(三)电力、煤气及水生产和供应业	**Electric Power, Gas and Water Production and Supply**	**2479.79**	**2249.77**
电力、蒸汽、热水的生产和供应业	Electric Power, Steam and Hot Water Production and Supply	2224.53	2017.68
煤气生产和供应业	Gas Production and Supply	230.27	208.13
自来水的生产和供应业	Tap Water Production and Supply	24.99	23.96

FINAL ENERGY CONSUMPTION BY INDUSTRIAL SECTOR – 2001 (PHYSICAL QUANTITY)

洗精煤（万吨）Cleaned Coal (10^4 tn)	其他洗煤（万吨）Other Washed Coal (10^4 tn)	焦炭（万吨）Coke (10^4 tn)	焦炉煤气（亿立方米）Coke Oven Gas (10^8 cu. m)	其他煤气（亿立方米）Other Gas (10^8 cu. m)	其他焦化产品（万吨）Other Coking Products (10^4 tn)	油品合计（万吨）Petroleum Products Total (10^4 tn)	原油（万吨）Crude Oil (10^4 tn)
L3	L4	L6	L7	L8	L9	L10	L11
1180.07	**3048.85**	**10484.75**	**191.09**	**390.75**	**230.82**	**8498.39**	**630.82**
189.32	**205.34**	**149.90**	**0.75**	**0.72**	**7.09**	**1076.10**	**424.98**
187.41	186.79	47.70	0.75	0.72	5.44	92.11	2.33
	3.00	5.33				881.49	422.65
0.35	14.37	51.00				17.34	
0.06	0.40	19.57				18.35	
1.50	0.78	26.00			1.65	40.77	
		0.30				26.04	
948.36	**2655.88**	**10334.85**	**184.92**	**388.83**	**221.59**	**7197.19**	**204.21**
5.00	86.21	16.00		0.01		80.34	0.40
61.20	3.00	15.50	0.22	0.07		40.08	0.45
2.50	0.85	2.90			0.09	30.12	0.50
0.07		1.21		0.01		36.51	
2.70	8.00	4.20	0.24	0.14		151.19	0.06
0.30	0.02	1.63		0.01		38.65	0.17
0.06	0.01	1.65				21.80	
0.21	0.03	1.38			0.31	13.93	
	0.02	1.09				7.18	
10.20	45.11	1.56				60.24	0.51
0.45		0.29	0.02	0.01		23.63	
0.05		1.66		0.01		16.39	0.11
152.01	29.24	41.30	11.50	3.20	22.86	2948.18	104.19
101.81	167.77	1051.01	9.55	2.50	48.41	1403.06	70.39
0.86	14.37	0.65	0.20		5.44	24.47	
	2.33	24.53				395.42	6.31
0.50	0.72	2.62	0.01			31.79	0.06
0.54	1.56	6.61				66.26	0.35
99.44	1935.27	315.15	3.82	7.82	15.28	744.56	8.62
386.62	270.37	8137.13	157.62	357.96	116.60	391.66	9.85
36.00	63.34	211.90	0.18	9.00	11.84	140.78	0.77
10.20	1.00	131.09	0.12	0.26	0.11	84.88	0.03
40.80	4.10	205.73	0.34	1.03	0.30	64.36	0.12
30.60	9.50	70.34	0.10	4.70	0.10	55.38	0.26
3.05	2.10	38.89	0.12	1.10	0.25	92.33	0.07
1.80	1.80	12.05	0.39	0.40		60.43	0.45
1.10	0.07	0.35	0.49	0.08		65.72	
0.06	0.01	5.10		0.02		14.32	
0.23	9.08	31.33		0.50		93.53	0.54
42.39	**187.63**		**5.42**	**1.20**	**2.14**	**225.10**	**1.63**
19.36	187.49				0.16	199.27	1.63
22.00	0.14		5.42	1.20	1.98	20.37	
1.03						5.46	

续表

		汽油（万吨）Gasoline（10^4tn）	煤油（万吨）Kerosene（10^4tn）
		L12	L13
工业合计	**Industry Total**	**617.42**	**86.00**
（一）采掘业	**Mining and Quarrying**	**102.25**	**7.59**
煤炭采选业	Coal Mining and Dressing	30.93	5.50
石油和天然气开采业	Petroleum and Naturl Gas Extraction	38.23	0.43
黑色金属矿采选业	Ferrous Metals Mining and Dressing	5.17	0.03
有色金属矿采选业	Nonferrous Metals Mining and Dressing	4.90	1.29
非金属矿采选业	Nonmetal Minerals Mining and Dressing	8.20	0.34
其他矿采选业	Other Minerals Mining and Dressing	14.82	
（二）制造业	**Manufacturing**	**487.37**	**77.92**
食品加工业	Food Processing	31.87	0.26
食品制造业	Food Production	12.80	0.09
饮料制造业	Beverage Production	9.35	0.09
烟草加工业	Tobacco Processing	30.00	0.09
纺织业	Textile Industry	37.05	3.87
服装及其他纤维制品制造业	Garments and Other Fiber Products	8.17	0.43
皮革、毛皮、羽绒及其制品业	Leather, Furs, Down and Related Products	4.94	0.17
木材加工及竹、藤、棕、草制品业	Timber Processing, Bamboo, Cane, Palm & Straw Products	4.00	0.09
家具制造业	Furniture Manufacturing	3.57	0.05
造纸及纸制品业	Papermaking and Paper Products	12.20	3.70
印刷业、记录媒介的复制	Printing and Record Medium Reproduction	6.17	5.85
文教体育用品制造业	Cultural, Educational and Sports Articles	2.73	1.29
石油加工及炼焦业	Petroleum Processing and Coking	15.35	18.47
化学原料及化学品制造业	Raw Chemical Materials and Chemical Products	50.01	8.94
医药制造业	Medical and Pharmaceutical Products	10.35	0.14
化学纤维制造业	Chemical Fiber	3.55	0.43
橡胶制品业	Rubber Products	8.04	0.08
塑料制品业	Plastic Products	11.35	0.43
非金属矿物制品业	Nonmetal Mineral Products	47.39	2.49
黑色金属冶炼及压延加工业	Smelting and Pressing of Ferrous Metals	30.87	5.50
有色金属冶炼及压延加工业	Smelting and Pressing of Nonferrous Metals	11.20	0.60
金属制品业	Metal Products	21.52	1.72
普通机械制造业	Ordinary Machinery	21.70	3.35
专用设备制造业	Equipment for Special Purpose	28.87	1.38
交通运输设备制造业	Transportation Equipment	18.70	6.45
电气机械及器材制造业	Electric Equipment and Machinery	17.52	0.26
电子及通信设备制造业	Electronic and Telecommunications Equipment	9.35	0.17
仪器仪表、文化办公用机械制造业	Instruments, Meters Cultural and Office Machinery	3.30	0.17
其他制造业	Other Manufacturing Industry	15.45	11.36
（三）电力、煤气及水生产和供应业	**Electric Power, Gas and Water Production and Supply**	**27.80**	**0.49**
电力、蒸汽、热水的生产和供应业	Electric Power, Steam and Hot Water Production and Supply	23.70	0.44
煤气生产和供应业	Gas Production and Supply	1.60	0.01
自来水的生产和供应业	Tap Water Production and Supply	2.50	0.04

Continued

柴油（万吨）Diesel Oil (10^4 tn)	燃料油（万吨）Fuel Oil (10^4 tn)	液化石油气（万吨）PLG (10^4 tn)	炼厂干气（万吨）Refinery Gas (10^4 tn)	其他石油制品（万吨）Other Petroleum Products (10^4 tn)	天然气（亿立方米）Nature Gas (10^8 cu. m)	热力（万百万千焦）Heat (10^{10} kJ)	电力（亿千瓦小时）Electricity (10^8 kW · h)
L14	L15	L16	L17	L18	L19	L20	L21
1396.42	**1788.40**	**290.51**	**559.00**	**3129.82**	**186.94**	**123365.60**	**9501.19**
275.63	**155.67**	**18.08**	**60.49**	**31.41**	**59.41**	**7599.14**	**1051.58**
50.79		0.06		2.50		1233.66	448.02
158.61	154.17	18.00	60.49	28.91	59.38	4934.62	340.83
12.14						2.70	64.95
11.96	0.20					11.00	85.78
30.93	1.30				0.03	1233.66	89.31
11.20		0.02				183.50	22.69
1046.97	**1524.33**	**262.86**	**498.32**	**3095.21**	**125.33**	**109148.18**	**7031.06**
30.05	7.50	1.91		8.35	0.16	1867.31	170.01
16.40	8.45	1.75		0.14	0.08	2067.31	94.11
10.96	9.00	0.07		0.15	0.02	1133.66	60.11
3.55	2.70	0.02		0.15	0.09	240.60	32.50
35.40	62.90	4.81	0.20	6.90	1.07	7201.94	385.87
14.50	13.88	1.00		0.50		220.00	54.11
12.50	3.10	0.15		0.94		110.00	30.00
6.80	3.00	0.02		0.02		907.00	37.00
2.70	0.60	0.25		0.01		150.00	14.00
20.93	19.00	0.60	0.30	3.00	0.26	4734.90	251.35
7.11	2.15	0.35		2.00	0.09	152.50	35.00
10.96	1.07	0.18		0.05		35.00	25.00
69.82	286.14	114.82	384.00	1955.39	11.68	26340.40	266.34
115.93	300.91	62.82	44.72	749.34	95.50	23739.00	1184.83
7.00	5.35	0.23		1.40	0.67	3800.79	99.22
9.20	50.65	3.81	63.08	258.39		5968.28	196.22
7.00	13.10	0.01		3.50		1033.00	106.66
37.89	10.80	2.24		3.20	0.09	170.00	127.14
293.25	320.00	45.01	5.59	22.21	2.80	1433.66	793.05
72.82	271.14	0.48		1.00	1.67	13370.22	1164.07
41.60	59.00	0.70		26.91	0.53	6771.66	716.93
40.89	11.80	7.72		1.20	0.75	270.00	223.55
25.89	8.00	0.50		4.80	0.17	933.66	168.22
10.96	9.00	1.91		3.00	1.60	1200.66	94.11
50.86	11.65	1.00		3.60	1.90	2567.31	228.22
22.50	12.82	5.81	0.08	0.99	0.70	660.66	98.11
39.00	13.50	2.91	0.19	0.60	3.98	298.00	130.11
10.10	0.12	0.08		0.55	0.03	187.00	26.00
20.40	7.00	1.70	0.16	36.92	1.49	1583.66	219.22
73.82	**108.40**	**9.57**	**0.19**	**3.20**	**2.20**	**6618.28**	**1418.55**
63.82	107.30	0.85	0.13	1.40	0.25	6168.28	1234.99
7.60	1.08	8.72	0.06	1.30	1.92	415.00	37.06
2.40	0.02			0.50	0.03	35.00	146.50

5－4 工业分行业终端能源消费量(标准量)－2001

单位:万吨标准煤

		终端消费合计 Final Consumption Total	
		(发电煤耗计算法)(coal equivalent calculation)	(电热当量计算法)(calorific value calculation)
工业合计	**Industry Total**	**91903.22**	**65592.70**
(一)采掘业	**Mining and Quarrying**	**8734.31**	**5913.74**
煤炭采选业	Coal Mining and Dressing	3405.65	2234.22
石油和天然气开采业	Petroleum and Naturl Gas Extraction	3701.10	2749.59
黑色金属矿采选业	Ferrous Metals Mining and Dressing	362.59	195.43
有色金属矿采选业	Nonferrous Metals Mining and Dressing	420.80	199.92
非金属矿采选业	Nonmetal Minerals Mining and Dressing	656.80	408.37
其他矿采选业	Other Minerals Mining and Dressing	187.36	126.20
(二)制造业	**Manufacturing**	**75378.07**	**55638.15**
食品加工业	Food Processing	1560.66	1095.00
食品制造业	Food Production	935.81	662.43
饮料制造业	Beverage Production	681.19	509.40
烟草加工业	Tobacco Processing	277.66	190.40
纺织业	Textile Industry	2846.25	1744.60
服装及其他纤维制品制造业	Garments and Other Fiber Products	345.73	203.18
皮革、毛皮、羽绒及其制品业	Leather, Furs, Down and Related Products	196.67	117.82
木材加工及竹、藤、棕、草制品业	Timber Processing, Bamboo, Cane, Palm & Straw Products	344.53	235.62
家具制造业	Furniture Manufacturing	100.62	62.33
造纸及纸制品业	Papermaking and Paper Products	2068.92	1350.67
印刷业、记录媒介的复制	Printing and Record Medium Reproduction	208.75	116.39
文教体育用品制造业	Cultural, Educational and Sports Articles	134.14	69.28
石油加工及炼焦业	Petroleum Processing and Coking	7244.18	6161.08
化学原料及化学品制造业	Raw Chemical Materials and Chemical Products	13245.69	9838.51
医药制造业	Medical and Pharmaceutical Products	909.30	596.60
化学纤维制造业	Chemical Fiber	1788.74	1193.72
橡胶制品业	Rubber Products	679.72	389.68
塑料制品业	Plastic Products	678.36	348.65
非金属矿物制品业	Nonmetal Mineral Products	11419.05	9356.81
黑色金属冶炼及压延加工业	Smelting and Pressing of Ferrous Metals	18222.52	15025.34
有色金属冶炼及压延加工业	Smelting and Pressing of Nonferrous Metals	3977.82	2030.83
金属制品业	Metal Products	1270.55	691.26
普通机械制造业	Ordinary Machinery	1213.61	766.66
专用设备制造业	Equipment for Special Purpose	785.55	525.26
交通运输设备制造业	Transportation Equipment	1505.03	879.03
电气机械及器材制造业	Electric Equipment and Machinery	615.61	353.19
电子及通信设备制造业	Electronic and Telecommunications Equipment	699.99	360.70
仪器仪表、文化办公用机械制造业	Instruments, Meters Cultural and Office Machinery	151.60	81.88
其他制造业	Other Manufacturing Industry	1269.81	681.82
(三)电力、煤气及水生产和供应业	**Electric Power, Gas and Water Production and Supply**	**7790.83**	**4040.81**
电力、蒸汽、热水的生产和供应业	Electric Power, Steam and Hot Water Production and Supply	6784.70	3513.79
煤气生产和供应业	Gas Production and Supply	421.97	320.34
自来水的生产和供应业	Tap Water Production and Supply	584.16	206.68

FINAL ENERGY CONSUMPTION BY INDUSTRIAL SECTOR – 2001
(STANDARD QUANTITY)

(10 000 tce)

煤合计 Coal Total	原煤 Raw Coal	洗精煤 Cleaned Coal	其他洗煤 Other Washed Coal	焦炭 Coke	焦炉煤气 Coke Oven Gas	其他煤气 Other Gas	其他焦化产品 Other Coking Products	油品合计 Petroleum Products Total
L1	L2	L3	L4	L6	L7	L8	L9	L10
22172.41	**19447.44**	**1076.93**	**1601.26**	**10184.89**	**1165.13**	**1123.61**	**266.37**	**12004.84**
1838.89	**1558.05**	**172.77**	**107.84**	**145.61**	**4.57**	**2.07**	**8.18**	**1559.98**
1435.99	1166.85	171.03	98.10	46.34	4.57	2.07	6.28	134.32
91.63	90.06		1.58	5.18				1275.85
40.02	31.99	0.32	7.55	49.54				25.34
48.26	47.95	0.05	0.21	19.01				26.82
169.46	167.68	1.37	0.41	25.26			1.90	59.49
53.52	53.52			0.29				38.16
18678.39	**16371.48**	**865.47**	**1394.87**	**10039.27**	**1127.51**	**1118.09**	**255.71**	**10117.58**
603.55	553.70	4.56	45.28	15.54		0.03		116.57
399.77	342.33	55.85	1.58	15.06	1.34	0.20		58.76
349.87	347.14	2.28	0.45	2.82			0.10	43.75
86.32	86.25	0.06		1.18		0.03		53.54
784.59	777.90	2.46	4.20	4.08	1.46	0.40		219.34
71.21	70.90	0.27	0.01	1.58		0.03		56.22
43.92	43.86	0.05	0.01	1.60				31.65
137.02	136.81	0.19	0.02	1.34			0.36	20.27
28.39	28.38		0.01	1.06				10.56
788.12	755.11	9.31	23.69	1.52				87.20
32.13	31.72	0.41		0.28	0.12	0.03		34.34
11.72	11.68	0.05		1.61		0.03		23.94
539.66	385.58	138.72	15.36	40.12	70.12	9.20	26.38	4072.50
3150.94	2950.85	92.91	88.11	1020.95	58.23	7.19	55.87	1946.30
292.50	284.14	0.78	7.55	0.63	1.22		6.28	35.51
178.21	176.99		1.22	23.83				544.99
175.07	174.23	0.46	0.38	2.55	0.06			45.55
82.45	81.14	0.49	0.82	6.42				96.51
6833.90	5707.23	90.75	1016.40	306.14	23.29	22.49	17.63	1085.21
2447.37	1944.74	352.83	142.00	7904.41	961.05	1029.32	134.56	563.18
455.08	388.95	32.85	33.27	205.84	1.10	25.88	13.66	199.84
142.89	133.05	9.31	0.53	127.34	0.73	0.75	0.13	125.48
227.13	187.73	37.23	2.15	199.85	2.07	2.96	0.35	93.33
183.57	150.65	27.93	4.99	68.33	0.61	13.51	0.12	80.92
307.30	303.40	2.78	1.10	37.78	0.73	3.16	0.29	134.29
96.24	93.65	1.64	0.95	11.71	2.38	1.15		89.29
37.68	36.64	1.00	0.04	0.34	2.99	0.23		96.19
17.28	17.22	0.05	0.01	4.95		0.06		20.85
174.50	169.51	0.21	4.77	30.43		1.44		131.51
1655.14	**1517.91**	**38.69**	**98.54**		**33.05**	**3.45**	**2.47**	**327.28**
1477.46	1361.32	17.67	98.47				0.18	287.63
160.58	140.42	20.08	0.07		33.05	3.45	2.28	31.73
17.11	16.17	0.94						7.92

续表

单位:万吨标准煤

		原油 Crude Oil	汽油 Gasoline
		L11	L12
工业合计	**Industry Total**	**901.19**	**908.47**
(一)采掘业	**Mining and Quarrying**	**607.13**	**150.45**
煤炭采选业	Coal Mining and Dressing	3.33	45.51
石油和天然气开采业	Petroleum and Naturl Gas Extraction	603.80	56.25
黑色金属矿采选业	Ferrous Metals Mining and Dressing		7.61
有色金属矿采选业	Nonferrous Metals Mining and Dressing		7.21
非金属矿采选业	Nonmetal Minerals Mining and Dressing		12.07
其他矿采选业	Other Minerals Mining and Dressing		21.81
(二)制造业	**Manufacturing**	**291.73**	**717.12**
食品加工业	Food Processing	0.57	46.89
食品制造业	Food Production	0.64	18.83
饮料制造业	Beverage Production	0.71	13.76
烟草加工业	Tobacco Processing		44.14
纺织业	Textile Industry	0.09	54.52
服装及其他纤维制品制造业	Garments and Other Fiber Products	0.24	12.02
皮革、毛皮、羽绒及其制品业	Leather, Furs, Down and Related Products		7.27
木材加工及竹、藤、棕、草制品业	Timber Processing, Bamboo, Cane, Palm & Straw Products		5.89
家具制造业	Furniture Manufacturing		5.25
造纸及纸制品业	Papermaking and Paper Products	0.73	17.95
印刷业,记录媒介的复制	Printing and Record Medium Reproduction		9.08
文教体育用品制造业	Cultural, Educational and Sports Articles	0.16	4.02
石油加工及炼焦业	Petroleum Processing and Coking	148.85	22.59
化学原料及化学品制造业	Raw Chemical Materials and Chemical Products	100.56	73.58
医药制造业	Medical and Pharmaceutical Products		15.23
化学纤维制造业	Chemical Fiber	9.01	5.22
橡胶制品业	Rubber Products	0.09	11.83
塑料制品业	Plastic Products	0.50	16.70
非金属矿物制品业	Nonmetal Mineral Products	12.31	69.73
黑色金属冶炼及压延加工业	Smelting and Pressing of Ferrous Metals	14.07	45.42
有色金属冶炼及压延加工业	Smelting and Pressing of Nonferrous Metals	1.10	16.48
金属制品业	Metal Products	0.04	31.66
普通机械制造业	Ordinary Machinery	0.17	31.93
专用设备制造业	Equipment for Special Purpose	0.37	42.48
交通运输设备制造业	Transportation Equipment	0.10	27.52
电气机械及器材制造业	Electric Equipment and Machinery	0.64	25.78
电子及通信设备制造业	Electronic and Telecommunications Equipment		13.76
仪器仪表、文化办公用机械制造业	Instruments, Meters Cultural and Office Machinery		4.86
其他制造业	Other Manufacturing Industry	0.77	22.73
(三)电力、煤气及水生产和供应业	**Electric Power, Gas and Water Production and Supply**	**2.33**	**40.90**
电力、蒸汽、热水的生产和供应业	Electric Power, Steam and Hot Water Production and Supply	2.33	34.87
煤气生产和供应业	Gas Production and Supply		2.35
自来水的生产和供应业	Tap Water Production and Supply		3.68

Continued

(10 000 tce)

煤油 Kerosene	柴油 Diesel Oil	燃料油 Fuel Oil	液化石油气 PLG	炼厂干气 Refinery Gas	其他石油制品 Other Petroleum Products	天然气 Nature Gas	热力 Heat	电力 Electricity
L13	L14	L15	L16	L17	L18	L19	L20	L21
126.54	**2034.72**	**2554.91**	**498.02**	**878.41**	**4102.57**	**2486.30**	**4206.77**	**11676.96**
11.17	**401.62**	**222.39**	**30.99**	**95.05**	**41.17**	**790.15**	**259.13**	**1292.39**
8.09	74.01		0.10		3.28		42.07	550.62
0.63	231.11	220.25	30.86	95.05	37.90	789.75	168.27	418.88
0.04	17.69						0.09	79.82
1.90	17.43	0.29					0.38	105.42
0.50	45.07	1.86				0.40	42.07	109.76
	16.32		0.03				6.26	27.89
114.65	**1525.54**	**2177.66**	**450.62**	**783.06**	**4057.20**	**1666.89**	**3721.95**	**8641.17**
0.38	43.79	10.71	3.27		10.95	2.13	63.68	208.94
0.13	23.90	12.07	3.00		0.18	1.06	70.50	115.66
0.13	15.97	12.86	0.12		0.20	0.27	38.66	73.88
0.13	5.17	3.86	0.03		0.20	1.20	8.20	39.94
5.69	51.58	89.86	8.25	0.31	9.04	14.23	245.59	474.23
0.63	21.13	19.83	1.71		0.66		7.50	66.50
0.25	18.21	4.43	0.26		1.23		3.75	36.87
0.13	9.91	4.29	0.03		0.03		30.93	45.47
0.07	3.93	0.86	0.43		0.01		5.12	17.21
5.44	30.50	27.14	1.03	0.47	3.93	3.46	161.46	308.91
8.61	10.36	3.07	0.60		2.62	1.20	5.20	43.02
1.90	15.97	1.53	0.31		0.07		1.19	30.73
27.18	101.73	408.78	196.84	603.42	2563.13	155.34	898.21	327.33
13.15	168.92	429.88	107.69	70.27	982.23	1270.15	809.50	1456.16
0.21	10.20	7.64	0.39		1.84	8.91	129.61	121.94
0.63	13.41	72.36	6.53	99.12	338.70		203.52	241.15
0.12	10.20	18.71	0.02		4.59		35.23	131.09
0.63	55.21	15.43	3.84		4.19	1.20	5.80	156.26
3.66	427.29	457.15	77.16	8.78	29.11	37.24	48.89	974.66
8.09	106.11	387.35	0.82		1.31	22.21	455.92	1430.64
0.88	60.62	84.29	1.20		35.27	7.05	230.91	881.11
2.53	59.58	16.86	13.23		1.57	9.98	9.21	274.74
4.93	37.72	11.43	0.86		6.29	2.26	31.84	206.74
2.03	15.97	12.86	3.27		3.93	21.28	40.94	115.66
9.49	74.11	16.64	1.71		4.72	25.27	87.55	280.48
0.38	32.78	18.31	9.96	0.13	1.30	9.31	22.53	120.58
0.25	56.83	19.29	4.99	0.30	0.79	52.93	10.16	159.91
0.25	14.72	0.17	0.14		0.72	0.40	6.38	31.95
16.72	29.72	10.00	2.91	0.25	48.39	19.82	54.00	269.42
0.72	**107.56**	**154.86**	**16.41**	**0.30**	**4.19**	**29.26**	**225.68**	**1743.40**
0.65	92.99	153.29	1.46	0.20	1.84	3.33	210.34	1517.80
0.01	11.07	1.54	14.95	0.09	1.70	25.54	14.15	45.55
0.06	3.50	0.03			0.66	0.40	1.19	180.05

5-5 工业分行业终端能源消费量(实物量)-2002

		煤合计 (万吨) Coal Total (10^4 tn)	原煤 (万吨) Raw Coal (10^4 tn)
		L1	L2
工业合计	**Industry Total**	**30262.24**	**26050.88**
(一)采掘业	**Mining and Quarrying**	**2533.93**	**2216.68**
煤炭采选业	Coal Mining and Dressing	1966.84	1668.05
石油和天然气开采业	Petroleum and Naturl Gas Extraction	121.24	118.74
黑色金属矿采选业	Ferrous Metals Mining and Dressing	78.91	65.88
有色金属矿采选业	Nonferrous Metals Mining and Dressing	68.23	67.73
非金属矿采选业	Nonmetal Minerals Mining and Dressing	231.89	229.46
其他矿采选业	Other Minerals Mining and Dressing	66.82	66.82
(二)制造业	**Manufacturing**	**25425.47**	**21761.82**
食品加工业	Food Processing	877.75	785.54
食品制造业	Food Production	521.00	478.90
饮料制造业	Beverage Production	493.73	490.26
烟草加工业	Tobacco Processing	123.34	123.30
纺织业	Textile Industry	1122.00	1112.04
服装及其他纤维制品制造业	Garments and Other Fiber Products	101.76	101.35
皮革、毛皮、羽绒及其制品业	Leather, Furs, Down and Related Products	62.75	62.69
木材加工及竹、藤、棕、草制品业	Timber Processing, Bamboo, Cane, Palm & Straw Products	195.31	195.13
家具制造业	Furniture Manufacturing	38.35	38.34
造纸及纸制品业	Papermaking and Paper Products	1178.32	1120.17
印刷业、记录媒介的复制	Printing and Record Medium Reproduction	45.56	45.06
文教体育用品制造业	Cultural, Educational and Sports Articles	15.32	15.31
石油加工及炼焦业	Petroleum Processing and Coking	672.51	529.18
化学原料及化学品制造业	Raw Chemical Materials and Chemical Products	4654.49	4350.08
医药制造业	Medical and Pharmaceutical Products	422.47	406.19
化学纤维制造业	Chemical Fiber	255.60	253.01
橡胶制品业	Rubber Products	247.56	246.48
塑料制品业	Plastic Products	101.60	99.64
非金属矿物制品业	Nonmetal Mineral Products	8749.44	6560.00
黑色金属冶炼及压延加工业	Smelting and Pressing of Ferrous Metals	3099.64	2530.09
有色金属冶炼及压延加工业	Smelting and Pressing of Nonferrous Metals	772.05	656.02
金属制品业	Metal Products	201.86	190.20
普通机械制造业	Ordinary Machinery	311.33	268.36
专用设备制造业	Equipment for Special Purpose	231.46	192.08
交通运输设备制造业	Transportation Equipment	488.19	483.73
电气机械及器材制造业	Electric Equipment and Machinery	136.89	133.76
电子及通信设备制造业	Electronic and Telecommunications Equipment	53.28	52.37
仪器仪表、文化办公用机械制造业	Instruments, Meters Cultural and Office Machinery	24.67	24.62
其他制造业	Other Manufacturing Industry	227.24	217.92
(三)电力、煤气及水生产和供应业	**Electric Power, Gas and Water Production and Supply**	**2302.84**	**2072.38**
电力、蒸汽、热水的生产和供应业	Electric Power, Steam and Hot Water Production and Supply	2109.83	1900.06
煤气生产和供应业	Gas Production and Supply	171.43	150.74
自来水的生产和供应业	Tap Water Production and Supply	21.58	21.58

FINAL ENERGY CONSUMPTION BY INDUSTRIAL SECTOR – 2002
(PHYSICAL QUANTITY)

洗精煤 （万吨） Cleaned Coal (10^4 tn)	其他洗煤 （万吨） Other Washed Coal (10^4 tn)	焦炭 （万吨） Coke (10^4 tn)	焦炉煤气 （亿立方米） Coke Oven Gas (10^8 cu. m)	其他煤气 （亿立方米） Other Gas (10^8 cu. m)	其他焦化产品 （万吨） Other Coking Products (10^4 tn)	油品合计 （万吨） Petroleum Products Total (10^4 tn)	原油 （万吨） Crude Oil (10^4 tn)
L3	L4	L6	L7	L8	L9	L10	L11
925.00	**3200.01**	**11840.70**	**204.77**	**389.58**	**250.00**	**9168.28**	**658.00**
120.33	**196.59**	**165.99**	**0.64**	**0.70**	**6.50**	**1134.43**	**445.97**
118.16	180.63	47.73	0.64	0.70	5.00	94.76	1.18
	2.50	5.00				927.29	444.79
0.40	12.35	52.15				21.73	
0.03	0.42	28.12				20.01	
1.74	0.69	32.62			1.50	43.83	
		0.37				26.81	
771.32	**2806.31**	**11674.71**	**197.71**	**387.68**	**240.94**	**7802.17**	**210.74**
5.05	87.14	14.23				84.03	0.30
38.00	4.07	14.00	0.26	0.09		44.39	0.43
2.47	1.00	3.30				29.20	0.59
0.04		1.26		0.02		36.81	
2.38	7.55	4.54	0.31	0.18		151.08	0.05
0.33	0.02	2.17		0.01		40.66	0.12
0.06		1.53				21.55	
0.15	0.03	1.55		0.21		12.07	
	0.01	1.14				8.28	
10.25	47.90	1.73				72.50	0.50
0.50		0.26	0.03	0.02		23.60	
0.01		1.70				17.97	0.09
112.08	31.25	45.90	13.50	3.80	21.09	3174.83	110.35
77.53	195.38	1162.00	12.26	3.00	45.41	1654.91	64.90
1.23	15.01	0.72	0.17		5.00	24.15	
	2.59	25.56				441.27	7.40
0.54	0.54	2.37	0.01			32.11	0.06
0.67	1.29	5.13				63.49	0.50
110.04	2049.20	371.71	3.36	7.64	22.11	780.39	9.61
288.43	267.11	9253.30	165.92	356.68	136.16	368.30	13.47
37.10	68.90	223.13	0.19	8.05	9.96	151.60	1.00
10.36	1.29	152.57	0.15	0.29	0.10	89.06	0.04
39.18	3.75	227.49	0.51	1.08	0.53	71.79	0.09
30.54	8.83	69.34	0.11	4.61	0.06	55.11	0.25
2.10	2.35	43.37	0.12	1.22	0.31	84.48	0.05
1.14	1.98	10.46	0.33	0.45		65.53	0.50
0.83	0.08	0.49	0.48	0.09		86.64	
0.04	0.01	5.68		0.02		15.54	
0.27	9.03	28.08		0.43		100.83	0.44
33.35	**197.11**		**6.42**	**1.20**	**2.56**	**231.68**	**1.29**
12.80	196.97				0.19	200.93	1.29
20.55	0.14		6.42	1.20	2.37	25.29	
						5.46	

续表

		汽油（万吨）Gasoline（10^4tn）	煤油（万吨）Kerosene（10^4tn）
		L12	L13
工业合计	**Industry Total**	**630.90**	**87.35**
（一）采掘业	**Mining and Quarrying**	**104.10**	**8.15**
煤炭采选业	Coal Mining and Dressing	30.10	5.99
石油和天然气开采业	Petroleum and Naturl Gas Extraction	39.10	0.40
黑色金属矿采选业	Ferrous Metals Mining and Dressing	6.18	0.03
有色金属矿采选业	Nonferrous Metals Mining and Dressing	4.87	1.31
非金属矿采选业	Nonmetal Minerals Mining and Dressing	8.57	0.42
其他矿采选业	Other Minerals Mining and Dressing	15.28	
（二）制造业	**Manufacturing**	**499.18**	**78.66**
食品加工业	Food Processing	30.66	0.29
食品制造业	Food Production	13.18	0.07
饮料制造业	Beverage Production	8.46	0.08
烟草加工业	Tobacco Processing	30.54	0.10
纺织业	Textile Industry	35.44	4.34
服装及其他纤维制品制造业	Garments and Other Fiber Products	8.06	0.51
皮革、毛皮、羽绒及其制品业	Leather, Furs, Down and Related Products	4.81	0.15
木材加工及竹、藤、棕、草制品业	Timber Processing, Bamboo, Cane, Palm & Straw Products	3.00	0.10
家具制造业	Furniture Manufacturing	3.87	0.05
造纸及纸制品业	Papermaking and Paper Products	15.65	2.93
印刷业、记录媒介的复制	Printing and Record Medium Reproduction	6.51	5.96
文教体育用品制造业	Cultural, Educational and Sports Articles	2.86	1.20
石油加工及炼焦业	Petroleum Processing and Coking	15.87	17.00
化学原料及化学品制造业	Raw Chemical Materials and Chemical Products	55.03	10.25
医药制造业	Medical and Pharmaceutical Products	10.65	0.10
化学纤维制造业	Chemical Fiber	3.64	0.37
橡胶制品业	Rubber Products	8.29	0.05
塑料制品业	Plastic Products	11.68	0.49
非金属矿物制品业	Nonmetal Mineral Products	55.70	1.72
黑色金属冶炼及压延加工业	Smelting and Pressing of Ferrous Metals	31.22	6.46
有色金属冶炼及压延加工业	Smelting and Pressing of Nonferrous Metals	11.02	0.63
金属制品业	Metal Products	19.78	2.17
普通机械制造业	Ordinary Machinery	22.14	3.53
专用设备制造业	Equipment for Special Purpose	27.48	1.18
交通运输设备制造业	Transportation Equipment	19.79	6.64
电气机械及器材制造业	Electric Equipment and Machinery	18.19	0.32
电子及通信设备制造业	Electronic and Telecommunications Equipment	9.70	0.25
仪器仪表、文化办公用机械制造业	Instruments, Meters Cultural and Office Machinery	3.03	0.33
其他制造业	Other Manufacturing Industry	12.93	11.39
（三）电力、煤气及水生产和供应业	**Electric Power, Gas and Water Production and Supply**	**27.62**	**0.54**
电力、蒸汽、热水的生产和供应业	Electric Power, Steam and Hot Water Production and Supply	23.71	0.50
煤气生产和供应业	Gas Production and Supply	1.47	
自来水的生产和供应业	Tap Water Production and Supply	2.44	0.04

Continued

柴油 （万吨） Diesel Oil (10^4tn)	燃料油 （万吨） Fuel Oil (10^4tn)	液化石油气 （万吨） PLG (10^4tn)	炼厂干气 （万吨） Refinery Gas (10^4tn)	其他石油制品 （万吨） Other Petroleum Products (10^4tn)	天然气 （亿立方米） Nature Gas (10^8 cu. m)	热力 （万百万千焦） Heat (10^{10} kJ)	电力 （亿千瓦小时） Electricity (10^8kW · h)
L14	L15	L16	L17	L18	L19	L20	L21
1505.34	**1752.63**	**318.77**	**570.00**	**3645.29**	**197.94**	**130282.41**	**10758.50**
309.52	**145.24**	**19.78**	**63.54**	**38.13**	**60.86**	**6823.00**	**1127.86**
54.73		0.05		2.71		660.78	498.82
180.23	144.10	19.71	63.54	35.42	60.85	4712.86	349.51
15.52						3.26	75.55
13.72	0.11					11.62	88.00
33.81	1.03				0.01	1302.80	95.55
11.51		0.02				131.68	20.43
1117.82	**1498.45**	**288.10**	**506.24**	**3602.98**	**134.91**	**116325.29**	**8011.57**
32.77	7.48	1.80		10.73	0.15	1972.00	195.19
19.53	9.11	1.93		0.14	0.10	2289.68	113.69
11.81	8.02	0.11		0.13	0.02	1071.89	67.85
4.55	1.47	0.02		0.13	0.12	153.71	31.23
36.83	63.72	4.49	0.21	6.00	0.81	8426.34	454.11
15.35	14.67	1.15		0.80		221.56	58.97
12.55	2.85	0.19		1.00		90.81	35.70
6.09	2.84	0.01		0.03		957.85	37.59
3.29	0.74	0.30		0.03		204.61	11.21
28.67	19.82	1.00	0.33	3.60	0.27	6316.14	284.97
7.38	1.65	0.35		1.75	0.10	155.26	33.80
12.40	1.14	0.24		0.04		27.00	32.05
75.26	260.70	125.98	391.43	2178.24	11.54	24538.66	330.62
122.83	315.49	70.46	47.15	968.80	102.02	28014.97	1355.56
6.81	4.63	0.26		1.70	0.98	3870.82	97.93
9.80	51.72	4.31	60.83	303.20		5897.36	206.46
7.14	12.40			4.17		763.76	108.87
36.56	9.17	1.60		3.49	0.1	159.53	143.53
297.20	334.18	49.38	6.00	26.60	3.50	1585.98	879.64
80.28	235.45	0.70		0.72	2.30	13249.71	1323.11
42.61	66.37	0.85		29.12	0.66	7960.39	823.81
43.63	12.76	7.50		3.18	0.82	300.21	282.10
31.83	8.41	0.60		5.19	0.22	852.86	201.52
11.18	9.69	1.84		3.49	2.22	1327.25	102.86
42.05	10.73	1.20		4.02	1.79	2801.61	258.53
25.14	12.19	7.63	0.09	1.47	1.02	747.21	129.98
59.01	14.29	2.39	0.20	0.80	4.83	319.68	150.15
11.46	0.14	0.07		0.51	0.03	152.32	32.04
23.81	6.62	1.74		43.90	1.31	1896.12	228.50
78.00	**108.94**	**10.89**	**0.22**	**4.18**	**2.17**	**7134.12**	**1619.07**
64.64	108.00	0.32	0.15	2.32	0.22	6714.12	1442.24
11.00	0.92	10.57	0.07	1.26	1.93	380.00	36.95
2.36	0.02			0.60	0.02	40.00	139.88

5－5　工业分行业终端能源消费量(标准量)－2002

单位:万吨标准煤

		终端消费合计 Final Consumption Total	
		(发电煤耗计算法)(coal equivalent calculation)	(电热当量计算法)(calorific value calculation)
工业合计	**Industry Total**	**96864.2**	**68839.2**
(一)采掘业	**Mining and Quarrying**	**8920.8**	**6054.4**
煤炭采选业	Coal Mining and Dressing	3479.3	2236.3
石油和天然气开采业	Petroleum and Naturl Gas Extraction	3748.0	2832.5
黑色金属矿采选业	Ferrous Metals Mining and Dressing	417.1	229.9
有色金属矿采选业	Nonferrous Metals Mining and Dressing	431.9	213.7
非金属矿采选业	Nonmetal Minerals Mining and Dressing	675.4	425.0
其他矿采选业	Other Minerals Mining and Dressing	169.0	117.0
(二)制造业	**Manufacturing**	**79574.3**	**58502.4**
食品加工业	Food Processing	1662.7	1158.4
食品制造业	Food Production	983.8	678.1
饮料制造业	Beverage Production	697.7	518.4
烟草加工业	Tobacco Processing	267.5	188.5
纺织业	Textile Industry	3095.8	1882.2
服装及其他纤维制品制造业	Garments and Other Fiber Products	362.6	214.2
皮革、毛皮、羽绒及其制品业	Leather, Furs, Down and Related Products	213.9	124.5
木材加工及竹、藤、棕、草制品业	Timber Processing, Bamboo, Cane, Palm & Straw Products	340.9	237.7
家具制造业	Furniture Manufacturing	91.3	61.4
造纸及纸制品业	Papermaking and Paper Products	2281.8	1509.4
印刷业、记录媒介的复制	Printing and Record Medium Reproduction	201.1	115.7
文教体育用品制造业	Cultural, Educational and Sports Articles	159.0	79.3
石油加工及炼焦业	Petroleum Processing and Coking	7531.4	6454.9
化学原料及化学品制造业	Raw Chemical Materials and Chemical Products	14509.3	10856.6
医药制造业	Medical and Pharmaceutical Products	889.9	606.7
化学纤维制造业	Chemical Fiber	1841.2	1267.8
橡胶制品业	Rubber Products	662.6	384.8
塑料制品业	Plastic Products	710.2	352.9
非金属矿物制品业	Nonmetal Mineral Products	10825.1	8628.7
黑色金属冶炼及压延加工业	Smelting and Pressing of Ferrous Metals	19542.6	16125.1
有色金属冶炼及压延加工业	Smelting and Pressing of Nonferrous Metals	4437.2	2312.3
金属制品业	Metal Products	1497.1	794.9
普通机械制造业	Ordinary Machinery	1349.2	840.9
专用设备制造业	Equipment for Special Purpose	801.4	532.6
交通运输设备制造业	Transportation Equipment	1626.8	956.8
电气机械及器材制造业	Electric Equipment and Machinery	737.0	407.1
电子及通信设备制造业	Electronic and Telecommunications Equipment	803.7	428.3
仪器仪表、文化办公用机械制造业	Instruments, Meters Cultural and Office Machinery	171.8	90.8
其他制造业	Other Manufacturing Industry	1279.6	693.5
(三)电力、煤气及水生产和供应业	**Electric Power, Gas and Water Production and Supply**	**8369.2**	**4282.3**
电力、蒸汽、热水的生产和供应业	Electric Power, Steam and Hot Water Production and Supply	7429.1	3784.9
煤气生产和供应业	Gas Production and Supply	396.2	300.6
自来水的生产和供应业	Tap Water Production and Supply	543.9	196.9

FINAL ENERGY CONSUMPTION BY INDUSTRIAL SECTOR - 2002
(STANDARD QUANTITY)

(10 000 tce)

煤合计 Coal Total	原煤 Raw Coal	洗精煤 Cleaned Coal	其他洗煤 Other Washed Coal	焦炭 Coke	焦炉煤气 Coke Oven Gas	其他煤气 Other Gas	其他焦化产品 Other Coking Products	油品合计 Petroleum Products Total
L1	L2	L3	L4	L6	L7	L8	L9	L10
21157.1	**18579.9**	**844.2**	**1680.6**	**11502.1**	**1248.5**	**1120.2**	**288.5**	**12914.5**
1794.2	**1581.0**	**109.8**	**103.2**	**161.2**	**3.9**	**2.0**	**7.5**	**1644.5**
1392.4	1189.7	107.8	94.9	46.4	3.9	2.0	5.8	138.2
86.0	84.7		1.3	4.9				1342.1
54.0	47.0	0.4	6.5	50.7				31.8
48.6	48.3		0.2	27.3				29.2
165.6	163.7	1.6	0.4	31.7			1.7	64.0
47.7	47.7			0.4				39.3
17750.9	**15520.9**	**703.9**	**1473.9**	**11340.8**	**1205.5**	**1114.8**	**278.0**	**10932.9**
610.6	560.3	4.6	45.8	13.8				121.6
378.4	341.6	34.7	2.1	13.6	1.6	0.3		65.1
352.4	349.7	2.3	0.5	3.2				42.4
88.0	87.9			1.2		0.1		54.0
799.3	793.1	2.2	4.0	4.4	1.9	0.5		219.2
72.6	72.3	0.3		2.1				59.1
44.8	44.7	0.1		1.5				31.3
139.3	139.2	0.1		1.5			0.2	17.5
27.3	27.3			1.1				12.2
833.4	798.9	9.4	25.2	1.7				105.1
32.6	32.1	0.5		0.3	0.2	0.1		34.4
10.9	10.9			1.7				26.3
496.1	377.4	102.3	16.4	44.6	82.3	10.9	24.3	4374.4
3295.0	3102.5	70.8	102.6	1128.8	74.8	8.6	52.4	2283.2
298.7	289.7	1.1	7.9	0.7	1.0		5.8	35.0
181.8	180.5		1.4	24.8				605.1
176.6	175.8	0.5	0.3	2.3	0.1			45.9
72.4	71.1	0.6	0.7	5.0				92.3
5873.7	4678.7	100.4	1076.2	361.1	20.5	22.0	25.5	1137.6
2216.5	1804.5	263.2	140.3	8988.7	1011.7	1025.6	157.1	530.2
544.0	467.9	33.9	36.2	216.7	1.2	23.1	11.5	215.1
145.8	135.7	9.5	0.7	148.2	0.9	0.8	0.1	131.2
229.1	191.4	35.8	2.0	221.0	3.1	3.1	0.6	104.1
169.5	137.0	27.9	4.6	67.4	0.7	13.3	0.1	80.4
348.2	345.0	1.9	1.2	42.1	0.7	3.5	0.4	122.9
97.5	95.4	1.0	1.0	10.2	2.0	1.3		97.1
38.2	37.4	0.8		0.5	2.9	0.3		126.5
17.6	17.6			5.5		0.1		22.6
160.4	155.4	0.2	4.7	27.3		1.2		141.1
1612.0	**1478.1**	**30.4**	**103.5**		**39.1**	**3.5**	**3.0**	**337.1**
1470.3	1355.2	11.7	103.4				0.2	289.8
126.3	107.5	18.8	0.1		39.1	3.5	2.7	39.4
15.4	15.4							7.9

续表

单位:万吨标准煤

		原油 Crude Oil	汽油 Gasoline
		L11	L12
工业合计	**Industry Total**	**940.02**	**928.31**
(一)采掘业	**Mining and Quarrying**	**637.11**	**153.17**
煤炭采选业	Coal Mining and Dressing	1.69	44.29
石油和天然气开采业	Petroleum and Naturl Gas Extraction	635.43	57.53
黑色金属矿采选业	Ferrous Metals Mining and Dressing		9.09
有色金属矿采选业	Nonferrous Metals Mining and Dressing		7.17
非金属矿采选业	Nonmetal Minerals Mining and Dressing		12.61
其他矿采选业	Other Minerals Mining and Dressing		22.48
(二)制造业	**Manufacturing**	**301.06**	**734.49**
食品加工业	Food Processing	0.43	45.11
食品制造业	Food Production	0.61	19.39
饮料制造业	Beverage Production	0.84	12.45
烟草加工业	Tobacco Processing		44.94
纺织业	Textile Industry	0.07	52.15
服装及其他纤维制品制造业	Garments and Other Fiber Products	0.17	11.86
皮革、毛皮、羽绒及其制品业	Leather, Furs, Down and Related Products		7.08
木材加工及竹、藤、棕、草制品业	Timber Processing, Bamboo, Cane, Palm & Straw Products		4.41
家具制造业	Furniture Manufacturing		5.69
造纸及纸制品业	Papermaking and Paper Products	0.71	23.03
印刷业、记录媒介的复制	Printing and Record Medium Reproduction		9.58
文教体育用品制造业	Cultural, Educational and Sports Articles	0.13	4.21
石油加工及炼焦业	Petroleum Processing and Coking	157.65	23.35
化学原料及化学品制造业	Raw Chemical Materials and Chemical Products	92.72	80.97
医药制造业	Medical and Pharmaceutical Products		15.67
化学纤维制造业	Chemical Fiber	10.57	5.36
橡胶制品业	Rubber Products	0.09	12.20
塑料制品业	Plastic Products	0.71	17.19
非金属矿物制品业	Nonmetal Mineral Products	13.73	81.96
黑色金属冶炼及压延加工业	Smelting and Pressing of Ferrous Metals	19.24	45.94
有色金属冶炼及压延加工业	Smelting and Pressing of Nonferrous Metals	1.43	16.21
金属制品业	Metal Products	0.06	29.10
普通机械制造业	Ordinary Machinery	0.13	32.58
专用设备制造业	Equipment for Special Purpose	0.36	40.43
交通运输设备制造业	Transportation Equipment	0.07	29.12
电气机械及器材制造业	Electric Equipment and Machinery	0.71	26.76
电子及通信设备制造业	Electronic and Telecommunications Equipment		14.27
仪器仪表、文化办公用机械制造业	Instruments, Meters Cultural and Office Machinery		4.46
其他制造业	Other Manufacturing Industry	0.63	19.03
(三)电力、煤气及水生产和供应业	**Electric Power, Gas and Water Production and Supply**	**1.84**	**40.64**
电力、蒸汽、热水的生产和供应业	Electric Power, Steam and Hot Water Production and Supply	1.84	34.89
煤气生产和供应业	Gas Production and Supply		2.16
自来水的生产和供应业	Tap Water Production and Supply		3.59

Continued

(10 000 tce)

煤油 Kerosene	柴油 Diesel Oil	燃料油 Fuel Oil	液化石油气 PLG	炼厂干气 Refinery Gas	其他石油制品 Other Petroleum Products	天然气 Nature Gas	热力 Heat	电力 Electricity
L13	L14	L15	L16	L17	L18	L19	L20	L21
128.53	**2193.43**	**2503.81**	**546.47**	**895.70**	**4778.25**	**2632.60**	**4442.63**	**13222.20**
11.99	**451.00**	**207.49**	**33.91**	**99.85**	**49.98**	**809.44**	**232.66**	**1386.14**
8.81	79.75		0.09		3.55		22.53	613.05
0.59	262.61	205.86	33.79	99.85	46.43	809.31	160.71	429.55
0.04	22.61						0.11	92.85
1.93	19.99	0.16					0.40	108.15
0.62	49.26	1.47				0.13	44.43	117.43
	16.77		0.03				4.49	25.11
115.74	**1628.78**	**2140.69**	**493.89**	**795.51**	**4722.79**	**1794.30**	**3966.69**	**9846.22**
0.43	47.75	10.69	3.09		14.06	2.00	67.25	239.89
0.10	28.46	13.01	3.31		0.18	1.33	78.08	139.73
0.12	17.21	11.46	0.19		0.17	0.27	36.55	83.39
0.15	6.63	2.10	0.03		0.17	1.60	5.24	38.38
6.39	53.66	91.03	7.70	0.33	7.86	10.77	287.34	558.10
0.75	22.37	20.96	1.97		1.05		7.56	72.47
0.22	18.29	4.07	0.33		1.31		3.10	43.88
0.15	8.87	4.06	0.02		0.04		32.66	46.20
0.07	4.79	1.06	0.51		0.04		6.98	13.78
4.31	41.78	28.31	1.71	0.52	4.72	3.59	215.38	350.23
8.77	10.75	2.36	0.60		2.29	1.33	5.29	41.54
1.77	18.07	1.63	0.41		0.05		0.92	39.39
25.01	109.66	372.44	215.97	615.09	2855.24	153.48	836.77	406.33
15.08	178.98	450.71	120.79	74.09	1269.90	1356.87	955.31	1665.98
0.15	9.92	6.61	0.45		2.23	13.03	131.99	120.36
0.54	14.28	73.89	7.39	95.59	397.43		201.10	253.74
0.07	10.40	17.71			5.47		26.04	133.80
0.72	53.27	13.10	2.74		4.57	1.33	5.44	176.40
2.53	433.05	477.41	84.65	9.43	34.87	46.55	54.08	1081.08
9.51	116.98	336.36	1.20		0.94	30.59	451.82	1626.10
0.93	62.09	94.82	1.46		38.17	8.78	271.45	1012.46
3.19	63.57	18.23	12.86		4.17	10.91	10.24	346.70
5.19	46.38	12.01	1.03		6.80	2.93	29.08	247.67
1.74	16.29	13.84	3.15		4.57	29.53	45.26	126.41
9.77	61.27	15.33	2.06		5.27	23.81	95.53	317.73
0.47	36.63	17.41	13.08	0.14	1.93	13.57	25.48	159.75
0.37	85.98	20.41	4.10	0.31	1.05	64.24	10.90	184.53
0.49	16.70	0.20	0.12		0.67	0.40	5.19	39.38
16.76	34.69	9.46	2.98		57.54	17.42	64.66	280.83
0.79	**113.65**	**155.63**	**18.67**	**0.35**	**5.48**	**28.86**	**243.27**	**1989.84**
0.74	94.19	154.29	0.55	0.24	3.04	2.93	228.95	1772.51
	16.03	1.31	18.12	0.11	1.65	25.67	12.96	45.41
0.06	3.44	0.03			0.79	0.27	1.36	171.91

5-6 工业分行业终端能源消费量(实物量)-2003

		煤合计(万吨) Coal Total (10^4 tn)	原煤(万吨) Raw Coal (10^4 tn)
		L1	L2
工业	**Industry**	**35981.21**	**30553.00**
(一)采掘业	**Mining and Quarrying**	**3147.93**	**2700.63**
煤炭开采和洗选业	Mining and Washing of Coal	2473.64	2043.96
石油和天然气开采业	Extraction of Petroleum and Natural Gas	132.40	129.90
黑色金属矿采选业	Mining and Processing of Ferrous Metal Ores	96.80	84.30
有色金属矿采选业	Mining and Processing of Non-Ferrous Metal Ores	70.04	70.00
非金属矿采选业	Mining and Processing of Nonmetal Ores	302.37	299.78
其他采矿业	Mining of Other Ores	72.69	72.69
(二)制造业	**Manufacturing**	**30260.79**	**25450.89**
农副食品加工业	Processing of Food from Agricultural Products	870.09	766.00
食品制造业	Manufacture of Foods	488.23	438.23
饮料制造业	Manufacture of Beverages	515.32	511.00
烟草制品业	Manufacture of Tobacco	131.09	131.04
纺织业	Manufacture of Textile	1274.78	1257.20
纺织服装、鞋、帽制造业	Manufacture of Textile Wearing Apparel, Footware, and Caps	116.78	116.41
皮革、毛皮、羽毛(绒)及其制品业	Manufacture of Leather, Fur, Feather and Related Products	64.89	64.85
木材加工及木、竹、藤、棕、草制品业	Processing of Timber, Manufacture of Wood, Bamboo, Rattan, Palm, and Straw Products	241.86	241.72
家具制造业	Manufacture of Furniture	45.70	45.70
造纸及纸制品业	Manufacture of Paper and Paper Products	1179.63	1117.99
印刷业和记录媒介的复制	Printing, Reproduction of Recording Media	58.48	57.88
文教体育用品制造业	Manufacture of Articles For Culture, Education and Sport Activity	17.01	17.00
石油加工、炼焦及核燃料加工业	Processing of Petroleum, Coking, Processing of Nuclear Fuel	825.20	629.00
化学原料及化学制品制造业	Manufacture of Raw Chemical Materials and Chemical Products	5425.53	5076.88
医药制造业	Manufacture of Medicines	446.67	426.00
化学纤维制造业	Manufacture of Chemical Fibers	274.49	271.49
橡胶制品业	Manufacture of Rubber	264.03	262.05
塑料制品业	Manufacture of Plastics	132.13	129.00
非金属矿物制品业	Manufacture of Non-metallic Mineral Products	10943.06	8421.80
黑色金属冶炼及压延加工业	Smelting and Pressing of Ferrous Metals	4387.67	3147.64
有色金属冶炼及压延加工业	Smelting and Pressing of Non-ferrous Metals	921.45	807.41
金属制品业	Manufacture of Metal Products	187.44	177.44
通用设备制造业	Manufacture of General Purpose Machinery	295.40	250.00
专用设备制造业	Manufacture of Special Purpose Machinery	327.69	281.80
交通运输设备制造业	Manufacture of Transport Equipment	391.12	385.36
电气机械及器材制造业	Manufacture of Electrical Machinery and Equipment	124.00	120.00
通信设备、计算机及其他电子设备制造业	Manufacture of Communication Equipment, Computers and Other Electronic Equipment	59.72	59.02
仪器仪表及文化、办公用机械制造业	Manufacture of Measuring Instruments and Machinery for Cultural Activity and Office Work	30.03	30.00
工艺品及其他制造业	Manufacture of Artwork and Other Manufacturing	218.30	208.00
废弃资源和废旧材料回收加工业	Recycling and Disposal of Waste	3.00	3.00
(三)电力、煤气及水生产和供应业	**Electric Power, Gas and Water Production and Supply**	**2572.49**	**2401.49**
电力、热力的生产和供应业	Production and Distribution of Electric Power and Heat Power	2372.22	2219.22
燃气生产和供应业	Production and Distribution of Gas	177.99	159.99
水的生产和供应业	Production and Distribution of Water	22.28	22.28

FINAL ENERGY CONSUMPTION BY INDUSTRIAL SECTOR – 2003
(PHYSICAL QUANTITY)

洗精煤 （万吨） Cleaned Coal （10^4 tn）	其他洗煤 （万吨） Other Washed Coal （10^4 tn）	焦炭 （万吨） Coke （10^4 tn）	焦炉煤气 （亿立方米） Coke Oven Gas （10^8 cu. m）	其他煤气 （亿立方米） Other Gas （10^8 cu. m）	其他焦化产品 （万吨） Other Coking Products （10^4 tn）	油品合计 （万吨） Petroleum Products Total （10^4 tn）	原油 （万吨） Crude Oil （10^4 tn）
L3	L4	L6	L7	L8	L9	L10	L11
1117.25	**4204.86**	**13972.00**	**234.00**	**436.32**	**304.00**	**9958.71**	**793.00**
149.44	**297.86**	**157.00**	**1.06**		**8.50**	**1194.11**	**553.17**
147.00	282.68	43.02	1.06		6.00	91.96	1.34
	2.50	7.03				976.14	551.83
0.50	12.00	56.75				25.22	
0.04		28.37				22.12	
1.90	0.68	21.66			2.50	53.05	
		0.17				25.61	
934.81	**3768.99**	**13815.00**	**224.91**	**434.32**	**293.01**	**8496.29**	**238.46**
7.33	96.76	14.55				72.54	0.34
45.00	5.00	12.00	0.25			41.10	0.40
3.72	0.60	3.67				24.39	0.61
0.05		0.80				33.46	
3.00	14.59	3.05	0.96			127.41	0.03
0.35	0.02	1.37				40.80	0.40
0.04		2.56				24.92	
0.14		2.35				13.21	
		0.86				9.19	
11.56	50.08	2.00				81.56	0.63
0.60						21.41	
0.01		1.40				19.33	0.10
151.20	45.00	56.20	17.72	3.57	22.33	3706.90	134.33
93.65	223.00	1116.44	12.49	3.35	58.00	2032.56	73.45
2.01	18.66	1.00			6.00	25.23	
	3.00	30.00				132.65	6.74
0.60	1.38	2.00				34.05	0.10
0.78	2.35	1.43				65.94	0.55
135.00	2356.26	284.94	2.70	8.65	25.00	811.85	9.93
350.93	865.00	11521.00	190.24	397.44	172.73	399.34	8.39
40.04	54.00	225.21		12.00	8.12	177.59	1.00
9.00	1.00	127.00				87.41	
40.00	5.40	246.06	0.56	1.25	0.82	85.19	
34.00	11.89	53.33		6.63		57.33	0.27
2.76	3.00	52.48		1.43		93.47	0.27
2.00	2.00	15.82				77.97	0.53
0.70						83.29	
0.03		7.48				24.82	
0.30	10.00	30.00				91.38	0.40
33.00	**138.00**		**8.03**	**2.00**	**2.49**	**268.32**	**1.37**
15.00	138.00					233.13	1.37
18.00			8.03	2.00	2.49	29.20	
						5.99	

续表

		汽油（万吨）Gasoline (10^4 tn)	煤油（万吨）Kerosene (10^4 tn)
		L12	L13
工业	**Industry**	**617.40**	**87.77**
(一)采掘业	**Mining and Quarrying**	**103.61**	**8.09**
煤炭开采和洗选业	Mining and Washing of Coal	32.26	6.37
石油和天然气开采业	Extraction of Petroleum and Natural Gas	38.14	0.28
黑色金属矿采选业	Mining and Processing of Ferrous Metal Ores	5.84	
有色金属矿采选业	Mining and Processing of Non-Ferrous Metal Ores	4.87	1.32
非金属矿采选业	Mining and Processing of Nonmetal Ores	8.19	0.13
其他采矿业	Mining of Other Ores	14.30	
(二)制造业	**Manufacturing**	**484.52**	**79.14**
农副食品加工业	Processing of Food from Agricultural Products	21.23	0.40
食品制造业	Manufacture of Foods	8.15	0.10
饮料制造业	Manufacture of Beverages	8.00	0.14
烟草制品业	Manufacture of Tobacco	27.31	
纺织业	Manufacture of Textile	25.62	3.71
纺织服装、鞋、帽制造业	Manufacture of Textile Wearing Apparel, Footware, and Caps	9.08	0.50
皮革、毛皮、羽毛(绒)及其制品业	Manufacture of Leather, Fur, Feather and Related Products	3.96	0.18
木材加工及木、竹、藤、棕、草制品业	Processing of Timber, Manufacture of Wood, Bamboo, Rattan, Palm, and Straw Products	3.00	0.21
家具制造业	Manufacture of Furniture	4.46	
造纸及纸制品业	Manufacture of Paper and Paper Products	18.65	1.90
印刷业和记录媒介的复制	Printing, Reproduction of Recording Media	6.12	6.00
文教体育用品制造业	Manufacture of Articles For Culture, Education and Sport Activity	2.72	1.63
石油加工、炼焦及核燃料加工业	Processing of Petroleum, Coking, Processing of Nuclear Fuel	22.07	16.79
化学原料及化学制品制造业	Manufacture of Raw Chemical Materials and Chemical Products	44.11	9.68
医药制造业	Manufacture of Medicines	13.24	0.08
化学纤维制造业	Manufacture of Chemical Fibers	2.95	0.42
橡胶制品业	Manufacture of Rubber	8.73	0.08
塑料制品业	Manufacture of Plastics	9.73	0.67
非金属矿物制品业	Manufacture of Non-metallic Mineral Products	57.74	1.52
黑色金属冶炼及压延加工业	Smelting and Pressing of Ferrous Metals	35.97	3.00
有色金属冶炼及压延加工业	Smelting and Pressing of Non-ferrous Metals	11.65	1.14
金属制品业	Manufacture of Metal Products	21.47	2.40
通用设备制造业	Manufacture of General Purpose Machinery	27.97	5.72
专用设备制造业	Manufacture of Special Purpose Machinery	23.66	1.64
交通运输设备制造业	Manufacture of Transport Equipment	21.00	7.18
电气机械及器材制造业	Manufacture of Electrical Machinery and Equipment	22.59	0.49
通信设备、计算机及其他电子设备制造业	Manufacture of Communication Equipment, Computers and Other Electronic Equipment	11.48	0.30
仪器仪表及文化、办公用机械制造业	Manufacture of Measuring Instruments and Machinery for Cultural Activity and Office Work	6.24	0.42
工艺品及其他制造业	Manufacture of Artwork and Other Manufacturing	5.63	12.85
废弃资源和废旧材料回收加工业	Recycling and Disposal of Waste		
(三)电力、煤气及水生产和供应业	**Electric Power, Gas and Water Production and Supply**	**29.27**	**0.53**
电力、热力的生产和供应业	Production and Distribution of Electric Power and Heat Power	24.81	0.53
燃气生产和供应业	Production and Distribution of Gas	1.08	
水的生产和供应业	Production and Distribution of Water	3.39	

Continued

柴油（万吨）Diesel Oil（10^4tn）	燃料油（万吨）Fuel Oil（10^4tn）	液化石油气（万吨）PLG（10^4tn）	炼厂干气（万吨）Refinery（10^4tn）	其他石油制品（万吨）Other Petroleum Products（10^4tn）	天然气（亿立方米）Nature Gas（10^8 cu. m）	热力（万百万千焦）Heat（10^{10} kJ）	电力（亿千瓦小时）Electricity（10^8kW·h）
L14	L15	L16	L17	L18	L19	L20	L21
1559.23	**1898.31**	**360.00**	**586.00**	**4057.00**	**239.00**	**135885.00**	**12639.00**
299.94	**125.91**	**21.00**	**60.00**	**22.39**	**63.69**	**7009.41**	**1249.87**
50.00				2.00		600.00	522.82
159.61	124.89	21.00	60.00	20.39	63.69	5002.41	349.34
19.38							109.00
15.92						10.00	127.00
43.71	1.02					1159.00	112.51
11.31						238.00	29.20
1174.50	**1637.87**	**325.60**	**524.98**	**4031.21**	**171.07**	**119979.00**	**9517.04**
32.25	7.00	1.32		10.00		1659.42	170.56
20.89	9.56	2.00				2061.03	93.04
9.00	6.58	0.06				1285.19	65.00
5.14	1.00	0.01				157.87	31.37
35.08	51.97	6.00		5.00	0.93	8537.57	544.80
18.34	11.77	0.70				365.37	65.86
17.00	3.65	0.13				86.98	42.46
7.00	3.00					720.92	53.30
4.00	0.54	0.20				150.00	15.04
35.00	21.05	1.33		3.00		6417.68	311.62
6.00	1.61	0.18		1.50		213.14	78.00
13.56	1.00	0.32				12.60	29.00
87.20	322.95	149.42	408.14	2566.00	16.00	20747.00	335.61
127.79	334.00	75.00	50.00	1318.54	132.00	33205.63	1630.34
5.00	4.87	0.26		1.79	0.98	4607.00	124.00
9.20	49.34	3.26	59.74	1.00		6798.88	207.54
8.43	13.72			3.00		802.00	127.70
39.69	11.17	2.14		2.00		160.58	171.00
287.03	373.63	55.00	7.00	20.00	3.86	1347.12	1030.93
91.47	255.10	0.91		1.50	3.26	13586.88	1648.00
51.98	71.54	1.57		38.71	0.82	8785.31	1071.66
44.24	9.64	7.67		2.00	1.00	197.61	355.85
35.00	12.00	0.50		4.00		750.18	248.00
17.58	10.00	1.68		2.50	2.43	1354.00	120.00
48.00	12.17	1.86		3.00	1.89	2784.06	282.51
29.07	14.36	9.00	0.10	1.83	1.27	863.37	169.00
49.30	19.00	3.16		0.04	5.62	421.60	217.00
17.18	0.10	0.08		0.80		100.00	35.85
20.09	5.56	1.85		45.00	1.00	1800.00	232.00
							10.00
84.80	**134.53**	**13.40**	**1.01**	**3.40**	**4.24**	**8896.60**	**1872.09**
70.21	133.43	0.40	0.17	2.20	0.28	8449.59	1698.48
12.00	1.07	13.00	0.84	1.20	3.97	403.70	29.19
2.58	0.02					43.30	144.43

5-6 工业分行业终端能源消费量(标准量)-2003

单位:万吨标准煤

		终端消费合计 Final Consumption Total	
		(发电煤耗计算法)(coal equivalent calculation)	(电热当量计算法)(calorific value calculation)
工业	**Industry**	**113724.88**	**81710.71**
(一)采掘业	**Mining and Quarrying**	**10039.23**	**6958.36**
煤炭开采和洗选业	Mining and Washing of Coal	4017.28	2759.39
石油和天然气开采业	Extraction of Petroleum and Natural Gas	3872.03	2970.69
黑色金属矿采选业	Mining and Processing of Ferrous Metal Ores	559.90	299.30
有色金属矿采选业	Mining and Processing of Non-Ferrous Metal Ores	575.43	271.67
非金属矿采选业	Mining and Processing of Nonmetal Ores	802.48	518.16
其他采矿业	Mining of Other Ores	212.10	139.14
(二)制造业	**Manufacturing**	**93962.75**	**69622.87**
农副食品加工业	Processing of Food from Agricultural Products	1606.78	1177.07
食品制造业	Manufacture of Foods	897.83	648.12
饮料制造业	Manufacture of Beverages	742.76	570.36
烟草制品业	Manufacture of Tobacco	274.53	197.45
纺织业	Manufacture of Textile	3587.98	2172.57
纺织服装、鞋、帽制造业	Manufacture of Textile Wearing Apparel, Footware, and Caps	408.79	246.49
皮革、毛皮、羽毛(绒)及其制品业	Manufacture of Leather, Fur, Feather and Related Products	247.91	145.24
木材加工及木、竹、藤、棕、草制品业	Processing of Timber, Manufacture of Wood, Bamboo, Rattan, Palm, and Straw Products	439.75	302.77
家具制造业	Manufacture of Furniture	111.99	74.05
造纸及纸制品业	Manufacture of Paper and Paper Products	2472.60	1642.71
印刷业和记录媒介的复制	Printing, Reproduction of Recording Media	369.88	180.58
文教体育用品制造业	Manufacture of Articles For Culture, Education and Sport Activity	148.65	79.15
石油加工、炼焦及核燃料加工业	Processing of Petroleum, Coking, Processing of Nuclear Fuel	8383.20	7306.46
化学原料及化学制品制造业	Manufacture of Raw Chemical Materials and Chemical Products	17514.37	13177.45
医药制造业	Manufacture of Medicines	1072.84	715.45
化学纤维制造业	Manufacture of Chemical Fibers	1519.71	933.62
橡胶制品业	Manufacture of Rubber	759.45	443.54
塑料制品业	Manufacture of Plastics	828.04	417.10
非金属矿物制品业	Manufacture of Non-metallic Mineral Products	13423.14	10940.59
黑色金属冶炼及压延加工业	Smelting and Pressing of Ferrous Metals	24277.43	20157.73
有色金属冶炼及压延加工业	Smelting and Pressing of Non-ferrous Metals	5541.65	2863.35
金属制品业	Manufacture of Metal Products	1712.22	858.84
通用设备制造业	Manufacture of General Purpose Machinery	1540.93	938.10
专用设备制造业	Manufacture of Special Purpose Machinery	945.34	640.54
交通运输设备制造业	Manufacture of Transport Equipment	1680.84	968.61
电气机械及器材制造业	Manufacture of Electrical Machinery and Equipment	898.14	482.68
通信设备、计算机及其他电子设备制造业	Manufacture of Communication Equipment, Computers and Other Electronic Equipment	1049.30	524.92
仪器仪表及文化、办公用机械制造业	Manufacture of Measuring Instruments and Machinery for Cultural Activity and Office Work	201.65	114.63
工艺品及其他制造业	Manufacture of Artwork and Other Manufacturing	1266.48	688.02
废弃资源和废旧材料回收加工业	Recycling and Disposal of Waste	38.57	14.66
(三)电力、煤气及水生产和供应业	**Electric Power, Gas and Water Production and Supply**	**9722.90**	**5129.47**
电力、热力的生产和供应业	Production and Distribution of Electric Power and Heat Power	8747.90	4575.46
燃气生产和供应业	Production and Distribution of Gas	423.77	348.65
水的生产和供应业	Production and Distribution of Water	551.23	205.37

FINAL ENERGY CONSUMPTION BY INDUSTRIAL SECTOR－2003
(STANDARD QUANTITY)

(10 000 tce)

煤合计 Coal Total	原煤 Raw Coal	洗精煤 Cleaned Coal	其他洗煤 Other Washed Coal	焦炭 Coke	焦炉煤气 Coke Oven Gas	其他煤气 Other Gas	其他焦化产品 Other Coking Products	油品合计 Petroleum Products Total
L1	L2	L3	L4	L6	L7	L8	L9	L10
27441.58	**24149.64**	**1019.61**	**2208.39**	**13572.40**	**1426.91**	**1254.64**	**350.82**	**14010.25**
2427.44	**2134.62**	**136.38**	**156.44**	**152.51**	**6.45**		**9.81**	**1731.16**
1898.20	1615.58	134.15	148.46	41.79	6.45		6.92	134.22
103.99	102.68		1.31	6.83				1412.88
73.39	66.63	0.46	6.30	55.13				36.83
55.37	55.33	0.04		27.56				32.32
239.05	236.95	1.74	0.36	21.04			2.89	77.39
57.45	57.45			0.16				37.53
23013.36	**20116.83**	**853.11**	**1979.48**	**13419.89**	**1371.49**	**1248.89**	**338.13**	**11888.51**
662.97	605.46	6.69	50.82	14.14				104.67
390.08	346.38	41.07	2.63	11.66	1.52			60.23
407.61	403.90	3.39	0.32	3.57				35.47
103.62	103.57	0.05		0.78				49.12
1004.11	993.71	2.74	7.66	2.96	5.85			185.39
92.34	92.01	0.32	0.01	1.33				59.41
51.30	51.26	0.04		2.49				36.30
191.19	191.06	0.13		2.29				19.21
36.12	36.12			0.84				13.49
920.53	883.68	10.55	26.30	1.94				118.41
46.30	45.75	0.55						31.15
13.45	13.44	0.01		1.36				28.27
658.79	497.17	137.99	23.63	54.59	108.05	10.27	25.77	5098.52
4234.73	4012.85	85.47	117.12	1084.51	76.15	9.63	66.93	2782.90
348.35	336.72	1.83	9.80	0.97			6.92	36.62
216.16	214.59		1.58	29.14				199.26
208.40	207.13	0.55	0.72	1.94				48.91
103.91	101.96	0.71	1.23	1.39				96.16
8035.53	6656.74	123.20	1237.51	276.79	16.45	24.86	28.85	1184.88
3277.04	2487.95	320.26	454.30	11191.50	1160.08	1142.85	199.33	574.94
715.15	638.19	36.54	28.36	218.77		34.51	9.37	251.63
148.99	140.25	8.21	0.53	123.37				129.11
236.95	197.60	36.50	2.84	239.02	3.39	3.60	0.95	123.81
260.01	222.74	31.03	6.24	51.81		19.06		83.68
308.69	304.59	2.52	1.58	50.98		4.12		136.29
97.73	94.85	1.83	1.05	15.36				115.57
47.29	46.65	0.64						121.79
23.74	23.71	0.03		7.27				36.16
169.93	164.41	0.27	5.25	29.14				127.14
2.37	2.37							
2000.77	**1898.18**	**30.12**	**72.48**		**48.97**	**5.75**	**2.88**	**390.58**
1840.28	1754.11	13.69	72.48					336.01
142.89	126.46	16.43			48.97	5.75	2.88	45.79
17.61	17.61							8.78

续表

单位:万吨标准煤

		原油 Crude Oil	汽油 Gasoline
		L11	L12
工业合计	**Industry Total**	**1132.88**	**908.44**
(一)采掘业	**Mining and Quarrying**	**790.25**	**152.44**
煤炭开采和洗选业	Mining and Washing of Coal	1.91	47.47
石油和天然气开采业	Extraction of Petroleum and Natural Gas	788.34	56.12
黑色金属矿采选业	Mining and Processing of Ferrous Metal Ores		8.59
有色金属矿采选业	Mining and Processing of Non-Ferrous Metal Ores		7.17
非金属矿采选业	Mining and Processing of Nonmetal Ores		12.05
其他采矿业	Mining of Other Ores		21.04
(二)制造业	**Manufacturing**	**340.66**	**712.92**
农副食品加工业	Processing of Food from Agricultural Products	0.49	31.23
食品制造业	Manufacture of Foods	0.57	11.99
饮料制造业	Manufacture of Beverages	0.87	11.77
烟草制品业	Manufacture of Tobacco		40.18
纺织业	Manufacture of Textile	0.04	37.70
纺织服装、鞋、帽制造业	Manufacture of Textile Wearing Apparel, Footware, and Caps	0.58	13.37
皮革、毛皮、羽毛(绒)及其制品业	Manufacture of Leather, Fur, Feather and Related Products		5.82
木材加工及木、竹、藤、棕、草制品业	Processing of Timber, Manufacture of Wood, Bamboo, Rattan, Palm, and Straw Products		4.41
家具制造业	Manufacture of Furniture		6.56
造纸及纸制品业	Manufacture of Paper and Paper Products	0.89	27.44
印刷业和记录媒介的复制	Printing, Reproduction of Recording Media		9.00
文教体育用品制造业	Manufacture of Articles For Culture, Education and Sport Activity	0.14	4.01
石油加工、炼焦及核燃料加工业	Processing of Petroleum, Coking, Processing of Nuclear Fuel	191.90	32.47
化学原料及化学制品制造业	Manufacture of Raw Chemical Materials and Chemical Products	104.93	64.90
医药制造业	Manufacture of Medicines		19.48
化学纤维制造业	Manufacture of Chemical Fibers	9.64	4.34
橡胶制品业	Manufacture of Rubber	0.14	12.84
塑料制品业	Manufacture of Plastics	0.79	14.31
非金属矿物制品业	Manufacture of Non-metallic Mineral Products	14.18	84.96
黑色金属冶炼及压延加工业	Smelting and Pressing of Ferrous Metals	11.98	52.93
有色金属冶炼及压延加工业	Smelting and Pressing of Non-ferrous Metals	1.43	17.15
金属制品业	Manufacture of Metal Products		31.58
通用设备制造业	Manufacture of General Purpose Machinery		41.16
专用设备制造业	Manufacture of Special Purpose Machinery	0.39	34.82
交通运输设备制造业	Manufacture of Transport Equipment	0.39	30.90
电气机械及器材制造业	Manufacture of Electrical Machinery and Equipment	0.76	33.24
通信设备、计算机及其他电子设备制造业	Manufacture of Communication Equipment, Computers and Other Electronic Equipment		16.89
仪器仪表及文化、办公用机械制造业	Manufacture of Measuring Instruments and Machinery for Cultural Activity and Office Work		9.18
工艺品及其他制造业	Manufacture of Artwork and Other Manufacturing	0.57	8.28
废弃资源和废旧材料回收加工业	Recycling and Disposal of Waste		
(三)电力、煤气及水生产和供应业	**Electric Power, Gas and Water Production and Supply**	**1.96**	**43.07**
电力、热力的生产和供应业	Production and Distribution of Electric Power and Heat Power	1.96	36.50
燃气生产和供应业	Production and Distribution of Gas		1.59
水的生产和供应业	Production and Distribution of Water		4.98

Continued

(10 000 tce)

煤油 Kerosene	柴油 Diesel Oil	燃料油 Fuel Oil	液化石油气 PLG	炼厂干气 Refinery Gas	其他石油制品 Other Petroleum Products	天然气 Nature Gas	热力 Heat	电力 Electricity
L13	L14	L15	L16	L17	L18	L19	L20	L21
129.14	**2271.96**	**2711.92**	**617.15**	**920.83**	**5317.92**	**3178.73**	**4633.68**	**15533.33**
11.91	**437.05**	**179.88**	**36.00**	**94.28**	**29.35**	**847.08**	**239.02**	**1536.09**
9.37	72.86				2.62		20.46	642.55
0.41	232.57	178.42	36.00	94.28	26.73	847.08	170.58	429.33
	28.23							133.96
1.94	23.20						0.34	156.08
0.19	63.69	1.46					39.52	138.27
	16.49						8.12	35.89
116.45	**1711.36**	**2339.86**	**558.18**	**824.96**	**5284.11**	**2275.22**	**4091.28**	**11696.44**
0.59	46.99	10.00	2.26		13.11		56.59	209.61
0.15	30.44	13.65	3.43				70.28	114.35
0.21	13.11	9.40	0.11				43.82	79.89
	7.49	1.43	0.02				5.38	38.55
5.46	51.12	74.24	10.29		6.55	12.36	291.13	669.56
0.74	26.72	16.82	1.19				12.46	80.95
0.27	24.77	5.22	0.22				2.97	52.19
0.30	10.20	4.29					24.58	65.51
	5.83	0.77	0.34				5.12	18.48
2.80	51.00	30.07	2.28		3.93		218.84	382.98
8.83	8.74	2.30	0.31		1.97		7.27	95.86
2.40	19.75	1.43	0.55				0.43	35.64
24.71	127.06	461.37	256.15	641.35	3363.51	212.80	707.47	412.46
14.24	186.20	477.15	128.57	78.57	1728.34	1755.60	1132.31	2003.69
0.12	7.29	6.95	0.44		2.34	13.09	157.10	152.40
0.61	13.40	70.48	5.59	93.88	1.31		231.84	255.07
0.12	12.28	19.60			3.93		27.35	156.94
0.98	57.83	15.96	3.67		2.62		5.48	210.16
2.23	418.23	533.77	94.29	11.00	26.22	51.30	45.94	1267.01
4.41	137.66	364.44	1.56		1.97	43.33	463.31	2025.39
1.68	75.74	102.20	2.69		50.75	10.96	299.58	1317.07
3.53	64.46	13.77	13.14		2.62	13.30	6.74	437.34
8.41	51.00	17.14	0.86		5.24		25.58	304.79
2.41	25.62	14.29	2.89		3.28	32.33	46.17	147.48
10.56	69.94	17.38	3.19		3.93	25.20	94.94	347.20
0.72	42.36	20.51	15.43	0.16	2.39	16.88	29.44	207.70
0.44	71.83	27.14	5.42		0.06	74.77	14.38	266.69
0.61	25.03	0.14	0.14		1.05		3.41	44.05
18.91	29.28	7.94	3.18		58.99	13.30	61.38	285.13
								12.29
0.78	**123.56**	**192.19**	**22.97**	**1.59**	**4.46**	**56.43**	**303.37**	**2300.80**
0.78	102.31	190.62	0.69	0.27	2.88	3.69	288.13	2087.43
	17.49	1.53	22.29	1.33	1.57	52.74	13.77	35.87
	3.77	0.03					1.48	177.50

5-7 工业分行业终端能源消费量(实物量)-2004

		煤合计(万吨) Coal Total (10^4 tn)	原煤(万吨) Raw Coal (10^4 tn)
		L1	L2
工业	**Industry**	**46082.95**	**39421.24**
(一)采掘业	**Mining and Quarrying**	**4862.43**	**4398.44**
煤炭开采和洗选业	Mining and Washing of Coal	4240.98	3804.58
石油和天然气开采业	Extraction of Petroleum and Natural Gas	134.52	134.47
黑色金属矿采选业	Mining and Processing of Ferrous Metal Ores	92.59	87.87
有色金属矿采选业	Mining and Processing of Non-Ferrous Metal Ores	86.96	78.35
非金属矿采选业	Mining and Processing of Nonmetal Ores	305.72	291.51
其他采矿业	Mining of Other Ores	1.66	1.66
(二)制造业	**Manufacturing**	**38729.59**	**32603.60**
农副食品加工业	Processing of Food from Agricultural Products	917.89	850.01
食品制造业	Manufacture of Foods	546.37	534.53
饮料制造业	Manufacture of Beverages	610.15	594.76
烟草制品业	Manufacture of Tobacco	124.70	120.79
纺织业	Manufacture of Textile	1581.70	1559.71
纺织服装、鞋、帽制造业	Manufacture of Textile Wearing Apparel, Footware, and Caps	155.75	150.17
皮革、毛皮、羽毛(绒)及其制品业	Manufacture of Leather, Fur, Feather and Related Products	80.89	79.73
木材加工及木、竹、藤、棕、草制品业	Processing of Timber, Manufacture of Wood, Bamboo, Rattan, Palm, and Straw Products	338.65	333.24
家具制造业	Manufacture of Furniture	25.80	25.37
造纸及纸制品业	Manufacture of Paper and Paper Products	1658.33	1546.12
印刷业和记录媒介的复制	Printing, Reproduction of Recording Media	35.70	35.46
文教体育用品制造业	Manufacture of Articles For Culture, Education and Sport Activity	16.63	16.38
石油加工、炼焦及核燃料加工业	Processing of Petroleum, Coking, Processing of Nuclear Fuel	1000.72	735.82
化学原料及化学制品制造业	Manufacture of Raw Chemical Materials and Chemical Products	6510.34	5985.25
医药制造业	Manufacture of Medicines	442.87	422.23
化学纤维制造业	Manufacture of Chemical Fibers	201.62	199.43
橡胶制品业	Manufacture of Rubber	311.98	300.67
塑料制品业	Manufacture of Plastics	218.65	213.92
非金属矿物制品业	Manufacture of Non-metallic Mineral Products	16004.15	12098.33
黑色金属冶炼及压延加工业	Smelting and Pressing of Ferrous Metals	4833.93	3931.77
有色金属冶炼及压延加工业	Smelting and Pressing of Non-ferrous Metals	1043.03	914.28
金属制品业	Manufacture of Metal Products	253.05	240.89
通用设备制造业	Manufacture of General Purpose Machinery	283.80	266.44
专用设备制造业	Manufacture of Special Purpose Machinery	394.50	361.22
交通运输设备制造业	Manufacture of Transport Equipment	525.28	508.64
电气机械及器材制造业	Manufacture of Electrical Machinery and Equipment	136.18	131.01
通信设备、计算机及其他电子设备制造业	Manufacture of Communication Equipment, Computers and Other Electronic Equipment	88.28	86.22
仪器仪表及文化、办公用机械制造业	Manufacture of Measuring Instruments and Machinery for Cultural Activity and Office Work	20.54	18.55
工艺品及其他制造业	Manufacture of Artwork and Other Manufacturing	361.71	338.65
废弃资源和废旧材料回收加工业	Recycling and Disposal of Waste	6.39	4.00
(三)电力、煤气及水生产和供应业	**Electric Power, Gas and Water Production and Supply**	**2490.93**	**2419.20**
电力、热力的生产和供应业	Production and Distribution of Electric Power and Heat Power	2384.37	2313.01
燃气生产和供应业	Production and Distribution of Gas	76.97	76.64
水的生产和供应业	Production and Distribution of Water	29.59	29.55

FINAL ENERGY CONSUMPTION BY INDUSTRIAL SECTOR – 2004 (PHYSICAL QUANTITY)

洗精煤（万吨）Cleaned Coal (10^4 tn)	其他洗煤（万吨）Other Washed Coal (10^4 tn)	焦炭（万吨）Coke (10^4 tn)	焦炉煤气（亿立方米）Coke Oven Gas (10^8 cu. m)	其他煤气（亿立方米）Other Gas (10^8 cu. m)	其他焦化产品（万吨）Other Coking Products (10^4 tn)	油品合计（万吨）Petroleum Products Total (10^4 tn)	原油（万吨）Crude Oil (10^4 tn)
L3	L4	L6	L7	L8	L9	L10	L11
1994.85	**4525.15**	**16786.83**	**252.32**	**472.50**	**394.47**	**11344.10**	**844.94**
182.36	**281.63**	**107.56**	**1.12**	**2.66**	**2.07**	**1026.34**	**498.96**
161.52	274.88	24.35	0.74	2.60	2.07	92.72	
0.05		0.21				806.35	498.96
4.45	0.27	61.62	0.38	0.06		41.18	
6.51	2.10	12.10	0.01			21.10	
9.83	4.38	9.29				63.76	
						1.24	
1808.44	**4176.91**	**16671.85**	**242.78**	**465.98**	**387.12**	**10081.00**	**345.11**
6.80	61.08	5.79	0.01			90.77	0.14
6.78	5.06	3.88		0.14		48.20	0.20
9.99	5.41	1.38				32.65	0.43
1.37	2.54		0.02	0.18		8.44	
9.84	12.15	2.16	0.52	0.09		140.49	0.20
3.41	2.17	0.96	0.03	0.04		42.64	0.47
0.19	0.97	0.29	0.01	0.02		33.24	0.07
3.34	2.07	1.42				16.90	0.10
0.07	0.36	1.16				9.54	0.04
29.44	82.76	6.81	0.12	0.01		69.64	0.38
0.11	0.13	0.11		0.07		16.80	
0.04	0.21	3.20				21.33	0.07
181.68	83.22	53.31	19.14	4.99	50.90	4811.79	181.72
317.40	164.39	1120.85	6.43	5.63	125.41	2470.60	138.60
16.21	4.43	0.82	0.11	0.04		24.22	
1.75	0.44	34.96				46.42	8.48
4.18	7.13	2.77		0.09		41.46	0.72
2.91	1.82	1.89	0.01			83.41	0.10
314.47	3549.12	203.74	3.43	11.78	38.79	882.93	11.62
769.07	108.59	14501.35	206.11	406.73	152.79	319.59	0.11
57.02	48.02	255.78	4.50	20.14	19.23	213.70	0.44
7.41	4.75	73.03	0.22	0.18		97.04	0.10
8.89	5.60	255.93	0.59	2.08		119.02	0.25
31.58	1.70	57.57	0.45	10.14		70.45	0.08
7.71	8.93	59.03	0.51	1.49		130.63	0.10
3.69	1.48	14.87	0.49	1.81		97.26	0.16
1.69	0.37	0.78	0.06	0.12		88.77	0.45
0.03	1.96	2.09	0.01	0.04		15.85	0.06
11.34	7.68	3.78		0.02		33.74	0.02
0.02	2.37	2.15		0.15		3.48	
4.05	**66.61**	**7.41**	**8.41**	**3.86**	**5.28**	**236.76**	**0.86**
3.87	66.42	5.75	1.02	1.08	2.31	129.23	0.34
0.17	0.16	1.60	7.39	2.78	2.97	101.66	0.52
0.01	0.03	0.06				5.87	

续表

		汽油（万吨）Gasoline（10^4 tn）	煤油（万吨）Kerosene（10^4 tn）
		L12	L13
工业	**Industry**	**506.95**	**60.89**
（一）采掘业	**Mining and Quarrying**	**70.71**	**6.80**
煤炭开采和洗选业	Mining and Washing of Coal	17.69	4.37
石油和天然气开采业	Extraction of Petroleum and Natural Gas	36.56	0.17
黑色金属矿采选业	Mining and Processing of Ferrous Metal Ores	6.77	0.71
有色金属矿采选业	Mining and Processing of Non-Ferrous Metal Ores	3.07	0.84
非金属矿采选业	Mining and Processing of Nonmetal Ores	6.58	0.70
其他采矿业	Mining of Other Ores	0.03	0.01
（二）制造业	**Manufacturing**	**403.78**	**53.83**
农副食品加工业	Processing of Food from Agricultural Products	16.07	0.33
食品制造业	Manufacture of Foods	7.80	0.33
饮料制造业	Manufacture of Beverages	8.05	0.54
烟草制品业	Manufacture of Tobacco	0.93	0.03
纺织业	Manufacture of Textile	21.26	2.05
纺织服装、鞋、帽制造业	Manufacture of Textile Wearing Apparel, Footware, and Caps	7.95	0.70
皮革、毛皮、羽毛（绒）及其制品业	Manufacture of Leather, Fur, Feather and Related Products	4.05	0.37
木材加工及木、竹、藤、棕、草制品业	Processing of Timber, Manufacture of Wood, Bamboo, Rattan, Palm, and Straw Products	3.43	1.36
家具制造业	Manufacture of Furniture	2.28	0.24
造纸及纸制品业	Manufacture of Paper and Paper Products	8.88	0.91
印刷业和记录媒介的复制	Printing, Reproduction of Recording Media	5.89	0.74
文教体育用品制造业	Manufacture of Articles For Culture, Education and Sport Activity	3.33	0.35
石油加工、炼焦及核燃料加工业	Processing of Petroleum, Coking, Processing of Nuclear Fuel	25.08	2.06
化学原料及化学制品制造业	Manufacture of Raw Chemical Materials and Chemical Products	45.72	8.70
医药制造业	Manufacture of Medicines	7.67	0.52
化学纤维制造业	Manufacture of Chemical Fibers	0.74	0.50
橡胶制品业	Manufacture of Rubber	9.66	0.27
塑料制品业	Manufacture of Plastics	14.80	0.74
非金属矿物制品业	Manufacture of Non-metallic Mineral Products	34.41	3.06
黑色金属冶炼及压延加工业	Smelting and Pressing of Ferrous Metals	22.13	1.92
有色金属冶炼及压延加工业	Smelting and Pressing of Non-ferrous Metals	7.06	2.32
金属制品业	Manufacture of Metal Products	19.92	2.61
通用设备制造业	Manufacture of General Purpose Machinery	30.37	7.03
专用设备制造业	Manufacture of Special Purpose Machinery	23.66	1.69
交通运输设备制造业	Manufacture of Transport Equipment	28.46	10.16
电气机械及器材制造业	Manufacture of Electrical Machinery and Equipment	20.69	1.60
通信设备、计算机及其他电子设备制造业	Manufacture of Communication Equipment, Computers and Other Electronic Equipment	10.41	0.82
仪器仪表及文化、办公用机械制造业	Manufacture of Measuring Instruments and Machinery for Cultural Activity and Office Work	5.35	1.13
工艺品及其他制造业	Manufacture of Artwork and Other Manufacturing	7.33	0.70
废弃资源和废旧材料回收加工业	Recycling and Disposal of Waste	0.41	0.04
（三）电力、煤气及水生产和供应业	**Electric Power, Gas and Water Production and Supply**	**32.46**	**0.26**
电力、热力的生产和供应业	Production and Distribution of Electric Power and Heat Power	26.99	0.21
燃气生产和供应业	Production and Distribution of Gas	1.63	0.01
水的生产和供应业	Production and Distribution of Water	3.84	0.04

Continued

柴油 （万吨） Diesel Oil （10^4tn）	燃料油 （万吨） Fuel Oil （10^4tn）	液化石油气 （万吨） PLG （10^4tn）	炼厂干气 （万吨） Refinery （10^4tn）	其他石油制品 （万吨） Other Petroleum Products （10^4tn）	天然气 （亿立方米） Nature Gas （10^8 cu. m）	热力 （万百万千焦） Heat （10^{10} kJ）	电力 （亿千瓦小时） Electricity （10^8kW·h）
L14	L15	L16	L17	L18	L19	L20	L21
1669.90	**1917.37**	**482.21**	**668.65**	**5193.19**	**252.60**	**141516.66**	**14833.69**
344.33	**42.32**	**2.28**	**37.19**	**23.75**	**52.82**	**6741.50**	**1371.36**
62.47	6.15	0.21		1.83	1.14	473.38	576.15
176.16	33.83	1.87	37.19	21.60	51.59	5342.08	358.95
32.67	0.95	0.01		0.07	0.04	1.03	140.04
16.68	0.33	0.13		0.05	0.02	0.04	144.52
55.16	1.05	0.06		0.20	0.03	924.96	131.60
1.19	0.01						20.11
1243.77	**1840.69**	**399.25**	**630.08**	**5164.48**	**194.30**	**124395.30**	**11303.02**
42.66	11.82	3.53	12.00	4.21	0.20	1807.77	202.03
20.45	14.56	3.90		0.97	1.49	2914.10	100.05
13.39	10.03	0.22			0.56	1385.90	66.71
6.38	1.07	0.02			0.28	238.34	31.25
53.68	57.85	2.63	0.13	2.69	0.50	10989.03	719.32
26.44	5.26	0.62		1.20	0.10	564.48	72.57
17.35	10.83	0.30		0.27	0.02	107.52	45.44
9.22	2.30	0.28		0.20	0.08	748.08	61.56
5.72	0.21	1.06			0.03	39.80	20.59
25.07	26.12	7.99		0.29	0.37	8025.75	359.33
7.51	1.45	0.90		0.31	0.20	111.59	78.37
13.56	2.42	1.42		0.18		20.98	38.32
89.34	429.33	159.73	555.72	3368.80	15.22	22312.00	412.85
133.63	357.05	82.71	58.16	1646.03	130.25	39022.97	1849.20
9.75	5.65	0.43		0.20	0.70	3673.14	130.92
7.87	25.21	1.15	1.56	0.91	0.21	5002.27	225.33
10.21	17.27	1.77		1.56	0.38	808.79	149.41
42.32	16.02	2.01		7.42	0.40	278.43	230.16
231.44	478.40	68.14	1.94	53.92	19.56	634.48	1209.25
83.66	199.46	6.88		5.43	7.64	11834.79	2063.63
60.93	83.92	4.39		54.63	2.82	7248.43	1257.93
52.38	11.47	9.78		0.78	0.80	184.92	432.79
61.31	13.27	3.70		3.09	1.32	708.93	279.78
34.88	7.01	1.91		1.21	1.97	1489.14	152.31
70.36	10.52	8.66		2.37	3.52	1901.76	357.67
46.93	11.03	14.09	0.56	2.20	0.90	735.09	222.92
43.42	25.44	8.18		0.05	4.68	586.22	277.21
8.05	0.18	0.18		0.90	0.06	98.61	35.35
14.56	4.01	2.65		4.46	0.03	915.40	215.66
1.30	1.53	0.01		0.20		6.59	5.11
81.79	**34.36**	**80.68**	**1.37**	**4.96**	**5.48**	**10379.85**	**2159.31**
62.72	33.93	0.08	0.20	4.76	0.44	10028.10	1949.86
17.11	0.43	80.60	1.17	0.20	5.00	303.75	34.33
1.96	0.01	0.01			0.04	48.00	175.13

5-7 工业分行业终端能源消费量(标准量)-2004

单位:万吨标准煤

		终端消费合计 Final Consumption Total	
		(发电煤耗计算法) (coal equivalent calculation)	(电热当量计算法) (calorific value calculation)
工业	**Industry**	**134442.39**	**98384.41**
(一)采掘业	**Mining and Quarrying**	**11336.94**	**8090.12**
煤炭开采和洗选业	Mining and Washing of Coal	5612.54	4280.71
石油和天然气开采业	Extraction of Petroleum and Natural Gas	3478.33	2579.58
黑色金属矿采选业	Mining and Processing of Ferrous Metal Ores	692.08	369.92
有色金属矿采选业	Mining and Processing of Non-Ferrous Metal Ores	623.04	290.59
非金属矿采选业	Mining and Processing of Nonmetal Ores	856.83	541.45
其他采矿业	Mining of Other Ores	74.12	27.86
(二)制造业	**Manufacturing**	**112450.97**	**84748.95**
农副食品加工业	Processing of Food from Agricultural Products	1820.78	1331.32
食品制造业	Manufacture of Foods	1026.11	756.11
饮料制造业	Manufacture of Beverages	848.54	676.13
烟草制品业	Manufacture of Tobacco	238.16	163.01
纺织业	Manufacture of Textile	4550.25	2745.29
纺织服装、鞋、帽制造业	Manufacture of Textile Wearing Apparel, Footware, and Caps	472.82	298.16
皮革、毛皮、羽毛(绒)及其制品业	Manufacture of Leather, Fur, Feather and Related Products	279.28	173.28
木材加工及木、竹、藤、棕、草制品业	Processing of Timber, Manufacture of Wood, Bamboo, Rattan, Palm, and Straw Products	552.48	400.64
家具制造业	Manufacture of Furniture	110.94	63.03
造纸及纸制品业	Manufacture of Paper and Paper Products	3081.35	2145.02
印刷业和记录媒介的复制	Printing, Reproduction of Recording Media	338.32	156.52
文教体育用品制造业	Manufacture of Articles For Culture, Education and Sport Activity	184.09	95.65
石油加工、炼焦及核燃料加工业	Processing of Petroleum, Coking, Processing of Nuclear Fuel	10371.46	9116.67
化学原料及化学制品制造业	Manufacture of Raw Chemical Materials and Chemical Products	20025.21	15237.80
医药制造业	Manufacture of Medicines	1040.60	689.21
化学纤维制造业	Manufacture of Chemical Fibers	1303.03	716.29
橡胶制品业	Manufacture of Rubber	883.72	528.97
塑料制品业	Manufacture of Plastics	1129.29	596.02
非金属矿物制品业	Manufacture of Non-metallic Mineral Products	18065.51	15275.11
黑色金属冶炼及压延加工业	Smelting and Pressing of Ferrous Metals	29192.81	24283.87
有色金属冶炼及压延加工业	Smelting and Pressing of Non-ferrous Metals	6312.95	3320.14
金属制品业	Manufacture of Metal Products	1966.62	968.51
通用设备制造业	Manufacture of General Purpose Machinery	1698.30	1045.01
专用设备制造业	Manufacture of Special Purpose Machinery	1145.92	775.19
交通运输设备制造业	Manufacture of Transport Equipment	2078.30	1229.52
电气机械及器材制造业	Manufacture of Electrical Machinery and Equipment	1111.11	588.26
通信设备、计算机及其他电子设备制造业	Manufacture of Communication Equipment, Computers and Other Electronic Equipment	1272.02	626.32
仪器仪表及文化、办公用机械制造业	Manufacture of Measuring Instruments and Machinery for Cultural Activity and Office Work	171.55	88.88
工艺品及其他制造业	Manufacture of Artwork and Other Manufacturing	1149.10	640.49
废弃资源和废旧材料回收加工业	Recycling and Disposal of Waste	30.35	18.51
(三)电力、煤气及水生产和供应业	**Electric Power, Gas and Water Production and Supply**	**10654.48**	**5545.34**
电力、热力的生产和供应业	Production and Distribution of Electric Power and Heat Power	9509.67	4887.16
燃气生产和供应业	Production and Distribution of Gas	491.40	408.28
水的生产和供应业	Production and Distribution of Water	653.41	249.89

FINAL ENERGY CONSUMPTION BY INDUSTRIAL SECTOR－2004
（STANDARD QUANTITY）

（10 000 tce）

煤合计 Coal Total	原煤 Raw Coal	洗精煤 Cleaned Coal	其他洗煤 Other Washed Coal	焦炭 Coke	焦炉煤气 Coke Oven Gas	其他煤气 Other Gas	其他焦化产品 Other Coking Products	油品合计 Petroleum Products Total
L1	L2	L3	L4	L6	L7	L8	L9	L10
35990.13	**31732.11**	**1795.36**	**2376.61**	**16306.72**	**1549.98**	**1358.81**	**455.22**	**15855.57**
3852.56	**3540.53**	**164.12**	**147.91**	**104.49**	**6.91**	**7.65**	**2.39**	**1482.32**
3352.23	3062.50	145.36	144.36	23.65	4.56	7.48	2.39	135.01
108.29	108.24	0.05		0.21		0.01		1161.66
74.88	70.73	4.01	0.14	59.86	2.30	0.16		60.07
70.03	63.07	5.86	1.10	11.75	0.04			30.82
245.80	234.65	8.85	2.30	9.02				92.96
1.34	1.34							1.81
30150.96	**26244.25**	**1627.59**	**2193.71**	**16195.03**	**1491.41**	**1340.07**	**446.74**	**14008.66**
722.41	684.21	6.12	32.08	5.62	0.07			133.79
439.03	430.27	6.10	2.66	3.77	0.02	0.40		70.78
490.58	478.75	8.99	2.84	1.34	0.02			47.46
99.80	97.23	1.23	1.33		0.12	0.52		12.28
1270.72	1255.49	8.86	6.38	2.10	3.18	0.26		203.66
125.09	120.88	3.07	1.14	0.94	0.19	0.12		62.06
64.86	64.18	0.17	0.51	0.28	0.09	0.06		48.22
272.33	268.24	3.01	1.09	1.38				24.66
20.68	20.42	0.06	0.19	1.13				14.21
1314.52	1244.55	26.50	43.47	6.62	0.73	0.03		102.87
28.71	28.55	0.10	0.07	0.11		0.20		24.71
13.33	13.19	0.04	0.11	3.11				31.40
799.52	592.30	163.51	43.71	51.79	117.58	14.35	58.73	6577.44
5216.12	4817.83	285.66	86.34	1088.79	39.51	16.19	144.72	3359.72
356.79	339.88	14.59	2.33	0.80	0.67	0.12		35.32
162.34	160.53	1.58	0.23	33.96				67.02
249.53	242.03	3.76	3.74	2.69		0.26		60.26
175.77	172.20	2.62	0.96	1.84	0.07			120.67
11911.21	9738.55	283.02	1864.00	197.91	21.07	33.88	44.76	1282.50
3928.95	3164.88	692.16	57.03	14086.61	1266.14	1169.67	176.32	461.27
826.88	735.95	51.32	25.22	218.46	27.66	57.92	22.20	301.78
203.07	193.90	6.67	2.49	70.94	1.36	0.52		143.78
227.16	214.47	8.00	2.94	248.61	3.62	5.98		174.05
320.07	290.76	28.42	0.89	55.93	2.74	29.16		103.11
421.06	409.43	6.94	4.69	57.34	3.13	4.28		192.45
109.56	105.46	3.32	0.78	14.44	2.98	5.21		145.07
71.12	69.40	1.52	0.19	0.75	0.37	0.35		130.87
15.99	14.93	0.03	1.03	2.03	0.06	0.12		23.08
289.29	272.60	10.21	4.03	3.67	0.03	0.06		49.15
4.48	3.22	0.02	1.24	2.08		0.43		5.01
1986.61	**1947.33**	**3.64**	**34.98**	**7.20**	**51.66**	**11.10**	**6.09**	**364.59**
1900.87	1861.86	3.48	34.88	5.59	6.27	3.11	2.66	187.02
61.93	61.69	0.15	0.08	1.55	45.40	7.99	3.43	168.96
23.81	23.79	0.01	0.02	0.06				8.61

续表

单位:万吨标准煤

		原油 Crude Oil	汽油 Gasoline
		L11	L12
工业合计	**Industry Total**	**1207.08**	**745.92**
(一)采掘业	**Mining and Quarrying**	**712.82**	**104.04**
煤炭开采和洗选业	Mining and Washing of Coal		26.02
石油和天然气开采业	Extraction of Petroleum and Natural Gas	712.82	53.80
黑色金属矿采选业	Mining and Processing of Ferrous Metal Ores		9.96
有色金属矿采选业	Mining and Processing of Non-Ferrous Metal Ores		4.52
非金属矿采选业	Mining and Processing of Nonmetal Ores		9.69
其他采矿业	Mining of Other Ores		0.05
(二)制造业	**Manufacturing**	**493.03**	**594.12**
农副食品加工业	Processing of Food from Agricultural Products	0.21	23.65
食品制造业	Manufacture of Foods	0.29	11.48
饮料制造业	Manufacture of Beverages	0.61	11.84
烟草制品业	Manufacture of Tobacco		1.37
纺织业	Manufacture of Textile	0.29	31.28
纺织服装、鞋、帽制造业	Manufacture of Textile Wearing Apparel, Footware, and Caps	0.67	11.70
皮革、毛皮、羽毛(绒)及其制品业	Manufacture of Leather, Fur, Feather and Related Products	0.10	5.96
木材加工及木、竹、藤、棕、草制品业	Processing of Timber, Manufacture of Wood, Bamboo, Rattan, Palm, and Straw Products	0.14	5.05
家具制造业	Manufacture of Furniture	0.06	3.35
造纸及纸制品业	Manufacture of Paper and Paper Products	0.54	13.07
印刷业和记录媒介的复制	Printing, Reproduction of Recording Media		8.67
文教体育用品制造业	Manufacture of Articles For Culture, Education and Sport Activity	0.10	4.90
石油加工、炼焦及核燃料加工业	Processing of Petroleum, Coking, Processing of Nuclear Fuel	259.61	36.90
化学原料及化学制品制造业	Manufacture of Raw Chemical Materials and Chemical Products	198.00	67.27
医药制造业	Manufacture of Medicines		11.29
化学纤维制造业	Manufacture of Chemical Fibers	12.11	1.09
橡胶制品业	Manufacture of Rubber	1.03	14.21
塑料制品业	Manufacture of Plastics	0.14	21.78
非金属矿物制品业	Manufacture of Non-metallic Mineral Products	16.60	50.63
黑色金属冶炼及压延加工业	Smelting and Pressing of Ferrous Metals	0.16	32.57
有色金属冶炼及压延加工业	Smelting and Pressing of Non-ferrous Metals	0.62	10.39
金属制品业	Manufacture of Metal Products	0.14	29.31
通用设备制造业	Manufacture of General Purpose Machinery	0.36	44.68
专用设备制造业	Manufacture of Special Purpose Machinery	0.11	34.81
交通运输设备制造业	Manufacture of Transport Equipment	0.15	41.88
电气机械及器材制造业	Manufacture of Electrical Machinery and Equipment	0.23	30.44
通信设备、计算机及其他电子设备制造业	Manufacture of Communication Equipment, Computers and Other Electronic Equipment	0.64	15.32
仪器仪表及文化、办公用机械制造业	Manufacture of Measuring Instruments and Machinery for Cultural Activity and Office Work	0.08	7.87
工艺品及其他制造业	Manufacture of Artwork and Other Manufacturing	0.03	10.79
废弃资源和废旧材料回收加工业	Recycling and Disposal of Waste		0.60
(三)电力、煤气及水生产和供应业	**Electric Power, Gas and Water Production and Supply**	**1.23**	**47.76**
电力、热力的生产和供应业	Production and Distribution of Electric Power and Heat Power	0.49	39.71
燃气生产和供应业	Production and Distribution of Gas	0.74	2.40
水的生产和供应业	Production and Distribution of Water	0.01	5.65

Continued

(10 000 tce)

煤油 Kerosene	柴油 Diesel Oil	燃料油 Fuel Oil	液化石油气 PLG	炼厂干气 Refinery Gas	其他石油制品 Other Petroleum Products	天然气 Nature Gas	热力 Heat	电力 Electricity
L13	L14	L15	L16	L17	L18	L19	L20	L21
89.59	**2433.22**	**2739.16**	**826.65**	**1050.71**	**6763.24**	**3359.61**	**4825.72**	**18230.61**
10.00	**501.73**	**60.46**	**3.91**	**58.44**	**30.93**	**702.54**	**229.89**	**1685.41**
6.43	91.03	8.78	0.36		2.39	15.20	16.14	708.09
0.25	256.69	48.33	3.21	58.44	28.13	686.10	182.16	441.15
1.04	47.60	1.36	0.01		0.09	0.51	0.04	172.11
1.24	24.30	0.47	0.22		0.07	0.33		177.62
1.03	80.37	1.50	0.11		0.26	0.40	31.54	161.74
0.01	1.74	0.02						24.72
79.21	**1812.30**	**2629.61**	**684.43**	**990.11**	**6725.85**	**2584.19**	**4241.88**	**13891.41**
0.49	62.16	16.89	6.06	18.86	5.48	2.66	61.65	248.29
0.49	29.79	20.80	6.68		1.26	19.79	99.37	122.96
0.79	19.51	14.33	0.37			7.48	47.26	81.99
0.05	9.29	1.53	0.04			3.76	8.13	38.41
3.02	78.22	82.64	4.51	0.20	3.50	6.60	374.73	884.04
1.03	38.53	7.51	1.06		1.56	1.33	19.25	89.19
0.54	25.27	15.47	0.52		0.35	0.27	3.67	55.85
2.00	13.44	3.29	0.49		0.26	1.10	25.51	75.66
0.35	8.33	0.30	1.81			0.36	1.36	25.31
1.34	36.54	37.32	13.69		0.38	4.96	273.68	441.62
1.09	10.94	2.07	1.54		0.40	2.66	3.81	96.32
0.51	19.76	3.45	2.44		0.23		0.72	47.10
3.03	130.18	613.34	273.83	873.26	4387.28	202.43	760.84	507.39
12.80	194.72	510.08	141.79	91.39	2143.67	1732.38	1330.68	2272.67
0.77	14.21	8.07	0.73		0.26	9.36	125.25	160.90
0.74	11.47	36.02	1.96	2.46	1.19	2.84	170.58	276.93
0.40	14.88	24.67	3.03		2.03	5.02	27.58	183.62
1.09	61.67	22.88	3.45		9.66	5.32	9.49	282.87
4.50	337.24	683.44	116.81	3.05	70.22	260.15	21.64	1486.17
2.83	121.90	284.95	11.80		7.07	101.61	403.57	2536.20
3.41	88.79	119.89	7.53		71.15	37.54	247.17	1546.00
3.84	76.32	16.38	16.77		1.02	10.64	6.31	531.90
10.34	89.34	18.96	6.34		4.02	17.56	24.17	343.85
2.49	50.82	10.02	3.27		1.58	26.20	50.78	187.19
14.94	102.52	15.03	14.85		3.09	46.83	64.85	439.58
2.35	68.38	15.76	24.15	0.88	2.87	11.97	25.07	273.97
1.21	63.27	36.35	14.02		0.07	62.19	19.99	340.69
1.66	11.73	0.26	0.31		1.17	0.80	3.36	43.45
1.04	21.22	5.73	4.54		5.81	0.40	31.22	265.05
0.07	1.89	2.18	0.02		0.26		0.22	6.28
0.38	**119.18**	**49.09**	**138.31**	**2.16**	**6.46**	**72.87**	**353.95**	**2653.80**
0.31	91.40	48.47	0.13	0.31	6.20	5.85	341.96	2396.37
0.01	24.92	0.61	138.17	1.84	0.26	66.47	10.36	42.19
0.06	2.86	0.01	0.02			0.55	1.64	215.23

5-8 分行业能源消费总量

单位:万吨标准煤

行业	Sector	1995
消费总量	**Total Consumption**	**131175.40**
农、林、牧、渔、水利业	**Farming, Forestry, Animal Husbandry, Fishery and Water Conservancy**	**5505.10**
工业	**Industry**	**96191.30**
采掘业	**Mining and Quarrying**	**9941.00**
煤炭开采和洗选业	Mining and Washing of Coal	5499.80
石油和天然气开采业	Extraction of Petroleum and Natural Gas	2812.60
黑色金属矿采选业	Mining and Processing of Ferrous Metal Ores	268.20
有色金属矿采选业	Mining and Processing of Non-Ferrous Metal Ores	557.20
非金属矿采选业	Mining and Processing of Nonmetal Ores	553.40
其他采矿业	Mining of Other Ores	249.80
制造业	**Manufacturing**	**78368.20**
农副食品加工业	Processing of Food from Agricultural Products	1972.50
食品制造业	Manufacture of Foods	1208.00
饮料制造业	Manufacture of Beverages	1000.30
烟草制品业	Manufacture of Tobacco	223.80
纺织业	Manufacture of Textile	3531.30
纺织服装、鞋、帽制造业	Manufacture of Textile Wearing Apparel, Footware, and Caps	329.20
皮革、毛皮、羽毛(绒)及其制品业	Manufacture of Leather, Fur, Feather and Related Products	289.90
木材加工及木、竹、藤、棕、草制品业	Processing of Timber, Manufacture of Wood, Bamboo, Rattan, Palm, and Straw Products	380.00
家具制造业	Manufacture of Furniture	105.80
造纸及纸制品业	Manufacture of Paper and Paper Products	2138.40
印刷业和记录媒介的复制	Printing, Reproduction of Recording Media	203.40
文教体育用品制造业	Manufacture of Articles For Culture, Education and Sport Activity	62.00
石油加工、炼焦及核燃料加工业	Processing of Petroleum, Coking, Processing of Nuclear Fuel	5567.30
化学原料及化学制品制造业	Manufacture of Raw Chemical Materials and Chemical Products	15821.60
医药制造业	Manufacture of Medicines	1201.30
化学纤维制造业	Manufacture of Chemical Fibers	1278.00
橡胶制品业	Manufacture of Rubber	644.10
塑料制品业	Manufacture of Plastics	541.90
非金属矿物制品业	Manufacture of Non-metallic Mineral Products	13058.00
黑色金属冶炼及压延加工业	Smelting and Pressing of Ferrous Metals	18532.80
有色金属冶炼及压延加工业	Smelting and Pressing of Non-ferrous Metals	2841.70
金属制品业	Manufacture of Metal Products	993.90
通用设备制造业	Manufacture of General Purpose Machinery	1650.50
专用设备制造业	Manufacture of Special Purpose Machinery	1089.30
交通运输设备制造业	Manufacture of Transport Equipment	1376.30
电气机械及器材制造业	Manufacture of Electrical Machinery and Equipment	629.20
通信设备、计算机及其他电子设备制造业	Manufacture of Communication Equipment, Computers and Other Electronic Equipment	321.40
仪器仪表及文化、办公用机械制造业	Manufacture of Measuring Instruments and Machinery for Cultural Activity and Office Work	142.60
工艺品及其他制造业	Manufacture of Artwork and Other Manufacturing	1233.70
废弃资源和废旧材料回收加工业	Recycling and Disposal of Waste	
电力、煤气及水生产和供应业	**Electric Power, Gas and Water Production and Supply**	**7882.70**
电力、热力的生产和供应业	Production and Distribution of Electric Power and Heat Power	7052.70
燃气生产和供应业	Production and Distribution of Gas	341.30
水的生产和供应业	Production and Distribution of Water	488.70
建筑业	**Construction**	**1334.50**
交通运输、仓储和邮政业	**Transport, Storage and Post**	**5862.90**
批发、零售业和住宿、餐饮业	**Wholesale, Retail Trade and Hotel, Restaurants**	**2017.80**
其他行业	**Others**	**4519.00**
生活消费	**Residential Consumption**	**15744.80**

注:工业能源消费量中包括村办工业。

a) The energy consumption by the industrial sector includes the consumption by viuage-run industry.

CONSUMPTION OF TOTAL ENERGY AND ITS MAIN VARIETIES BY SECTOR

(10 000 tce)

1999	2000	2001	2002	2003	2004
133831.00	**138552.58**	**143199.30**	**151796.59**	**174951.64**	**203227.02**
5993.39	**6045.26**	**6400.00**	**6612.49**	**6716.00**	**7680.00**
92839.99	**95442.80**	**98273.30**	**104088.10**	**121731.86**	**143244.02**
9979.83	**10294.15**	**10728.75**	**10834.96**	**12432.52**	**12214.98**
4945.17	4864.850	5006.35	4591.22	5669.73	6343.26
3578.97	3856.521	4094.84	4550.31	4612.98	3625.65
338.62	350.925	362.59	417.13	559.90	692.08
356.93	395.980	420.80	431.89	575.43	623.04
573.22	623.000	656.80	675.43	802.38	856.83
186.91	202.870	187.36	168.99	212.10	74.12
71884.93	**73824.29**	**75710.21**	**80365.02**	**94880.15**	**115261.44**
1553.52	1517.745	1560.66	1662.70	1606.78	1820.78
1003.81	934.842	938.02	985.34	899.55	1026.11
739.36	682.564	681.19	697.74	742.76	848.54
310.65	269.399	277.66	267.49	274.53	238.16
2645.34	2714.437	2846.25	3095.79	3587.98	4550.25
324.27	316.490	345.73	362.60	408.79	472.82
195.47	184.503	196.68	214.06	247.91	279.28
326.73	315.625	344.53	340.89	439.75	552.48
96.43	90.430	100.62	91.31	111.99	110.94
1849.74	2004.484	2068.92	2281.77	2472.60	3081.35
182.09	188.841	208.83	201.13	369.88	338.32
106.80	114.598	134.14	158.97	148.65	184.09
6516.26	6961.567	7476.21	7644.04	8794.44	12173.85
12660.32	13164.921	13404.72	14786.61	17622.29	20346.88
853.46	842.665	909.30	889.89	1072.84	1040.60
1614.16	1790.160	1791.17	1988.82	1741.78	1303.03
616.77	621.921	679.72	662.63	759.45	883.72
583.78	645.103	678.36	710.24	828.04	1129.29
11612.57	11694.318	11435.43	10864.31	13467.41	18088.40
17363.41	17820.391	18056.39	19658.35	24357.94	29702.49
3659.56	3835.097	4049.34	4495.85	5583.18	6403.53
1076.84	1121.491	1270.55	1497.09	1712.22	1966.62
1209.36	1156.368	1214.68	1351.57	1543.23	1705.51
825.81	793.737	791.81	805.48	948.56	1146.52
1362.86	1371.568	1511.71	1632.57	1690.77	2079.64
596.83	592.388	616.98	737.86	901.22	1119.35
607.63	655.010	700.30	804.40	1050.09	1272.02
145.85	145.262	151.60	171.77	201.65	171.55
1245.25	1278.361	1268.72	1303.75	1293.86	1194.96
				38.57	30.35
10975.24	**11324.37**	**11834.34**	**12888.12**	**14419.19**	**15767.60**
9772.39	10184.195	10759.99	11807.01	13360.38	14578.43
605.34	552.191	488.92	535.06	507.37	535.75
597.51	587.981	585.43	546.05	551.44	653.41
1979.35	**2142.529**	**2234.00**	**2544.00**	**2859.57**	**3259.00**
9340.29	**10067.076**	**10363.00**	**11171.00**	**12818.80**	**15104.00**
2901.48	**3038.774**	**3265.00**	**3520.00**	**4179.55**	**4820.00**
5562.54	**5851.535**	**6096.00**	**6334.00**	**6818.69**	**7839.00**
15213.92	**15964.612**	**16568.00**	**17527.00**	**19827.16**	**21281.00**

5-9 分行业煤炭消费总量

单位:万吨

行　　业	Sector	1995
消费总量	**Total Consumption**	**137676.50**
农、林、牧、渔、水利业	**Farming, Forestry, Animal Husbandry, Fishery and Water Conservancy**	**1856.70**
工业	**Industry**	**117570.70**
采掘业	**Mining and Quarrying**	**9861.00**
煤炭开采和洗选业	Mining and Washing of Coal	8290.70
石油和天然气开采业	Extraction of Petroleum and Natural Gas	637.20
黑色金属矿采选业	Mining and Processing of Ferrous Metal Ores	94.90
有色金属矿采选业	Mining and Processing of Non-Ferrous Metal Ores	174.70
非金属矿采选业	Mining and Processing of Nonmetal Ores	434.40
其他采矿业	Mining of Other Ores	229.10
制造业	**Manufacturing**	**63109.40**
农副食品加工业	Processing of Food from Agricultural Products	1753.90
食品制造业	Manufacture of Foods	1214.50
饮料制造业	Manufacture of Beverages	983.30
烟草制品业	Manufacture of Tobacco	190.70
纺织业	Manufacture of Textile	2536.90
纺织服装、鞋、帽制造业	Manufacture of Textile Wearing Apparel, Footware, and Caps	117.30
皮革、毛皮、羽毛(绒)及其制品业	Manufacture of Leather, Fur, Feather and Related Products	239.00
木材加工及木、竹、藤、棕、草制品业	Processing of Timber, Manufacture of Wood, Bamboo, Rattan, Palm, and Straw Products	363.00
家具制造业	Manufacture of Furniture	62.70
造纸及纸制品业	Manufacture of Paper and Paper Products	2132.20
印刷业和记录媒介的复制	Printing, Reproduction of Recording Media	86.80
文教体育用品制造业	Manufacture of Articles For Culture, Education and Sport Activity	33.20
石油加工、炼焦及核燃料加工业	Processing of Petroleum, Coking, Processing of Nuclear Fuel	8025.10
化学原料及化学制品制造业	Manufacture of Raw Chemical Materials and Chemical Products	10803.50
医药制造业	Manufacture of Medicines	915.10
化学纤维制造业	Manufacture of Chemical Fibers	823.10
橡胶制品业	Manufacture of Rubber	566.40
塑料制品业	Manufacture of Plastics	311.50
非金属矿物制品业	Manufacture of Non-metallic Mineral Products	13424.20
黑色金属冶炼及压延加工业	Smelting and Pressing of Ferrous Metals	12920.70
有色金属冶炼及压延加工业	Smelting and Pressing of Non-ferrous Metals	1348.60
金属制品业	Manufacture of Metal Products	462.10
通用设备制造业	Manufacture of General Purpose Machinery	821.10
专用设备制造业	Manufacture of Special Purpose Machinery	652.50
交通运输设备制造业	Manufacture of Transport Equipment	860.20
电气机械及器材制造业	Manufacture of Electrical Machinery and Equipment	343.60
通信设备、计算机及其他电子设备制造业	Manufacture of Communication Equipment, Computers and Other Electronic Equipment	141.50
仪器仪表及文化、办公用机械制造业	Manufacture of Measuring Instruments and Machinery for Cultural Activity and Office Work	70.90
工艺品及其他制造业	Manufacture of Artwork and Other Manufacturing	905.90
废弃资源和废旧材料回收加工业	Recycling and Disposal of Waste	
电力、煤气及水生产和供应业	**Electric Power, Gas and Water Production and Supply**	**44600.30**
电力、热力的生产和供应业	Production and Distribution of Electric Power and Heat Power	43799.60
燃气生产和供应业	Production and Distribution of Gas	763.10
水的生产和供应业	Production and Distribution of Water	37.60
建筑业	**Construction**	**439.80**
交通运输、仓储和邮政业	**Transport, Storage and Post**	**1315.10**
批发、零售业和住宿、餐饮业	**Wholesale, Retail Trade and Hotel, Restaurants**	**977.40**
其他行业	**Others**	**1986.70**
生活消费	**Residential Consumption**	**13530.10**

CONSUMPTION OF COAL AND ITS MAIN VARIETIES BY SECTOR

(10 000 ton)

1999	2000	2001	2002	2003	2004
130000.00	**132000.00**	**135000.05**	**141600.53**	**169232.05**	**193596.00**
1735.61	**1647.68**	**1599.64**	**1622.89**	**1683.33**	**2251.19**
116499.97	**119300.65**	**122518.30**	**129290.37**	**156168.48**	**180135.20**
10963.15	**10858.37**	**10463.70**	**9461.14**	**12724.07**	**11371.92**
9456.91	9388.47	8855.94	7793.82	10460.40	10364.73
783.78	804.59	847.62	898.34	1139.03	355.81
73.00	65.14	64.09	80.71	98.80	92.59
78.13	83.41	88.52	82.57	85.04	90.11
447.45	402.84	482.67	505.23	730.13	467.02
123.88	113.92	124.86	100.47	210.68	1.66
51219.84	**50577.94**	**50876.20**	**49686.36**	**59840.97**	**73097.33**
1409.15	1349.83	1406.90	1337.05	1463.46	1064.15
683.16	606.73	609.10	562.51	536.62	770.98
699.48	576.40	613.97	571.03	621.10	698.13
175.90	117.57	129.27	124.74	132.57	126.01
1446.14	1314.29	1334.15	1266.89	1422.78	1991.36
142.67	110.26	120.98	107.88	121.78	171.20
85.76	63.64	66.25	62.85	64.89	84.41
236.01	210.07	209.41	204.31	250.86	352.69
51.82	38.70	42.55	38.82	46.26	26.25
1678.48	1765.94	1741.22	1747.30	1835.91	2713.93
54.10	45.86	48.68	46.72	60.11	36.21
20.14	15.80	17.36	15.32	17.01	16.63
8531.85	8919.57	9794.02	10062.29	12927.00	15792.68
7398.26	7596.70	7604.43	7873.93	8940.11	9960.73
572.84	497.81	498.56	483.20	545.93	539.29
844.30	872.50	840.51	720.23	753.44	778.88
342.48	246.53	262.11	251.72	268.28	354.33
177.05	134.25	136.44	104.16	134.94	225.52
11382.85	11172.56	10681.44	8926.88	11259.01	16304.84
11172.44	11487.11	11243.99	11805.42	14730.74	16209.57
1457.42	1337.86	1401.79	1372.05	1596.65	2093.04
300.48	214.50	223.35	217.27	202.44	269.45
477.69	335.63	347.95	330.34	317.44	340.35
397.28	309.65	301.83	266.83	368.86	450.60
820.71	699.14	774.60	729.60	668.48	802.90
241.47	174.73	171.36	159.39	155.57	149.70
82.38	65.82	60.21	57.73	66.64	137.62
42.38	28.97	25.60	24.77	31.48	20.54
295.15	269.52	218.17	215.13	200.60	608.94
				100.00	6.39
54316.98	**57864.34**	**61178.40**	**70142.87**	**83603.44**	**95665.95**
53189.57	56756.59	60162.23	69088.60	82503.01	94452.96
1075.82	1064.81	975.69	1018.69	1063.10	1182.70
51.59	42.94	40.48	35.58	37.33	30.29
522.46	**536.82**	**534.98**	**553.54**	**577.15**	**601.53**
1286.26	**1132.24**	**1041.28**	**1054.95**	**1067.33**	**832.12**
896.20	**814.64**	**810.87**	**809.08**	**860.42**	**871.79**
651.08	**661.01**	**664.73**	**667.06**	**700.62**	**730.97**
8408.42	**7906.96**	**7830.25**	**7602.64**	**8174.71**	**8173.20**

5-10 分行业焦炭消费总量

单位:万吨

行　　业	Sector	1995
消费总量	**Total Consumption**	**10725.28**
农、林、牧、渔、水利业	**Farming, Forestry, Animal Husbandry, Fishery and Water Conservancy**	**128.62**
工业	**Industry**	**10412.04**
采掘业	**Mining and Quarrying**	**151.42**
煤炭开采和洗选业	Mining and Washing of Coal	41.97
石油和天然气开采业	Extraction of Petroleum and Natural Gas	1.21
黑色金属矿采选业	Mining and Processing of Ferrous Metal Ores	56.76
有色金属矿采选业	Mining and Processing of Non-Ferrous Metal Ores	24.53
非金属矿采选业	Mining and Processing of Nonmetal Ores	26.14
其他采矿业	Mining of Other Ores	0.81
制造业	**Manufacturing**	**10243.83**
农副食品加工业	Processing of Food from Agricultural Products	15.37
食品制造业	Manufacture of Foods	10.43
饮料制造业	Manufacture of Beverages	4.98
烟草制品业	Manufacture of Tobacco	1.59
纺织业	Manufacture of Textile	5.78
纺织服装、鞋、帽制造业	Manufacture of Textile Wearing Apparel, Footware, and Caps	1.12
皮革、毛皮、羽毛(绒)及其制品业	Manufacture of Leather, Fur, Feather and Related Products	0.80
木材加工及木、竹、藤、棕、草制品业	Processing of Timber, Manufacture of Wood, Bamboo, Rattan, Palm, and Straw Products	1.13
家具制造业	Manufacture of Furniture	1.29
造纸及纸制品业	Manufacture of Paper and Paper Products	3.84
印刷业和记录媒介的复制	Printing, Reproduction of Recording Media	0.53
文教体育用品制造业	Manufacture of Articles For Culture, Education and Sport Activity	1.52
石油加工、炼焦及核燃料加工业	Processing of Petroleum, Coking, Processing of Nuclear Fuel	31.56
化学原料及化学制品制造业	Manufacture of Raw Chemical Materials and Chemical Products	1298.71
医药制造业	Manufacture of Medicines	2.64
化学纤维制造业	Manufacture of Chemical Fibers	23.53
橡胶制品业	Manufacture of Rubber	1.56
塑料制品业	Manufacture of Plastics	1.52
非金属矿物制品业	Manufacture of Non-metallic Mineral Products	276.66
黑色金属冶炼及压延加工业	Smelting and Pressing of Ferrous Metals	7810.76
有色金属冶炼及压延加工业	Smelting and Pressing of Non-ferrous Metals	195.09
金属制品业	Manufacture of Metal Products	123.24
通用设备制造业	Manufacture of General Purpose Machinery	237.13
专用设备制造业	Manufacture of Special Purpose Machinery	101.25
交通运输设备制造业	Manufacture of Transport Equipment	41.42
电气机械及器材制造业	Manufacture of Electrical Machinery and Equipment	15.59
通信设备、计算机及其他电子设备制造业	Manufacture of Communication Equipment, Computers and Other Electronic Equipment	1.05
仪器仪表及文化、办公用机械制造业	Manufacture of Measuring Instruments and Machinery for Cultural Activity and Office Work	3.42
工艺品及其他制造业	Manufacture of Artwork and Other Manufacturing	30.32
废弃资源和废旧材料回收加工业	Recycling and Disposal of Waste	
电力、煤气及水生产和供应业	**Electric Power, Gas and Water Production and Supply**	**16.79**
电力、热力的生产和供应业	Production and Distribution of Electric Power and Heat Power	3.80
燃气生产和供应业	Production and Distribution of Gas	12.88
水的生产和供应业	Production and Distribution of Water	0.11
建筑业	**Construction**	**10.76**
交通运输、仓储和邮政业	**Transport, Storage and Post**	**10.10**
批发、零售业和住宿、餐饮业	**Wholesale, Retail Trade and Hotel, Restaurants**	**25.71**
其他行业	**Others**	**6.44**
生活消费	**Residential Consumption**	**131.61**

CONSUMPTION OF COKE AND ITS MAIN VARIETIES BY SECTOR

(10 000 ton)

1999	2000	2001	2002	2003	2004
10460.52	**10440.01**	**10999.23**	**12343.69**	**14503.76**	**17267.01**
145.81	**144.18**	**139.23**	**140.98**	**140.98**	**98.69**
10094.89	**10080.55**	**10638.40**	**11977.83**	**14149.85**	**16981.13**
131.11	**153.27**	**149.90**	**165.77**	**157.00**	**129.88**
45.64	50.64	47.70	47.73	43.02	46.67
5.24	5.50	5.33	5.00	7.03	0.21
38.10	50.00	51.00	52.15	56.75	61.62
19.11	21.11	19.57	28.12	28.37	12.10
22.72	25.72	26.00	32.62	21.66	9.29
0.30	0.30	0.30	0.15	0.17	
9896.67	**9890.50**	**10448.79**	**11780.00**	**13951.34**	**16795.11**
14.41	15.41	16.00	14.23	14.55	5.79
15.95	14.00	15.50	14.00	12.00	3.88
3.24	3.00	2.90	3.30	3.67	1.38
1.15	1.20	1.21	1.26	0.80	
3.83	4.00	4.20	4.54	3.05	2.16
1.56	1.60	1.63	2.17	1.37	0.96
1.58	1.68	1.65	1.53	2.56	0.29
1.37	1.40	1.38	1.55	2.35	1.42
1.05	1.00	1.09	1.14	0.86	1.16
1.48	1.50	1.56	1.73	2.00	6.81
0.27	0.28	0.29	0.26		0.11
1.57	1.60	1.66	1.70	1.40	3.20
60.99	62.96	63.33	67.69	84.42	66.05
1001.89	1054.89	1058.87	1169.03	1125.54	1131.81
0.67	0.65	0.65	0.72	1.00	0.82
25.14	26.24	24.53	25.56	30.00	34.96
2.48	2.50	2.62	2.37	2.00	2.77
6.26	6.00	6.61	5.13	1.43	1.89
286.92	298.13	315.15	371.71	284.94	203.74
7767.38	7720.00	8210.54	9319.68	11606.95	14596.00
212.12	208.61	222.54	233.22	238.27	260.69
130.31	120.31	131.09	152.57	127.00	73.03
205.41	198.75	205.73	227.49	246.06	255.93
68.56	70.56	70.34	69.34	53.33	57.57
37.81	30.81	38.89	43.37	52.48	59.03
11.42	10.42	12.05	10.46	15.82	14.87
0.33	0.30	0.35	0.49		0.78
4.83	4.00	5.10	5.68	7.48	2.09
26.69	28.70	31.33	28.08	30.00	3.78
					2.15
67.11	**36.78**	**39.71**	**32.06**	**41.51**	**56.13**
9.15					5.75
51.25	36.78	39.71	32.06	41.51	50.32
6.71					0.06
17.10	**18.98**	**23.91**	**23.38**	**20.79**	**16.79**
10.14	**11.24**	**11.68**	**11.44**	**10.79**	**1.79**
36.52	**35.71**	**39.73**	**42.60**	**47.46**	**53.36**
12.98	**12.15**	**12.08**	**12.34**	**11.39**	**10.09**
143.08	**137.20**	**134.20**	**135.12**	**122.50**	**105.16**

5-11 分行业原油消费总量

单位:万吨

行　　业	Sector	1995
消费总量	**Total Consumption**	**14886.39**
农、林、牧、渔、水利业	**Farming, Forestry, Animal Husbandry, Fishery and Water Conservancy**	**10.11**
工业	**Industry**	**14716.30**
采掘业	**Mining and Quarrying**	**1686.21**
煤炭开采和洗选业	Mining and Washing of Coal	
石油和天然气开采业	Extraction of Petroleum and Natural Gas	1686.16
黑色金属矿采选业	Mining and Processing of Ferrous Metal Ores	
有色金属矿采选业	Mining and Processing of Non-Ferrous Metal Ores	0.05
非金属矿采选业	Mining and Processing of Nonmetal Ores	
其他采矿业	Mining of Other Ores	
制造业	**Manufacturing**	**12963.62**
农副食品加工业	Processing of Food from Agricultural Products	0.53
食品制造业	Manufacture of Foods	0.72
饮料制造业	Manufacture of Beverages	0.72
烟草制品业	Manufacture of Tobacco	
纺织业	Manufacture of Textile	1.29
纺织服装、鞋、帽制造业	Manufacture of Textile Wearing Apparel, Footware, and Caps	0.04
皮革、毛皮、羽毛(绒)及其制品业	Manufacture of Leather, Fur, Feather and Related Products	0.04
木材加工及木、竹、藤、棕、草制品业	Processing of Timber, Manufacture of Wood, Bamboo, Rattan, Palm, and Straw Products	
家具制造业	Manufacture of Furniture	
造纸及纸制品业	Manufacture of Paper and Paper Products	0.26
印刷业和记录媒介的复制	Printing, Reproduction of Recording Media	0.10
文教体育用品制造业	Manufacture of Articles For Culture, Education and Sport Activity	
石油加工、炼焦及核燃料加工业	Processing of Petroleum, Coking, Processing of Nuclear Fuel	11338.36
化学原料及化学制品制造业	Manufacture of Raw Chemical Materials and Chemical Products	1078.84
医药制造业	Manufacture of Medicines	0.12
化学纤维制造业	Manufacture of Chemical Fibers	478.22
橡胶制品业	Manufacture of Rubber	1.22
塑料制品业	Manufacture of Plastics	0.02
非金属矿物制品业	Manufacture of Non-metallic Mineral Products	56.32
黑色金属冶炼及压延加工业	Smelting and Pressing of Ferrous Metals	3.17
有色金属冶炼及压延加工业	Smelting and Pressing of Non-ferrous Metals	0.35
金属制品业	Manufacture of Metal Products	0.17
通用设备制造业	Manufacture of General Purpose Machinery	0.28
专用设备制造业	Manufacture of Special Purpose Machinery	0.20
交通运输设备制造业	Manufacture of Transport Equipment	0.57
电气机械及器材制造业	Manufacture of Electrical Machinery and Equipment	0.85
通信设备、计算机及其他电子设备制造业	Manufacture of Communication Equipment, Computers and Other Electronic Equipment	
仪器仪表及文化、办公用机械制造业	Manufacture of Measuring Instruments and Machinery for Cultural Activity and Office Work	
工艺品及其他制造业	Manufacture of Artwork and Other Manufacturing	1.23
废弃资源和废旧材料回收加工业	Recycling and Disposal of Waste	
电力、煤气及水生产和供应业	**Electric Power, Gas and Water Production and Supply**	**66.47**
电力、热力的生产和供应业	Production and Distribution of Electric Power and Heat Power	66.47
燃气生产和供应业	Production and Distribution of Gas	
水的生产和供应业	Production and Distribution of Water	
建筑业	**Construction**	**2.71**
交通运输、仓储和邮政业	**Transport, Storage and Post**	**156.77**
批发、零售业和住宿、餐饮业	**Wholesale, Retail Trade and Hotel, Restaurants**	**0.50**
其他行业	**Others**	
生活消费	**Residential Consumption**	

CONSUMPTION OF CRUDE OIL AND ITS MAIN VARIETIES BY SECTOR

(10 000 ton)

1999	2000	2001	2002	2003	2004
18949.45	**21232.01**	**21342.74**	**22541.05**	**24922.00**	**28749.31**
18775.23	**21052.08**	**21168.21**	**22357.50**	**24768.40**	**28625.49**
2823.05	**3196.35**	**3205.98**	**3378.87**	**3909.70**	**1313.74**
1.88	2.32	2.33	1.18	1.34	
2821.17	3194.03	3203.65	3377.69	3908.36	1313.74
15877.31	**17779.14**	**17885.96**	**18909.36**	**20793.79**	**27302.48**
0.38	0.42	0.40	0.30	0.34	0.14
0.44	0.48	0.45	0.43	0.40	0.20
0.48	0.52	0.50	0.59	0.61	0.43
0.04	0.05	0.06	0.05	0.03	0.20
0.12	0.16	0.17	0.12	0.40	0.47
					0.07
					0.10
					0.04
0.53	0.48	0.51	0.50	0.63	0.38
0.09	0.10	0.11	0.09	0.10	0.07
13670.78	15305.82	15383.52	16317.92	18008.32	25480.02
1613.17	1809.79	1823.31	1876.95	2002.53	1797.67
531.85	594.71	611.31	646.40	712.78	8.48
0.04	0.05	0.06	0.06	0.10	0.72
0.33	0.40	0.35	0.50	0.90	0.10
47.84	53.54	53.12	49.61	55.80	11.62
9.10	10.25	9.85	13.47	8.39	0.11
0.67	0.80	0.77	1.00	1.00	0.44
0.03	0.03	0.03	0.04		0.10
0.10	0.11	0.12	0.09		0.25
0.25	0.27	0.26	0.25	0.27	0.08
0.05	0.06	0.07	0.05	0.27	0.10
0.45	0.50	0.45	0.50	0.53	0.16
					0.45
					0.06
0.57	0.60	0.54	0.44	0.40	0.02
74.87	**76.59**	**76.27**	**69.27**	**64.92**	**9.26**
74.87	76.59	76.27	69.27	64.92	8.74
					0.52
3.19	**3.30**	**3.37**	**4.20**	**4.00**	
169.49	**175.05**	**169.81**	**177.94**	**148.31**	**123.82**
0.17	**0.18**	**0.15**	**0.12**	**0.09**	
1.37	**1.40**	**1.20**	**1.29**	**1.20**	

5-12 分行业汽油消费总量

单位:万吨

行 业	Sector	1995
消费总量	**Total Consumption**	**2909.59**
农、林、牧、渔、水利业	**Farming, Forestry, Animal Husbandry, Fishery and Water Conservancy**	**179.66**
工业	**Industry**	**812.43**
采掘业	**Mining and Quarrying**	**135.90**
煤炭开采和洗选业	Mining and Washing of Coal	37.87
石油和天然气开采业	Extraction of Petroleum and Natural Gas	58.99
黑色金属矿采选业	Mining and Processing of Ferrous Metal Ores	4.74
有色金属矿采选业	Mining and Processing of Non-Ferrous Metal Ores	8.18
非金属矿采选业	Mining and Processing of Nonmetal Ores	8.74
其他采矿业	Mining of Other Ores	17.38
制造业	**Manufacturing**	**637.21**
农副食品加工业	Processing of Food from Agricultural Products	37.56
食品制造业	Manufacture of Foods	16.33
饮料制造业	Manufacture of Beverages	14.91
烟草制品业	Manufacture of Tobacco	3.17
纺织业	Manufacture of Textile	42.72
纺织服装、鞋、帽制造业	Manufacture of Textile Wearing Apparel, Footware, and Caps	11.39
皮革、毛皮、羽毛(绒)及其制品业	Manufacture of Leather, Fur, Feather and Related Products	5.38
木材加工及木、竹、藤、棕、草制品业	Processing of Timber, Manufacture of Wood, Bamboo, Rattan, Palm, and Straw Products	4.68
家具制造业	Manufacture of Furniture	3.71
造纸及纸制品业	Manufacture of Paper and Paper Products	14.59
印刷业和记录媒介的复制	Printing, Reproduction of Recording Media	6.17
文教体育用品制造业	Manufacture of Articles For Culture, Education and Sport Activity	2.66
石油加工、炼焦及核燃料加工业	Processing of Petroleum, Coking, Processing of Nuclear Fuel	29.23
化学原料及化学制品制造业	Manufacture of Raw Chemical Materials and Chemical Products	62.64
医药制造业	Manufacture of Medicines	8.98
化学纤维制造业	Manufacture of Chemical Fibers	4.56
橡胶制品业	Manufacture of Rubber	14.41
塑料制品业	Manufacture of Plastics	17.47
非金属矿物制品业	Manufacture of Non-metallic Mineral Products	82.14
黑色金属冶炼及压延加工业	Smelting and Pressing of Ferrous Metals	42.55
有色金属冶炼及压延加工业	Smelting and Pressing of Non-ferrous Metals	12.71
金属制品业	Manufacture of Metal Products	18.19
通用设备制造业	Manufacture of General Purpose Machinery	58.65
专用设备制造业	Manufacture of Special Purpose Machinery	26.69
交通运输设备制造业	Manufacture of Transport Equipment	37.48
电气机械及器材制造业	Manufacture of Electrical Machinery and Equipment	24.07
通信设备、计算机及其他电子设备制造业	Manufacture of Communication Equipment, Computers and Other Electronic Equipment	9.15
仪器仪表及文化、办公用机械制造业	Manufacture of Measuring Instruments and Machinery for Cultural Activity and Office Work	4.69
工艺品及其他制造业	Manufacture of Artwork and Other Manufacturing	20.33
废弃资源和废旧材料回收加工业	Recycling and Disposal of Waste	
电力、煤气及水生产和供应业	**Electric Power, Gas and Water Production and Supply**	**39.32**
电力、热力的生产和供应业	Production and Distribution of Electric Power and Heat Power	33.85
燃气生产和供应业	Production and Distribution of Gas	3.21
水的生产和供应业	Production and Distribution of Water	2.26
建筑业	**Construction**	**103.62**
交通运输、仓储和邮政业	**Transport, Storage and Post**	**982.30**
批发、零售业和住宿、餐饮业	**Wholesale, Retail Trade and Hotel, Restaurants**	**197.23**
其他行业	**Others**	**570.65**
生活消费	**Residential Consumption**	**63.70**

CONSUMPTION OF GASOLINE AND ITS MAIN VARIETIES BY SECTOR

(10 000 ton)

1999	2000	2001	2002	2003	2004
3380.73	**3504.91**	**3597.75**	**3749.70**	**4072.02**	**4695.76**
178.14	**184.51**	**190.60**	**187.93**	**195.00**	**220.13**
646.50	**601.98**	**618.14**	**631.64**	**617.88**	**507.40**
117.63	**106.59**	**102.25**	**104.10**	**103.61**	**70.81**
36.88	32.05	30.93	30.10	32.26	17.79
43.14	40.05	38.23	39.10	38.14	36.56
6.90	6.01	5.17	6.18	5.84	6.77
5.08	5.18	4.90	4.87	4.87	3.07
8.46	8.00	8.20	8.57	8.19	6.58
17.17	15.30	14.82	15.28	14.30	0.03
498.94	**466.65**	**487.48**	**499.29**	**484.60**	**403.89**
33.59	30.04	31.87	30.66	21.23	16.07
13.06	12.02	12.80	13.18	8.15	7.80
11.82	10.02	9.35	8.46	8.00	8.05
34.34	30.04	30.00	30.54	27.31	0.93
40.76	35.02	37.05	35.44	25.62	21.26
8.75	7.01	8.17	8.06	9.08	7.95
4.63	5.01	4.94	4.81	3.96	4.05
2.95	3.25	4.00	3.00	3.00	3.43
3.29	3.50	3.57	3.87	4.46	2.28
11.08	12.02	12.20	15.65	18.65	8.88
6.43	6.01	6.17	6.51	6.12	5.89
2.55	2.25	2.73	2.86	2.72	3.33
14.29	14.70	15.46	15.98	22.15	25.10
44.89	45.05	50.01	55.03	44.11	45.72
10.34	9.02	10.35	10.65	13.24	7.67
3.73	3.80	3.55	3.64	2.95	0.74
9.14	8.55	8.04	8.29	8.73	9.75
12.78	12.12	11.35	11.68	9.73	14.80
48.65	45.66	47.39	55.70	57.74	34.41
29.21	30.04	30.87	31.22	35.97	22.13
11.51	11.02	11.20	11.02	11.65	7.06
17.68	18.02	21.52	19.78	21.47	19.92
22.61	21.02	21.70	22.14	27.97	30.37
32.11	30.11	28.87	27.48	23.66	23.66
23.48	20.03	18.70	19.79	21.00	28.46
17.55	16.02	17.52	18.19	22.59	20.69
9.90	8.00	9.35	9.70	11.48	10.41
3.14	3.00	3.30	3.03	6.24	5.35
14.68	14.30	15.45	12.93	5.63	7.33
					0.41
29.93	**28.74**	**28.41**	**28.25**	**29.67**	**32.70**
25.06	24.97	24.31	24.34	25.21	27.23
1.82	1.72	1.60	1.47	1.08	1.63
3.05	2.05	2.50	2.44	3.39	3.84
113.77	**115.55**	**116.70**	**122.32**	**123.66**	**156.49**
1265.52	**1387.78**	**1419.37**	**1503.50**	**1861.64**	**2308.46**
206.32	**209.84**	**214.04**	**224.22**	**238.09**	**279.80**
849.35	**877.67**	**904.30**	**916.29**	**837.00**	**936.94**
121.13	**127.58**	**134.60**	**163.80**	**198.75**	**286.54**

5-13 分行业煤油消费总量

单位:万吨

行业	Sector	1995
消费总量	**Total Consumption**	**512.11**
农、林、牧、渔、水利业	**Farming, Forestry, Animal Husbandry, Fishery and Water Conservancy**	**3.57**
工业	**Industry**	**44.94**
采掘业	**Mining and Quarrying**	**2.92**
煤炭开采和洗选业	Mining and Washing of Coal	1.59
石油和天然气开采业	Extraction of Petroleum and Natural Gas	0.59
黑色金属矿采选业	Mining and Processing of Ferrous Metal Ores	0.08
有色金属矿采选业	Mining and Processing of Non-Ferrous Metal Ores	0.40
非金属矿采选业	Mining and Processing of Nonmetal Ores	0.20
其他采矿业	Mining of Other Ores	0.06
制造业	**Manufacturing**	**40.41**
农副食品加工业	Processing of Food from Agricultural Products	0.26
食品制造业	Manufacture of Foods	0.33
饮料制造业	Manufacture of Beverages	0.23
烟草制品业	Manufacture of Tobacco	2.07
纺织业	Manufacture of Textile	2.91
纺织服装、鞋、帽制造业	Manufacture of Textile Wearing Apparel, Footware, and Caps	0.11
皮革、毛皮、羽毛(绒)及其制品业	Manufacture of Leather, Fur, Feather and Related Products	0.42
木材加工及木、竹、藤、棕、草制品业	Processing of Timber, Manufacture of Wood, Bamboo, Rattan, Palm, and Straw Products	1.17
家具制造业	Manufacture of Furniture	0.01
造纸及纸制品业	Manufacture of Paper and Paper Products	1.78
印刷业和记录媒介的复制	Printing, Reproduction of Recording Media	3.41
文教体育用品制造业	Manufacture of Articles For Culture, Education and Sport Activity	0.10
石油加工、炼焦及核燃料加工业	Processing of Petroleum, Coking, Processing of Nuclear Fuel	1.02
化学原料及化学制品制造业	Manufacture of Raw Chemical Materials and Chemical Products	8.10
医药制造业	Manufacture of Medicines	0.15
化学纤维制造业	Manufacture of Chemical Fibers	0.18
橡胶制品业	Manufacture of Rubber	0.16
塑料制品业	Manufacture of Plastics	0.39
非金属矿物制品业	Manufacture of Non-metallic Mineral Products	2.59
黑色金属冶炼及压延加工业	Smelting and Pressing of Ferrous Metals	0.41
有色金属冶炼及压延加工业	Smelting and Pressing of Non-ferrous Metals	0.57
金属制品业	Manufacture of Metal Products	3.37
通用设备制造业	Manufacture of General Purpose Machinery	3.05
专用设备制造业	Manufacture of Special Purpose Machinery	0.91
交通运输设备制造业	Manufacture of Transport Equipment	4.87
电气机械及器材制造业	Manufacture of Electrical Machinery and Equipment	0.50
通信设备、计算机及其他电子设备制造业	Manufacture of Communication Equipment, Computers and Other Electronic Equipment	0.23
仪器仪表及文化、办公用机械制造业	Manufacture of Measuring Instruments and Machinery for Cultural Activity and Office Work	0.12
工艺品及其他制造业	Manufacture of Artwork and Other Manufacturing	0.99
废弃资源和废旧材料回收加工业	Recycling and Disposal of Waste	
电力、煤气及水生产和供应业	**Electric Power, Gas and Water Production and Supply**	**1.61**
电力、热力的生产和供应业	Production and Distribution of Electric Power and Heat Power	1.30
燃气生产和供应业	Production and Distribution of Gas	0.11
水的生产和供应业	Production and Distribution of Water	0.20
建筑业	**Construction**	**3.51**
交通运输、仓储和邮政业	**Transport, Storage and Post**	**250.01**
批发、零售业和住宿、餐饮业	**Wholesale, Retail Trade and Hotel, Restaurants**	**8.51**
其他行业	**Others**	**137.32**
生活消费	**Residential Consumption**	**64.25**

CONSUMPTION OF KEROSENE AND ITS MAIN VARIETIES BY SECTOR

(10 000 ton)

1999	2000	2001	2002	2003	2004
824.21	**869.61**	**890.27**	**919.20**	**921.61**	**1060.86**
1.43	**1.50**	**1.52**	**1.40**	**1.35**	**1.08**
78.35	**83.95**	**86.00**	**87.35**	**87.77**	**60.89**
6.97	**7.44**	**7.59**	**8.15**	**8.09**	**6.80**
5.01	5.37	5.50	5.99	6.37	4.37
0.41	0.42	0.43	0.40	0.28	0.17
0.04	0.04	0.03	0.03		0.71
1.19	1.26	1.29	1.31	1.32	0.84
0.31	0.34	0.34	0.42	0.13	0.70
0.01	0.01				0.01
70.98	**76.05**	**77.92**	**78.66**	**79.14**	**53.83**
0.26	0.25	0.26	0.29	0.40	0.33
0.08	0.08	0.09	0.07	0.10	0.33
0.09	0.08	0.09	0.08	0.14	0.54
0.09	0.08	0.09	0.10		0.03
3.52	3.78	3.87	4.34	3.71	2.05
0.38	0.42	0.43	0.51	0.50	0.70
0.17	0.17	0.17	0.15	0.18	0.37
0.10	0.08	0.09	0.10	0.21	1.36
0.04	0.04	0.05	0.05		0.24
3.39	3.61	3.70	2.93	1.90	0.91
5.34	5.71	5.85	5.96	6.00	0.74
1.21	1.26	1.29	1.20	1.63	0.35
16.79	18.06	18.47	17.00	16.79	2.06
8.12	8.73	8.94	10.25	9.68	8.70
0.13	0.15	0.14	0.10	0.08	0.52
0.41	0.42	0.43	0.37	0.42	0.50
0.06	0.07	0.08	0.05	0.08	0.27
0.43	0.42	0.43	0.49	0.67	0.74
2.24	2.43	2.49	1.72	1.52	3.06
5.03	5.37	5.50	6.46	3.00	1.92
0.57	0.59	0.60	0.63	1.14	2.32
1.54	1.68	1.72	2.17	2.40	2.61
3.04	3.27	3.35	3.53	5.72	7.03
1.24	1.34	1.38	1.18	1.64	1.69
5.84	6.30	6.45	6.64	7.18	10.16
0.25	0.25	0.26	0.32	0.49	1.60
0.17	0.18	0.17	0.25	0.30	0.82
0.13	0.15	0.17	0.33	0.42	1.13
10.32	11.08	11.36	11.39	12.85	0.70
					0.04
0.40	**0.46**	**0.49**	**0.54**	**0.53**	**0.26**
0.36	0.42	0.44	0.50	0.53	0.21
0.01	0.01	0.01			0.01
0.03	0.03	0.04	0.04		0.04
3.87	**4.00**	**3.50**			
505.62	**535.90**	**560.69**	**616.75**	**621.68**	**819.71**
11.45	**12.00**	**12.47**	**13.00**	**11.24**	**3.63**
152.68	**160.09**	**151.09**	**140.00**	**143.19**	**148.19**
70.81	**72.17**	**75.00**	**60.70**	**56.38**	**27.36**

5-14 分行业柴油消费总量

单位:万吨

行　　业	Sector	1995
消费总量	**Total Consumption**	**4321.44**
农、林、牧、渔、水利业	**Farming, Forestry, Animal Husbandry, Fishery and Water Conservancy**	**1001.39**
工业	**Industry**	**1189.87**
采掘业	**Mining and Quarrying**	**229.63**
煤炭开采和洗选业	Mining and Washing of Coal	31.68
石油和天然气开采业	Extraction of Petroleum and Natural Gas	147.95
黑色金属矿采选业	Mining and Processing of Ferrous Metal Ores	5.41
有色金属矿采选业	Mining and Processing of Non-Ferrous Metal Ores	12.62
非金属矿采选业	Mining and Processing of Nonmetal Ores	20.96
其他采矿业	Mining of Other Ores	11.01
制造业	**Manufacturing**	**722.25**
农副食品加工业	Processing of Food from Agricultural Products	33.65
食品制造业	Manufacture of Foods	18.15
饮料制造业	Manufacture of Beverages	8.04
烟草制品业	Manufacture of Tobacco	1.16
纺织业	Manufacture of Textile	36.39
纺织服装、鞋、帽制造业	Manufacture of Textile Wearing Apparel, Footware, and Caps	8.64
皮革、毛皮、羽毛(绒)及其制品业	Manufacture of Leather, Fur, Feather and Related Products	5.76
木材加工及木、竹、藤、棕、草制品业	Processing of Timber, Manufacture of Wood, Bamboo, Rattan, Palm, and Straw Products	6.10
家具制造业	Manufacture of Furniture	1.42
造纸及纸制品业	Manufacture of Paper and Paper Products	27.59
印刷业和记录媒介的复制	Printing, Reproduction of Recording Media	2.66
文教体育用品制造业	Manufacture of Articles For Culture, Education and Sport Activity	2.73
石油加工、炼焦及核燃料加工业	Processing of Petroleum, Coking, Processing of Nuclear Fuel	48.89
化学原料及化学制品制造业	Manufacture of Raw Chemical Materials and Chemical Products	94.41
医药制造业	Manufacture of Medicines	3.86
化学纤维制造业	Manufacture of Chemical Fibers	5.45
橡胶制品业	Manufacture of Rubber	4.04
塑料制品业	Manufacture of Plastics	21.02
非金属矿物制品业	Manufacture of Non-metallic Mineral Products	149.29
黑色金属冶炼及压延加工业	Smelting and Pressing of Ferrous Metals	73.20
有色金属冶炼及压延加工业	Smelting and Pressing of Non-ferrous Metals	21.66
金属制品业	Manufacture of Metal Products	23.40
通用设备制造业	Manufacture of General Purpose Machinery	31.18
专用设备制造业	Manufacture of Special Purpose Machinery	14.53
交通运输设备制造业	Manufacture of Transport Equipment	31.60
电气机械及器材制造业	Manufacture of Electrical Machinery and Equipment	17.14
通信设备、计算机及其他电子设备制造业	Manufacture of Communication Equipment, Computers and Other Electronic Equipment	10.73
仪器仪表及文化、办公用机械制造业	Manufacture of Measuring Instruments and Machinery for Cultural Activity and Office Work	3.94
工艺品及其他制造业	Manufacture of Artwork and Other Manufacturing	15.62
废弃资源和废旧材料回收加工业	Recycling and Disposal of Waste	
电力、煤气及水生产和供应业	**Electric Power, Gas and Water Production and Supply**	**237.99**
电力、热力的生产和供应业	Production and Distribution of Electric Power and Heat Power	234.44
燃气生产和供应业	Production and Distribution of Gas	2.12
水的生产和供应业	Production and Distribution of Water	1.43
建筑业	**Construction**	**118.19**
交通运输、仓储和邮政业	**Transport, Storage and Post**	**1246.56**
批发、零售业和住宿、餐饮业	**Wholesale, Retail Trade and Hotel, Restaurants**	**103.59**
其他行业	**Others**	**645.70**
生活消费	**Residential Consumption**	**16.14**

CONSUMPTION OF DIESEL OIL AND ITS MAIN VARIETIES BY SECTOR

(10 000 tce)

1999	2000	2001	2002	2003	2004
6231.63	**6774.27**	**7107.65**	**7667.15**	**8409.76**	**9895.16**
1241.84	**1310.14**	**1375.64**	**1484.31**	**1484.40**	**1774.30**
1506.85	**1596.46**	**1636.80**	**1731.33**	**1830.51**	**2004.82**
247.23	**270.13**	**279.49**	**317.02**	**309.82**	**347.22**
45.41	50.75	50.86	54.80	50.06	65.07
143.80	155.62	161.79	187.36	169.13	176.45
10.76	11.69	12.14	15.52	19.38	32.67
11.34	12.78	12.00	13.72	15.92	16.68
25.43	27.39	31.50	34.11	44.01	55.16
10.49	11.90	11.20	11.51	11.31	1.19
1004.00	**1064.01**	**1084.85**	**1149.71**	**1208.61**	**1268.32**
31.33	37.56	30.61	33.07	32.35	42.96
16.33	16.67	16.72	19.86	21.19	20.95
9.66	10.02	11.00	11.84	9.02	13.40
3.91	4.00	3.55	4.55	5.14	6.38
42.93	43.75	44.64	43.94	42.08	57.55
13.46	13.69	14.50	15.35	18.34	28.42
19.76	14.55	17.11	14.05	18.50	18.10
5.97	6.50	6.80	6.09	7.00	9.22
2.69	2.40	2.70	3.29	4.00	5.72
19.98	22.54	22.20	29.73	35.81	25.70
6.69	7.18	7.68	7.87	6.84	7.79
13.32	11.37	14.25	15.68	17.08	15.24
61.52	69.18	70.38	75.76	88.46	90.92
101.73	115.21	118.11	125.34	132.62	134.15
6.19	6.69	7.00	6.81	5.00	9.75
9.10	9.70	10.08	10.55	9.90	8.07
6.63	7.69	7.10	7.34	8.63	10.41
38.38	39.44	43.41	40.55	42.74	45.10
271.60	298.33	296.18	301.64	292.03	231.84
62.93	68.95	73.53	81.10	95.27	84.10
38.29	41.09	41.83	42.81	52.18	61.15
33.66	37.15	40.89	43.63	44.24	52.72
32.80	31.23	26.01	31.83	35.00	61.45
15.17	12.69	10.96	11.18	18.18	35.98
47.42	47.81	51.09	42.20	48.20	70.68
26.34	24.12	24.20	27.44	31.07	51.22
37.48	35.26	41.82	60.94	50.14	44.55
10.38	9.69	10.10	11.46	17.18	8.96
18.35	19.55	20.40	23.81	20.09	14.56
				0.33	1.30
255.62	**262.32**	**272.46**	**264.60**	**312.08**	**389.29**
247.17	253.02	262.46	251.24	297.49	370.21
5.94	6.69	7.60	11.00	12.00	17.11
2.51	2.61	2.40	2.36	2.58	1.96
178.06	**195.86**	**223.08**	**251.99**	**276.23**	**333.13**
2221.64	**2543.81**	**2671.00**	**2964.81**	**3485.20**	**4182.24**
260.91	**255.94**	**268.07**	**280.79**	**355.53**	**418.99**
759.67	**803.70**	**853.89**	**870.00**	**890.00**	**1068.00**
62.66	**68.36**	**79.17**	**83.92**	**87.89**	**113.67**

5-15 分行业燃料油消费总量

单位:万吨

行 业	Sector	1995
消费总量	**Total Consumption**	**3693.67**
农、林、牧、渔、水利业	**Farming, Forestry, Animal Husbandry, Fishery and Water Conservancy**	**8.37**
工业	**Industry**	**3406.16**
采掘业	**Mining and Quarrying**	**246.45**
煤炭开采和洗选业	Mining and Washing of Coal	1.16
石油和天然气开采业	Extraction of Petroleum and Natural Gas	226.71
黑色金属矿采选业	Mining and Processing of Ferrous Metal Ores	2.33
有色金属矿采选业	Mining and Processing of Non-Ferrous Metal Ores	9.46
非金属矿采选业	Mining and Processing of Nonmetal Ores	6.79
其他采矿业	Mining of Other Ores	
制造业	**Manufacturing**	**2186.73**
农副食品加工业	Processing of Food from Agricultural Products	20.68
食品制造业	Manufacture of Foods	5.40
饮料制造业	Manufacture of Beverages	7.13
烟草制品业	Manufacture of Tobacco	1.34
纺织业	Manufacture of Textile	34.95
纺织服装、鞋、帽制造业	Manufacture of Textile Wearing Apparel, Footware, and Caps	2.07
皮革、毛皮、羽毛(绒)及其制品业	Manufacture of Leather, Fur, Feather and Related Products	1.49
木材加工及木、竹、藤、棕、草制品业	Processing of Timber, Manufacture of Wood, Bamboo, Rattan, Palm, and Straw Products	1.59
家具制造业	Manufacture of Furniture	0.83
造纸及纸制品业	Manufacture of Paper and Paper Products	16.62
印刷业和记录媒介的复制	Printing, Reproduction of Recording Media	0.23
文教体育用品制造业	Manufacture of Articles For Culture, Education and Sport Activity	0.06
石油加工、炼焦及核燃料加工业	Processing of Petroleum, Coking, Processing of Nuclear Fuel	611.91
化学原料及化学制品制造业	Manufacture of Raw Chemical Materials and Chemical Products	388.63
医药制造业	Manufacture of Medicines	38.86
化学纤维制造业	Manufacture of Chemical Fibers	90.23
橡胶制品业	Manufacture of Rubber	11.23
塑料制品业	Manufacture of Plastics	3.19
非金属矿物制品业	Manufacture of Non-metallic Mineral Products	324.83
黑色金属冶炼及压延加工业	Smelting and Pressing of Ferrous Metals	464.93
有色金属冶炼及压延加工业	Smelting and Pressing of Non-ferrous Metals	62.13
金属制品业	Manufacture of Metal Products	13.24
通用设备制造业	Manufacture of General Purpose Machinery	9.99
专用设备制造业	Manufacture of Special Purpose Machinery	22.57
交通运输设备制造业	Manufacture of Transport Equipment	15.93
电气机械及器材制造业	Manufacture of Electrical Machinery and Equipment	10.20
通信设备、计算机及其他电子设备制造业	Manufacture of Communication Equipment, Computers and Other Electronic Equipment	7.96
仪器仪表及文化、办公用机械制造业	Manufacture of Measuring Instruments and Machinery for Cultural Activity and Office Work	1.24
工艺品及其他制造业	Manufacture of Artwork and Other Manufacturing	17.27
废弃资源和废旧材料回收加工业	Recycling and Disposal of Waste	
电力、煤气及水生产和供应业	**Electric Power, Gas and Water Production and Supply**	**972.98**
电力、热力的生产和供应业	Production and Distribution of Electric Power and Heat Power	927.73
燃气生产和供应业	Production and Distribution of Gas	45.25
水的生产和供应业	Production and Distribution of Water	
建筑业	**Construction**	**14.24**
交通运输、仓储和邮政业	**Transport, Storage and Post**	**227.45**
批发、零售业和住宿、餐饮业	**Wholesale, Retail Trade and Hotel, Restaurants**	**6.62**
其他行业	**Others**	**30.83**
生活消费	**Residential Consumption**	

CONSUMPTION OF FUEL OIL AND ITS MAIN VARIETIES BY SECTOR

(10 000 ton)

1999	2000	2001	2002	2003	2004
3934.11	**3872.75**	**3850.22**	**3873.87**	**4220.53**	**4783.48**
0.35	**0.40**	**0.42**	**0.41**	**0.60**	**0.66**
3047.68	**2975.05**	**2949.32**	**2950.86**	**3236.76**	**3570.40**
213.68	**209.96**	**212.02**	**197.44**	**201.41**	**44.65**
5.51	5.77				6.15
206.77	202.77	210.52	196.30	176.32	36.16
					0.95
0.21	0.22	0.20	0.11		0.33
1.19	1.20	1.30	1.03	14.88	1.05
				10.21	0.01
1926.89	**1928.46**	**1895.59**	**1851.46**	**1986.79**	**2049.85**
8.36	13.32	8.49	8.38	7.88	11.82
8.58	9.04	8.45	9.11	9.56	14.56
7.63	8.08	9.08	8.08	9.09	10.03
2.78	3.00	2.70	1.47	2.87	1.07
79.47	66.61	64.64	65.16	52.97	72.72
11.93	12.44	13.88	14.67	11.77	5.49
4.18	3.50	3.65	3.35	3.65	10.83
2.72	2.82	3.12	3.04	3.20	2.30
0.67	0.67	0.60	0.74	0.54	0.21
18.90	19.72	21.67	21.85	22.56	26.85
2.86	2.30	2.39	1.65	1.61	1.45
1.03	1.04	1.07	1.14	1.00	2.42
509.57	510.63	508.74	479.59	535.81	561.53
380.62	372.50	358.35	370.39	385.22	406.14
5.81	5.53	5.38	4.63	4.87	5.69
89.91	89.86	88.29	87.72	84.12	26.19
11.15	12.44	13.10	12.40	13.72	17.27
9.86	10.77	11.14	9.17	11.17	16.51
312.28	314.36	323.82	339.18	383.63	481.04
326.05	332.01	307.78	263.11	282.89	201.27
54.72	55.43	61.77	69.30	74.16	84.11
10.04	12.93	11.80	12.76	9.64	13.75
8.05	7.05	8.00	8.41	12.00	13.27
12.02	11.56	9.12	9.79	10.10	7.67
14.00	14.22	13.54	11.93	12.86	10.52
12.38	12.67	13.06	12.19	14.36	12.57
12.13	12.57	14.79	15.49	19.90	26.85
0.14	0.15	0.12	0.14	0.10	0.18
9.05	11.24	7.05	6.62	5.56	4.01
					1.53
907.11	**836.63**	**841.71**	**901.96**	**1048.56**	**1475.90**
877.11	812.31	820.09	883.38	1028.04	1464.95
29.99	24.31	21.60	18.56	20.49	10.94
0.01	0.01	0.02	0.02	0.02	0.01
16.18	**16.71**	**16.18**	**19.10**	**17.80**	**21.36**
840.00	**850.00**	**855.00**	**872.10**	**940.29**	**1150.44**
10.54	**11.59**	**12.28**	**12.30**	**13.00**	**24.98**
19.36	**19.00**	**17.02**	**19.10**	**12.08**	**15.63**

5-16 分行业天然气消费总量

单位:亿立方米

行业	Sector	1995
消费总量	**Total Consumption**	**177.41**
农、林、牧、渔、水利业	**Farming, Forestry, Animal Husbandry, Fishery and Water Conservancy**	**0.02**
工业	**Industry**	**154.39**
采掘业	**Mining and Quarrying**	**51.87**
煤炭开采和洗选业	Mining and Washing of Coal	
石油和天然气开采业	Extraction of Petroleum and Natural Gas	50.58
黑色金属矿采选业	Mining and Processing of Ferrous Metal Ores	
有色金属矿采选业	Mining and Processing of Non-Ferrous Metal Ores	0.59
非金属矿采选业	Mining and Processing of Nonmetal Ores	0.70
其他采矿业	Mining of Other Ores	
制造业	**Manufacturing**	**100.80**
农副食品加工业	Processing of Food from Agricultural Products	1.00
食品制造业	Manufacture of Foods	0.03
饮料制造业	Manufacture of Beverages	0.02
烟草制品业	Manufacture of Tobacco	
纺织业	Manufacture of Textile	3.97
纺织服装、鞋、帽制造业	Manufacture of Textile Wearing Apparel, Footware, and Caps	
皮革、毛皮、羽毛(绒)及其制品业	Manufacture of Leather, Fur, Feather and Related Products	
木材加工及木、竹、藤、棕、草制品业	Processing of Timber, Manufacture of Wood, Bamboo, Rattan, Palm, and Straw Products	
家具制造业	Manufacture of Furniture	
造纸及纸制品业	Manufacture of Paper and Paper Products	0.06
印刷业和记录媒介的复制	Printing, Reproduction of Recording Media	
文教体育用品制造业	Manufacture of Articles For Culture, Education and Sport Activity	
石油加工、炼焦及核燃料加工业	Processing of Petroleum, Coking, Processing of Nuclear Fuel	15.14
化学原料及化学制品制造业	Manufacture of Raw Chemical Materials and Chemical Products	63.36
医药制造业	Manufacture of Medicines	0.30
化学纤维制造业	Manufacture of Chemical Fibers	4.32
橡胶制品业	Manufacture of Rubber	
塑料制品业	Manufacture of Plastics	
非金属矿物制品业	Manufacture of Non-metallic Mineral Products	2.27
黑色金属冶炼及压延加工业	Smelting and Pressing of Ferrous Metals	3.69
有色金属冶炼及压延加工业	Smelting and Pressing of Non-ferrous Metals	0.50
金属制品业	Manufacture of Metal Products	0.45
通用设备制造业	Manufacture of General Purpose Machinery	0.14
专用设备制造业	Manufacture of Special Purpose Machinery	2.25
交通运输设备制造业	Manufacture of Transport Equipment	0.66
电气机械及器材制造业	Manufacture of Electrical Machinery and Equipment	0.74
通信设备、计算机及其他电子设备制造业	Manufacture of Communication Equipment, Computers and Other Electronic Equipment	1.01
仪器仪表及文化、办公用机械制造业	Manufacture of Measuring Instruments and Machinery for Cultural Activity and Office Work	0.01
工艺品及其他制造业	Manufacture of Artwork and Other Manufacturing	0.88
废弃资源和废旧材料回收加工业	Recycling and Disposal of Waste	
电力、煤气及水生产和供应业	**Electric Power, Gas and Water Production and Supply**	**1.72**
电力、热力的生产和供应业	Production and Distribution of Electric Power and Heat Power	1.14
燃气生产和供应业	Production and Distribution of Gas	0.58
水的生产和供应业	Production and Distribution of Water	
建筑业	**Construction**	**0.28**
交通运输、仓储和邮政业	**Transport, Storage and Post**	**1.57**
批发、零售业和住宿、餐饮业	**Wholesale, Retail Trade and Hotel, Restaurants**	**0.55**
其他行业	**Others**	**1.19**
生活消费	**Residential Consumption**	**19.41**

CONSUMPTION OF NATURAL GAS AND ITS MAIN VARIETIES BY SECTOR

(100 million cu · m)

1999	2000	2001	2002	2003	2004
214.94	**245.03**	**274.30**	**291.84**	**339.08**	**396.72**
180.17	**202.00**	**217.81**	**227.53**	**267.82**	**293.63**
62.29	**73.02**	**79.48**	**79.98**	**81.30**	**77.07**
0.11	0.10				1.14
62.14	72.88	79.45	79.97	81.30	75.84
					0.04
					0.02
0.04	0.04	0.03	0.01		0.03
110.28	**120.81**	**129.09**	**138.67**	**175.00**	**198.75**
0.14	0.15	0.16	0.15		0.20
0.06	0.07	0.08	0.10		1.49
0.02	0.03	0.02	0.02		0.56
0.07	0.08	0.09	0.12		0.28
0.93	1.11	1.07	0.81	0.93	0.50
					0.10
					0.02
					0.08
					0.03
0.26	0.30	0.26	0.27		0.37
0.07	0.08	0.09	0.10		0.20
11.56	13.42	15.29	15.30	19.93	19.16
83.91	90.32	95.50	102.02	132.00	130.63
0.57	0.60	0.67	0.98	0.98	0.70
0.04	0.07				0.21
					0.38
0.09	0.10	0.09	0.10		0.40
2.21	2.50	2.80	3.50	3.86	19.56
1.14	1.71	1.67	2.30	3.26	7.64
0.45	0.50	0.53	0.66	0.82	2.82
0.57	0.60	0.75	0.82	1.00	0.80
0.19	0.20	0.17	0.22		1.32
1.22	1.31	1.60	2.22	2.43	1.97
1.35	1.71	2.05	1.79	1.89	3.65
0.78	0.80	0.70	1.02	1.27	0.90
2.91	3.41	3.98	4.83	5.62	4.68
0.02	0.02	0.03	0.03		0.06
1.72	1.72	1.49	1.31	1.00	0.03
7.60	**8.17**	**9.24**	**8.88**	**11.52**	**17.81**
6.12	6.44	7.29	6.93	7.55	12.77
1.46	1.71	1.92	1.93	3.97	5.00
0.02	0.02	0.03	0.02		0.04
0.68	**0.82**	**0.72**	**0.68**	**0.70**	**1.39**
4.80	**5.81**	**5.96**	**6.37**	**6.82**	**11.16**
2.94	**3.44**	**5.00**	**6.10**	**6.85**	**9.18**
0.63	**0.64**	**0.70**			**14.14**
25.72	**32.32**	**44.11**	**51.16**	**56.89**	**67.22**

5－17　分行业电力消费总量

单位:亿千瓦小时

行　　业	Sector	1995
消 费 总 量	**Total Consumption**	**10023.40**
农、林、牧、渔、水利业	**Farming, Forestry, Animal Husbandry, Fishery and Water Conservancy**	**582.42**
工业	**Industry**	**7659.81**
采掘业	**Mining and Quarrying**	**837.66**
煤炭开采和洗选业	Mining and Washing of Coal	392.38
石油和天然气开采业	Extraction of Petroleum and Natural Gas	258.85
黑色金属矿采选业	Mining and Processing of Ferrous Metal Ores	34.28
有色金属矿采选业	Mining and Processing of Non-Ferrous Metal Ores	83.00
非金属矿采选业	Mining and Processing of Nonmetal Ores	52.76
其他采矿业	Mining of Other Ores	16.39
制造业	**Manufacturing**	**5156.10**
农副食品加工业	Processing of Food from Agricultural Products	181.00
食品制造业	Manufacture of Foods	72.15
饮料制造业	Manufacture of Beverages	52.62
烟草制品业	Manufacture of Tobacco	17.16
纺织业	Manufacture of Textile	335.22
纺织服装、鞋、帽制造业	Manufacture of Textile Wearing Apparel, Footware, and Caps	41.22
皮革、毛皮、羽毛(绒)及其制品业	Manufacture of Leather, Fur, Feather and Related Products	42.88
木材加工及木、竹、藤、棕、草制品业	Processing of Timber, Manufacture of Wood, Bamboo, Rattan, Palm, and Straw Products	25.88
家具制造业	Manufacture of Furniture	13.16
造纸及纸制品业	Manufacture of Paper and Paper Products	169.06
印刷业和记录媒介的复制	Printing, Reproduction of Recording Media	31.19
文教体育用品制造业	Manufacture of Articles For Culture, Education and Sport Activity	7.09
石油加工、炼焦及核燃料加工业	Processing of Petroleum, Coking, Processing of Nuclear Fuel	156.06
化学原料及化学制品制造业	Manufacture of Raw Chemical Materials and Chemical Products	1028.05
医药制造业	Manufacture of Medicines	107.46
化学纤维制造业	Manufacture of Chemical Fibers	92.78
橡胶制品业	Manufacture of Rubber	53.80
塑料制品业	Manufacture of Plastics	71.36
非金属矿物制品业	Manufacture of Non-metallic Mineral Products	599.61
黑色金属冶炼及压延加工业	Smelting and Pressing of Ferrous Metals	905.36
有色金属冶炼及压延加工业	Smelting and Pressing of Non-ferrous Metals	425.61
金属制品业	Manufacture of Metal Products	113.51
通用设备制造业	Manufacture of General Purpose Machinery	136.30
专用设备制造业	Manufacture of Special Purpose Machinery	97.67
交通运输设备制造业	Manufacture of Transport Equipment	154.63
电气机械及器材制造业	Manufacture of Electrical Machinery and Equipment	64.96
通信设备、计算机及其他电子设备制造业	Manufacture of Communication Equipment, Computers and Other Electronic Equipment	38.64
仪器仪表及文化、办公用机械制造业	Manufacture of Measuring Instruments and Machinery for Cultural Activity and Office Work	17.12
工艺品及其他制造业	Manufacture of Artwork and Other Manufacturing	104.55
废弃资源和废旧材料回收加工业	Recycling and Disposal of Waste	
电力、煤气及水生产和供应业	**Electric Power, Gas and Water Production and Supply**	**1666.05**
电力、热力的生产和供应业	Production and Distribution of Electric Power and Heat Power	1539.76
燃气生产和供应业	Production and Distribution of Gas	10.83
水的生产和供应业	Production and Distribution of Water	115.46
建筑业	**Construction**	**159.62**
交通运输、仓储和邮政业	**Transport, Storage and Post**	**182.30**
批发、零售业和住宿、餐饮业	**Wholesale, Retail Trade and Hotel, Restaurants**	**199.47**
其他行业	**Others**	**234.20**
生活消费	**Residential Consumption**	**1005.58**

CONSUMPTION OF ELECTRICITY AND ITS MAIN VARIETIES BY SECTOR

(100 million kW · h)

1999	2000	2001	2002	2003	2004
12305.21	**13471.38**	**14723.46**	**16465.45**	**19031.60**	**21971.37**
660.35	**672.96**	**762.39**	**776.23**	**773.15**	**808.87**
8832.72	**9653.62**	**10534.66**	**11927.16**	**13899.68**	**16254.29**
912.67	**955.25**	**1051.58**	**1127.86**	**1249.87**	**1371.36**
395.24	401.01	448.02	498.82	522.82	576.15
299.86	309.19	340.83	349.51	349.34	358.95
58.86	61.00	64.95	75.55	109.00	140.04
68.94	77.66	85.78	88.00	127.00	144.52
69.46	81.55	89.31	95.55	112.51	131.60
20.31	24.84	22.69	20.43	29.20	20.11
5875.12	**6470.88**	**7031.06**	**8011.57**	**9517.04**	**11303.02**
150.90	155.00	170.01	195.19	170.56	202.03
96.31	95.00	94.11	113.69	93.04	100.05
55.42	56.70	60.11	67.85	65.00	66.71
29.72	31.58	32.50	31.23	31.37	31.25
305.94	356.08	385.87	454.11	544.80	719.32
43.68	47.17	54.11	58.97	65.86	72.57
24.07	26.07	30.00	35.70	42.46	45.44
27.99	30.99	37.00	37.59	53.30	61.56
10.86	12.00	14.00	11.21	15.04	20.59
192.88	228.22	251.35	284.97	311.62	359.33
26.89	30.00	35.00	33.80	78.00	78.37
17.28	20.00	25.00	32.05	29.00	38.32
207.46	236.09	266.34	330.62	335.61	412.85
1058.15	1109.08	1184.83	1355.56	1630.34	1849.20
76.88	84.94	99.22	97.93	124.00	130.92
158.75	187.25	196.22	206.46	207.54	225.33
76.75	94.92	106.66	108.87	127.70	149.41
93.90	116.14	127.14	143.53	171.00	230.16
660.71	734.18	793.05	879.64	1030.93	1209.25
1004.72	1077.69	1164.07	1323.11	1648.00	2063.63
608.07	670.58	716.93	823.81	1071.66	1257.93
160.61	188.70	223.55	282.10	355.85	432.79
137.27	154.55	168.22	201.52	248.00	279.78
80.67	90.83	94.11	102.86	120.00	152.31
170.74	195.55	228.22	258.53	282.51	357.67
78.10	87.17	98.11	129.98	169.00	222.92
105.66	121.01	130.11	150.15	217.00	277.21
21.30	24.39	26.00	32.04	35.85	35.35
193.44	209.00	219.22	228.50	232.00	215.66
				10.00	5.11
2044.93	**2227.49**	**2452.02**	**2787.73**	**3132.77**	**3579.91**
1874.58	2049.31	2268.46	2610.90	2959.16	3370.46
28.03	33.08	37.06	36.95	29.19	34.33
142.32	145.10	146.50	139.88	144.43	175.13
142.34	**154.77**	**144.91**	**164.14**	**189.78**	**222.14**
254.78	**281.20**	**309.32**	**338.00**	**396.94**	**449.65**
342.82	**393.68**	**444.89**	**500.00**	**622.97**	**735.35**
591.42	**643.20**	**688.06**	**758.50**	**911.04**	**1036.58**
1480.78	**1671.95**	**1839.23**	**2001.42**	**2238.04**	**2464.49**

5-18 分地区能源消费总量

TOTAL ENERGY CONSUMPTION BY REGION

单位:万吨标准煤 (10 000 tce)

地区	Region	1990	1995	2000	2002	2003	2004
北京	Beijing	2709	3518	4144	4436	4648	5140
天津	Tianjin	2071	2569	2794	3022	3215	3697
河北	Hebei	6124	8990	9893	11588	13483	15782
山西	Shanxi	4710	8413	6728	9340	10386	11251
内蒙古	Inner Mongolia	2424	2632	3549	4560	5778	7623
辽宁	Liaoning	7856	9671	10656	10602	11253	13074
吉林	Jilin	3523	4109	3766	4531	5174	5603
黑龙江	Heilongjiang	5285	5935	6166	6004	6714	7466
上海	Shanghai	3175	4466	5499	6249	6796	7406
江苏	Jiangsu	5509	8047	8612	9609	11060	13652
浙江	Zhejiang	2580	4580	6560	8280	9523	10825
安徽	Anhui	2761	4194	4879	5316	5457	6017
福建	Fujian	1451	2280	3095	3762	4121	4625
江西	Jiangxi	1732	2392	2505	2933	3426	3814
山东	Shandong	6830	8780	11362	14599	16837	19624
河南	Henan	5206	6473	7919	9055	10595	13074
湖北	Hubei	3997	5655	6269	6713	7708	9120
湖南	Hunan	3821	5426	4071	5045	5562	7134
广东	Guangdong	4065	7345	9448	11355	13099	15210
广西	Guangxi	1309	2384	2669	3120	3523	4203
海南	Hainan	121	303	480	602	684	742
重庆	Chongqing			2428	2662	3009	3590
四川	Sichuan	6353	9525	6518	7510	9204	10700
贵州	Guizhou	2133	3183	4279	4470	5534	6282
云南	Yunnan	1954	2641	3468	4131	4450	5210
陕西	Shaanxi	2239	3134	2731	3713	4170	4776
甘肃	Gansu	2172	2738	3012	3174	3525	3908
青海	Qinghai	507	688	872	989	1066	1364
宁夏	Ningxia	707	759	1179	1378	2015	2322
新疆	Xinjiang	2063	2830	3328	3723	4177	4910

注:1. 1996 年以前重庆包括在四川省内。

2. 由于折算系的不同,故各地区相加数与全国数不等,以下同。

1. Prior to 1996, the consumption for Chongqing was included in Sichuan.

2. As the conversion factors, the sum of the data by region is not equal to the total . The same as in the following tables.

5-19 分地区煤炭消费量

COAL CONSUMPTION BY REGION

单位:万吨 (10 000 ton)

地 区	Region	1990	1995	2000	2002	2003	2004
北 京	Beijing	2413	2692	2720	2531	2674	2939
天 津	Tianjin	1788	2428	2473	2929	3205	3509
河 北	Hebei	7875	10983	12115	13739	14851	17074
山 西	Shanxi	7659	15015	14262	18055	20502	22433
内蒙古	Inner Mongolia	3953	4420	5908	6864	9025	11391
辽 宁	Liaoning	8252	9363	9582	9355	10454	11945
吉 林	Jilin	4015	4816	4213	4664	5202	5715
黑龙江	Heilongjiang	6517	6188	5815	5543	6490	7347
上 海	Shanghai	2742	3944	4496	4737	5018	5144
江 苏	Jiangsu	6223	8936	8770	9663	10849	13272
浙 江	Zhejiang	2486	4231	5385	6595	7267	8362
安 徽	Anhui	3428	4965	5909	6679	7489	7823
福 建	Fujian	1307	1677	2160	2711	3272	3806
江 西	Jiangxi	2266	3039	2469	2557	3089	3944
山 东	Shandong	7256	9759	8698	12938	15166	18270
河 南	Henan	6099	7960	8725	10333	11420	14938
湖 北	Hubei	3343	5404	6051	6183	7238	8054
湖 南	Hunan	3956	5591	3335	4287	4984	6040
广 东	Guangdong	2991	4941	5890	6649	7910	8790
广 西	Guangxi	1562	2330	2228	2133	2621	3367
海 南	Hainan	68	168	192		607	477
重 庆	Chongqing			2942	3053	2646	2904
四 川	Sichuan	6646	8909	4862	5462	7254	8189
贵 州	Guizhou	2709	3946	5146	5199	6794	7994
云 南	Yunnan	2194	2765	3062	3556	4614	5689
陕 西	Shaanxi	2728	3779	2766	3451	3961	4958
甘 肃	Gansu	1858	2547	2480	2798	3219	3479
青 海	Qinghai	471	462	522	620	675	680
宁 夏	Ningxia	885	1079	1042		2965	2761
新 疆	Xinjiang	1835	2448	2702	2898	3184	3632

5-20 分地区焦炭消费量

COKE CONSUMPTION BY REGION

单位:万吨 (10 000 ton)

地区	Region	1990	1995	2000	2002	2003	2004
北京	Beijing	231.43	500.71	449.08	378.00	438.25	455.73
天津	Tianjin	137.06	149.45	143.68	149.49	143.15	328.04
河北	Hebei	559.47	1135.79	1227.85	1808.02	2591.01	3243.46
山西	Shanxi	835.68	1287.03	1283.72	2761.58	3085.29	2724.31
内蒙古	Inner Mongolia	234.93	339.33	286.47	393.58	477.34	577.98
辽宁	Liaoning	889.23	987.59	878.12	1046.88	1131.02	821.02
吉林	Jilin	144.01	176.22	170.55	191.62	231.15	249.99
黑龙江	Heilongjiang	102.34	107.24	72.83	79.77	105.99	97.34
上海	Shanghai	452.82	716.47	719.99	681.24	627.81	590.65
江苏	Jiangsu	228.42	362.02	383.69	398.92	448.06	801.07
浙江	Zhejiang	85.46	127.76	117.46	125.56	126.93	149.21
安徽	Anhui	260.36	440.72	533.27	556.20	599.66	544.29
福建	Fujian	53.84	78.54	100.16	95.12	132.33	205.91
江西	Jiangxi	157.25	187.87	205.94	261.39	297.68	379.57
山东	Shandong	317.53	356.92	424.83	415.42	660.08	1235.5
河南	Henan	231.86	393.19	426.75	505.47	520.66	818.01
湖北	Hubei	381.79	491.15	556.83	536.16	552.49	560.36
湖南	Hunan	248.75	293.03	299.74	351.13	395.83	553.37
广东	Guangdong	104.80	131.88	146.57	179.11	227.99	278.03
广西	Guangxi	111.38	184.16	158.61	177.15	194.20	344.16
海南	Hainan	3.21	1.61	3.47		5.92	3.51
重庆	Chongqing			180.74	189.72	187.73	191.42
四川	Sichuan	506.54	754.07	447.25	541.20	625.58	813.32
贵州	Guizhou	133.01	201.71	238.86	234.40	239.99	269.06
云南	Yunnan	253.19	370.85	360.00	590.14	759.23	1046.32
陕西	Shaanxi	98.43	304.04	134.27	175.94	188.88	249.65
甘肃	Gansu	88.75	133.65	179.28	177.40	181.78	346.73
青海	Qinghai	2.57	22.73	15.59	17.88	30.27	41.23
宁夏	Ningxia	20.88	20.92	28.91		52.00	114.83
新疆	Xinjiang	58.90	73.81	74.06	83.06	86.61	126.88

5-21 分地区原油消费量
CRUDE OIL CONSUMPTION BY REGION

单位:万吨 (10 000 ton)

地区	Region	1990	1995	2000	2002	2003	2004
北京	Beijing	680.98	654.66	754.71	748.00	726.68	809.35
天津	Tianjin	404.92	488.38	709.76	675.58	750.95	786.57
河北	Hebei	312.97	498.50	747.37	697.59	835.19	939.39
山西	Shanxi						
内蒙古	Inner Mongolia	0.61	87.30	126.26	126.05	128.83	132.19
辽宁	Liaoning	2387.08	2516.42	3938.74	4218.81	4560.41	5216.67
吉林	Jilin	470.15	493.30	702.63	731.42	885.24	833.01
黑龙江	Heilongjiang	997.15	1204.34	1601.27	1586.16	1619.14	1616.07
上海	Shanghai	828.27	976.04	1309.70	1424.91	1737.52	1842.29
江苏	Jiangsu	823.47	1010.80	1376.65	1407.68	1714.54	1875.39
浙江	Zhejiang	243.68	575.02	1112.48	1241.04	1425.16	1853.44
安徽	Anhui	257.34	277.04	345.06	307.99	334.92	419.79
福建	Fujian		225.02	358.43	334.15	362.41	390.55
江西	Jiangxi	155.10	230.56	331.18	297.27	314.07	363.41
山东	Shandong	1170.34	1347.92	1771.22	1628.23	2213.73	3196.39
河南	Henan	222.79	401.96	610.58	601.64	37.12	704.54
湖北	Hubei	508.55	511.36	669.77	595.43	637.14	754.01
湖南	Hunan	322.11	348.87	541.05	470.92	507.82	615.79
广东	Guangdong	912.94	1226.95	1956.41	1961.91	2095.15	2391.35
广西	Guangxi	5.88	42.44	61.41	70.24	73.19	82.36
海南	Hainan		0.01	14.69		31.60	13.87
重庆	Chongqing				0.25	0.27	0.48
四川	Sichuan	16.68	30.60	38.89	57.78	75.67	114.99
贵州	Guizhou						
云南	Yunnan		32.16				0.06
陕西	Shaanxi	60.99	153.94	521.61	704.25	869.97	1072.98
甘肃	Gansu	473.83	673.37	880.88	935.32	1017.98	1154.76
青海	Qinghai	31.64	83.96	62.17	62.43	66.73	83.41
宁夏	Ningxia	11.62	67.86	92.62		200.40	159.10
新疆	Xinjiang	483.73	727.61	1071.29	1128.01	1189.14	1314.13

5-22 分地区燃料油消费量

FUEL OIL CONSUMPTION BY REGION

单位:万吨 (10 000 ton)

地区	Region	1990	1995	2000	2002	2003	2004
北京	Beijing	228.49	196.20	89.62	71.00	66.10	66.96
天津	Tianjin	227.88	155.73	79.51	88.98	113.48	113.90
河北	Hebei	46.18	54.66	49.39	61.08	62.68	55.56
山西	Shanxi	12.61	13.15	12.42	9.07	10.66	10.25
内蒙古	Inner Mongolia	25.54	15.91	30.99	39.06	39.37	47.97
辽宁	Liaoning	642.38	499.65	296.73	237.58	192.54	193.29
吉林	Jilin	101.07	75.76	50.96	32.03	28.95	38.45
黑龙江	Heilongjiang	235.48	187.51	135.38	76.77	63.32	47.68
上海	Shanghai	434.28	364.71	494.20	519.71	616.07	657.95
江苏	Jiangsu	189.98	161.95	202.44	181.52	216.31	328.20
浙江	Zhejiang	102.20	106.47	182.52	192.42	261.60	292.31
安徽	Anhui	42.37	47.02	46.91	47.52	53.81	23.92
福建	Fujian	15.53	31.80	53.23	74.77	94.59	81.64
江西	Jiangxi	23.38	26.70	34.20	46.15	39.73	46.88
山东	Shandong	248.43	309.90	344.25	270.54	241.19	279.16
河南	Henan	38.95	52.89	57.55	70.24	78.36	77.25
湖北	Hubei	132.31	125.26	106.69	57.00	90.77	87.20
湖南	Hunan	53.08	56.39	46.38	43.55	42.79	36.81
广东	Guangdong	365.54	647.19	941.95	1154.19	1241.65	1533.95
广西	Guangxi	8.08	13.57	7.67	13.13	20.85	29.63
海南	Hainan	0.51	4.19	9.39		5.24	5.88
重庆	Chongqing			2.68	3.24	2.99	4.32
四川	Sichuan	6.92	11.41	13.32	12.42	11.13	8.11
贵州	Guizhou	4.77	5.34	7.51	7.67	9.94	10.34
云南	Yunnan	1.80	2.80	11.17	8.53	5.69	7.54
陕西	Shaanxi	22.40	28.19	80.05	120.19	57.15	39.85
甘肃	Gansu	62.59	76.48	58.00	30.39	19.95	15.48
青海	Qinghai	10.72	14.96	6.93	4.20	3.90	2.20
宁夏	Ningxia	23.70	27.67	33.13		12.00	3.98
新疆	Xinjiang	89.95	117.03	56.59	34.21	46.52	20.11

5－23　分地区汽油消费量

GASOLINE OIL CONSUMPTION BY REGION

单位:万吨　　　　(10 000 ton)

地　区	Region	1990	1995	2000	2002	2003	2004
北　京	Beijing	56.56	75.41	106.60	152.00	165.22	198.39
天　津	Tianjin	37.12	74.85	112.43	94.76	106.42	118.71
河　北	Hebei	96.55	132.24	136.44	147.41	157.00	169.86
山　西	Shanxi	70.95	97.51	88.84	89.23	89.27	79.78
内蒙古	Inner Mongolia	33.50	49.62	64.81	79.35	96.63	151.30
辽　宁	Liaoning	103.06	119.75	149.47	236.10	227.94	229.18
吉　林	Jilin	55.58	82.71	90.67	96.99	103.41	111.12
黑龙江	Heilongjiang	93.33	184.44	244.04	258.57	310.17	321.58
上　海	Shanghai	49.96	78.84	133.25	191.73	202.24	221.02
江　苏	Jiangsu	90.94	164.07	187.30	293.39	339.17	364.23
浙　江	Zhejiang	58.33	123.96	196.19	231.44	262.15	278.66
安　徽	Anhui	44.10	58.38	68.54	73.90	76.70	78.18
福　建	Fujian	39.50	69.47	105.11	132.76	138.66	192.15
江　西	Jiangxi	42.31	42.06	58.46	82.19	59.63	61.82
山　东	Shandong	123.82	192.85	188.52	176.83	209.51	233.66
河　南	Henan	86.93	142.55	120.86	119.50	121.99	221.95
湖　北	Hubei	110.45	152.36	169.17	232.78	292.86	304.55
湖　南	Hunan	55.24	104.37	115.40	134.63	135.93	160.47
广　东	Guangdong	141.59	281.73	301.16	344.58	375.04	447.44
广　西	Guangxi	33.19	41.32	65.87	84.37	116.70	129.00
海　南	Hainan	11.98	20.88	30.93		19.79	34.21
重　庆	Chongqing			65.66	65.41	65.87	76.37
四　川	Sichuan	78.24	124.38	143.65	171.47	181.66	204.02
贵　州	Guizhou	46.07	52.00	46.46	50.48	58.94	67.23
云　南	Yunnan	53.71	64.92	90.79	97.60	106.10	111.47
陕　西	Shaanxi	46.49	82.39	103.51	95.00	105.43	144.96
甘　肃	Gansu	36.98	55.57	98.41	97.37	97.82	77.47
青　海	Qinghai	12.49	17.98	16.31	16.10	17.16	16.81
宁　夏	Ningxia	9.88	10.71	10.50		22.60	35.49
新　疆	Xinjiang	69.32	101.89	101.93	86.70	91.35	110.91

5-24 分地区煤油消费量

KEROSENE OIL CONSUMPTION BY REGION

单位:万吨 (10 000 ton)

地　区	Region	1990	1995	2000	2002	2003	2004
北　京	Beijing	43.17	65.84	117.60	145.00	137.94	182.82
天　津	Tianjin	1.96	3.79	18.82	15.63	18.61	15.02
河　北	Hebei	3.69	3.50	3.23	2.83	2.71	3.11
山　西	Shanxi	2.33	2.65	6.36	6.66	5.20	8.11
内蒙古	Inner Mongolia	1.48	0.40	1.55	1.58	1.76	1.94
辽　宁	Liaoning	6.13	11.56	18.55	20.27	18.42	21.53
吉　林	Jilin	1.28	2.55	3.28	3.89	4.07	10.29
黑龙江	Heilongjiang	2.46	5.17	8.74	10.61	7.06	8.94
上　海	Shanghai	20.53	37.56	55.71	103.62	103.44	168.15
江　苏	Jiangsu	12.65	8.61	38.94	6.52	14.92	20.18
浙　江	Zhejiang	6.59	7.29	11.25	9.37	10.40	10.55
安　徽	Anhui	8.55	5.36	2.56	2.70	7.53	8.49
福　建	Fujian	3.23	4.63	7.60	5.30	25.54	26.22
江　西	Jiangxi	5.31	3.19	2.81	0.82	5.32	8.66
山　东	Shandong	11.38	23.51	48.25	41.97	14.23	21.74
河　南	Henan	7.77	16.42	14.34	13.28	12.74	12.63
湖　北	Hubei	12.15	14.93	18.29	17.47	12.93	14.55
湖　南	Hunan	7.54	9.77	8.08	8.74	8.91	11.58
广　东	Guangdong	31.62	56.04	89.51	103.15	119.64	130.97
广　西	Guangxi	6.14	5.60	3.79	11.17	10.43	5.05
海　南	Hainan	1.27	11.01	28.13		52.20	54.26
重　庆	Chongqing			8.34	8.53	8.58	12.53
四　川	Sichuan	20.55	24.17	36.04	56.13	72.14	78.99
贵　州	Guizhou	4.90	7.49	9.37	2.29	2.55	2.69
云　南	Yunnan	5.84	9.15	19.24	18.95	20.02	23.50
陕　西	Shaanxi	8.11	17.26	19.49	28.03	36.01	48.46
甘　肃	Gansu	3.10	3.17	3.73	5.30	5.34	6.80
青　海	Qinghai	1.00	0.07	0.06			
宁　夏	Ningxia	0.33	0.42	0.04			4.13
新　疆	Xinjiang	4.62	16.10	21.31	16.61	15.61	18.20

5-25 分地区柴油消费量

DIESEL OIL CONSUMPTION BY REGION

单位:万吨 (10 000 ton)

地　区	Region	1990	1995	2000	2002	2003	2004
北　京	Beijing	47.99	51.29	81.17	109.00	110.41	131.93
天　津	Tianjin	73.78	65.59	197.60	183.81	193.79	226.03
河　北	Hebei	136.67	189.91	181.28	169.52	173.82	210.52
山　西	Shanxi	50.31	63.22	80.67	127.33	141.05	190.53
内蒙古	Inner Mongolia	34.55	44.05	68.73	96.87	152.60	252.21
辽　宁	Liaoning	138.48	143.49	197.22	273.24	267.70	321.68
吉　林	Jilin	51.39	67.14	73.74	85.49	92.53	103.04
黑龙江	Heilongjiang	147.00	225.79	409.71	403.39	419.58	460.40
上　海	Shanghai	99.59	122.67	176.44	262.33	288.32	346.56
江　苏	Jiangsu	179.46	223.50	345.02	379.28	413.94	508.11
浙　江	Zhejiang	130.78	283.72	434.22	502.15	569.98	641.82
安　徽	Anhui	78.27	108.06	142.12	155.89	173.71	189.48
福　建	Fujian	62.27	156.91	213.50	250.13	266.38	324.33
江　西	Jiangxi	45.43	57.83	104.78	163.87	251.60	199.49
山　东	Shandong	226.65	309.78	343.87	248.72	521.01	582.30
河　南	Henan	137.34	134.81	155.02	156.27	168.68	214.83
湖　北	Hubei	165.66	209.11	261.30	308.28	370.96	380.55
湖　南	Hunan	88.57	104.92	140.18	182.36	184.89	242.91
广　东	Guangdong	276.71	597.66	766.23	848.12	935.87	1023.69
广　西	Guangxi	55.45	72.43	147.44	214.48	217.73	286.66
海　南	Hainan	9.92	38.99	46.20		50.73	53.98
重　庆	Chongqing			61.44	68.91	73.15	169.57
四　川	Sichuan	72.52	101.97	161.61	196.43	226.98	269.71
贵　州	Guizhou	27.46	29.82	57.81	89.23	104.41	108.40
云　南	Yunnan	34.61	46.89	55.46	179.35	207.45	238.69
陕　西	Shaanxi	46.29	72.52	94.76	147.38	162.56	197.75
甘　肃	Gansu	38.56	73.04	91.82	71.17	82.33	105.90
青　海	Qinghai	9.40	12.83	19.29	18.64	22.63	23.93
宁　夏	Ningxia	9.03	9.75	11.22		53.04	68.94
新　疆	Xinjiang	88.75	119.35	155.28	169.55	181.55	196.14

5-26 分地区天然气消费量

NATURAL GAS CONSUMPTION BY REGION

单位:万吨 (10 000 ton)

地　区	Region	1990	1995	2000	2002	2003	2004
北　京	Beijing	0.83	1.16	10.90	21.00	21.19	27.02
天　津	Tianjin	2.45	3.93	5.40	6.48	7.26	8.55
河　北	Hebei	6.07	6.89	7.72	7.74	8.28	9.73
山　西	Shanxi	0.60	0.47	1.14	1.92	2.50	2.96
内蒙古	Inner Mongolia			0.01	0.22	2.04	4.42
辽　宁	Liaoning	20.42	21.12	20.15	18.81	18.82	15.81
吉　林	Jilin	0.98	1.83	2.98	3.02	3.08	4.00
黑龙江	Heilongjiang	22.47	25.91	23.04	20.22	20.96	20.34
上　海	Shanghai			2.54	4.33	4.97	10.69
江　苏	Jiangsu	0.38	0.19	0.24	1.01	0.62	3.14
浙　江	Zhejiang						0.32
安　徽	Anhui						0.15
福　建	Fujian						0.60
江　西	Jiangxi						
山　东	Shandong	14.44	12.85	4.53	4.63	9.61	11.71
河　南	Henan	10.73	9.37	11.23	14.63	16.77	20.29
湖　北	Hubei	0.58	0.76	0.91	0.91	0.94	0.94
湖　南	Hunan						0.06
广　东	Guangdong		1.02	1.43		1.26	1.62
广　西	Guangxi						0.02
海　南	Hainan			5.28		24.08	23.89
重　庆	Chongqing			33.26	27.33	28.75	30.34
四　川	Sichuan	57.51	68.92	58.67	69.96	74.68	80.64
贵　州	Guizhou	4.74	5.08	5.72	5.48	5.45	4.99
云　南	Yunnan	4.53	4.71	5.17	5.14	5.60	5.76
陕　西	Shaanxi	0.07	0.38	6.67	14.01	18.26	32.77
甘　肃	Gansu	0.26	0.62	0.85	2.76	7.37	8.53
青　海	Qinghai	0.39	0.64	3.91	11.27	15.15	17.91
宁　夏	Ningxia	0.07	0.15	0.12		10.10	6.77
新　疆	Xinjiang	5.02	11.48	23.44	34.57	40.55	54.01

5－27 分地区电力消费量

ELECTRICITY CONSUMPTION BY REGION

单位:万吨 (10 000 ton)

地 区	Region	1990	1995	2000	2002	2003	2004
北 京	Beijing	174.13	261.74	384.48	436.00	461.24	510.11
天 津	Tianjin	124.15	178.99	236.55	281.00	313.00	350.97
河 北	Hebei	354.16	602.68	809.33	965.08	1098.99	1291.41
山 西	Shanxi	255.47	399.16	506.09	628.83	731.77	841.55
内蒙古	Inner Mongolia	121.82	186.83	256.07	320.44	406.62	535.58
辽 宁	Liaoning	462.19	622.81	796.53	859.20	886.88	1058.10
吉 林	Jilin	190.77	267.60	300.57	344.54	359.40	383.06
黑龙江	Heilongjiang	296.38	409.38	397.24	463.02	503.63	541.65
上 海	Shanghai	264.74	403.27	559.42	645.71	745.97	821.44
江 苏	Jiangsu	411.81	684.80	971.82	1244.60	1505.13	1820.08
浙 江	Zhejiang	230.29	439.59	742.89	1015.84	1240.35	1419.53
安 徽	Anhui	185.67	288.97	338.92	389.94	445.44	515.94
福 建	Fujian	136.66	261.28	403.02	497.86	585.35	664.35
江 西	Jiangxi	127.65	181.21	209.39	246.56	299.53	389.20
山 东	Shandong	448.69	741.07	1000.49	1230.02	1395.72	1693.71
河 南	Henan	338.17	571.48	717.62	927.56	1054.64	1299.63
湖 北	Hubei	281.33	414.99	503.02	567.43	629.20	699.41
湖 南	Hunan	226.73	374.76	406.20	476.00	546.95	662.61
广 东	Guangdong	359.00	787.66	1334.58	1687.83	2031.29	2387.14
广 西	Guangxi	125.58	220.77	322.02	356.95	414.93	456.86
海 南	Hainan	13.96	32.00	42.23	49.00	59.30	68.66
重 庆	Chongqing			307.61	283.51	294.19	309.06
四 川	Sichuan	350.23	582.85	462.26	670.76	758.79	857.02
贵 州	Guizhou	103.21	203.70	334.76	491.67	551.07	583.26
云 南	Yunnan	124.55	223.71	317.25	393.46	409.79	475.19
陕 西	Shaanxi	170.29	239.68	314.39	373.86	421.92	459.78
甘 肃	Gansu	177.84	241.06	295.34	342.33	398.33	452.00
青 海	Qinghai	42.21	69.02	115.96	132.67	158.51	199.64
宁 夏	Ningxia	55.02	92.38	115.32	178.76	212.00	272.83
新 疆	Xinjiang	69.99	119.67	182.98	212.24	234.62	265.90

5－28 分地区农村非商品能源生活消费情况(沼气)

NON COMMERCIAL ENERGY CONSUMPTION FOR RURAL RESIDENTIAL BY REGION (BIOGAS)

地　区 Region	实物(万立方米) Physical Unit (10^4 cu. m)			标准煤(万吨) Coal Equivalent Unit (10^4 tce)		
	2000	2003	2004	2000	2003	2004
全国总计 National	227417.2	460590.3	558555.3	162.29	330.21	398.85
北　京 Beijing	1187.8	903.6	953.5	0.83	0.65	0.68
天　津 Tianjin	74.1	72.5	413.8	0.05	0.05	0.30
河　北 Hebei	6160.8	17033.4	23500.6	4.41	13.52	16.77
山　西 Shanxi	774.2	1080.0	2397.0	0.55	0.77	1.70
内　蒙 Inner Mongolia	41.8	13.9	556.1	0.03	0.01	0.39
辽　宁 Liaoning	6033.2	7547.3	8594.4	4.30	5.39	6.12
吉　林 Jilin	303.2	642.1	813.9	0.22	0.46	0.58
黑龙江 Heilongjiang		410.1	1091.6		0.30	0.79
江　苏 Jiangsu	8122.0	8290.7	8406.2	5.81	5.91	6.00
浙　江 Zhejiang	2288.5	2354.4	3460.0	1.63	1.68	2.47
安　徽 Anhui	2040.8	6163.6	6606.3	1.45	4.41	4.73
福　建 Fujian	4345.6	11312.1	12045.0	3.11	8.08	8.60
江　西 Jiangxi	19591.8	27871.2	37183.8	13.99	19.91	26.56
山　东 Shandong	9687.0	11746.9	12584.0	6.90	8.38	8.99
河　南 Henan	2425.9	11147.1	24349.9	1.73	7.94	17.39
湖　北 Hubei	19592.4	26588.7	31729.7	13.97	19.00	22.66
湖　南 Hunan	30351.8	58436.6	71213.7	21.66	41.72	50.85
广　东 Guangdong	6971.0	12440.2	13138.0	4.98	8.87	9.37
广　西 Guangxi	42337.8	83737.4	89358.8	30.22	59.78	63.84
海　南 Hainan	1181.7	7205.7	9414.8	0.84	5.15	6.72
重　庆 Chongqing	8979.4	14916.4	16293.9	6.40	10.66	11.63
四　川 Sichuan	30648.6	72257.0	86755.4	21.88	51.56	61.94
贵　州 Guizhou	2525.1	17215.2	23246.0	1.80	12.30	16.59
云　南 Yunnan	17512.2	51163.5	60956.2	12.50	36.54	43.54
陕　西 Shaanxi	3253.7	6762.7	8631.5	2.32	4.83	6.17
甘　肃 Gansu	925.7	1898.2	2928.1	0.67	1.36	2.09
青　海 Qinghai						
宁　夏 Ningxia	61.2	1187.6	1905.6	0.04	0.84	1.36
新　疆 Xinjiang		27.4	27.4		0.02	0.02

资料来源:农业部

Source: Ministry of Agriculture, P. R. China.

5-29 分地区农村非商品能源生活消费情况(秸秆)

NON COMMERCIAL ENERGY CONSUMPTION FOR RURAL RESIDENTIAL BY REGION (STALKS)

地 区	Region	实物(万吨) Physical Unit (10^4tn)			标准煤(万吨) Coal Equivalent Unit (10^4tce)		
		2000	2003	2004	2000	2003	2004
全国总计	National	28812.1	33296.1	33985.6	12360.35	14284.10	14579.87
北 京	Beijing	182.8	137.9	137.9	78.41	59.14	59.14
天 津	Tianjin	223.5	197.4	183.2	95.88	84.68	78.59
河 北	Hebei	1731.6	1793.2	1742.2	742.85	769.32	747.39
山 西	Shanxi	307.5	950.0	447.3	131.92	407.55	191.88
内 蒙	Inner Mongolia	794.1	1410.0	1518.5	340.66	604.88	651.43
辽 宁	Liaoning	1303.8	1292.2	1314.0	559.32	554.35	563.74
吉 林	Jilin	1379.7	1246.4	1278.9	591.89	534.70	548.66
黑龙江	Heilongjiang	1725.1	2224.9	2367.2	740.07	954.47	1015.53
江 苏	Jiangsu	3151.9	2550.4	3278.8	1352.16	1094.12	1406.59
浙 江	Zhejiang	455.2	302.0	301.9	195.28	129.55	129.52
安 徽	Anhui	2393.1	2561.3	2607.3	1026.62	1098.82	1118.54
福 建	Fujian	39.1	208.2	201.9	16.75	89.31	86.63
江 西	Jiangxi	456.2	492.2	561.7	195.70	211.17	240.97
山 东	Shandong	3353.2	2993.7	2881.7	1438.52	1284.29	1236.24
河 南	Henan	1830.3	1789.0	2365.9	785.17	767.47	1014.96
湖 北	Hubei	1754.4	1494.0	1473.9	752.64	640.94	632.31
湖 南	Hunan	713.9	749.9	728.9	306.26	321.69	312.71
广 东	Guangdong	723.7	1504.6	1490.9	310.46	645.48	639.59
广 西	Guangxi	922.0	877.5	835.1	395.57	376.45	358.24
海 南	Hainan	828.7	260.1	216.1	355.51	111.56	92.69
重 庆	Chongqing	632.7	864.1	824.1	271.43	370.68	353.55
四 川	Sichuan	1435.0	3770.3	3542.6	615.60	1617.46	1519.78
贵 州	Guizhou	334.5	743.5	843.6	143.48	318.99	361.93
云 南	Yunnan	298.3	612.6	517.7	127.98	262.80	222.09
陕 西	Shaanxi	614.2	944.9	737.2	263.50	405.37	316.27
甘 肃	Gansu	632.7	707.4	648.2	271.43	303.49	278.07
青 海	Qinghai	127.5	127.5	127.5	54.71	54.71	54.71
宁 夏	Ningxia	80.8	240.6	300.6	34.67	103.24	128.97
新 疆	Xinjiang	386.7	250.4	510.8	165.91	107.42	219.15

资料来源:农业部

Source: Ministry of Agriculture, P. R. China.

5－30 分地区农村非商品能源生活消费情况(薪柴)

NON COMMERCIAL ENERGY CONSUMPTION FOR RURAL RESIDENTIAL BY REGION (FIREWOOD)

地区 Region	实物(万吨) Physical Unit (10^4 tn)			标准煤(万吨) Coal Equivalent Unit (10^4 tce)		
	2000	2003	2004	2000	2003	2004
全国总计 National	14100.90	20375.60	21091.93	8051.68	11634.50	12043.45
北京 Beijing	40.53	43.76	43.76	23.15	24.99	24.99
天津 Tianjin	0.63	0.57	0.55	0.36	0.33	0.31
河北 Hebei	709.52	1336.55	1037.17	405.14	763.22	592.23
山西 Shanxi	75.24	220.00	306.78	42.96	125.62	175.17
内蒙 Inner Mongolia	129.93	177.46	311.18	74.19	101.33	177.70
辽宁 Liaoning	534.83	570.30	728.08	305.38	325.65	415.73
吉林 Jilin	324.82	283.11	269.63	185.47	161.65	153.95
黑龙江 Heilongjiang	371.84	304.39	330.23	212.33	173.82	188.57
江苏 Jiangsu	219.21	200.30	210.80	125.17	114.36	120.36
浙江 Zhejiang	585.11	415.48	367.97	334.10	237.23	210.11
安徽 Anhui	796.82	702.93	731.82	455.01	401.38	417.89
福建 Fujian	32.46	2403.14	2800.01	18.53	1372.19	1598.81
江西 Jiangxi	825.24	753.31	848.02	471.21	430.15	484.22
山东 Shandong	459.76	501.25	471.71	262.52	286.20	269.33
河南 Henan	440.20	437.35	427.25	251.36	249.72	243.97
湖北 Hubei	1122.77	1172.59	1098.11	641.10	669.54	627.02
湖南 Hunan	1372.36	1092.72	1279.63	783.62	623.93	730.66
广东 Guangdong	813.10	772.84	778.71	464.28	441.30	444.65
广西 Guangxi	1154.26	1050.86	1115.74	659.08	600.03	637.07
海南 Hainan	243.80	254.12	169.12	139.21	145.11	96.57
重庆 Chongqing	438.75	736.62	670.05	250.57	420.61	382.58
四川 Sichuan	847.61	3021.09	3049.35	483.99	1725.03	1741.16
贵州 Guizhou	795.54	1834.50	1957.26	454.25	1047.51	1117.60
云南 Yunnan	923.22	1116.69	1011.37	527.16	637.63	577.48
陕西 Shaanxi	506.33	544.97	482.69	289.10	311.18	275.61
甘肃 Gansu	186.53	214.71	230.58	106.50	122.60	131.65
青海 Qinghai	33.39	33.39	33.39	19.07	19.07	19.07
宁夏 Ningxia						
新疆 Xinjiang	117.10	180.60	330.97	66.87	103.12	188.99

六、地区能源平衡表

Chapter 6 Energy Balance Table by Region

6－1 北京能源平衡表(实物量)－2004

		煤合计 (万吨) Coal Total (10^4 tn)	原煤 (万吨) Raw Coal (10^4 tn)
一、可供本地区消费的能源量	**Total Primary Energy Supply**	**2947.31**	**2417.97**
1. 一次能源生产量	Indigenous Production	1067.96	1067.96
2. 回收能	Recovery of Energy		
3. 外省(区、市)调入量	Moving In from Other Provinces	2353.54	1820.00
4. 进口量	Import	8.63	
5. 我轮、机在外国加油量	Chinese Airplanes & Ships in Refueling Abroad		
6. 本省(区、市)调出量(－)	Sending Out to Other Provinces(－)	－344.16	－340.63
7. 出口量(－)	Export(－)	－204.49	－204.49
8. 外轮、机在我国加油量(－)	Foreign Airplanes & Ships in Refueling in China		
9. 库存增(－)、减(＋)量	Stock Change	65.83	75.13
二、加工转换投入(－)产出(＋)量	**Input(－) & Output(＋) of Transformation**	**－1717.05**	**－1210.55**
1. 火力发电	Thermal Power	－829.57	－823.09
2. 供热	Heating Supply	－385.71	－384.28
3. 洗选煤	Coal Washing		
4. 炼焦	Coking	－502.00	
5. 炼油	Petroleum Refineries		
6. 制气	Gas Works		
#焦炭再投入量(－)	Coke Input(－)		
7. 煤制品加工	Briquettes	0.23	－3.18
三、损失量	**Loss**		
四、终端消费量	**Total Final Consumption**	**1222.36**	**1214.76**
1. 农、林、牧、渔、水利业	Farming, Forestry, Animal Husbandry, Fishery & Water Conservancy	45.28	45.28
2. 工业	Industry	600.18	594.72
#用作原料、材料	Non-Energy Use	17.43	17.43
3. 建筑业	Construction	15.93	15.93
4. 交通运输、仓储和邮政业	Transport, Storage and Post	20.45	20.45
5. 批发、零售业和住宿、餐饮业	Wholesale, Retail Trade and Hotel, Restaurants	14.16	14.16
6. 生活消费	Residential Consumption	247.11	244.97
城镇	Urban	57.58	55.44
乡村	Rural	189.53	189.53
7. 其他	Other	279.25	279.25
五、平衡差额	**Statistical Difference**	**7.90**	**－7.34**
六、消费量合计	**Sum of Consumption**	**2939.64**	**2425.31**

ENERGY BALANCE OF BEIJING －2004 (PHYSICAL QUANTITY)

洗精煤 (万吨) Cleaned Coal (10^4 tn)	其他洗煤 (万吨) Other Washed Coal (10^4 tn)	型煤 (万吨) Briquettes (10^4 tn)	焦炭 (万吨) Coke (10^4 tn)	焦炉煤气 (亿立方米) Coke Oven Gas (10^8 cu. m)	其他煤气 (亿立方米) Other Gas (10^8 cu. m)	其他焦化产品 (万吨) Other Coking Products (10^4 tn)	油品合计 (万吨) Petroleum Products Total (10^4 tn)	原油 (万吨) Crude Oil (10^4 tn)
521.25	**8.09**		**81.79**			**1013.59**	**808.84**	**38.29**
525.63	7.91		178.62			1156.33	687.50	116.71
8.63						252.6	145.27	
						55.39		
-3.53			-75.65			-375.22		-74.32
			-10.81			-3.73		
						-42.26		
-9.48	0.18		-10.37			-29.52	-23.93	-4.10
-502.00	**-7.91**	**3.41**	**220.33**	**13.31**	**89.72**	**-89.47**	**-809.35**	**169.77**
	-6.48			-0.55	-17.74	-15.05		
	-1.43			-1.69	-17.51	-54.95		
-502.00			366.93	15.55				
						-19.47	-809.35	169.77
					124.97			
			-146.60					
		3.41						
				0.65		**0.76**		**0.14**
3.95	**0.24**	**3.41**	**309.13**	**12.57**	**89.72**	**905.40**		**198.25**
						13.28		4.37
3.95	0.24	1.27	309.13	11.17	89.72	402.17		17.44
			0.78			294.81		
						18.76		7.90
						278.32		46.02
				0.61		19.24		10.76
		2.14		0.38		117.50		77.77
		2.14		0.38		117.50		77.77
				0.41		56.13		33.99
15.30	**-0.06**		**-7.01**	**0.09**		**17.96**	**-0.51**	**9.67**
505.95	**8.15**	**3.41**	**455.73**	**15.46**	**124.97**	**995.63**	**809.35**	**198.39**

续表

		煤油 (万吨) Kerosene (10^4tn)	柴油 (万吨) Diesel Oil (10^4tn)
一、可供本地区消费的能源量	**Total Primary Energy Supply**	**183.24**	**-45.25**
1. 一次能源生产量	Indigenous Production		
2. 回收能	Recovery of Energy		
3. 外省(区、市)调入量	Moving In from Other Provinces	139.89	141.32
4. 进口量	Import	104.33	
5. 我轮、机在外国加油量	Chinese Airplanes & Ships in Refueling Abroad	55.39	
6. 本省(区、市)调出量(-)	Sending Out to Other Provinces(-)	-72.76	-183.82
7. 出口量(-)	Export(-)		
8. 外轮、机在我国加油量(-)	Foreign Airplanes & Ships in Refueling in China	-42.26	
9. 库存增(-)、减(+)量	Stock Change	-1.35	-2.75
二、加工转换投入(-)产出(+)量	**Input(-) & Output(+) of Transformation**	**8.11**	**180.14**
1. 火力发电	Thermal Power		-0.39
2. 供热	Heating Supply		-0.19
3. 洗选煤	Coal Washing		
4. 炼焦	Coking		
5. 炼油	Petroleum Refineries	8.11	180.72
6. 制气	Gas Works		
#焦炭再投入量(-)	Coke Input(-)		
7. 煤制品加工	Briquettes		
三、损失量	**Loss**	**0.07**	
四、终端消费量	**Total Final Consumption**	**182.75**	**131.35**
1. 农、林、牧、渔、水利业	Farming, Forestry, Animal Husbandry, Fishery & Water Conservancy		8.91
2. 工业	Industry	0.41	29.76
#用作原料、材料	Non-Energy Use		0.37
3. 建筑业	Construction	0.50	10.08
4. 交通运输、仓储和邮政业	Transport, Storage and Post	181.84	49.64
5. 批发、零售业和住宿、餐饮业	Wholesale, Retail Trade and Hotel ,Restaurants		5.30
6. 生活消费	Residential Consumption		7.00
城镇	Urban		7.00
乡村	Rural		
7. 其他	Other		20.66
五、平衡差额	**Statistical Difference**	**8.53**	**3.54**
六、消费量合计	**Sum of Consumption**	**182.82**	**131.93**

Continued

燃料油（万吨）Fuel Oil (10^4 tn)	液化石油气（万吨）PLG (10^4 tn)	炼厂干气（万吨）Refinery Gas (10^4 tn)	天然气（亿立方米）Natural Gas (10^8 cu. m)	其他石油制品（万吨）Other Petroleum Products (10^4 tn)	其他焦化产品（万吨）Other Coking Products (10^4 tn)	热力（万百万千焦）Heat (10^{10} kJ)	电力（亿千瓦小时）Electricity (10^8 kW·h)	其他能源（万吨标煤）Other Energy (10^4 tce)
-2.94	**0.21**		**27.02**	**31.20**	**1.86**		**308.50**	**34.86**
							0.64	
15.11	7.74		27.02	48.06	2.38		309.56	34.33
3.00								
-16.04	-7.60			-20.68	-0.14		-1.70	
				-3.73				
-5.01	0.07			7.55	-0.38			0.53
21.20	**43.32**	**15.36**	**-1.81**	**281.98**	**17.80**	**10973.85**	**200.40**	**-29.41**
-14.66							200.40	-9.41
-32.32		-3.03	-1.81	-19.41		10973.85		-20.00
					17.80			
68.18	43.32	18.39		301.39				
	0.12		**1.99**	**0.43**		**395.00**	**40.65**	
19.98	**43.25**	**15.36**	**23.22**	**314.46**	**16.62**	**10578.85**	**469.46**	**5.45**
							10.42	
19.98	4.76	15.36	1.70	314.46	16.62	5125.43	196.18	5.45
				294.44	7.79			
	0.28		0.25			172.08	20.21	
	0.82		1.70				16.07	
	3.18		3.01			261.65	44.13	
	32.73		4.85			1810.25	80.54	
	32.73		4.85			1810.25	64.75	
							15.79	
	1.48		11.71			3209.44	101.91	
-1.72	**0.16**			**-1.71**	**3.04**		**-1.21**	
66.96	**43.37**	**18.39**	**27.02**	**334.30**	**16.62**	**10973.85**	**510.11**	**34.86**

6-2 天津能源平衡表(实物量)-2004

		煤合计（万吨）Coal Total (10^4 tn)	原煤（万吨）Raw Coal (10^4 tn)
一、可供本地区消费的能源量	**Total Primary Energy Supply**	**3508.08**	**3025.00**
1.一次能源生产量	Indigenous Production		
2.回收能	Recovery of Energy		
3.外省(区、市)调入量	Moving In from Other Provinces	3503.58	3033.07
4.进口量	Import		
5.我轮、机在外国加油量	Chinese Airplanes & Ships in Refueling Abroad		
6.本省(区、市)调出量(-)	Sending Out to Other Provinces(-)		
7.出口量(-)	Export(-)		
8.外轮、机在我国加油量(-)	Foreign Airplanes & Ships in Refueling in China		
9.库存增(-)、减(+)量	Stock Change	4.50	-8.07
二、加工转换投入(-)产出(+)量	**Input(-) & Output(+) of Transformation**	**-2424.91**	**-1991.83**
1.火力发电	Thermal Power	-1410.00	-1410.00
2.供热	Heating Supply	-580.00	-580.00
3.洗选煤	Coal Washing		
4.炼焦	Coking	-434.91	-1.83
5.炼油	Petroleum Refineries		
6.制气	Gas Works		
#焦炭再投入量(-)	Coke Input(-)		
7.煤制品加工	Briquettes		
三、损失量	**Loss**	**3.27**	**3.27**
四、终端消费量	**Total Final Consumption**	**1080.39**	**1030.15**
1.农、林、牧、渔、水利业	Farming, Forestry, Animal Husbandry, Fishery & Water Conservancy	13.25	13.25
2.工业	Industry	838.00	787.76
#用作原料、材料	Non-Energy Use	182.14	181.26
3.建筑业	Construction	37.00	37.00
4.交通运输、仓储和邮政业	Transport, Storage and Post	22.02	22.02
5.批发、零售业和住宿、餐饮业	Wholesale, Retail Trade and Hotel, Restaurants	38.75	38.75
6.生活消费	Residential Consumption	84.27	84.27
城镇	Urban	44.39	44.39
乡村	Rural	39.88	39.88
7.其他	Other	47.10	47.10
五、平衡差额	**Statistical Difference**	**-0.49**	**-0.25**
六、消费量合计	**Sum of Consumption**	**3508.57**	**3025.25**

ENERGY BALANCE OF TIANJIN -2004 (PHYSICAL QUANTITY)

洗精煤 (万吨) Cleaned Coal (10^4 tn)	其他洗煤 (万吨) Other Washed Coal (10^4 tn)	型煤 (万吨) Briquettes (10^4 tn)	焦炭 (万吨) Coke (10^4 tn)	焦炉煤气 (亿立方米) Coke Oven Gas (10^8 cu. m)	其他煤气 (亿立方米) Other Gas (10^8 cu. m)	油品合计 (万吨) Petroleum Products Total (10^4 tn)	原油 (万吨) Crude Oil (10^4 tn)	汽油 (万吨) Gasoline (10^4 tn)
483.08			**-6.91**	**-0.41**		**723.62**	**786.94**	**-5.20**
						1446.21	1446.21	
470.51			117.60			1368.83	40.52	447.94
						349.42	313.68	
						79.83		
			-99.11	-0.41		-2292.02	-832.67	-452.43
			-19.52			-171.82	-171.82	
						-30.62		
12.57			-5.88			-26.21	-8.98	-0.71
-433.08			**334.57**	**7.94**		**-70.38**	**-756.58**	**123.65**
						-1.39		
				-0.73		-2.68		
-433.08			335.08	-3.58				
						-66.31	-756.58	123.65
			-0.51	12.25				
			0.63	**0.58**		**8.43**	**8.31**	
50.24			**326.90**	**6.16**		**645.26**	**21.68**	**118.71**
						17.98		5.43
50.24			326.90	5.19		250.02	21.68	11.00
0.88			6.24			69.35	0.02	0.38
						2.99		1.72
						204.31		49.89
				0.18		104.96		20.66
				0.76		31.37		18.22
				0.76		23.83		16.82
						7.54		1.40
				0.03		33.63		11.79
-0.24			**0.13**	**0.79**		**-0.45**	**0.37**	**-0.26**
483.32			**328.04**	**7.47**		**724.07**	**786.57**	**118.71**

续表

		煤油（万吨） Kerosene （10^4 tn）	柴油（万吨） Diesel Oil （10^4 tn）
一、可供本地区消费的能源量	**Total Primary Energy Supply**	**-13.24**	**-77.49**
1.一次能源生产量	Indigenous Production		
2.回收能	Recovery of Energy		
3.外省(区、市)调入量	Moving In from Other Provinces	60.50	767.84
4.进口量	Import	3.04	30.11
5.我轮、机在外国加油量	Chinese Airplanes & Ships in Refueling Abroad		1.28
6.本省(区、市)调出量(-)	Sending Out to Other Provinces(-)	-75.45	-863.42
7.出口量(-)	Export(-)		
8.外轮、机在我国加油量(-)	Foreign Airplanes & Ships in Refueling in China	-1.45	-2.93
9.库存增(-)、减(+)量	Stock Change	0.12	-10.37
二、加工转换投入(-)产出(+)量	**Input(-) & Output(+) of Transformation**	**28.22**	**301.99**
1.火力发电	Thermal Power		-0.84
2.供热	Heating Supply		-0.35
3.洗选煤	Coal Washing		
4.炼焦	Coking		
5.炼油	Petroleum Refineries	28.22	303.18
6.制气	Gas Works		
#焦炭再投入量(-)	Coke Input(-)		
7.煤制品加工	Briquettes		
三、损失量	**Loss**		**0.12**
四、终端消费量	**Total Final Consumption**	**15.02**	**224.72**
1.农、林、牧、渔、水利业	Farming, Forestry, Animal Husbandry, Fishery & Water Conservancy	0.10	11.26
2.工业	Industry	1.05	23.60
#用作原料、材料	Non-Energy Use	0.09	0.76
3.建筑业	Construction		1.27
4.交通运输、仓储和邮政业	Transport, Storage and Post	11.99	92.95
5.批发、零售业和住宿、餐饮业	Wholesale, Retail Trade and Hotel, Restaurants	0.56	72.71
6.生活消费	Residential Consumption		4.22
城镇	Urban		3.87
乡村	Rural		0.35
7.其他	Other	1.32	18.71
五、平衡差额	**Statistical Difference**	**-0.04**	**-0.34**
六、消费量合计	**Sum of Consumption**	**15.02**	**226.03**

Continued

燃料油（万吨）Fuel Oil（10^4tn）	液化石油气（万吨）PLG（10^4tn）	炼厂干气（万吨）Refinery Gas（10^4tn）	天然气（亿立方米）Natural Gas（10^8 cu. m）	其他石油制品（万吨）Other Petroleum Products（10^4tn）	其他焦化产品（万吨）Other Coking Products（10^4 tn）	热力（万百万千焦）Heat（10^{10} kJ）	电力（亿千瓦小时）Electricity（10^8kW・h）	其他能源（万吨标煤）Other Energy（10^4tce）
55.80	**-22.53**		**8.64**	**-0.66**	**-11.30**		**7.75**	
			8.72					
49.23	2.80		4.97				8.08	
2.29	0.30							
78.55								
-41.37	-25.60		-5.05	-1.08	-11.27		-0.33	
-26.24								
-6.66	-0.03			0.42	-0.03			
56.57	**37.30**	**10.88**	**-0.49**	**127.59**	**18.92**	**9759.19**	**343.22**	
		-0.55	-0.37				343.22	
-1.56		-0.77	-0.07			9759.19		
					18.92			
58.13	37.30	12.20	-0.05	127.59				
			0.87			**60.38**	**21.59**	
112.34	**14.81**	**10.88**	**7.19**	**127.10**	**7.60**	**9676.71**	**329.38**	
0.69				0.50			8.93	
52.95	2.27	10.88	3.88	126.59	7.60	4673.92	238.02	
20.76	0.64		0.66	46.70			15.14	
							1.99	
49.48						40.70	6.72	
8.30	2.73		1.18			519.68	17.59	
	8.93		2.12			4340.00	33.45	
	3.14		2.12			4340.00	24.84	
	5.79						8.61	
0.92	0.88		0.01	0.01		102.41	22.68	
0.03	**-0.04**		**0.09**	**-0.17**	**0.02**	**22.10**		
113.90	**14.81**	**12.20**	**8.55**	**127.10**	**7.60**	**9737.09**	**350.97**	

6-3 河北能源平衡表(实物量)-2004

		煤合计 (万吨) Coal Total (10[4] tn)	原煤 (万吨) Raw Coal (10[4] tn)
一、可供本地区消费的能源量	**Total Primary Energy Supply**	**17421.89**	**17162.8**
1.一次能源生产量	Indigenous Production	8652.97	8653.0
2.回收能	Recovery of Energy		
3.外省(区、市)调入量	Moving In from Other Provinces	11086.91	10138.6
4.进口量	Import	21.07	21.1
5.我轮、机在外国加油量	Chinese Airplanes & Ships in Refueling Abroad		
6.本省(区、市)调出量(-)	Sending Out to Other Provinces(-)	-1886.27	-1265.4
7.出口量(-)	Export(-)	-395.09	-336.9
8.外轮、机在我国加油量(-)	Foreign Airplanes & Ships in Refueling in China		
9.库存增(-)、减(+)量	Stock Change	-57.70	-47.4
二、加工转换投入(-)产出(+)量	**Input(-) & Output(+) of Transformation**	**-10590.65**	**-11269.1**
1.火力发电	Thermal Power	-6400.80	-6299.8
2.供热	Heating Supply	-748.86	-720.3
3.洗选煤	Coal Washing	-856.41	-3910.4
4.炼焦	Coking	-2590.88	-259.8
5.炼油	Petroleum Refineries		
6.制气	Gas Works	-4.00	-4.0
#焦炭再投入量(-)	Coke Input(-)		
7.煤制品加工	Briquettes	10.30	-74.9
三、损失量	**Loss**	**90.08**	**82.7**
四、终端消费量	**Total Final Consumption**	**6393.23**	**5601.0**
1.农、林、牧、渔、水利业	Farming, Forestry, Animal Husbandry, Fishery & Water Conservancy	21.01	20.7
2.工业	Industry	4560.34	4457.2
#用作原料、材料	Non-Energy Use		
3.建筑业	Construction	23.63	23.4
4.交通运输、仓储和邮政业	Transport, Storage and Post	48.92	48.7
5.批发、零售业和住宿、餐饮业	Wholesale, Retail Trade and Hotel, Restaurants	48.80	47.1
6.生活消费	Residential Consumption	1448.00	763.8
城镇	Urban	500.91	264.7
乡村	Rural	947.09	499.1
7.其他	Other	242.53	240.3
五、平衡差额	**Statistical Difference**	**347.93**	**210.0**
六、消费量合计	**Sum of Consumption**	**17084.26**	**16952.8**

ENERGY BALANCE OF HEBEI －2004（PHYSICAL QUANTITY）

洗精煤（万吨）Cleaned Coal（10^4 tn）	其他洗煤（万吨）Other Washed Coal（10^4 tn）	型煤（万吨）Briquettes（10^4 tn）	焦炭（万吨）Coke（10^4 tn）	焦炉煤气（亿立方米）Coke Oven Gas（10^8 cu. m）	其他煤气（亿立方米）Other Gas（10^8 cu. m）	油品合计（万吨）Petroleum Products Total（10^4 tn）	原油（万吨）Crude Oil（10^4 tn）	汽油（万吨）Gasoline（10^4 tn）
266.19	**-7.12**		**1302.46**		**185.01**	**723.73**	**939.39**	**-40.91**
						537.78	537.78	
					185.01			
923.94	24.41		1417.93			324.07	184.21	63.82
						226.45	226.45	
-585.02	-35.81		-101.35			-357.23		-107.58
-58.18			-3.26					
-14.55	4.28		-10.86			-7.34	-9.05	2.85
-227.17	**820.45**	**85.15**	**1941.00**	**34.11**	**-23.74**	**-31.31**	**-890.95**	**210.77**
	-101.04			-0.54	-24.25	-6.24		
	-28.53					-7.22		
2103.95	950.02							
-2331.12			1941.00	34.65				
						-17.85	-890.95	210.77
					0.51			
		85.15						
0.33	**7.05**		**19.45**	**0.50**		**16.80**	**15.14**	**0.53**
38.69	**668.35**	**85.15**	**3224.01**	**33.61**	**161.27**	**675.62**	**33.30**	**169.33**
		0.31	0.04			42.05		1.57
38.69	59.90	4.54	3223.20	26.41	151.26	272.82	33.3	36.17
		0.27	0.05			94.15		4.92
		0.26	0.06	0.01		185.99		95.63
		1.75	0.09	0.08		14.74		6.32
	608.45	75.76		7.05	10.01	35.73		
	200.79	35.45		7.05	10.01	28.73		
	407.66	40.31				7.00		
		2.26	0.57	0.06		30.14		24.72
	137.93							
2370.14	**804.97**	**85.15**	**3243.46**	**34.65**	**185.52**	**723.73**	**939.39**	**169.86**

续表

		煤油（万吨）Kerosene (10^4 tn)	柴油（万吨）Diesel Oil (10^4 tn)
一、可供本地区消费的能源量	**Total Primary Energy Supply**	**-8.97**	**-164.46**
1. 一次能源生产量	Indigenous Production		
2. 回收能	Recovery of Energy		
3. 外省（区、市）调入量	Moving In from Other Provinces	2.56	42.79
4. 进口量	Import		
5. 我轮、机在外国加油量	Chinese Airplanes & Ships in Refueling Abroad		
6. 本省（区、市）调出量（-）	Sending Out to Other Provinces（-）	-12.24	-209.82
7. 出口量（-）	Export（-）		
8. 外轮、机在我国加油量（-）	Foreign Airplanes & Ships in Refueling in China		
9. 库存增（-）、减（+）量	Stock Change	0.71	2.57
二、加工转换投入（-）产出（+）量	**Input（-） & Output（+） of Transformation**	**12.08**	**369.82**
1. 火力发电	Thermal Power		-4.66
2. 供热	Heating Supply		-0.50
3. 洗选煤	Coal Washing		
4. 炼焦	Coking		
5. 炼油	Petroleum Refineries	12.08	374.98
6. 制气	Gas Works		
#焦炭再投入量（-）	Coke Input（-）		
7. 煤制品加工	Briquettes		
三、损失量	**Loss**	**0.03**	**0.20**
四、终端消费量	**Total Final Consumption**	**3.08**	**205.16**
1. 农、林、牧、渔、水利业	Farming，Forestry，Animal Husbandry，Fishery & Water Conservancy	0.08	40.06
2. 工业	Industry	1.23	60.50
#用作原料、材料	Non-Energy Use		
3. 建筑业	Construction	0.01	10.53
4. 交通运输、仓储和邮政业	Transport，Storage and Post	0.15	84.81
5. 批发、零售业和住宿、餐饮业	Wholesale，Retail Trade and Hotel ，Restaurants	0.05	4.31
6. 生活消费	Residential Consumption	1.39	0.60
城镇	Urban	0.02	0.60
乡村	Rural	1.37	
7. 其他	Other	0.17	4.35
五、平衡差额	**Statistical Difference**		
六、消费量合计	**Sum of Consumption**	**3.11**	**210.52**

Continued

燃料油（万吨）Fuel Oil (10^4 tn)	液化石油气（万吨）PLG (10^4 tn)	炼厂干气（万吨）Refinery Gas (10^4 tn)	天然气（亿立方米）Natural Gas (10^8 cu. m)	其他石油制品（万吨）Other Petroleum Products (10^4 tn)	其他焦化产品（万吨）Other Coking Products (10^4 tn)	热力（万百万千焦）Heat (10^{10} kJ)	电力（亿千瓦小时）Electricity (10^8 kW · h)	其他能源（万吨标煤）Other Energy (10^4 tce)
14.72	**-16.20**		**9.73**	**0.16**			**40.51**	**65.69**
			6.63				4.46	
								65.69
30.69			6.11				36.05	
-11.16	-16.43		-3.01					
-4.81	0.23			0.16				
39.54	**58.39**	**23.81**		**145.23**	**42.63**	**11071.73**	**1250.90**	**-37.18**
-0.16		-1.42				-1196.07	1250.90	-34.64
-1.14		-5.58				12267.80		-2.54
					42.63			
40.84	58.39	30.81		145.23				
0.08	**0.08**	**0.58**	**0.40**	**0.16**			**90.70**	
54.18	**42.11**	**23.23**	**9.33**	**145.23**	**42.63**	**11071.73**	**1200.71**	**28.51**
0.33	0.01						91.26	
46.57	4.89	23.23	8.71	66.93	42.63	6405.96	862.81	28.51
0.32	0.07			78.30		27.14	9.04	
5.34	0.06					39.74	31.72	
0.87	3.19		0.01			182.08	25.57	
	33.74		0.61			3987.22	128.77	
	28.11		0.61			3987.22	69.48	
	5.63						59.29	
0.75	0.15					429.59	51.54	
55.56	**42.19**	**30.81**	**9.73**	**145.39**	**42.63**	**11071.73**	**1291.41**	**65.69**

6-4 山西能源平衡表(实物量)-2004

		煤合计(万吨) Coal Total (10^4 tn)	原煤(万吨) Raw Coal (10^4 tn)
一、可供本地区消费的能源量	**Total Primary Energy Supply**	**15132.67**	**18052.3**
1.一次能源生产量	Indigenous Production	50862.00	50862.0
2.回收能	Recovery of Energy		
3.外省(区、市)调入量	Moving In from Other Provinces		
4.进口量	Import		
5.我轮、机在外国加油量	Chinese Airplanes & Ships in Refueling Abroad		
6.本省(区、市)调出量(-)	Sending Out to Other Provinces(-)	-31347.00	-28514.5
7.出口量(-)	Export(-)	-4307.00	-4307.0
8.外轮、机在我国加油量(-)	Foreign Airplanes & Ships in Refueling in China		
9.库存增(-)、减(+)量	Stock Change	-75.33	11.9
二、加工转换投入(-)产出(+)量	**Input(-) & Output(+) of Transformation**	**-18273.82**	**-21565.3**
1.火力发电	Thermal Power	-5567.32	-5213.2
2.供热	Heating Supply	-342.41	-342.4
3.洗选煤	Coal Washing	-3320.74	-13381.0
4.炼焦	Coking	-8943.44	-2509.9
5.炼油	Petroleum Refineries		
6.制气	Gas Works	-97.04	-85.5
#焦炭再投入量(-)	Coke Input(-)		
7.煤制品加工	Briquettes	-2.87	-33.4
三、损失量	**Loss**		
四、终端消费量	**Total Final Consumption**	**4158.85**	**3787.0**
1.农、林、牧、渔、水利业	Farming, Forestry, Animal Husbandry, Fishery & Water Conservancy	152.00	152.0
2.工业	Industry	2948.33	2619.5
#用作原料、材料	Non-Energy Use	743.37	742.6
3.建筑业	Construction	108.60	108.6
4.交通运输、仓储和邮政业	Transport, Storage and Post	86.00	86.0
5.批发、零售业和住宿、餐饮业	Wholesale, Retail Trade and Hotel, Restaurants	50.70	50.7
6.生活消费	Residential Consumption	673.22	630.2
城镇	Urban	72.80	60.3
乡村	Rural	600.42	569.9
7.其他	Other	140.00	140.0
五、平衡差额	**Statistical Difference**	**-7300.00**	**-7300.0**
六、消费量合计	**Sum of Consumption**	**22432.67**	**25352.3**

ENERGY BALANCE OF SHANXI －2004 (PHYSICAL QUANTITY)

洗精煤（万吨）Cleaned Coal (10^4 tn)	其他洗煤（万吨）Other Washed Coal (10^4 tn)	型煤（万吨）Briquettes (10^4 tn)	焦炭（万吨）Coke (10^4 tn)	焦炉煤气（亿立方米）Coke Oven Gas (10^8 cu. m)	其他煤气（亿立方米）Other Gas (10^8 cu. m)	油品合计（万吨）Petroleum Products Total (10^4 tn)	原油（万吨）Crude Oil (10^4 tn)	汽油（万吨）Gasoline (10^4 tn)
－2498.16	**－421.51**		**－4079.15**		**133.07**	**301.02**		**79.78**
					133.07			
						307.89		80.24
－2446.34	－386.15		－3398.25			－1.80		－0.40
			－668.93					
－51.82	－35.36		－11.97			－5.07		－0.06
2498.16	**761.01**	**32.31**	**6803.46**	**29.76**	**2.92**			
	－354.17			－5.32	－8.20			
8902.00	1158.25							
－6403.84	－29.72		6803.46	35.08				
	－11.52				11.12			
	－1.83	32.31						
						0.52		**0.33**
	339.50	**32.31**	**2724.31**	**29.76**	**135.99**	**300.50**		**79.45**
			50.00			29.78		9.19
	300.00	28.79	2542.31	22.80	132.27	89.20		13.73
	0.60	0.19	120.85	1.13	0.23	0.49		0.11
			8.50			9.07		3.80
						146.60		41.88
			40.50	0.73		4.81		1.56
	39.50	3.52	80.00	6.23	3.72	5.70		0.59
	9.50	3.00	30.00	6.23	3.00	4.38		0.34
	30.00	0.52	50.00		0.72	1.32		0.25
			3.00			15.34		8.70
6403.84	**736.74**	**32.31**	**2724.31**	**35.08**	**144.19**	**301.02**		**79.78**

续表

		煤油（万吨） Kerosene (10^4 tn)	柴油（万吨） Diesel Oil (10^4 tn)
一、可供本地区消费的能源量	**Total Primary Energy Supply**	**8.11**	**190.53**
1. 一次能源生产量	Indigenous Production		
2. 回收能	Recovery of Energy		
3. 外省（区、市）调入量	Moving In from Other Provinces	8.74	195.65
4. 进口量	Import		
5. 我轮、机在外国加油量	Chinese Airplanes & Ships in Refueling Abroad		
6. 本省（区、市）调出量（－）	Sending Out to Other Provinces（－）	-0.90	-0.50
7. 出口量（－）	Export（－）		
8. 外轮、机在我国加油量（－）	Foreign Airplanes & Ships in Refueling in China		
9. 库存增（－）、减（＋）量	Stock Change	0.27	-4.62
二、加工转换投入（－）产出（＋）量	**Input（－） & Output（＋） of Transformation**		
1. 火力发电	Thermal Power		
2. 供热	Heating Supply		
3. 洗选煤	Coal Washing		
4. 炼焦	Coking		
5. 炼油	Petroleum Refineries		
6. 制气	Gas Works		
#焦炭再投入量（－）	Coke Input（－）		
7. 煤制品加工	Briquettes		
三、损失量	**Loss**		**0.19**
四、终端消费量	**Total Final Consumption**	**8.11**	**190.34**
1. 农、林、牧、渔、水利业	Farming, Forestry, Animal Husbandry, Fishery & Water Conservancy	0.03	20.56
2. 工业	Industry	1.62	56.26
#用作原料、材料	Non-Energy Use	0.05	0.19
3. 建筑业	Construction	0.01	5.26
4. 交通运输、仓储和邮政业	Transport, Storage and Post	5.72	99.00
5. 批发、零售业和住宿、餐饮业	Wholesale, Retail Trade and Hotel ,Restaurants	0.17	2.83
6. 生活消费	Residential Consumption	0.35	
城镇	Urban	0.23	
乡村	Rural	0.12	
7. 其他	Other	0.21	6.43
五、平衡差额	**Statistical Difference**		
六、消费量合计	**Sum of Consumption**	**8.11**	**190.53**

Continued

燃料油（万吨）Fuel Oil (10^4tn)	液化石油气（万吨）PLG (10^4tn)	炼厂干气（万吨）Refinery Gas (10^4tn)	天然气（亿立方米）Natural Gas (10^8 cu. m)	其他石油制品（万吨）Other Petroleum Products (10^4tn)	其他焦化产品（万吨）Other Coking Products (10^4 tn)	热力（万百万千焦）Heat (10^{10} kJ)	电力（亿千瓦小时）Electricity (10^8kW·h)	其他能源（万吨标煤）Other Energy (10^4tce)
10.25	**5.61**		**2.96**	**6.74**			**-216.20**	**136.94**
			2.96				20.28	
								136.94
10.76	5.61			6.89			1.64	
							-238.12	
-0.51				-0.15				
			-0.19		**72.00**	**5851.51**	**1057.75**	**-109.73**
			-0.19			-28.50	1057.75	-109.73
						5880.01		
					72.00			
							61.30	
10.25	**5.61**		**2.77**	**6.74**	**72.00**	**5851.51**	**780.25**	**27.21**
							28.86	
10.25	0.60			6.74	72.00	3302.88	646.70	27.21
				0.14	35.22			
							6.01	
							25.52	
	0.25						14.13	
	4.76		2.77			2548.63	38.97	
	3.81		2.77			2548.63	23.76	
	0.95						15.21	
							20.06	
10.25	**5.61**		**2.96**	**6.74**	**72.00**	**5851.51**	**841.55**	**136.94**

6-5 内蒙古能源平衡表(实物量)-2004

		煤合计 (万吨) Coal Total (10^4 tn)	原煤 (万吨) Raw Coal (10^4 tn)
一、可供本地区消费的能源量	**Total Primary Energy Supply**	**11522.88**	**11744.4**
1. 一次能源生产量	Indigenous Production	21235.21	21235.2
2. 回收能	Recovery of Energy		
3. 外省(区、市)调入量	Moving In from Other Provinces	2089.54	1707.0
4. 进口量	Import	60.11	6.2
5. 我轮、机在外国加油量	Chinese Airplanes & Ships in Refueling Abroad		
6. 本省(区、市)调出量(-)	Sending Out to Other Provinces(-)	-11480.00	-11040.0
7. 出口量(-)	Export(-)		
8. 外轮、机在我国加油量(-)	Foreign Airplanes & Ships in Refueling in China		
9. 库存增(-)、减(+)量	Stock Change	-381.98	-164.0
二、加工转换投入(-)产出(+)量	**Input(-) & Output(+) of Transformation**	**-6874.86**	**-7713.6**
1. 火力发电	Thermal Power	-4932.22	-4932.2
2. 供热	Heating Supply	-656.30	-644.8
3. 洗选煤	Coal Washing	-92.65	-1807.9
4. 炼焦	Coking	-1182.49	-317.5
5. 炼油	Petroleum Refineries		
6. 制气	Gas Works	-11.20	-11.2
#焦炭再投入量(-)	Coke Input(-)		
7. 煤制品加工	Briquettes		
三、损失量	**Loss**	**10.00**	**10.0**
四、终端消费量	**Total Final Consumption**	**4506.58**	**3922.8**
1. 农、林、牧、渔、水利业	Farming, Forestry, Animal Husbandry, Fishery & Water Conservancy	116.14	91.5
2. 工业	Industry	2866.92	2569.4
#用作原料、材料	Non-Energy Use	716.05	716.1
3. 建筑业	Construction	65.21	60.5
4. 交通运输、仓储和邮政业	Transport, Storage and Post	118.18	109.6
5. 批发、零售业和住宿、餐饮业	Wholesale, Retail Trade and Hotel, Restaurants	167.81	90.8
6. 生活消费	Residential Consumption	1031.12	921.2
城镇	Urban	637.60	570.7
乡村	Rural	393.52	350.5
7. 其他	Other	141.20	79.8
五、平衡差额	**Statistical Difference**	**131.44**	**98.1**
六、消费量合计	**Sum of Consumption**	**11391.44**	**11646.4**

ENERGY BALANCE OF INNER MONGOLIA －2004 (PHYSICAL QUANTITY)

洗精煤 (万吨) Cleaned Coal (10^4 tn)	其他洗煤 (万吨) Other Washed Coal (10^4 tn)	型煤 (万吨) Briquettes (10^4 tn)	焦炭 (万吨) Coke (10^4 tn)	焦炉煤气 (亿立方米) Coke Oven Gas (10^8 cu. m)	其他煤气 (亿立方米) Other Gas (10^8 cu. m)	油品合计 (万吨) Petroleum Products Total (10^4 tn)	原油 (万吨) Crude Oil (10^4 tn)	汽油 (万吨) Gasoline (10^4 tn)
－132.70	**－195.37**	**106.52**	**－299.87**		**104.76**	**480.95**	**132.19**	**111.50**
						113.22	113.22	
					104.76			
120.00	156.00	106.54	99.97			394.69	57.14	107.41
53.89						3.47	1.62	
－130.00	－310.00		－353.38			－39.24	－37.29	
						－0.11		
－176.59	－41.37	－0.02	－46.46			8.92	－2.50	4.09
195.33	**643.43**		**877.63**	**11.45**	**－28.15**	**－6.29**	**－123.82**	**39.80**
			－0.22	－0.40	－16.47			
－3.53	－7.93			－0.49	－14.32			
1035.54	679.66							
－836.68	－28.30		877.85	12.34				
						－6.29	－123.82	39.80
					2.64			
35.30	**446.35**	**102.17**	**577.76**	**11.45**	**76.61**	**474.66**	**8.37**	**151.30**
	24.60		3.91			64.45		19.89
28.60	225.61	43.30	561.47	7.12	70.64	86.98	8.37	18.56
			104.30			0.26		0.04
3.10	1.61					24.36		7.34
3.60	5.02		1.67			146.63		36.89
	50.19	26.86	8.54			68.21		26.98
	77.92	32.01	2.17	4.33	5.97	45.10		22.08
	45.36	21.50	1.49	4.33	5.97	31.30		13.99
	32.56	10.51	0.68			13.80		8.09
	61.40					38.93		19.56
27.33	**1.71**	**4.35**						
875.51	**482.58**	**102.17**	**577.98**	**12.34**	**107.40**	**480.95**	**132.19**	**151.30**

续表

		煤油（万吨）Kerosene (10^4 tn)	柴油（万吨）Diesel Oil (10^4 tn)
一、可供本地区消费的能源量	**Total Primary Energy Supply**	**1.94**	**203.55**
1. 一次能源生产量	Indigenous Production		
2. 回收能	Recovery of Energy		
3. 外省（区、市）调入量	Moving In from Other Provinces	2.04	197.78
4. 进口量	Import		
5. 我轮、机在外国加油量	Chinese Airplanes & Ships in Refueling Abroad		
6. 本省（区、市）调出量（-）	Sending Out to Other Provinces（-）		
7. 出口量（-）	Export（-）		
8. 外轮、机在我国加油量（-）	Foreign Airplanes & Ships in Refueling in China	-0.11	
9. 库存增（-）、减（+）量	Stock Change	0.01	5.77
二、加工转换投入（-）产出（+）量	**Input（-）& Output（+）of Transformation**		**48.66**
1. 火力发电	Thermal Power		
2. 供热	Heating Supply		
3. 洗选煤	Coal Washing		
4. 炼焦	Coking		
5. 炼油	Petroleum Refineries		48.66
6. 制气	Gas Works		
#焦炭再投入量（-）	Coke Input（-）		
7. 煤制品加工	Briquettes		
三、损失量	**Loss**		
四、终端消费量	**Total Final Consumption**	**1.94**	**252.21**
1. 农、林、牧、渔、水利业	Farming, Forestry, Animal Husbandry, Fishery & Water Conservancy		44.56
2. 工业	Industry	0.34	22.25
#用作原料、材料	Non-Energy Use		0.22
3. 建筑业	Construction		14.78
4. 交通运输、仓储和邮政业	Transport, Storage and Post	1.60	93.77
5. 批发、零售业和住宿、餐饮业	Wholesale, Retail Trade and Hotel ,Restaurants		39.41
6. 生活消费	Residential Consumption		18.07
城镇	Urban		12.36
乡村	Rural		5.71
7. 其他	Other		19.37
五、平衡差额	**Statistical Difference**		
六、消费量合计	**Sum of Consumption**	**1.94**	**252.21**

Continued

燃料油（万吨）Fuel Oil (10^4 tn)	液化石油气（万吨）PLG (10^4 tn)	炼厂干气（万吨）Refinery Gas (10^4 tn)	天然气（亿立方米）Natural Gas (10^8 cu. m)	其他石油制品（万吨）Other Petroleum Products (10^4 tn)	其他焦化产品（万吨）Other Coking Products (10^4 tn)	热力（万百万千焦）Heat (10^{10} kJ)	电力（亿千瓦小时）Electricity (10^8 kW·h)	其他能源（万吨标煤）Other Energy (10^4 tce)
31.90	**-1.95**		**4.42**	**1.82**	**-39.51**		**-281.16**	**104.26**
			17.20				10.91	
							103.12	
30.32							27.53	
				1.85	0.32			
	-1.95		-12.78		-38.16		-319.59	
							-0.01	
1.58				-0.03	-1.67			1.14
16.07	**7.12**	**3.27**		**2.61**	**48.49**	**8556.41**	**816.74**	**2.17**
						-94.18	816.74	-4.48
						8650.59		
					48.49			6.65
16.07	7.12	3.27		2.61				
47.97	**5.17**	**3.27**	**4.42**	**4.43**	**8.98**	**8556.41**	**535.58**	**106.43**
						86.36	30.60	
32.35	0.22	3.27	0.40	1.62	8.98	4320.50	438.53	106.43
					7.77			103.12
2.24						110.07	3.95	
11.56				2.81		790.65	4.99	
1.82						701.60	6.82	
	4.95		4.02			2307.23	33.07	
	4.95		4.02			2307.23	22.71	
							10.36	
						240.00	17.62	
47.97	**5.17**	**3.27**	**4.42**	**4.43**	**8.98**	**8556.41**	**535.58**	**110.91**

6-6 辽宁能源平衡表(实物量)-2004

		煤合计(万吨) Coal Total (10^4 tn)	原煤(万吨) Raw Coal (10^4 tn)
一、可供本地区消费的能源量	**Total Primary Energy Supply**	**11774.24**	**11475.5**
1.一次能源生产量	Indigenous Production	6641.91	6641.9
2.回收能	Recovery of Energy		
3.外省(区、市)调入量	Moving In from Other Provinces	5946.40	4951.6
4.进口量	Import	50.50	50.5
5.我轮、机在外国加油量	Chinese Airplanes & Ships in Refueling Abroad		
6.本省(区、市)调出量(-)	Sending Out to Other Provinces(-)	-808.58	-210.7
7.出口量(-)	Export(-)	-1.90	-1.9
8.外轮、机在我国加油量(-)	Foreign Airplanes & Ships in Refueling in China		
9.库存增(-)、减(+)量	Stock Change	-54.09	44.1
二、加工转换投入(-)产出(+)量	**Input(-) & Output(+) of Transformation**	**-8699.86**	**-8628.0**
1.火力发电	Thermal Power	-4806.58	-4144.2
2.供热	Heating Supply	-1562.45	-1513.1
3.洗选煤	Coal Washing	-710.56	-2762.3
4.炼焦	Coking	-1410.74	
5.炼油	Petroleum Refineries		
6.制气	Gas Works	-209.73	-204.8
#焦炭再投入量(-)	Coke Input(-)		
7.煤制品加工	Briquettes	0.20	-3.6
三、损失量	**Loss**		
四、终端消费量	**Total Final Consumption**	**3245.12**	**2847.5**
1.农、林、牧、渔、水利业	Farming, Forestry, Animal Husbandry, Fishery & Water Conservancy	33.56	33.6
2.工业	Industry	2446.15	2221.1
#用作原料、材料	Non-Energy Use	1.76	1.8
3.建筑业	Construction	71.35	68.8
4.交通运输、仓储和邮政业	Transport, Storage and Post	89.71	89.7
5.批发、零售业和住宿、餐饮业	Wholesale, Retail Trade and Hotel, Restaurants	28.98	29.0
6.生活消费	Residential Consumption	521.06	351.0
城镇	Urban	400.39	260.0
乡村	Rural	120.67	91.0
7.其他	Other	54.31	54.3
五、平衡差额	**Statistical Difference**		
六、消费量合计	**Sum of Consumption**	**11945.18**	**11475.5**

ENERGY BALANCE OF LIAONING －2004 (PHYSICAL QUANTITY)

洗精煤 (万吨) Cleaned Coal (10^4 tn)	其他洗煤 (万吨) Other Washed Coal (10^4 tn)	型煤 (万吨) Briquettes (10^4 tn)	焦炭 (万吨) Coke (10^4 tn)	焦炉煤气 (亿立方米) Coke Oven Gas (10^8 cu. m)	其他煤气 (亿立方米) Other Gas (10^8 cu. m)	油品合计 (万吨) Petroleum Products Total (10^4 tn)	原油 (万吨) Crude Oil (10^4 tn)	汽油 (万吨) Gasoline (10^4 tn)
905.59	**－606.57**	**－0.31**	**636.62**		**64.21**	**830.14**	**4458.38**	**－691.54**
						1283.19	1283.19	
					64.21			
994.85			666.59			2532.75	2480.99	0.16
						673.45	659.30	
						7.53		
－87.06	－510.87		－1.06			－3392.95	－12.01	－439.96
			－7.40			－353.70	－61.70	－237.84
						－8.73		
－2.20	－95.70	－0.31	－21.51			88.60	108.61	－13.90
－957.72	**871.82**	**14.06**	**184.40**	**25.81**	**199.83**	**－407.08**	**－5119.16**	**920.72**
－84.75	－577.67			－4.83	－57.33	－26.83		
	－49.35			－5.27	－15.24	－109.70		
542.66	1509.11							
－1410.74			881.84	39.10				
						－263.57	－5119.16	920.72
－4.89			－697.44		272.40	－6.98		
				－3.19				
	－10.27	14.06						
						28.05	**27.66**	**0.39**
118.61	**265.25**	**13.75**	**821.02**	**25.81**	**264.04**	**1277.95**	**69.85**	**228.79**
						72.05		25.71
118.61	100.71	5.69	821.02	25.81	236.53	714.17	59.64	25.44
			4.87			176.74		0.07
	2.56					14.82		5.24
						371.40		142.29
					10.36	10.80		0.14
	161.98	8.06			15.87	46.57		
	132.31	8.06			15.87	40.56		
	29.67					6.01		
					1.24	48.29	10.21	30.12
1618.99	**902.54**	**13.75**	**821.02**	**35.91**	**336.61**	**1713.08**	**5216.67**	**229.18**

续表

		煤油（万吨）Kerosene（10^4tn）	柴油（万吨）Diesel Oil（10^4tn）
一、可供本地区消费的能源量	**Total Primary Energy Supply**	**-191.53**	**-1502.77**
1. 一次能源生产量	Indigenous Production		
2. 回收能	Recovery of Energy		
3. 外省（区、市）调入量	Moving In from Other Provinces	0.83	0.48
4. 进口量	Import		13.90
5. 我轮、机在外国加油量	Chinese Airplanes & Ships in Refueling Abroad		1.16
6. 本省（区、市）调出量（-）	Sending Out to Other Provinces（-）	-172.17	-1493.90
7. 出口量（-）	Export（-）	-15.03	-12.03
8. 外轮、机在我国加油量（-）	Foreign Airplanes & Ships in Refueling in China		-3.78
9. 库存增（-）、减（+）量	Stock Change	-5.16	-8.60
二、加工转换投入（-）产出（+）量	**Input（-）& Output（+）of Transformation**	**213.06**	**1816.52**
1. 火力发电	Thermal Power		-2.04
2. 供热	Heating Supply		-5.89
3. 洗选煤	Coal Washing		
4. 炼焦	Coking		
5. 炼油	Petroleum Refineries	213.06	1824.45
6. 制气	Gas Works		
#焦炭再投入量（-）	Coke Input（-）		
7. 煤制品加工	Briquettes		
三、损失量	**Loss**		
四、终端消费量	**Total Final Consumption**	**21.53**	**313.75**
1. 农、林、牧、渔、水利业	Farming, Forestry, Animal Husbandry, Fishery & Water Conservancy		46.34
2. 工业	Industry	4.56	66.78
#用作原料、材料	Non-Energy Use	0.02	0.02
3. 建筑业	Construction		7.23
4. 交通运输、仓储和邮政业	Transport, Storage and Post	16.97	188.00
5. 批发、零售业和住宿、餐饮业	Wholesale, Retail Trade and Hotel ,Restaurants		4.12
6. 生活消费	Residential Consumption		
城镇	Urban		
乡村	Rural		
7. 其他	Other		1.28
五、平衡差额	**Statistical Difference**		
六、消费量合计	**Sum of Consumption**	**21.53**	**321.68**

Continued

燃料油（万吨）Fuel Oil (10^4tn)	液化石油气（万吨）PLG (10^4tn)	炼厂干气（万吨）Refinery Gas (10^4tn)	天然气（亿立方米）Natural Gas (10^8 cu. m)	其他石油制品（万吨）Other Petroleum Products (10^4tn)	其他焦化产品（万吨）Other Coking Products (10^4 tn)	热力（万百万千焦）Heat (10^{10} kJ)	电力（亿千瓦小时）Electricity (10^8kW·h)	其他能源（万吨标煤）Other Energy (10^4tce)
-197.57	**-88.84**		**15.81**	**-955.99**	**-17.26**		**224.18**	**114.88**
			10.30				38.59	
								115.28
13.07	0.01		5.51	37.21			219.11	
	0.25							
6.37								
-220.75	-89.05			-965.11	-15.94		-33.52	-4.21
				-27.10				
-4.95								
8.69	-0.05			-0.99	-1.32			3.81
328.71	**180.93**	**51.55**		**1200.59**	**49.74**	**25594.67**	**833.92**	**-29.01**
-12.81	-2.19	-9.79					833.92	-26.97
-49.34	-7.13	-47.34				25594.67		-2.04
					50.25			
390.86	192.94	112.97		1200.59				
	-2.69	-4.29						
					-0.51			
						45.01	**59.83**	
131.14	**92.09**	**51.55**	**15.81**	**369.25**	**32.48**	**25549.66**	**998.27**	**85.87**
							18.45	
102.73	34.22	51.55	13.95	369.25	32.48	15644.03	755.56	85.52
3.13			3.76	173.50	12.49			
	2.35					9.35	6.37	0.17
24.14						22.88	23.67	
	6.54					45.32	27.11	
	46.57		1.86			9532.77	117.80	
	40.56		1.86			9532.77	66.77	
	6.01						51.03	
4.27	2.41					360.31	49.31	0.18
193.29	**104.10**	**112.97**	**15.81**	**369.25**	**32.99**	**25594.67**	**1058.10**	**114.71**

6-7 吉林能源平衡表(实物量)-2004

		煤合计(万吨) Coal Total (10^4 tn)	原煤(万吨) Raw Coal (10^4 tn)
一、可供本地区消费的能源量	**Total Primary Energy Supply**	**5715.02**	**5432.0**
1.一次能源生产量	Indigenous Production	2589.97	2590.0
2.回收能	Recovery of Energy		
3.外省(区、市)调入量	Moving In from Other Provinces	3426.00	3145.0
4.进口量	Import	23.59	23.6
5.我轮、机在外国加油量	Chinese Airplanes & Ships in Refueling Abroad		
6.本省(区、市)调出量(-)	Sending Out to Other Provinces(-)	-335.11	-335.1
7.出口量(-)	Export(-)	-17.55	-17.6
8.外轮、机在我国加油量(-)	Foreign Airplanes & Ships in Refueling in China		
9.库存增(-)、减(+)量	Stock Change	28.12	26.1
二、加工转换投入(-)产出(+)量	**Input(-) & Output(+) of Transformation**	**-3543.66**	**-3323.1**
1.火力发电	Thermal Power	-2326.21	-2310.9
2.供热	Heating Supply	-771.40	-736.3
3.洗选煤	Coal Washing	-60.05	-196.8
4.炼焦	Coking	-295.20	-62.4
5.炼油	Petroleum Refineries		
6.制气	Gas Works	-88.37	-3.9
#焦炭再投入量(-)	Coke Input(-)		
7.煤制品加工	Briquettes	-2.43	-13.0
三、损失量	**Loss**		
四、终端消费量	**Total Final Consumption**	**2171.36**	**2108.9**
1.农、林、牧、渔、水利业	Farming, Forestry, Animal Husbandry, Fishery & Water Conservancy	48.01	48.0
2.工业	Industry	1422.71	1365.5
#用作原料、材料	Non-Energy Use	84.47	83.5
3.建筑业	Construction	49.02	49.0
4.交通运输、仓储和邮政业	Transport, Storage and Post	91.47	91.5
5.批发、零售业和住宿、餐饮业	Wholesale, Retail Trade and Hotel, Restaurants	150.02	150.0
6.生活消费	Residential Consumption	230.46	225.2
城镇	Urban	166.24	163.1
乡村	Rural	64.22	62.1
7.其他	Other	179.67	179.7
五、平衡差额	**Statistical Difference**		
六、消费量合计	**Sum of Consumption**	**5715.02**	**5432.0**

ENERGY BALANCE OF JILIN -2004 (PHYSICAL QUANTITY)

洗精煤 (万吨) Cleaned Coal (10^4 tn)	其他洗煤 (万吨) Other Washed Coal (10^4 tn)	型煤 (万吨) Briquettes (10^4 tn)	焦炭 (万吨) Coke (10^4 tn)	焦炉煤气 (亿立方米) Coke Oven Gas (10^8 cu. m)	其他煤气 (亿立方米) Other Gas (10^8 cu. m)	油品合计 (万吨) Petroleum Products Total (10^4 tn)	原油 (万吨) Crude Oil (10^4 tn)	汽油 (万吨) Gasoline (10^4 tn)
219.95	**62.90**	**0.16**	**25.60**		**38.20**	**582.66**	**832.99**	**-44.33**
						481.11	481.11	
					38.20	2.31		
218.06	62.91		40.89			394.56	367.91	
						0.15		
						-279.14		-43.96
			-10.12			-0.43		-0.43
1.89	-0.01	0.16	-5.17			-15.90	-16.03	0.06
-203.15	**-27.50**	**10.13**	**224.39**	**4.93**	**-3.11**	**-37.83**	**-645.10**	**155.45**
-1.09	-14.26			-2.91	-4.19	-2.94		
-1.46	-33.28	-0.40				-28.78		
116.68	20.04							
-232.78			179.61	5.53				
						-6.11	-645.10	155.45
-84.50			44.78	2.31	1.08			
		10.53						
				0.04		**0.40**	**0.40**	
16.77	**35.40**	**10.29**	**249.99**	**4.89**	**35.09**	**544.45**	**187.51**	**111.12**
						53.04		5.84
16.77	35.40	5.02	249.99	3.55	35.09	330.05	187.51	15.90
0.11	0.53	0.37	106.99			231.17	151.40	0.12
						12.49		7.22
						55.30		26.42
						10.65		7.66
		5.27		1.34		34.27		3.53
		3.15		1.34		31.06		2.85
		2.12				3.21		0.68
						48.65		44.55
0.03						**-0.02**	**-0.02**	
336.60	**82.94**	**10.69**	**249.99**	**7.84**	**39.28**	**582.68**	**833.01**	**111.12**

续表

		煤油（万吨）Kerosene（10^4 tn）	柴油（万吨）Diesel Oil（10^4 tn）
一、可供本地区消费的能源量	**Total Primary Energy Supply**	**10.23**	**-229.69**
1. 一次能源生产量	Indigenous Production		
2. 回收能	Recovery of Energy		
3. 外省（区、市）调入量	Moving In from Other Provinces	10.08	
4. 进口量	Import	0.15	
5. 我轮、机在外国加油量	Chinese Airplanes & Ships in Refueling Abroad		
6. 本省（区、市）调出量（-）	Sending Out to Other Provinces（-）		-230.47
7. 出口量（-）	Export（-）		
8. 外轮、机在我国加油量（-）	Foreign Airplanes & Ships in Refueling in China		
9. 库存增（-）、减（+）量	Stock Change		0.78
二、加工转换投入（-）产出（+）量	**Input（-） & Output（+） of Transformation**	**0.06**	**331.35**
1. 火力发电	Thermal Power		-1.16
2. 供热	Heating Supply		-0.22
3. 洗选煤	Coal Washing		
4. 炼焦	Coking		
5. 炼油	Petroleum Refineries	0.06	332.73
6. 制气	Gas Works		
#焦炭再投入量（-）	Coke Input（-）		
7. 煤制品加工	Briquettes		
三、损失量	**Loss**		
四、终端消费量	**Total Final Consumption**	**10.29**	**101.66**
1. 农、林、牧、渔、水利业	Farming, Forestry, Animal Husbandry, Fishery & Water Conservancy		47.20
2. 工业	Industry	1.05	22.46
#用作原料、材料	Non-Energy Use		0.08
3. 建筑业	Construction		5.27
4. 交通运输、仓储和邮政业	Transport, Storage and Post	9.24	19.64
5. 批发、零售业和住宿、餐饮业	Wholesale, Retail Trade and Hotel ,Restaurants		2.99
6. 生活消费	Residential Consumption		
城镇	Urban		
乡村	Rural		
7. 其他	Other		4.10
五、平衡差额	**Statistical Difference**		
六、消费量合计	**Sum of Consumption**	**10.29**	**103.04**

Continued

燃料油 （万吨） Fuel Oil （10^4tn）	液化石油气 （万吨） PLG （10^4tn）	炼厂干气 （万吨） Refinery Gas （10^4tn）	天然气 （亿立方米） Natural Gas （10^8 cu. m）	其他石油制品 （万吨） Other Petroleum Products （10^4tn）	其他焦化产品 （万吨） Other Coking Products （10^4 tn）	热力 （万百万千焦） Heat （10^{10} kJ）	电力 （亿千瓦小时） Electricity （10^8kW·h）	其他能源 （万吨标煤） Other Energy （10^4tce）
11.08	**0.60**	**2.31**	**4.00**	**-0.53**	**-2.08**		**51.94**	**19.88**
			3.44				58.33	
		2.31						
14.61	1.96		0.56				117.85	19.97
-3.40	-1.31				-2.23		-124.24	
-0.13	-0.05			-0.53	0.15			-0.09
22.79	**32.13**	**5.93**	**-0.10**	**59.56**	**5.74**	**12670.02**	**331.12**	**-7.41**
-1.78			-0.03				331.12	-5.07
-2.80		-16.35	-0.07	-9.41		12670.02		-2.34
					5.74			
27.37	32.13	22.28		68.97				
						288.93	**0.27**	
33.87	**32.73**	**8.24**	**3.90**	**59.03**	**3.66**	**12381.09**	**382.79**	**12.47**
							10.86	
33.87	1.99	8.24	3.90	59.03	3.66	9029.03	254.49	12.47
28.61				50.96	1.80			
						26.39	7.61	
						117.34	8.64	
						50.36	12.98	
	30.74					2826.75	61.10	
	28.21					2826.75	39.52	
	2.53						21.58	
						331.22	27.11	
38.45	**32.73**	**24.59**	**4.00**	**68.44**	**3.66**	**12670.02**	**383.06**	**19.88**

6-8 黑龙江能源平衡表(实物量)-2004

		煤合计(万吨) Coal Total (10^4 tn)	原煤(万吨) Raw Coal (10^4 tn)
一、可供本地区消费的能源量	**Total Primary Energy Supply**	**7256.23**	**8380.4**
1.一次能源生产量	Indigenous Production	9368.00	9368.0
2.回收能	Recovery of Energy		
3.外省(区、市)调入量	Moving In from Other Provinces	999.60	999.6
4.进口量	Import	4.75	4.8
5.我轮、机在外国加油量	Chinese Airplanes & Ships in Refueling Abroad		
6.本省(区、市)调出量(-)	Sending Out to Other Provinces(-)	-3170.17	-2053.2
7.出口量(-)	Export(-)	-45.36	-45.4
8.外轮、机在我国加油量(-)	Foreign Airplanes & Ships in Refueling in China		
9.库存增(-)、减(+)量	Stock Change	99.41	106.6
二、加工转换投入(-)产出(+)量	**Input(-) & Output(+) of Transformation**	**-6283.24**	**-8077.4**
1.火力发电	Thermal Power	-3150.64	-3084.8
2.供热	Heating Supply	-826.44	-809.6
3.洗选煤	Coal Washing	-999.51	-3735.5
4.炼焦	Coking	-1139.41	-336.9
5.炼油	Petroleum Refineries		
6.制气	Gas Works	-167.24	-110.6
#焦炭再投入量(-)	Coke Input(-)		
7.煤制品加工	Briquettes		
三、损失量	**Loss**		
四、终端消费量	**Total Final Consumption**	**1671.74**	**1001.7**
1.农、林、牧、渔、水利业	Farming, Forestry, Animal Husbandry, Fishery & Water Conservancy	10.31	10.3
2.工业	Industry	1542.41	872.4
#用作原料、材料	Non-Energy Use	599.12	599.1
3.建筑业	Construction	3.65	3.7
4.交通运输、仓储和邮政业	Transport, Storage and Post	8.36	8.4
5.批发、零售业和住宿、餐饮业	Wholesale, Retail Trade and Hotel, Restaurants		
6.生活消费	Residential Consumption	107.01	107.0
城镇	Urban	83.63	83.6
乡村	Rural	18.38	18.4
7.其他	Other		
五、平衡差额	**Statistical Difference**	**-698.75**	**-698.8**
六、消费量合计	**Sum of Consumption**	**7954.98**	**8949.8**

ENERGY BALANCE OF HEILONGJIANG －2004 (PHYSICAL QUANTITY)

洗精煤 (万吨) Cleaned Coal (10^4 tn)	其他洗煤 (万吨) Other Washed Coal (10^4 tn)	型煤 (万吨) Briquettes (10^4 tn)	焦炭 (万吨) Coke (10^4 tn)	焦炉煤气 (亿立方米) Coke Oven Gas (10^8 cu. m)	其他煤气 (亿立方米) Other Gas (10^8 cu. m)	油品合计 (万吨) Petroleum Products Total (10^4 tn)	原油 (万吨) Crude Oil (10^4 tn)	汽油 (万吨) Gasoline (10^4 tn)
-877.51	**-246.63**		**-304.15**			**1328.97**	**1616.07**	**-82.15**
						4666.49	4666.49	
						0.15		
-865.67	-251.29		-302.73			-3081.50	-2988.40	-81.50
			-4.52			-251.59	-56.59	
-11.84	4.66		3.10			-4.58	-5.43	-0.65
1174.73	**619.43**		**401.49**	**3.05**	**22.10**	**-33.61**	**-1431.62**	**403.73**
-4.88	-61.00					-4.24		
-0.84	-15.98					-60.33		
1638.34	1097.69							
-401.28	-401.28		420.04					
						30.96	-1431.62	403.73
-56.61			-18.55	3.05	22.10			
						55.68	**55.68**	
297.22	**372.80**		**97.34**	**3.05**	**22.10**	**1285.36**	**174.45**	**321.58**
						186.13		12.03
297.22	372.80		97.34	3.05	22.10	553.83	174.45	41.57
				1.56	3.19	135.65	130.43	
						1.49		0.80
						215.31		104.28
						142.35		86.74
						142.20		36.96
						137.64		36.96
						4.56		
						44.05		39.20
760.83	**372.80**		**97.34**	**3.05**	**22.10**	**1405.61**	**1616.07**	**321.58**

续表

		煤油（万吨）Kerosene（10^4tn）	柴油（万吨）Diesel Oil（10^4tn）
一、可供本地区消费的能源量	**Total Primary Energy Supply**	**-11.59**	**-155.41**
1. 一次能源生产量	Indigenous Production		
2. 回收能	Recovery of Energy		
3. 外省（区、市）调入量	Moving In from Other Provinces		
4. 进口量	Import		
5. 我轮、机在外国加油量	Chinese Airplanes & Ships in Refueling Abroad		
6. 本省（区、市）调出量（-）	Sending Out to Other Provinces（-）	-11.60	
7. 出口量（-）	Export（-）		-155.40
8. 外轮、机在我国加油量（-）	Foreign Airplanes & Ships in Refueling in China		
9. 库存增（-）、减（+）量	Stock Change	0.01	-0.01
二、加工转换投入（-）产出（+）量	**Input（-）& Output（+）of Transformation**	**20.53**	**615.57**
1. 火力发电	Thermal Power		-0.24
2. 供热	Heating Supply		
3. 洗选煤	Coal Washing		
4. 炼焦	Coking		
5. 炼油	Petroleum Refineries	20.53	615.81
6. 制气	Gas Works		
#焦炭再投入量（-）	Coke Input（-）		
7. 煤制品加工	Briquettes		
三、损失量	**Loss**		
四、终端消费量	**Total Final Consumption**	**8.94**	**460.16**
1. 农、林、牧、渔、水利业	Farming, Forestry, Animal Husbandry, Fishery & Water Conservancy		174.10
2. 工业	Industry	0.41	76.47
#用作原料、材料	Non-Energy Use		0.07
3. 建筑业	Construction		0.69
4. 交通运输、仓储和邮政业	Transport, Storage and Post	8.53	102.50
5. 批发、零售业和住宿、餐饮业	Wholesale, Retail Trade and Hotel ,Restaurants		55.61
6. 生活消费	Residential Consumption		50.79
城镇	Urban		46.23
乡村	Rural		4.56
7. 其他	Other		
五、平衡差额	**Statistical Difference**		
六、消费量合计	**Sum of Consumption**	**8.94**	**460.40**

Continued

燃料油（万吨）Fuel Oil（10^4tn）	液化石油气（万吨）PLG（10^4tn）	炼厂干气（万吨）Refinery Gas（10^4tn）	天然气（亿立方米）Natural Gas（10^8 cu. m）	其他石油制品（万吨）Other Petroleum Products（10^4tn）	其他焦化产品（万吨）Other Coking Products（10^4 tn）	热力（万百万千焦）Heat（10^{10} kJ）	电力（亿千瓦小时）Electricity（10^8kW·h）	其他能源（万吨标煤）Other Energy（10^4tce）
1.43	**-15.32**		**20.34**	**-24.06**	**-0.03**		**-6.10**	**-0.14**
			20.34				16.18	
							2.21	
	0.15						54.85	
							-79.34	
	-15.50			-24.10				
1.43	0.03			0.04	-0.03			-0.14
11.82	**119.71**	**19.50**	**-5.28**	**207.15**	**8.51**	**11866.54**	**547.75**	**17.67**
-2.86		-1.14	-2.53				547.75	
-31.57		-28.76	-2.75			11866.54		-1.87
					8.51			
46.25	119.71	49.40		207.15				19.54
			0.94				**13.59**	
13.25	**104.39**	**19.50**	**14.12**	**183.09**	**8.48**	**11866.54**	**528.06**	**17.53**
							13.66	
8.40	49.94	19.50	12.19	183.09	8.48	7187.61	381.32	17.53
1.25	3.64		2.83	0.26				2.27
							3.11	
							7.48	
							10.62	
	54.45		1.93			4678.93	80.40	
	54.45		1.93			4678.93	55.97	
							24.43	
4.85							31.47	
47.68	**104.39**	**49.40**	**20.34**	**183.09**	**8.48**	**11866.54**	**541.65**	**17.53**

6－9　上海能源平衡表(实物量)－2004

		煤合计 (万吨) Coal Total (10^4 tn)	原煤 (万吨) Raw Coal (10^4 tn)
一、可供本地区消费的能源量	**Total Primary Energy Supply**	**5146.30**	**4007.8**
1.一次能源生产量	Indigenous Production		
2.回收能	Recovery of Energy		
3.外省(区、市)调入量	Moving In from Other Provinces	5547.92	4168.2
4.进口量	Import	16.62	0.6
5.我轮、机在外国加油量	Chinese Airplanes & Ships in Refueling Abroad		
6.本省(区、市)调出量(－)	Sending Out to Other Provinces(－)	－380.77	－126.9
7.出口量(－)	Export(－)		
8.外轮、机在我国加油量(－)	Foreign Airplanes & Ships in Refueling in China		
9.库存增(－)、减(＋)量	Stock Change	－37.47	－34.1
二、加工转换投入(－)产出(＋)量	**Input(－) & Output(＋) of Transformation**	**－4100.81**	**－3067.8**
1.火力发电	Thermal Power	－2779.56	－2779.6
2.供热	Heating Supply	－278.11	－278.1
3.洗选煤	Coal Washing		
4.炼焦	Coking	－1033.19	－0.2
5.炼油	Petroleum Refineries		
6.制气	Gas Works	－9.95	－10.0
#焦炭再投入量(－)	Coke Input(－)		
7.煤制品加工	Briquettes		
三、损失量	**Loss**		
四、终端消费量	**Total Final Consumption**	**1043.51**	**940.1**
1.农、林、牧、渔、水利业	Farming, Forestry, Animal Husbandry, Fishery & Water Conservancy	12.71	12.7
2.工业	Industry	834.67	731.3
#用作原料、材料	Non-Energy Use		
3.建筑业	Construction	9.16	9.2
4.交通运输、仓储和邮政业	Transport, Storage and Post	10.61	10.6
5.批发、零售业和住宿、餐饮业	Wholesale, Retail Trade and Hotel, Restaurants	41.72	41.7
6.生活消费	Residential Consumption	90.63	90.6
城镇	Urban	51.50	51.5
乡村	Rural	39.13	39.1
7.其他	Other	44.01	44.0
五、平衡差额	**Statistical Difference**	**1.98**	**－0.2**
六、消费量合计	**Sum of Consumption**	**5144.32**	**4008.0**

ENERGY BALANCE OF SHANGHAI -2004 (PHYSICAL QUANTITY)

洗精煤 (万吨) Cleaned Coal (10^4 tn)	其他洗煤 (万吨) Other Washed Coal (10^4 tn)	型煤 (万吨) Briquettes (10^4 tn)	焦炭 (万吨) Coke (10^4 tn)	焦炉煤气 (亿立方米) Coke Oven Gas (10^8 cu. m)	其他煤气 (亿立方米) Other Gas (10^8 cu. m)	油品合计 (万吨) Petroleum Products Total (10^4 tn)	原油 (万吨) Crude Oil (10^4 tn)	汽油 (万吨) Gasoline (10^4 tn)
1127.80	**6.99**	**3.71**	**-181.52**		**78.38**	**2032.28**	**1844.62**	**-69.09**
						38.64	31.86	
					78.38			
1369.02	7.00	3.70	13.87			4194.79	151.78	1040.28
16.00						1938.93	1675.63	
						454.52		
-253.83			-145.12			-4345.22	-13.55	-1049.07
			-58.03			-111.37		-60.81
						-111.96		
-3.39	-0.01	0.01	7.76			-26.05	-1.10	0.51
-1033.00			**725.47**	**19.94**	**-54.59**	**-155.93**	**-1834.26**	**290.56**
				-2.59	-72.46	-83.20		
						-27.48		
-1033.00			763.44	27.68	-1.53			
						-31.59	-1834.26	290.56
			-37.97	-5.15	19.40	-13.66		
					3.24	**27.10**	**8.03**	**6.59**
92.68	**7.01**	**3.68**	**552.68**	**20.77**	**20.76**	**1845.14**		**214.43**
						54.11		20.48
92.68	7.01	3.68	552.68	20.77	2.51	640.53		27.81
						97.76		18.31
						803.65		53.06
					2.60	72.77		22.85
					12.23	99.56		43.23
					11.90	51.13		26.50
					0.33	48.43		16.73
					3.42	76.76		28.69
2.12	**-0.02**	**0.03**	**-8.73**	**-0.83**	**-0.21**	**4.11**	**2.33**	**0.45**
1125.68	**7.01**	**3.68**	**590.65**	**28.51**	**103.91**	**2028.17**	**1842.29**	**221.02**

续表

		煤油（万吨）Kerosene（10^4tn）	柴油（万吨）Diesel Oil（10^4tn）
一、可供本地区消费的能源量	**Total Primary Energy Supply**	**31.20**	**-290.30**
1. 一次能源生产量	Indigenous Production		
2. 回收能	Recovery of Energy		
3. 外省（区、市）调入量	Moving In from Other Provinces	223.96	2554.93
4. 进口量	Import	146.14	9.90
5. 我轮、机在外国加油量	Chinese Airplanes & Ships in Refueling Abroad	86.60	19.66
6. 本省（区、市）调出量（-）	Sending Out to Other Provinces（-）	-328.10	-2861.33
7. 出口量（-）	Export（-）	-18.62	-9.57
8. 外轮、机在我国加油量（-）	Foreign Airplanes & Ships in Refueling in China	-66.87	-4.67
9. 库存增（-）、减（+）量	Stock Change	-11.91	0.78
二、加工转换投入（-）产出（+）量	**Input（-） & Output（+） of Transformation**	**137.05**	**633.98**
1. 火力发电	Thermal Power		-2.69
2. 供热	Heating Supply		-0.46
3. 洗选煤	Coal Washing		
4. 炼焦	Coking		
5. 炼油	Petroleum Refineries	137.05	637.20
6. 制气	Gas Works		-0.07
#焦炭再投入量（-）	Coke Input（-）		
7. 煤制品加工	Briquettes		
三、损失量	**Loss**		
四、终端消费量	**Total Final Consumption**	**168.15**	**343.34**
1. 农、林、牧、渔、水利业	Farming, Forestry, Animal Husbandry, Fishery & Water Conservancy		32.13
2. 工业	Industry	2.47	52.84
#用作原料、材料	Non-Energy Use		
3. 建筑业	Construction	0.01	57.58
4. 交通运输、仓储和邮政业	Transport, Storage and Post	165.04	108.15
5. 批发、零售业和住宿、餐饮业	Wholesale, Retail Trade and Hotel ,Restaurants	0.40	36.00
6. 生活消费	Residential Consumption	0.17	26.87
城镇	Urban	0.12	14.76
乡村	Rural	0.05	12.11
7. 其他	Other	0.06	29.77
五、平衡差额	**Statistical Difference**	**0.10**	**0.34**
六、消费量合计	**Sum of Consumption**	**168.15**	**346.56**

Continued

燃料油（万吨）Fuel Oil (10⁴tn)	液化石油气（万吨）PLG (10⁴tn)	炼厂干气（万吨）Refinery Gas (10⁴tn)	天然气（亿立方米）Natural Gas (10⁸ cu. m)	其他石油制品（万吨）Other Petroleum Products (10⁴tn)	其他焦化产品（万吨）Other Coking Products (10⁴ tn)	热力（万百万千焦）Heat (10¹⁰ kJ)	电力（亿千瓦小时）Electricity (10⁸kW·h)	其他能源（万吨标煤）Other Energy (10⁴tce)
544.08	**7.58**	**-0.11**	**10.70**	**-35.70**	**-13.39**		**110.72**	**7.60**
	6.78		5.73				100.00	
161.94			4.97	61.90			41.57	7.80
97.13	9.68			0.45				
348.26								
-14.36	-8.62			-70.19	-12.00		-30.85	
				-22.37				
-40.42								
-8.47	-0.26	-0.11		-5.49	-1.39			-0.20
41.14	**67.02**	**112.74**	**-3.08**	**395.84**	**54.12**	**5548.28**	**710.72**	**-6.43**
-58.52		-0.77		-21.22		-13.98	710.72	-6.43
-11.50		-0.82		-14.70		5766.80		
					54.12			
114.08	67.32	119.26		437.20				
-2.92	-0.30	-4.93	-3.08	-5.44		-204.54		
	0.66		**0.60**	**11.82**		**325.82**	**44.45**	
585.01	**73.79**	**111.92**	**7.01**	**348.50**	**40.31**	**5237.04**	**776.99**	**1.15**
				1.50			6.48	
118.77	40.16	111.92	3.69	286.56	40.31	4939.74	510.67	1.15
7.70	0.01			14.15		2.55	7.63	
453.54	9.68		0.18	14.18		7.61	13.85	
5.00	2.23		0.37	6.29		97.59	41.07	
	20.37		1.97	8.92		138.55	90.64	
	2.41		1.81	7.34		138.55	84.45	
	17.96		0.16	1.58			6.19	
	1.34		0.80	16.90		51.00	106.65	
0.21	**0.15**	**0.71**	**0.01**	**-0.18**	**0.42**	**-14.58**		**0.02**
657.95	**74.75**	**118.44**	**10.69**	**401.68**	**40.31**	**5781.38**	**821.44**	**7.58**

6-10 江苏能源平衡表(实物量)-2004

		煤合计(万吨) Coal Total (10^4 tn)	原煤(万吨) Raw Coal (10^4 tn)
一、可供本地区消费的能源量	**Total Primary Energy Supply**	**13272.08**	**12917.0**
1.一次能源生产量	Indigenous Production	2761.93	2761.9
2.回收能	Recovery of Energy		
3.外省(区、市)调入量	Moving In from Other Provinces	11020.07	10535.7
4.进口量	Import	30.00	
5.我轮、机在外国加油量	Chinese Airplanes & Ships in Refueling Abroad		
6.本省(区、市)调出量(-)	Sending Out to Other Provinces(-)	-344.47	-205.9
7.出口量(-)	Export(-)		
8.外轮、机在我国加油量(-)	Foreign Airplanes & Ships in Refueling in China		
9.库存增(-)、减(+)量	Stock Change	-195.45	-174.7
二、加工转换投入(-)产出(+)量	**Input(-) & Output(+) of Transformation**	**-9247.05**	**-9084.8**
1.火力发电	Thermal Power	-7607.32	-7601.9
2.供热	Heating Supply	-871.99	-869.0
3.洗选煤	Coal Washing	-141.03	-608.4
4.炼焦	Coking	-624.84	-0.2
5.炼油	Petroleum Refineries		
6.制气	Gas Works	-2.59	-1.2
#焦炭再投入量(-)	Coke Input(-)		
7.煤制品加工	Briquettes	0.72	-4.3
三、损失量	**Loss**		
四、终端消费量	**Total Final Consumption**	**4025.03**	**3832.2**
1.农、林、牧、渔、水利业	Farming, Forestry, Animal Husbandry, Fishery & Water Conservancy	60.03	60.0
2.工业	Industry	3820.82	3628.0
#用作原料、材料	Non-Energy Use	140.30	140.3
3.建筑业	Construction	3.64	3.6
4.交通运输、仓储和邮政业	Transport, Storage and Post	29.50	29.5
5.批发、零售业和住宿、餐饮业	Wholesale, Retail Trade and Hotel, Restaurants	22.00	22.0
6.生活消费	Residential Consumption	89.04	89.0
城镇	Urban	41.02	41.0
乡村	Rural	48.02	48.0
7.其他	Other		
五、平衡差额	**Statistical Difference**		
六、消费量合计	**Sum of Consumption**	**13272.80**	**12917.0**

ENERGY BALANCE OF JIANGSU －2004 (PHYSICAL QUANTITY)

洗精煤（万吨）Cleaned Coal (10^4 tn)	其他洗煤（万吨）Other Washed Coal (10^4 tn)	型煤（万吨）Briquettes (10^4 tn)	焦炭（万吨）Coke (10^4 tn)	焦炉煤气（亿立方米）Coke Oven Gas (10^8 cu. m)	其他煤气（亿立方米）Other Gas (10^8 cu. m)	油品合计（万吨）Petroleum Products Total (10^4 tn)	原油（万吨）Crude Oil (10^4 tn)	汽油（万吨）Gasoline (10^4 tn)
358.22	**-7.17**	**3.99**	**314.84**	**3.57**	**112.82**	**1999.11**	**1875.39**	**145.24**
						168.94	168.94	
					112.82			
479.06		5.33	329.74	3.57		1539.37	740.01	242.02
30.00						967.44	967.44	
-136.24	-2.34					-635.76	-9.28	-75.94
						-45.02		-21.59
						-4.51		
-14.60	-4.83	-1.34	-14.90			8.65	8.28	0.75
-283.77	**116.55**	**5.00**	**486.23**	**14.48**	**3.50**	**-174.54**	**-1838.60**	**218.99**
	-5.46					-84.16		
	-3.04			-0.02		-1.38		
342.31	125.05							
-624.68			490.53	13.89		-28.94		
						-55.95	-1838.60	218.99
-1.40			-4.30	0.61	3.50	-4.11		
		5.00						
						11.09	**9.87**	**1.20**
74.45	**109.38**	**8.99**	**801.07**	**18.05**	**116.32**	**1813.48**	**26.92**	**363.03**
						108.50		17.46
74.45	109.38	8.95	801.07	11.67	116.32	1022.00	26.92	43.94
			41.09			72.55	25.14	1.11
						11.01		2.00
						548.88		282.90
						10.53		
		0.04		6.38		81.63		
		0.04		6.38		81.53		
						0.10		
						30.93		16.73
700.53	**117.88**	**8.99**	**801.07**	**18.07**	**116.32**	**1999.11**	**1875.39**	**364.23**

续表

		煤油 (万吨) Kerosene (10^4 tn)	柴油 (万吨) Diesel Oil (10^4 tn)
一、可供本地区消费的能源量	**Total Primary Energy Supply**	**-49.00**	**-36.85**
1. 一次能源生产量	Indigenous Production		
2. 回收能	Recovery of Energy		
3. 外省(区、市)调入量	Moving In from Other Provinces	0.94	336.68
4. 进口量	Import		
5. 我轮、机在外国加油量	Chinese Airplanes & Ships in Refueling Abroad		
6. 本省(区、市)调出量(-)	Sending Out to Other Provinces(-)	-48.24	-370.01
7. 出口量(-)	Export(-)	-2.50	-1.37
8. 外轮、机在我国加油量(-)	Foreign Airplanes & Ships in Refueling in China		-0.62
9. 库存增(-)、减(+)量	Stock Change	0.80	-1.53
二、加工转换投入(-)产出(+)量	**Input(-) & Output(+) of Transformation**	**69.18**	**517.60**
1. 火力发电	Thermal Power		-27.17
2. 供热	Heating Supply		-0.19
3. 洗选煤	Coal Washing		
4. 炼焦	Coking		
5. 炼油	Petroleum Refineries	69.18	544.96
6. 制气	Gas Works		
#焦炭再投入量(-)	Coke Input(-)		
7. 煤制品加工	Briquettes		
三、损失量	**Loss**		**0.02**
四、终端消费量	**Total Final Consumption**	**20.18**	**480.73**
1. 农、林、牧、渔、水利业	Farming, Forestry, Animal Husbandry, Fishery & Water Conservancy	0.05	90.99
2. 工业	Industry	8.98	124.64
#用作原料、材料	Non-Energy Use	0.78	1.78
3. 建筑业	Construction	0.01	9.00
4. 交通运输、仓储和邮政业	Transport, Storage and Post	10.90	232.47
5. 批发、零售业和住宿、餐饮业	Wholesale, Retail Trade and Hotel ,Restaurants	0.10	10.41
6. 生活消费	Residential Consumption	0.14	
城镇	Urban	0.04	
乡村	Rural	0.10	
7. 其他	Other		13.22
五、平衡差额	**Statistical Difference**		
六、消费量合计	**Sum of Consumption**	**20.18**	**508.11**

Continued

燃料油 （万吨） Fuel Oil (10^4 tn)	液化石油气 （万吨） PLG (10^4 tn)	炼厂干气 （万吨） Refinery Gas (10^4 tn)	天然气 （亿立方米） Natural Gas (10^8 cu. m)	其他石油制品 （万吨） Other Petroleum Products (10^4 tn)	其他焦化产品 （万吨） Other Coking Products (10^4 tn)	热力 （万百万千焦） Heat (10^{10} kJ)	电力 （亿千瓦小时） Electricity (10^8 kW·h)	其他能源 （万吨标煤） Other Energy (10^4 tce)
110.76	**41.43**		**3.14**	**-87.86**	**0.42**		**205.50**	**15.65**
			0.50				3.27	
								15.65
114.28	40.19		2.64	65.25			364.78	
-1.28				-131.01			-162.55	
				-19.56				
-3.89								
1.65	1.24			-2.54	0.42			
162.29	**91.00**	**53.28**	**-0.37**	**551.72**	**10.79**	**14839.03**	**1614.58**	
-55.07		-0.55	-0.14	-1.37		-208.89	1614.58	
-0.08		-0.29		-0.82		15047.92		
				-28.94	10.79			
217.44	91.47	54.12		586.49				
	-0.47		-0.23	-3.64				
			0.14			**742.00**	**151.00**	
273.05	**132.43**	**53.28**	**2.63**	**463.86**	**11.21**	**14097.03**	**1669.08**	**15.65**
							49.67	
249.61	50.77	53.28	2.37	463.86	11.21	14097.03	1300.96	15.65
				43.74				
							21.76	
22.60	0.01						17.53	
	0.02						46.79	
	81.49		0.26				171.01	
	81.49		0.26				86.46	
							84.55	
0.84	0.14						61.36	
328.20	**132.90**	**54.12**	**3.14**	**469.69**	**11.21**	**14839.03**	**1820.08**	**15.65**

6-11 浙江能源平衡表(实物量)-2004

		煤合计(万吨) Coal Total (10^4 tn)	原煤(万吨) Raw Coal (10^4 tn)
一、可供本地区消费的能源量	**Total Primary Energy Supply**	**8361.83**	**8270.0**
1.一次能源生产量	Indigenous Production	56.32	56.3
2.回收能	Recovery of Energy		
3.外省(区、市)调入量	Moving In from Other Provinces	8283.88	8187.2
4.进口量	Import	134.86	134.9
5.我轮、机在外国加油量	Chinese Airplanes & Ships in Refueling Abroad		
6.本省(区、市)调出量(-)	Sending Out to Other Provinces(-)	-7.82	-7.8
7.出口量(-)	Export(-)		
8.外轮、机在我国加油量(-)	Foreign Airplanes & Ships in Refueling in China		
9.库存增(-)、减(+)量	Stock Change	-105.41	-100.6
二、加工转换投入(-)产出(+)量	**Input(-) & Output(+) of Transformation**	**-5136.27**	**-5087.5**
1.火力发电	Thermal Power	-4008.91	-4008.9
2.供热	Heating Supply	-1051.92	-1051.9
3.洗选煤	Coal Washing		
4.炼焦	Coking	-75.31	
5.炼油	Petroleum Refineries		
6.制气	Gas Works	-6.40	-6.4
#焦炭再投入量(-)	Coke Input(-)		
7.煤制品加工	Briquettes	6.27	-20.3
三、损失量	**Loss**	**15.85**	**15.9**
四、终端消费量	**Total Final Consumption**	**3209.71**	**3166.6**
1.农、林、牧、渔、水利业	Farming, Forestry, Animal Husbandry, Fishery & Water Conservancy	15.20	15.2
2.工业	Industry	3124.71	3108.2
#用作原料、材料	Non-Energy Use		
3.建筑业	Construction	1.46	1.5
4.交通运输、仓储和邮政业	Transport, Storage and Post	7.13	7.1
5.批发、零售业和住宿、餐饮业	Wholesale, Retail Trade and Hotel, Restaurants	35.42	32.3
6.生活消费	Residential Consumption	23.49	
城镇	Urban	9.81	
乡村	Rural	13.68	
7.其他	Other	2.30	2.3
五、平衡差额	**Statistical Difference**		
六、消费量合计	**Sum of Consumption**	**8368.10**	**8270.0**

ENERGY BALANCE OF ZHEJIANG －2004（PHYSICAL QUANTITY）

洗精煤（万吨）Cleaned Coal（10^4 tn）	其他洗煤（万吨）Other Washed Coal（10^4 tn）	型煤（万吨）Briquettes（10^4 tn）	焦炭（万吨）Coke（10^4 tn）	焦炉煤气（亿立方米）Coke Oven Gas（10^8 cu. m）	其他煤气（亿立方米）Other Gas（10^8 cu. m）	油品合计（万吨）Petroleum Products Total（10^4 tn）	原油（万吨）Crude Oil（10^4 tn）	汽油（万吨）Gasoline（10^4 tn）
91.81			**93.45**			**1692.58**	**1853.44**	**－13.81**
96.67			100.04			691.11	189.17	141.85
						1895.31	1663.85	
						－781.39		－91.06
						－100.54		－63.71
－4.86			－6.59			－11.91	0.42	－0.89
－75.31		**26.57**	**52.54**	**2.41**	**1.24**	**－382.00**	**－1851.14**	**292.47**
						－234.01		
						－29.96		
－75.31			51.00	2.44	0.28			
						－116.06	－1851.14	292.47
			4.76	－0.03	0.96	－1.97		
			－3.22					
		26.57						
						2.30	**2.30**	
16.50		**26.57**	**145.99**	**2.41**	**1.24**	**1307.79**		**278.66**
						177.71		6.74
16.50			145.99	2.41	0.34	431.22		25.98
						15.19		1.64
						416.40		170.79
		3.08				41.07		9.50
		23.49			0.90	154.94		13.56
		9.81			0.90	98.48		9.78
		13.68				56.46		3.78
						71.26		50.45
						0.49		
91.81		**26.57**	**149.21**	**2.41**	**1.24**	**1692.09**	**1853.44**	**278.66**

续表

		煤油（万吨）Kerosene（10^4tn）	柴油（万吨）Diesel Oil（10^4tn）
一、可供本地区消费的能源量	**Total Primary Energy Supply**	**-120.10**	**-46.44**
1. 一次能源生产量	Indigenous Production		
2. 回收能	Recovery of Energy		
3. 外省（区、市）调入量	Moving In from Other Provinces	8.70	243.94
4. 进口量	Import		1.44
5. 我轮、机在外国加油量	Chinese Airplanes & Ships in Refueling Abroad		
6. 本省（区、市）调出量（-）	Sending Out to Other Provinces（-）	-108.33	-265.85
7. 出口量（-）	Export（-）	-18.68	-12.87
8. 外轮、机在我国加油量（-）	Foreign Airplanes & Ships in Refueling in China		
9. 库存增（-）、减（+）量	Stock Change	-1.79	-13.10
二、加工转换投入（-）产出（+）量	**Input（-） & Output（+） of Transformation**	**130.65**	**682.03**
1. 火力发电	Thermal Power		-6.23
2. 供热	Heating Supply		
3. 洗选煤	Coal Washing		
4. 炼焦	Coking		
5. 炼油	Petroleum Refineries	130.65	688.26
6. 制气	Gas Works		
#焦炭再投入量（-）	Coke Input（-）		
7. 煤制品加工	Briquettes		
三、损失量	**Loss**		
四、终端消费量	**Total Final Consumption**	**10.55**	**635.59**
1. 农、林、牧、渔、水利业	Farming, Forestry, Animal Husbandry, Fishery & Water Conservancy		170.97
2. 工业	Industry	8.64	200.85
#用作原料、材料	Non-Energy Use		
3. 建筑业	Construction		13.55
4. 交通运输、仓储和邮政业	Transport, Storage and Post	0.97	220.24
5. 批发、零售业和住宿、餐饮业	Wholesale, Retail Trade and Hotel ,Restaurants		15.77
6. 生活消费	Residential Consumption	0.94	
城镇	Urban	0.40	
乡村	Rural	0.54	
7. 其他	Other		14.21
五、平衡差额	**Statistical Difference**		
六、消费量合计	**Sum of Consumption**	**10.55**	**641.82**

Continued

燃料油（万吨）Fuel Oil (10^4 tn)	液化石油气（万吨）PLG (10^4 tn)	炼厂干气（万吨）Refinery Gas (10^4 tn)	天然气（亿立方米）Natural Gas (10^8 cu. m)	其他石油制品（万吨）Other Petroleum Products (10^4 tn)	其他焦化产品（万吨）Other Coking Products (10^4 tn)	热力（万百万千焦）Heat (10^{10} kJ)	电力（亿千瓦小时）Electricity (10^8 kW·h)	其他能源（万吨标煤）Other Energy (10^4 tce)
218.20	**82.09**		**0.32**	**-280.80**	**-4.70**		**466.98**	**35.84**
							306.26	
								35.84
107.45			0.32				193.01	
112.10	117.92							
-2.13	-34.83			-279.19	-5.84		-32.29	
				-5.28	-0.21			
0.78	-1.00			3.67	1.35			
-136.26	**90.13**	**53.58**	**-0.01**	**356.54**	**49.34**	**17675.90**	**952.55**	**-21.21**
-202.89				-24.89			952.55	-15.48
-7.48				-22.48		17675.90		-5.73
					4.41			
74.11	92.10	53.58		403.91	44.68			
	-1.97		-0.01		0.25			
						783.80	**88.09**	
81.94	**172.22**	**53.58**	**0.31**	**75.25**	**44.64**	**16892.10**	**1331.44**	**14.63**
							18.35	
58.59	8.33	53.58		75.25	44.64	14092.10	1022.28	14.63
							18.84	
23.35	1.05						14.43	
	15.80					2300.00	47.94	
	140.44		0.31				144.81	
	88.30		0.31				77.71	
	52.14						67.10	
	6.60					500.00	64.79	
				0.49				
292.31	**174.19**	**53.58**	**0.32**	**122.62**	**44.39**	**17675.90**	**1419.53**	**35.84**

6-12 安徽能源平衡表(实物量)-2004

		煤合计 (万吨) Coal Total (10^4 tn)	原煤 (万吨) Raw Coal (10^4 tn)
一、可供本地区消费的能源量	**Total Primary Energy Supply**	**7794.23**	**7812.3**
1.一次能源生产量	Indigenous Production	8142.00	8142.0
2.回收能	Recovery of Energy		
3.外省(区、市)调入量	Moving In from Other Provinces	1950.00	1950.0
4.进口量	Import		
5.我轮、机在外国加油量	Chinese Airplanes & Ships in Refueling Abroad		
6.本省(区、市)调出量(-)	Sending Out to Other Provinces(-)	-2189.88	-2189.9
7.出口量(-)	Export(-)	-24.12	-24.1
8.外轮、机在我国加油量(-)	Foreign Airplanes & Ships in Refueling in China		
9.库存增(-)、减(+)量	Stock Change	-83.77	-65.7
二、加工转换投入(-)产出(+)量	**Input(-) & Output(+) of Transformation**	**-3948.46**	**-5098.0**
1.火力发电	Thermal Power	-2906.24	-2906.2
2.供热	Heating Supply	-265.60	-265.6
3.洗选煤	Coal Washing	-207.30	-1385.2
4.炼焦	Coking	-622.32	
5.炼油	Petroleum Refineries		
6.制气	Gas Works	-28.00	
#焦炭再投入量(-)	Coke Input(-)		
7.煤制品加工	Briquettes	81.00	-541.0
三、损失量	**Loss**		
四、终端消费量	**Total Final Consumption**	**3874.60**	**2761.0**
1.农、林、牧、渔、水利业	Farming, Forestry, Animal Husbandry, Fishery & Water Conservancy	47.97	48.0
2.工业	Industry	3070.63	2579.0
#用作原料、材料	Non-Energy Use		
3.建筑业	Construction	40.70	40.7
4.交通运输、仓储和邮政业	Transport, Storage and Post	14.60	14.6
5.批发、零售业和住宿、餐饮业	Wholesale, Retail Trade and Hotel, Restaurants	56.80	56.8
6.生活消费	Residential Consumption	622.00	
城镇	Urban	371.00	
乡村	Rural	251.00	
7.其他	Other	21.90	21.9
五、平衡差额	**Statistical Difference**	**-28.83**	**-46.7**
六、消费量合计	**Sum of Consumption**	**7904.06**	**7859.0**

ENERGY BALANCE OF ANHUI －2004 (PHYSICAL QUANTITY)

洗精煤（万吨）Cleaned Coal (10^4 tn)	其他洗煤（万吨）Other Washed Coal (10^4 tn)	型煤（万吨）Briquettes (10^4 tn)	焦炭（万吨）Coke (10^4 tn)	焦炉煤气（亿立方米）Coke Oven Gas (10^8 cu. m)	其他煤气（亿立方米）Other Gas (10^8 cu. m)	油品合计（万吨）Petroleum Products Total (10^4 tn)	原油（万吨）Crude Oil (10^4 tn)	汽油（万吨）Gasoline (10^4 tn)
-15.30	**-2.80**		**105.76**			**442.60**	**421.29**	**-9.23**
			125.00			476.68	262.18	52.00
						155.81	155.81	
						-175.57		-54.18
-15.30	-2.80		-19.24			-14.32	3.30	-7.05
72.78	**454.80**	**622.00**	**437.54**	**13.45**	**0.10**	**-4.38**	**-419.79**	**86.97**
723.10	454.80							
-622.32			426.50	13.00				
						-4.38	-419.79	86.97
-28.00			12.31	0.45	0.10			
			-1.27					
		622.00						
37.62	**454.00**	**622.00**	**543.02**	**13.49**	**0.10**	**436.68**		**78.18**
						54.33		7.85
37.62	454.00		543.02	12.69	0.10	172.49		6.93
						11.60		6.30
						162.44		48.00
						10.40		9.10
		622.00		0.80		25.42		
		371.00		0.80		25.42		
		251.00						
19.86	**-2.00**		**0.28**	**-0.04**		**1.54**	**1.50**	**-0.44**
687.94	**454.00**	**622.00**	**544.29**	**13.49**	**0.10**	**441.06**	**419.79**	**78.18**

续表

		煤油 (万吨) Kerosene (10^4tn)	柴油 (万吨) Diesel Oil (10^4tn)
一、可供本地区消费的能源量	**Total Primary Energy Supply**	**8.50**	**7.72**
1. 一次能源生产量	Indigenous Production		
2. 回收能	Recovery of Energy		
3. 外省(区、市)调入量	Moving In from Other Provinces	8.50	139.00
4. 进口量	Import		
5. 我轮、机在外国加油量	Chinese Airplanes & Ships in Refueling Abroad		
6. 本省(区、市)调出量(－)	Sending Out to Other Provinces(－)		-120.12
7. 出口量(－)	Export(－)		
8. 外轮、机在我国加油量(－)	Foreign Airplanes & Ships in Refueling in China		
9. 库存增(－)、减(＋)量	Stock Change		-11.16
二、加工转换投入(－)产出(＋)量	**Input(－) & Output(＋) of Transformation**		**181.39**
1. 火力发电	Thermal Power		
2. 供热	Heating Supply		
3. 洗选煤	Coal Washing		
4. 炼焦	Coking		
5. 炼油	Petroleum Refineries		181.39
6. 制气	Gas Works		
#焦炭再投入量(－)	Coke Input(－)		
7. 煤制品加工	Briquettes		
三、损失量	**Loss**		
四、终端消费量	**Total Final Consumption**	**8.49**	**189.48**
1. 农、林、牧、渔、水利业	Farming, Forestry, Animal Husbandry, Fishery & Water Conservancy		46.48
2. 工业	Industry	0.42	30.03
#用作原料、材料	Non-Energy Use		
3. 建筑业	Construction		5.30
4. 交通运输、仓储和邮政业	Transport, Storage and Post	8.07	106.37
5. 批发、零售业和住宿、餐饮业	Wholesale, Retail Trade and Hotel ,Restaurants		1.30
6. 生活消费	Residential Consumption		
城镇	Urban		
乡村	Rural		
7. 其他	Other		
五、平衡差额	**Statistical Difference**	**0.01**	**-0.37**
六、消费量合计	**Sum of Consumption**	**8.49**	**189.48**

Continued

燃料油（万吨）Fuel Oil （10^4tn）	液化石油气（万吨）PLG （10^4tn）	炼厂干气（万吨）Refinery Gas （10^4tn）	天然气（亿立方米）Natural Gas （10^8 cu. m）	其他石油制品（万吨）Other Petroleum Products （10^4tn）	其他焦化产品（万吨）Other Coking Products （10^4 tn）	热力（万百万千焦）Heat （10^{10} kJ）	电力（亿千瓦小时）Electricity （10^8kW·h）	其他能源（万吨标煤）Other Energy （10^4tce）
14.32							**-86.58**	
							8.75	
15.00							0.30	
-1.27							-95.63	
0.59								
10.04	**27.29**	**15.47**		**94.25**	**2.70**	**4332.00**	**602.82**	
							602.82	
						4332.00		
					2.70			
10.04	27.29	15.47		94.25				
23.92	**27.29**	**15.25**	**0.15**	**94.07**	**2.70**	**4326.09**	**515.94**	
							15.60	
23.92	1.87	15.25	0.15	94.07	2.70	3546.09	384.99	
							5.30	
							5.40	
							12.20	
	25.42					780.00	72.48	
	25.42					780.00	38.98	
							33.50	
							19.97	
0.44		**0.22**	**-0.15**	**0.18**		**5.91**	**0.30**	
23.92	**27.29**	**15.25**	**0.15**	**94.07**	**2.70**	**4326.09**	**515.94**	

6-13 福建能源平衡表(实物量)-2004

		煤合计(万吨) Coal Total (10^4 tn)	原煤(万吨) Raw Coal (10^4 tn)
一、可供本地区消费的能源量	**Total Primary Energy Supply**	**3805.49**	**3717.8**
1. 一次能源生产量	Indigenous Production	1835.00	1835.0
2. 回收能	Recovery of Energy		
3. 外省(区、市)调入量	Moving In from Other Provinces	2887.29	2800.0
4. 进口量	Import		
5. 我轮、机在外国加油量	Chinese Airplanes & Ships in Refueling Abroad		
6. 本省(区、市)调出量(-)	Sending Out to Other Provinces(-)	-865.70	-865.7
7. 出口量(-)	Export(-)		
8. 外轮、机在我国加油量(-)	Foreign Airplanes & Ships in Refueling in China		
9. 库存增(-)、减(+)量	Stock Change	-51.10	-51.5
二、加工转换投入(-)产出(+)量	**Input(-) & Output(+) of Transformation**	**-2421.33**	**-2333.7**
1. 火力发电	Thermal Power	-2188.37	-2183.7
2. 供热	Heating Supply	-145.14	-145.1
3. 洗选煤	Coal Washing		
4. 炼焦	Coking	-84.55	-3.2
5. 炼油	Petroleum Refineries		
6. 制气	Gas Works	-3.27	-1.7
#焦炭再投入量(-)	Coke Input(-)		
7. 煤制品加工	Briquettes		
三、损失量	**Loss**		
四、终端消费量	**Total Final Consumption**	**1384.79**	**1384.8**
1. 农、林、牧、渔、水利业	Farming, Forestry, Animal Husbandry, Fishery & Water Conservancy	1.09	1.1
2. 工业	Industry	1222.38	1222.4
#用作原料、材料	Non-Energy Use		
3. 建筑业	Construction	10.37	10.4
4. 交通运输、仓储和邮政业	Transport, Storage and Post	5.90	5.9
5. 批发、零售业和住宿、餐饮业	Wholesale, Retail Trade and Hotel, Restaurants	9.07	9.1
6. 生活消费	Residential Consumption	135.98	136.0
城镇	Urban	89.30	89.3
乡村	Rural	46.68	46.7
7. 其他	Other		
五、平衡差额	**Statistical Difference**	**-0.63**	**-0.7**
六、消费量合计	**Sum of Consumption**	**3806.12**	**3718.5**

ENERGY BALANCE OF FUJIAN –2004 (PHYSICAL QUANTITY)

洗精煤 (万吨) Cleaned Coal (10^4 tn)	其他洗煤 (万吨) Other Washed Coal (10^4 tn)	型煤 (万吨) Briquettes (10^4 tn)	焦炭 (万吨) Coke (10^4 tn)	焦炉煤气 (亿立方米) Coke Oven Gas (10^8 cu. m)	其他煤气 (亿立方米) Other Gas (10^8 cu. m)	油品合计 (万吨) Petroleum Products Total (10^4 tn)	原油 (万吨) Crude Oil (10^4 tn)	汽油 (万吨) Gasoline (10^4 tn)
81.49	**6.20**		**138.58**			**832.26**	**391.74**	**83.50**
80.99	6.30		155.32			813.71	391.67	67.18
			-15.29					
0.50	-0.10		-1.45			18.55	0.07	16.32
-81.40	**-6.20**		**67.33**	**2.07**		**-37.25**	**-390.55**	**108.65**
	-4.63					-23.26		
						-0.67		
-81.40			67.33	2.07				
						-13.32	-390.55	108.65
	-1.57							
			205.91	**2.07**		**793.82**		**192.15**
						44.28		3.55
			205.91	2.07		261.84		12.36
						12.25		4.21
						251.74		60.30
						34.74		19.6
						76.07		12.63
						61.53		10.60
						14.54		2.03
						112.90		79.50
0.09						**1.19**	**1.19**	
81.40	**6.20**		**205.91**	**2.07**		**807.14**	**390.55**	**192.15**

续表

		煤油（万吨）Kerosene (10^4 tn)	柴油（万吨）Diesel Oil (10^4 tn)
一、可供本地区消费的能源量	**Total Primary Energy Supply**	**20.58**	**156.20**
1. 一次能源生产量	Indigenous Production		
2. 回收能	Recovery of Energy		
3. 外省(区、市)调入量	Moving In from Other Provinces	20.53	159.45
4. 进口量	Import		
5. 我轮、机在外国加油量	Chinese Airplanes & Ships in Refueling Abroad		
6. 本省(区、市)调出量(－)	Sending Out to Other Provinces(－)		
7. 出口量(－)	Export(－)		
8. 外轮、机在我国加油量(－)	Foreign Airplanes & Ships in Refueling in China		
9. 库存增(－)、减(＋)量	Stock Change	0.05	-3.25
二、加工转换投入(－)产出(＋)量	**Input(－) & Output(＋) of Transformation**	**5.64**	**168.13**
1. 火力发电	Thermal Power		
2. 供热	Heating Supply		
3. 洗选煤	Coal Washing		
4. 炼焦	Coking		
5. 炼油	Petroleum Refineries	5.64	168.13
6. 制气	Gas Works		
#焦炭再投入量(－)	Coke Input(－)		
7. 煤制品加工	Briquettes		
三、损失量	**Loss**		
四、终端消费量	**Total Final Consumption**	**26.22**	**324.33**
1. 农、林、牧、渔、水利业	Farming, Forestry, Animal Husbandry, Fishery & Water Conservancy		40.73
2. 工业	Industry	2.76	70.91
#用作原料、材料	Non-Energy Use		
3. 建筑业	Construction		8.04
4. 交通运输、仓储和邮政业	Transport, Storage and Post	21.50	160.67
5. 批发、零售业和住宿、餐饮业	Wholesale, Retail Trade and Hotel ,Restaurants		7.27
6. 生活消费	Residential Consumption	1.96	3.31
城镇	Urban	0.93	1.20
乡村	Rural	1.03	2.11
7. 其他	Other		33.40
五、平衡差额	**Statistical Difference**		
六、消费量合计	**Sum of Consumption**	**26.22**	**324.33**

Continued

燃料油（万吨）Fuel Oil（10^4tn）	液化石油气（万吨）PLG（10^4tn）	炼厂干气（万吨）Refinery Gas（10^4tn）	天然气（亿立方米）Natural Gas（10^8 cu. m）	其他石油制品（万吨）Other Petroleum Products（10^4tn）	其他焦化产品（万吨）Other Coking Products（10^4 tn）	热力（万百万千焦）Heat（10^{10} kJ）	电力（亿千瓦小时）Electricity（10^8kW·h）	其他能源（万吨标煤）Other Energy（10^4tce）
118.31	**61.93**		**0.60**				**159.48**	
							154.76	
112.97	61.91		0.60				9.21	
							-4.49	
5.34	0.02							
-12.74	**24.27**	**13.94**		**45.41**		**224.54**	**504.90**	
-23.26							504.90	
-0.67						224.54		
11.19	24.27	13.94		45.41				
							52.43	
105.57	**86.20**	**13.94**	**0.60**	**45.41**		**224.54**	**611.92**	
							12.11	
98.60	18.97	13.94	0.60	44.30		224.54	413.69	
							6.65	
6.97	1.19			1.11			12.44	
	7.87						23.44	
	58.17						110.12	
	48.80						62.41	
	9.37						47.71	
							33.47	
							0.03	
129.50	**86.20**	**13.94**	**0.60**	**45.41**		**224.54**	**664.35**	

6-14 江西能源平衡表(实物量)-2004

		煤合计(万吨) Coal Total (10^4 tn)	原煤(万吨) Raw Coal (10^4 tn)
一、可供本地区消费的能源量	**Total Primary Energy Supply**	**3925.81**	**3571.9**
1. 一次能源生产量	Indigenous Production	2371.76	2371.8
2. 回收能	Recovery of Energy		
3. 外省(区、市)调入量	Moving In from Other Provinces	1680.00	1320.0
4. 进口量	Import		
5. 我轮、机在外国加油量	Chinese Airplanes & Ships in Refueling Abroad		
6. 本省(区、市)调出量(-)	Sending Out to Other Provinces(-)	-108.13	-108.1
7. 出口量(-)	Export(-)		
8. 外轮、机在我国加油量(-)	Foreign Airplanes & Ships in Refueling in China		
9. 库存增(-)、减(+)量	Stock Change	-17.82	-11.8
二、加工转换投入(-)产出(+)量	**Input(-) & Output(+) of Transformation**	**-2669.56**	**-2677.6**
1. 火力发电	Thermal Power	-1912.77	-1863.8
2. 供热	Heating Supply	-82.24	-82.2
3. 洗选煤	Coal Washing	-84.15	-410.5
4. 炼焦	Coking	-405.93	-36.5
5. 炼油	Petroleum Refineries		
6. 制气	Gas Works	-180.73	-78.8
#焦炭再投入量(-)	Coke Input(-)		
7. 煤制品加工	Briquettes	-3.74	-205.8
三、损失量	**Loss**		
四、终端消费量	**Total Final Consumption**	**1274.35**	**943.5**
1. 农、林、牧、渔、水利业	Farming, Forestry, Animal Husbandry, Fishery & Water Conservancy	5.00	5.0
2. 工业	Industry	1034.63	889.5
#用作原料、材料	Non-Energy Use	106.69	93.9
3. 建筑业	Construction		
4. 交通运输、仓储和邮政业	Transport, Storage and Post	13.00	10.0
5. 批发、零售业和住宿、餐饮业	Wholesale, Retail Trade and Hotel, Restaurants	12.00	4.0
6. 生活消费	Residential Consumption	209.72	35.0
城镇	Urban	47.16	5.0
乡村	Rural	162.56	30.0
7. 其他	Other		
五、平衡差额	**Statistical Difference**	**-18.10**	**-49.3**
六、消费量合计	**Sum of Consumption**	**3943.91**	**3621.2**

ENERGY BALANCE OF JIANGXI －2004（PHYSICAL QUANTITY）

洗精煤（万吨）Cleaned Coal（10^4 tn）	其他洗煤（万吨）Other Washed Coal（10^4 tn）	型煤（万吨）Briquettes（10^4 tn）	焦炭（万吨）Coke（10^4 tn）	焦炉煤气（亿立方米）Coke Oven Gas（10^8 cu. m）	其他煤气（亿立方米）Other Gas（10^8 cu. m）	油品合计（万吨）Petroleum Products Total（10^4 tn）	原油（万吨）Crude Oil（10^4 tn）	汽油（万吨）Gasoline（10^4 tn）
361.04	**－6.10**	**－0.98**	**42.94**			**403.45**	**363.41**	**－21.37**
360.00			50.86			319.94	203.66	5.09
						143.16	143.16	
						－87.01		－31.13
1.04	－6.10	－0.98	－7.92			27.36	16.59	4.67
－305.58	**111.64**	**202.02**	**336.63**	**8.02**	**32.30**	**－11.76**	**－360.36**	**83.19**
	－48.93					－4.63		
						－3.25		
165.82	160.57							
－369.43			336.63					
						－3.88	－360.36	83.19
－101.97				8.02	32.30			
		202.02						
						3.05	**3.05**	
58.78	**70.03**	**202.02**	**379.57**	**10.49**	**58.22**	**383.19**		**61.82**
						21.09		1.00
58.78	70.03	16.30	379.57	10.49	57.16	104.25		3.42
12.78								
						2.90		1.40
		3.00				208.09		45.20
		8.00				7.80		1.60
		174.72			1.06	32.46		5.60
		42.16			1.06	27.84		4.00
		132.56				4.62		1.60
						6.60		3.60
－3.32	**35.51**	**－0.98**		**－2.47**	**－25.92**	**5.45**		
530.18	**118.96**	**202.02**	**379.57**	**10.49**	**58.22**	**398.00**	**363.41**	**61.82**

续表

		煤油（万吨）Kerosene（10^4 tn）	柴油（万吨）Diesel Oil（10^4 tn）
一、可供本地区消费的能源量	**Total Primary Energy Supply**	**3.32**	**62.24**
1. 一次能源生产量	Indigenous Production		
2. 回收能	Recovery of Energy		
3. 外省（区、市）调入量	Moving In from Other Provinces	3.66	86.31
4. 进口量	Import		
5. 我轮、机在外国加油量	Chinese Airplanes & Ships in Refueling Abroad		
6. 本省（区、市）调出量（－）	Sending Out to Other Provinces（－）	-0.34	-30.01
7. 出口量（－）	Export（－）		
8. 外轮、机在我国加油量（－）	Foreign Airplanes & Ships in Refueling in China		
9. 库存增（－）、减（＋）量	Stock Change		5.94
二、加工转换投入（－）产出（＋）量	**Input（－）& Output（＋） of Transformation**	**5.34**	**137.02**
1. 火力发电	Thermal Power		-0.02
2. 供热	Heating Supply		-0.09
3. 洗选煤	Coal Washing		
4. 炼焦	Coking		
5. 炼油	Petroleum Refineries	5.34	137.13
6. 制气	Gas Works		
#焦炭再投入量（－）	Coke Input（－）		
7. 煤制品加工	Briquettes		
三、损失量	**Loss**		
四、终端消费量	**Total Final Consumption**	**8.66**	**199.38**
1. 农、林、牧、渔、水利业	Farming, Forestry, Animal Husbandry, Fishery & Water Conservancy	0.10	19.99
2. 工业	Industry	0.72	17.54
#用作原料、材料	Non-Energy Use		
3. 建筑业	Construction		1.50
4. 交通运输、仓储和邮政业	Transport, Storage and Post	7.54	155.35
5. 批发、零售业和住宿、餐饮业	Wholesale, Retail Trade and Hotel ,Restaurants	0.20	2.00
6. 生活消费	Residential Consumption	0.10	
城镇	Urban		
乡村	Rural	0.10	
7. 其他	Other		3.00
五、平衡差额	**Statistical Difference**		**-0.12**
六、消费量合计	**Sum of Consumption**	**8.66**	**199.49**

Continued

燃料油 （万吨） Fuel Oil （10^4tn）	液化石油气 （万吨） PLG （10^4tn）	炼厂干气 （万吨） Refinery Gas （10^4tn）	天然气 （亿立方米） Natural Gas （10^8 cu. m）	其他石油制品 （万吨） Other Petroleum Products （10^4tn）	其他焦化产品 （万吨） Other Coking Products （10^4 tn）	热力 （万百万千焦） Heat （10^{10} kJ）	电力 （亿千瓦小时） Electricity （10^8kW·h）	其他能源 （万吨标煤） Other Energy （10^4tce）
-12.06	**11.89**			**-3.98**	**-0.03**		**85.76**	
							84.73	
5.13	16.09						5.25	
-16.53	-4.00			-5.00			-4.22	
-0.66	-0.20			1.02	-0.03			
56.95	**21.91**	**7.27**		**36.92**	**4.27**	**1052.59**	**303.44**	
-1.09		-3.52					303.44	
-0.90		-2.26				1052.59		
					4.27			
58.94	21.91	13.05		36.92				
							32.12	
44.89	**33.80**	**7.12**		**27.52**	**0.38**	**1018.51**	**357.08**	**21.26**
							27.21	
44.89	3.04	7.12		27.52	0.38	1018.51	252.40	21.26
							1.74	
							5.01	
	4.00						7.64	
	26.76						46.87	
	23.84						26.91	
	2.92						19.96	
							16.21	
		0.15		**5.42**	**3.86**	**34.08**		**-21.26**
46.88	**33.80**	**12.90**		**27.52**	**0.38**	**1018.51**	**389.20**	**21.26**

6-15 山东能源平衡表(实物量)-2004

		煤合计（万吨）Coal Total (10^4 tn)	原煤（万吨）Raw Coal (10^4 tn)
一、可供本地区消费的能源量	**Total Primary Energy Supply**	**18270.03**	**20856.2**
1. 一次能源生产量	Indigenous Production	14646.20	14646.2
2. 回收能	Recovery of Energy		
3. 外省(区、市)调入量	Moving In from Other Provinces	8011.00	8011.0
4. 进口量	Import		
5. 我轮、机在外国加油量	Chinese Airplanes & Ships in Refueling Abroad		
6. 本省(区、市)调出量(-)	Sending Out to Other Provinces(-)	-3010.25	-1634.5
7. 出口量(-)	Export(-)	-1184.75	
8. 外轮、机在我国加油量(-)	Foreign Airplanes & Ships in Refueling in China		
9. 库存增(-)、减(+)量	Stock Change	-192.17	-166.5
二、加工转换投入(-)产出(+)量	**Input(-) & Output(+) of Transformation**	**-12204.00**	**-15742.9**
1. 火力发电	Thermal Power	-8874.22	-8550.0
2. 供热	Heating Supply	-1321.84	-1318.5
3. 洗选煤	Coal Washing	-563.84	-5591.2
4. 炼焦	Coking	-1244.17	-140.2
5. 炼油	Petroleum Refineries		
6. 制气	Gas Works	-186.93	-98.0
#焦炭再投入量(-)	Coke Input(-)		
7. 煤制品加工	Briquettes	-13.00	-45.0
三、损失量	**Loss**		
四、终端消费量	**Total Final Consumption**	**6066.08**	**5113.4**
1. 农、林、牧、渔、水利业	Farming, Forestry, Animal Husbandry, Fishery & Water Conservancy	147.00	147.0
2. 工业	Industry	5323.57	4380.0
#用作原料、材料	Non-Energy Use		
3. 建筑业	Construction	77.00	77.0
4. 交通运输、仓储和邮政业	Transport, Storage and Post	43.40	43.4
5. 批发、零售业和住宿、餐饮业	Wholesale, Retail Trade and Hotel, Restaurants	84.00	84.0
6. 生活消费	Residential Consumption	327.11	318.0
城镇	Urban	107.11	98.0
乡村	Rural	220.00	220.0
7. 其他	Other	64.00	64.0
五、平衡差额	**Statistical Difference**	**-0.05**	
六、消费量合计	**Sum of Consumption**	**18270.08**	**20856.3**

ENERGY BALANCE OF SHANDONG －2004 (PHYSICAL QUANTITY)

洗精煤 (万吨) Cleaned Coal (10^4 tn)	其他洗煤 (万吨) Other Washed Coal (10^4 tn)	型煤 (万吨) Briquettes (10^4 tn)	焦炭 (万吨) Coke (10^4 tn)	焦炉煤气 (亿立方米) Coke Oven Gas (10^8 cu. m)	其他煤气 (亿立方米) Other Gas (10^8 cu. m)	油品合计 (万吨) Petroleum Products Total (10^4 tn)	原油 (万吨) Crude Oil (10^4 tn)	汽油 (万吨) Gasoline (10^4 tn)
-2591.97	**7.99**	**-2.19**	**238.56**			**2021.31**	**3196.39**	**-199.62**
						2674.30	2674.30	
			245.00			1304.87	956.87	152.00
						879.98	879.98	
-1375.75						-2854.05	-1303.10	-350.00
-1184.75								
-31.47	7.99	-2.19	-6.44			16.21	-11.66	-1.62
2978.31	**528.54**	**32.00**	**997.31**	**12.19**	**14.46**	**-72.00**	**-3041.70**	**433.30**
-40.00	-284.22			-8.73	-1.41			
	-3.34			-1.71	-3.09	-3.30		
4211.24	816.10							
-1104.00			997.31	22.63	18.96			
						-68.70	-3041.70	433.30
-88.93								
		32.00						
386.34	**536.53**	**29.81**	**1235.50**	**12.19**	**14.46**	**1949.48**	**154.69**	**233.66**
						41.80		5.80
386.34	536.53	20.70	1235.50	9.56	14.46	946.40	154.69	50.86
						271.60		6.50
						446.78		75.50
						73.40		18.00
		9.11		2.63		90.00		42.00
		9.11		2.63		73.00		33.00
						17.00		9.00
						79.50		35.00
			0.37			**-0.17**		**0.02**
1619.27	**824.09**	**29.81**	**1235.50**	**22.63**	**18.96**	**2021.48**	**3196.39**	**233.66**

续表

		煤油（万吨）Kerosene（10^4tn）	柴油（万吨）Diesel Oil（10^4tn）
一、可供本地区消费的能源量	**Total Primary Energy Supply**	**-32.56**	**-276.47**
1.一次能源生产量	Indigenous Production		
2.回收能	Recovery of Energy		
3.外省(区、市)调入量	Moving In from Other Provinces		196.00
4.进口量	Import		
5.我轮、机在外国加油量	Chinese Airplanes & Ships in Refueling Abroad		
6.本省(区、市)调出量(-)	Sending Out to Other Provinces(-)	-32.00	-485.70
7.出口量(-)	Export(-)		
8.外轮、机在我国加油量(-)	Foreign Airplanes & Ships in Refueling in China		
9.库存增(-)、减(+)量	Stock Change	-0.56	13.23
二、加工转换投入(-)产出(+)量	**Input(-) & Output(+) of Transformation**	**54.00**	**858.80**
1.火力发电	Thermal Power		
2.供热	Heating Supply		
3.洗选煤	Coal Washing		
4.炼焦	Coking		
5.炼油	Petroleum Refineries	54.00	858.80
6.制气	Gas Works		
#焦炭再投入量(-)	Coke Input(-)		
7.煤制品加工	Briquettes		
三、损失量	**Loss**		
四、终端消费量	**Total Final Consumption**	**21.74**	**582.30**
1.农、林、牧、渔、水利业	Farming, Forestry, Animal Husbandry, Fishery & Water Conservancy		36.00
2.工业	Industry	4.96	124.80
#用作原料、材料	Non-Energy Use		
3.建筑业	Construction		15.50
4.交通运输、仓储和邮政业	Transport, Storage and Post	16.78	314.00
5.批发、零售业和住宿、餐饮业	Wholesale, Retail Trade and Hotel ,Restaurants		51.00
6.生活消费	Residential Consumption		
城镇	Urban		
乡村	Rural		
7.其他	Other		41.00
五、平衡差额	**Statistical Difference**	**-0.30**	**0.03**
六、消费量合计	**Sum of Consumption**	**21.74**	**582.30**

Continued

燃料油（万吨）Fuel Oil (10^4 tn)	液化石油气（万吨）PLG (10^4 tn)	炼厂干气（万吨）Refinery Gas (10^4 tn)	天然气（亿立方米）Natural Gas (10^8 cu. m)	其他石油制品（万吨）Other Petroleum Products (10^4 tn)	其他焦化产品（万吨）Other Coking Products (10^4 tn)	热力（万百万千焦）Heat (10^{10} kJ)	电力（亿千瓦小时）Electricity (10^8 kW·h)	其他能源（万吨标煤）Other Energy (10^4 tce)
-240.80	**-22.58**		**11.71**	**-403.05**	**0.71**		**0.01**	**-5.96**
			9.21				0.01	
			2.50					
-246.70	-23.00			-413.55				
5.90	0.42			10.50	0.71			-5.96
520.00	**125.10**	**58.30**	**-0.03**	**920.20**	**32.73**	**12972.00**	**1693.70**	**0.02**
							1693.70	
			-0.03	-3.30	-2.77	12972.00		-52.60
					35.50			52.62
520.00	125.10	58.30		923.50				
279.16	**102.53**	**58.30**	**11.68**	**517.10**	**33.44**	**12972.00**	**1693.71**	
						130.00	46.19	
239.16	41.13	58.30	8.47	272.50	33.44	10122.00	1334.17	
	5.00			244.60		70.00	13.20	
40.00	0.50					190.00	16.34	
	4.40		0.34			203.00	36.53	
	48.00		2.37			1895.00	172.10	
	40.00		2.23			1712.00	78.60	
	8.00		0.14			183.00	93.50	
	3.50		0.50			362.00	75.18	
0.04	**-0.01**			**0.05**				**-5.94**
279.16	**102.53**	**58.30**	**11.71**	**520.40**	**36.21**	**12972.00**	**1693.71**	**52.60**

6－16　河南能源平衡表（实物量）－2004

		煤合计（万吨）Coal Total (10^4 tn)	原煤（万吨）Raw Coal (10^4 tn)
一、可供本地区消费的能源量	**Total Primary Energy Supply**	**12070.84**	**13689.7**
1. 一次能源生产量	Indigenous Production	15207.66	15207.7
2. 回收能	Recovery of Energy		
3. 外省(区、市)调入量	Moving In from Other Provinces	3103.71	3103.7
4. 进口量	Import		
5. 我轮、机在外国加油量	Chinese Airplanes & Ships in Refueling Abroad		
6. 本省(区、市)调出量(－)	Sending Out to Other Provinces(－)	－5942.54	－4333.5
7. 出口量(－)	Export(－)		
8. 外轮、机在我国加油量(－)	Foreign Airplanes & Ships in Refueling in China		
9. 库存增(－)、减(＋)量	Stock Change	－297.99	－288.1
二、加工转换投入(－)产出(＋)量	**Input(－) & Output(＋) of Transformation**	**－9548.71**	**－11409.1**
1. 火力发电	Thermal Power	－7055.10	－6948.5
2. 供热	Heating Supply	－576.81	－576.8
3. 洗选煤	Coal Washing	－588.67	－3338.6
4. 炼焦	Coking	－1201.60	－421.0
5. 炼油	Petroleum Refineries		
6. 制气	Gas Works	－126.53	－123.7
#焦炭再投入量(－)	Coke Input(－)		
7. 煤制品加工	Briquettes		－0.4
三、损失量	**Loss**		
四、终端消费量	**Total Final Consumption**	**5343.96**	**5145.2**
1. 农、林、牧、渔、水利业	Farming, Forestry, Animal Husbandry, Fishery & Water Conservancy	61.49	61.5
2. 工业	Industry	4474.77	4353.0
#用作原料、材料	Non-Energy Use	2848.94	2828.2
3. 建筑业	Construction	5.00	5.0
4. 交通运输、仓储和邮政业	Transport, Storage and Post	5.26	5.3
5. 批发、零售业和住宿、餐饮业	Wholesale, Retail Trade and Hotel, Restaurants		
6. 生活消费	Residential Consumption	797.44	720.5
城镇	Urban	286.94	210.0
乡村	Rural	510.50	510.5
7. 其他	Other		
五、平衡差额	**Statistical Difference**	**－2821.83**	**－2864.6**
六、消费量合计	**Sum of Consumption**	**14892.67**	**16554.3**

ENERGY BALANCE OF HENAN －2004 (PHYSICAL QUANTITY)

洗精煤（万吨）Cleaned Coal (10^4 tn)	其他洗煤（万吨）Other Washed Coal (10^4 tn)	型煤（万吨）Briquettes (10^4 tn)	焦炭（万吨）Coke (10^4 tn)	焦炉煤气（亿立方米）Coke Oven Gas (10^8 cu. m)	其他煤气（亿立方米）Other Gas (10^8 cu. m)	油品合计（万吨）Petroleum Products Total (10^4 tn)	原油（万吨）Crude Oil (10^4 tn)	汽油（万吨）Gasoline (10^4 tn)
-790.07	**-828.78**		**-10.28**			**814.30**	**704.96**	**84.83**
						523.41	523.41	
			164.00			488.05	173.05	150.00
						192.74	192.74	
-779.00	-830.00		-177.63			-350.18	-171.83	-54.52
-11.07	1.22		3.35			-39.72	-12.41	-10.65
870.45	**989.47**	**0.42**	**589.23**	**8.41**	**77.62**	**-55.67**	**-678.19**	**132.35**
-2.34	-104.22		-109.61			-7.24	-0.86	-0.06
						-3.17		
1656.24	1093.69					-0.21		
-780.62			826.68	8.41		-2.78		
						-42.27	-677.33	132.41
-2.83			-127.84		77.62			
		0.42						
				0.50		**7.87**	**6.70**	**0.53**
80.78	**117.94**	**0.04**	**580.56**	**7.39**	**75.18**	**761.94**	**19.65**	**221.36**
						60.00		
74.96	46.82	0.04	580.56	7.39	74.69	273.81	19.65	24.48
1.97	18.73		68.38			84.46		2.60
						24.00		
						331.13		163.88
						27.00		13.00
5.82	71.12				0.49	23.00		
5.82	71.12				0.49	18.00		
						5.00		
						23.00		20.00
-0.40	**42.75**	**0.38**	**-1.61**	**0.52**	**2.44**	**-11.18**	**0.42**	**-4.71**
866.57	**222.16**	**0.04**	**818.01**	**7.89**	**75.18**	**825.48**	**704.54**	**221.95**

续表

		煤油（万吨） Kerosene (10^4 tn)	柴油（万吨） Diesel Oil (10^4 tn)
一、可供本地区消费的能源量	**Total Primary Energy Supply**	**-19.22**	**24.78**
1. 一次能源生产量	Indigenous Production		
2. 回收能	Recovery of Energy		
3. 外省（区、市）调入量	Moving In from Other Provinces		125.00
4. 进口量	Import		
5. 我轮、机在外国加油量	Chinese Airplanes & Ships in Refueling Abroad		
6. 本省（区、市）调出量（-）	Sending Out to Other Provinces（-）	-18.99	-89.84
7. 出口量（-）	Export（-）		
8. 外轮、机在我国加油量（-）	Foreign Airplanes & Ships in Refueling in China		
9. 库存增（-）、减（+）量	Stock Change	-0.23	-10.38
二、加工转换投入（-）产出（+）量	**Input（-） & Output（+） of Transformation**	**28.20**	**242.73**
1. 火力发电	Thermal Power		-3.86
2. 供热	Heating Supply		-0.35
3. 洗选煤	Coal Washing		-0.21
4. 炼焦	Coking		
5. 炼油	Petroleum Refineries	28.20	247.15
6. 制气	Gas Works		
#焦炭再投入量（-）	Coke Input（-）		
7. 煤制品加工	Briquettes		
三、损失量	**Loss**	**0.04**	**0.60**
四、终端消费量	**Total Final Consumption**	**12.59**	**270.02**
1. 农、林、牧、渔、水利业	Farming, Forestry, Animal Husbandry, Fishery & Water Conservancy		60.00
2. 工业	Industry	2.55	40.41
#用作原料、材料	Non-Energy Use	0.46	2.69
3. 建筑业	Construction		
4. 交通运输、仓储和邮政业	Transport, Storage and Post	10.04	155.61
5. 批发、零售业和住宿、餐饮业	Wholesale, Retail Trade and Hotel ,Restaurants		12.00
6. 生活消费	Residential Consumption		
城镇	Urban		
乡村	Rural		
7. 其他	Other		2.00
五、平衡差额	**Statistical Difference**	**-3.65**	**-3.11**
六、消费量合计	**Sum of Consumption**	**12.63**	**274.83**

Continued

燃料油 （万吨） Fuel Oil （10^4tn）	液化石油气 （万吨） PLG （10^4tn）	炼厂干气 （万吨） Refinery Gas （10^4tn）	天然气 （亿立方米） Natural Gas （10^8 cu. m）	其他石油制品 （万吨） Other Petroleum Products （10^4tn）	其他焦化产品 （万吨） Other Coking Products （10^4 tn）	热力 （万百万千焦） Heat （10^{10} kJ）	电力 （亿千瓦小时） Electricity （10^8kW·h）	其他能源 （万吨标煤） Other Energy （10^4tce）
38.81	**-13.42**		**20.51**	**-6.44**	**0.67**		**98.89**	**60.00**
			18.55				70.21	40.00
								20.00
40.00			4.28				33.66	
-1.36	-13.64		-2.32				-4.98	
0.17	0.22			-6.44	0.67			
33.30	**51.40**	**16.87**	**-0.03**	**117.67**	**13.82**	**8542.61**	**1200.47**	**-21.09**
-0.19		-2.27				-45.24	1200.47	-16.92
-1.77		-1.05	-0.03			8587.85		-0.24
-2.78					13.82			-3.93
38.04	51.40	20.19		117.67				
			1.02		**4.00**	**650.00**	**108.85**	
75.29	**35.45**	**20.27**	**19.24**	**107.31**	**9.57**	**7879.96**	**1190.78**	**43.96**
							80.88	
75.27	6.87	20.27	14.22	84.31	9.57	6497.43	896.50	43.96
	0.63	2.78	3.77	75.30	1.48			
	1.00			23.00			6.39	
0.02	1.58						29.99	
	2.00						19.56	
	23.00		5.02			1382.53	120.48	
	18.00		5.02			1382.53	70.54	
	5.00						49.94	
	1.00						36.98	
-3.18	**2.53**	**-3.40**	**0.22**	**3.92**	**0.92**	**12.65**	**-0.27**	**-5.05**
77.25	**35.45**	**23.59**	**20.29**	**107.31**	**13.57**	**8529.96**	**1299.63**	**61.12**

6-17 湖北能源平衡表(实物量)-2004

		煤合计 (万吨) Coal Total (10^4 tn)	原煤 (万吨) Raw Coal (10^4 tn)
一、可供本地区消费的能源量	**Total Primary Energy Supply**	**8053.71**	**7375.2**
1.一次能源生产量	Indigenous Production	630.00	630.0
2.回收能	Recovery of Energy		
3.外省(区、市)调入量	Moving In from Other Provinces	7511.71	6824.0
4.进口量	Import		
5.我轮、机在外国加油量	Chinese Airplanes & Ships in Refueling Abroad		
6.本省(区、市)调出量(-)	Sending Out to Other Provinces(-)		
7.出口量(-)	Export(-)		
8.外轮、机在我国加油量(-)	Foreign Airplanes & Ships in Refueling in China		
9.库存增(-)、减(+)量	Stock Change	-88.00	-78.8
二、加工转换投入(-)产出(+)量	**Input(-) & Output(+) of Transformation**	**-3505.48**	**-2852.7**
1.火力发电	Thermal Power	-2510.51	-2510.5
2.供热	Heating Supply	-324.24	-324.2
3.洗选煤	Coal Washing		
4.炼焦	Coking	-652.78	
5.炼油	Petroleum Refineries		
6.制气	Gas Works	-17.95	-18.0
#焦炭再投入量(-)	Coke Input(-)		
7.煤制品加工	Briquettes		
三、损失量	**Loss**		
四、终端消费量	**Total Final Consumption**	**4548.23**	**4522.5**
1.农、林、牧、渔、水利业	Farming, Forestry, Animal Husbandry, Fishery & Water Conservancy	70.00	70.0
2.工业	Industry	3844.71	3819.0
#用作原料、材料	Non-Energy Use		
3.建筑业	Construction	63.70	63.7
4.交通运输、仓储和邮政业	Transport, Storage and Post	74.50	74.5
5.批发、零售业和住宿、餐饮业	Wholesale, Retail Trade and Hotel, Restaurants	61.80	61.8
6.生活消费	Residential Consumption	421.22	421.2
城镇	Urban	166.40	166.4
乡村	Rural	254.82	254.8
7.其他	Other	12.30	12.3
五、平衡差额	**Statistical Difference**		
六、消费量合计	**Sum of Consumption**	**8053.71**	**7375.2**

ENERGY BALANCE OF HUBEI －2004 (PHYSICAL QUANTITY)

洗精煤（万吨）Cleaned Coal (10^4 tn)	其他洗煤（万吨）Other Washed Coal (10^4 tn)	型煤（万吨）Briquettes (10^4 tn)	焦炭（万吨）Coke (10^4 tn)	焦炉煤气（亿立方米）Coke Oven Gas (10^8 cu. m)	其他煤气（亿立方米）Other Gas (10^8 cu. m)	油品合计（万吨）Petroleum Products Total (10^4 tn)	原油（万吨）Crude Oil (10^4 tn)	汽油（万吨）Gasoline (10^4 tn)
678.50			**104.67**			**1027.67**	**754.01**	**136.07**
						78.20	78.20	
687.71			123.59			967.04	677.81	155.18
-9.21			-18.92			-17.57	-2.00	-19.11
-652.78			**444.98**	**18.13**	**1.26**	**-86.67**	**-744.79**	**168.48**
				-1.68		-11.47	-0.22	
						-9.44		
-652.78			455.69	19.81	1.26			
						-65.76	-744.57	168.48
			-10.71					
						5.06	**5.06**	
25.72			**549.65**	**18.13**	**1.26**	**935.94**	**4.16**	**304.55**
						102.13		
25.72			549.65	18.13	1.26	274.63	4.16	12.93
						35.20		
						454.31		291.62
						15.60		
						54.07		
						34.00		
						20.07		
678.50			**560.36**	**19.81**	**1.26**	**1027.67**	**754.01**	**304.55**

续表

		煤油（万吨）Kerosene (10⁴ tn)	柴油（万吨）Diesel Oil (10⁴ tn)
一、可供本地区消费的能源量	**Total Primary Energy Supply**	**5.96**	**82.17**
1. 一次能源生产量	Indigenous Production		
2. 回收能	Recovery of Energy		
3. 外省(区、市)调入量	Moving In from Other Provinces	5.96	82.59
4. 进口量	Import		
5. 我轮、机在外国加油量	Chinese Airplanes & Ships in Refueling Abroad		
6. 本省(区、市)调出量(－)	Sending Out to Other Provinces(－)		
7. 出口量(－)	Export(－)		
8. 外轮、机在我国加油量(－)	Foreign Airplanes & Ships in Refueling in China		
9. 库存增(－)、减(＋)量	Stock Change		-0.42
二、加工转换投入(－)产出(＋)量	**Input(－) & Output(＋) of Transformation**	**8.59**	**296.54**
1. 火力发电	Thermal Power		-1.70
2. 供热	Heating Supply		-0.14
3. 洗选煤	Coal Washing		
4. 炼焦	Coking		
5. 炼油	Petroleum Refineries	8.59	298.38
6. 制气	Gas Works		
#焦炭再投入量(－)	Coke Input(－)		
7. 煤制品加工	Briquettes		
三、损失量	**Loss**		
四、终端消费量	**Total Final Consumption**	**14.55**	**378.71**
1. 农、林、牧、渔、水利业	Farming, Forestry, Animal Husbandry, Fishery & Water Conservancy		102.13
2. 工业	Industry	2.98	91.08
#用作原料、材料	Non-Energy Use		
3. 建筑业	Construction		35.20
4. 交通运输、仓储和邮政业	Transport, Storage and Post	9.56	144.50
5. 批发、零售业和住宿、餐饮业	Wholesale, Retail Trade and Hotel ,Restaurants		5.80
6. 生活消费	Residential Consumption	2.01	
城镇	Urban		
乡村	Rural	2.01	
7. 其他	Other		
五、平衡差额	**Statistical Difference**		
六、消费量合计	**Sum of Consumption**	**14.55**	**380.55**

Continued

燃料油（万吨）Fuel Oil（10^4tn）	液化石油气（万吨）PLG（10^4tn）	炼厂干气（万吨）Refinery Gas（10^4tn）	天然气（亿立方米）Natural Gas（10^8 cu. m）	其他石油制品（万吨）Other Petroleum Products（10^4tn）	其他焦化产品（万吨）Other Coking Products（10^4 tn）	热力（万百万千焦）Heat（10^{10} kJ）	电力（亿千瓦小时）Electricity（10^8kW·h）	其他能源（万吨标煤）Other Energy（10^4tce）
53.98	**0.56**		**0.94**	**-5.08**	**0.09**		**308.93**	
			0.94				689.71	
45.50							44.47	
							-425.25	
8.48	0.56			-5.08	0.09			
14.37	**67.76**	**27.32**		**75.06**	**20.38**	**4800.00**	**390.48**	
-9.55							390.48	
-9.30						4800.00		
					20.38			
33.22	67.76	27.32		75.06				
68.35	**68.32**	**27.32**	**0.94**	**69.98**	**20.47**	**4800.00**	**699.41**	
							16.96	
59.72	6.46	27.32	0.94	69.98	20.47	4800.00	509.63	
							6.58	
8.63							13.15	
	9.80						22.80	
	52.06						94.50	
	34.00						65.11	
	18.06						29.39	
							35.79	
87.20	**68.32**	**27.32**	**0.94**	**69.98**	**20.47**	**4800.00**	**699.41**	

6－18 湖南能源平衡表(实物量)－2004

		煤合计(万吨) Coal Total (10^4 tn)	原煤(万吨) Raw Coal (10^4 tn)
一、可供本地区消费的能源量	**Total Primary Energy Supply**	**6039.79**	**5650.3**
1. 一次能源生产量	Indigenous Production	5053.61	5053.6
2. 回收能	Recovery of Energy		
3. 外省(区、市)调入量	Moving In from Other Provinces	2515.86	2127.0
4. 进口量	Import		
5. 我轮、机在外国加油量	Chinese Airplanes & Ships in Refueling Abroad		
6. 本省(区、市)调出量(－)	Sending Out to Other Provinces(－)	－1764.83	－1736.1
7. 出口量(－)	Export(－)		
8. 外轮、机在我国加油量(－)	Foreign Airplanes & Ships in Refueling in China		
9. 库存增(－)、减(＋)量	Stock Change	235.15	205.8
二、加工转换投入(－)产出(＋)量	**Input(－) & Output(＋) of Transformation**	**－2943.06**	**－2623.9**
1. 火力发电	Thermal Power	－2198.82	－2197.9
2. 供热	Heating Supply	－222.29	－222.3
3. 洗选煤	Coal Washing	－20.73	－124.6
4. 炼焦	Coking	－492.09	－71.6
5. 炼油	Petroleum Refineries		
6. 制气	Gas Works	－9.13	－7.5
#焦炭再投入量(－)	Coke Input(－)		
7. 煤制品加工	Briquettes		
三、损失量	**Loss**	**55.02**	**55.0**
四、终端消费量	**Total Final Consumption**	**3041.71**	**2971.4**
1. 农、林、牧、渔、水利业	Farming, Forestry, Animal Husbandry, Fishery & Water Conservancy	215.35	215.2
2. 工业	Industry	2512.31	2442.2
#用作原料、材料	Non-Energy Use	952.64	920.6
3. 建筑业	Construction	8.40	8.4
4. 交通运输、仓储和邮政业	Transport, Storage and Post	18.90	18.9
5. 批发、零售业和住宿、餐饮业	Wholesale, Retail Trade and Hotel, Restaurants	9.25	9.3
6. 生活消费	Residential Consumption	270.50	270.5
城镇	Urban	60.50	60.5
乡村	Rural	210.00	210.0
7. 其他	Other	7.00	7.0
五、平衡差额	**Statistical Difference**		
六、消费量合计	**Sum of Consumption**	**6039.79**	**5650.3**

ENERGY BALANCE OF HUNAN －2004 (PHYSICAL QUANTITY)

洗精煤（万吨）Cleaned Coal (10^4 tn)	其他洗煤（万吨）Other Washed Coal (10^4 tn)	型煤（万吨）Briquettes (10^4 tn)	焦炭（万吨）Coke (10^4 tn)	焦炉煤气（亿立方米）Coke Oven Gas (10^8 cu. m)	其他煤气（亿立方米）Other Gas (10^8 cu. m)	油品合计（万吨）Petroleum Products Total (10^4 tn)	原油（万吨）Crude Oil (10^4 tn)	汽油（万吨）Gasoline (10^4 tn)
353.89	**24.50**	**11.09**	**412.33**		**11.97**	**656.24**	**615.79**	**30.81**
345.60	30.83	12.43	416.90		11.97	435.52	384.01	27.88
						230.11	230.11	
-19.71	-8.99					-11.53		
28.00	2.66	-1.34	-4.57			2.14	1.67	2.93
-317.46	**-0.77**	**-0.92**	**25.73**	**10.89**	**-4.40**	**-84.12**	**-611.69**	**129.66**
		-0.92				-3.10		
						-3.58		
100.52	3.39							
-416.37	-4.16		256.35	10.89				
						-76.36	-611.69	129.66
-1.61			-115.31		-4.40	-1.08		
			-115.31					
				2.35		**0.62**	**0.62**	
36.43	**23.73**	**10.17**	**438.06**	**8.54**	**7.57**	**571.50**	**3.48**	**160.47**
	0.20					25.65		
36.43	23.53	10.17	438.06	8.54	7.57	178.55	3.48	15.18
32.06			4.26			46.81		0.77
						17.56		3.70
						335.08		141.59
						1.06		
						12.75		
						12.36		
						0.39		
						0.85		
454.41	**27.89**	**11.09**	**553.37**	**10.89**	**7.57**	**656.24**	**615.79**	**160.47**

续表

		煤油（万吨）Kerosene (10^4tn)	柴油（万吨）Diesel Oil (10^4tn)
一、可供本地区消费的能源量	**Total Primary Energy Supply**	**1.13**	**2.38**
1. 一次能源生产量	Indigenous Production		
2. 回收能	Recovery of Energy		
3. 外省(区、市)调入量	Moving In from Other Provinces	1.07	11.63
4. 进口量	Import		
5. 我轮、机在外国加油量	Chinese Airplanes & Ships in Refueling Abroad		
6. 本省(区、市)调出量(-)	Sending Out to Other Provinces(-)		
7. 出口量(-)	Export(-)		
8. 外轮、机在我国加油量(-)	Foreign Airplanes & Ships in Refueling in China		
9. 库存增(-)、减(+)量	Stock Change	0.06	-9.25
二、加工转换投入(-)产出(+)量	**Input(-) & Output(+) of Transformation**	**10.45**	**238.75**
1. 火力发电	Thermal Power		-1.72
2. 供热	Heating Supply		-0.06
3. 洗选煤	Coal Washing		
4. 炼焦	Coking		
5. 炼油	Petroleum Refineries	10.45	240.53
6. 制气	Gas Works		
#焦炭再投入量(-)	Coke Input(-)		
7. 煤制品加工	Briquettes		
三、损失量	**Loss**		
四、终端消费量	**Total Final Consumption**	**11.58**	**241.13**
1. 农、林、牧、渔、水利业	Farming, Forestry, Animal Husbandry, Fishery & Water Conservancy		25.65
2. 工业	Industry	1.53	29.36
#用作原料、材料	Non-Energy Use	0.03	2.20
3. 建筑业	Construction	0.06	13.80
4. 交通运输、仓储和邮政业	Transport, Storage and Post	9.85	172.32
5. 批发、零售业和住宿、餐饮业	Wholesale, Retail Trade and Hotel ,Restaurants		
6. 生活消费	Residential Consumption	0.14	
城镇	Urban		
乡村	Rural	0.14	
7. 其他	Other		
五、平衡差额	**Statistical Difference**		
六、消费量合计	**Sum of Consumption**	**11.58**	**242.91**

Continued

燃料油（万吨）Fuel Oil (10^4 tn)	液化石油气（万吨）PLG (10^4 tn)	炼厂干气（万吨）Refinery Gas (10^4 tn)	天然气（亿立方米）Natural Gas (10^8 cu. m)	其他石油制品（万吨）Other Petroleum Products (10^4 tn)	其他焦化产品（万吨）Other Coking Products (10^4 tn)	热力（万百万千焦）Heat (10^{10} kJ)	电力（亿千瓦小时）Electricity (10^8 kW·h)	其他能源（万吨标煤）Other Energy (10^4 tce)
4.05	**0.27**	**10.41**	**0.06**	**-8.60**	**8.10**		**289.73**	**114.90**
							277.41	
0.31	0.21	10.41	0.06		8.26		53.35	111.89
				-11.53			-41.03	
3.74	0.06			2.93	-0.16			3.01
27.86	**55.39**	**10.37**		**55.09**		**3708.12**	**372.88**	**-44.79**
-1.38							372.88	-15.20
-3.52						3708.12		
32.76	56.47	10.37		55.09				-29.59
	-1.08							
						80.07		
31.91	**55.66**	**20.78**	**0.06**	**46.49**	**8.10**	**3628.05**	**662.61**	**70.11**
							47.56	
20.59	41.14	20.78	0.06	46.49	8.10	3628.05	463.38	70.11
3.02	14.64	1.46		24.69	0.25	679.04	12.01	0.30
							5.63	
11.32							20.03	
	1.06						15.00	
	12.61						85.65	
	12.36						54.80	
	0.25						30.85	
	0.85						25.36	
36.81	**56.74**	**20.78**	**0.06**	**46.49**	**8.10**	**3708.12**	**662.61**	**114.90**

6-19 广东能源平衡表(实物量)-2004

		煤合计(万吨) Coal Total (10^4 tn)	原煤(万吨) Raw Coal (10^4 tn)
一、可供本地区消费的能源量	**Total Primary Energy Supply**	**8790.24**	**8628.2**
1.一次能源生产量	Indigenous Production	1005.00	1005.0
2.回收能	Recovery of Energy		
3.外省(区、市)调入量	Moving In from Other Provinces	7726.20	7478.3
4.进口量	Import	332.93	332.9
5.我轮、机在外国加油量	Chinese Airplanes & Ships in Refueling Abroad		
6.本省(区、市)调出量(-)	Sending Out to Other Provinces(-)	-24.10	-24.1
7.出口量(-)	Export(-)	-155.06	-77.5
8.外轮、机在我国加油量(-)	Foreign Airplanes & Ships in Refueling in China		
9.库存增(-)、减(+)量	Stock Change	-94.73	-86.5
二、加工转换投入(-)产出(+)量	**Input(-) & Output(+) of Transformation**	**-6347.45**	**-6250.9**
1.火力发电	Thermal Power	-6017.90	-6017.7
2.供热	Heating Supply	-149.44	-149.4
3.洗选煤	Coal Washing	-19.98	-38.6
4.炼焦	Coking	-125.60	
5.炼油	Petroleum Refineries		
6.制气	Gas Works	-13.18	-13.2
#焦炭再投入量(-)	Coke Input(-)		
7.煤制品加工	Briquettes	-21.35	-32.0
三、损失量	**Loss**	**14.39**	**14.4**
四、终端消费量	**Total Final Consumption**	**2428.40**	**2362.9**
1.农、林、牧、渔、水利业	Farming, Forestry, Animal Husbandry, Fishery & Water Conservancy	56.27	56.3
2.工业	Industry	2269.62	2230.0
#用作原料、材料	Non-Energy Use	149.00	144.5
3.建筑业	Construction	1.81	1.8
4.交通运输、仓储和邮政业	Transport, Storage and Post	1.26	1.3
5.批发、零售业和住宿、餐饮业	Wholesale, Retail Trade and Hotel, Restaurants	20.10	20.1
6.生活消费	Residential Consumption	79.34	53.5
城镇	Urban	29.77	17.7
乡村	Rural	49.57	35.7
7.其他	Other		
五、平衡差额	**Statistical Difference**		
六、消费量合计	**Sum of Consumption**	**8790.24**	**8628.2**

ENERGY BALANCE OF GUANGDONG －2004（PHYSICAL QUANTITY）

洗精煤（万吨）Cleaned Coal（10^4 tn）	其他洗煤（万吨）Other Washed Coal（10^4 tn）	型煤（万吨）Briquettes（10^4 tn）	焦炭（万吨）Coke（10^4 tn）	焦炉煤气（亿立方米）Coke Oven Gas（10^8 cu. m）	其他煤气（亿立方米）Other Gas（10^8 cu. m）	油品合计（万吨）Petroleum Products Total（10^4 tn）	原油（万吨）Crude Oil（10^4 tn）	汽油（万吨）Gasoline（10^4 tn）
143.17	**19.35**	**－0.49**	**207.73**		**59.45**	**4132.45**	**2391.35**	**47.08**
						1481.90	1481.90	
					59.45			
225.61	22.26		293.66			1120.99		347.36
			0.01			3283.08	1387.89	
						25.99		
			－62.91			－1658.28	－542.60	－265.81
－76.39	－1.00	－0.17	－16.70			－158.20		－39.31
						－2.95		
－6.05	－1.91	－0.32	－6.33			39.92	64.16	4.84
－128.28		**31.77**	**68.00**	**5.46**	**5.56**	**－1073.17**	**－2381.70**	**400.36**
－0.21					－2.58	－1028.00	－16.89	
					－1.76	－41.94		
18.65								
－125.60			70.30	5.46				
						12.79	－2364.81	400.36
					9.90	－16.02		
			－2.30					
－21.12		31.77						
						9.46	**3.87**	**1.10**
14.89	**19.35**	**31.28**	**275.73**	**5.46**	**65.01**	**3049.82**	**5.78**	**446.34**
						115.89		15.61
14.89	19.35	5.41	275.73	5.46	56.05	1450.36	5.78	40.76
0.04	4.43	0.01	1.31			131.99	2.72	3.28
						28.18		9.48
						924.71		266.49
					2.66	81.09		23.37
		25.87			6.30	421.25		67.89
		12.03			6.30	320.90		48.37
		13.84				100.35		19.52
						28.34		22.74
161.82	**19.35**	**31.28**	**278.03**	**5.46**	**69.35**	**4132.45**	**2391.35**	**447.44**

续表

		煤油 （万吨） Kerosene (10^4 tn)	柴油 （万吨） Diesel Oil (10^4 tn)
一、可供本地区消费的能源量	**Total Primary Energy Supply**	**-34.20**	**156.99**
1.一次能源生产量	Indigenous Production		
2.回收能	Recovery of Energy		
3.外省(区、市)调入量	Moving In from Other Provinces	28.49	638.55
4.进口量	Import	55.12	22.89
5.我轮、机在外国加油量	Chinese Airplanes & Ships in Refueling Abroad	25.99	
6.本省(区、市)调出量(-)	Sending Out to Other Provinces(-)	-82.87	-496.71
7.出口量(-)	Export(-)	-61.05	-23.37
8.外轮、机在我国加油量(-)	Foreign Airplanes & Ships in Refueling in China	-2.95	
9.库存增(-)、减(+)量	Stock Change	3.07	15.63
二、加工转换投入(-)产出(+)量	**Input(-) & Output(+) of Transformation**	**165.17**	**817.38**
1.火力发电	Thermal Power		-48.88
2.供热	Heating Supply		-0.44
3.洗选煤	Coal Washing		
4.炼焦	Coking		
5.炼油	Petroleum Refineries	165.17	866.70
6.制气	Gas Works		
#焦炭再投入量(-)	Coke Input(-)		
7.煤制品加工	Briquettes		
三、损失量	**Loss**	**0.56**	**1.61**
四、终端消费量	**Total Final Consumption**	**130.41**	**972.76**
1.农、林、牧、渔、水利业	Farming, Forestry, Animal Husbandry, Fishery & Water Conservancy		94.89
2.工业	Industry	5.14	341.83
#用作原料、材料	Non-Energy Use	1.10	4.33
3.建筑业	Construction		18.70
4.交通运输、仓储和邮政业	Transport, Storage and Post	122.56	469.10
5.批发、零售业和住宿、餐饮业	Wholesale, Retail Trade and Hotel ,Restaurants		34.64
6.生活消费	Residential Consumption	2.71	8.00
城镇	Urban	0.21	1.30
乡村	Rural	2.50	6.70
7.其他	Other		5.60
五、平衡差额	**Statistical Difference**		
六、消费量合计	**Sum of Consumption**	**130.97**	**1023.69**

Continued

燃料油（万吨）Fuel Oil (10⁴tn)	液化石油气（万吨）PLG (10⁴tn)	炼厂干气（万吨）Refinery Gas (10⁴tn)	天然气（亿立方米）Natural Gas (10⁸ cu. m)	其他石油制品（万吨）Other Petroleum Products (10⁴tn)	其他焦化产品（万吨）Other Coking Products (10⁴ tn)	热力（万百万千焦）Heat (10¹⁰ kJ)	电力（亿千瓦小时）Electricity (10⁸kW · h)	其他能源（万吨标煤）Other Energy (10⁴tce)
1322.91	**414.29**		**1.62**	**-165.97**	**1.27**		**693.25**	**110.99**
			42.80				427.44	
								110.99
67.07	35.87			3.65			341.73	
1331.78	417.03		17.39	68.37	24.30		30.86	
-14.65	-31.49		-41.70	-224.15	-22.66		-7.19	
-15.97	-2.57		-16.87	-15.93	-0.34		-99.59	
-45.32	-4.55			2.09	-0.03			
-790.18	**90.69**	**58.41**	**-0.48**	**566.70**	**1.43**	**4385.62**	**1693.89**	**-62.02**
-957.71		-2.86	-0.48	-1.66			1693.89	-79.42
-35.92		-5.58				4385.62		-1.10
					1.43			
211.04	93.39	72.58		568.36				
-7.59	-2.70	-5.73						
								18.50
2.32							**185.10**	
530.41	**504.98**	**58.41**	**1.14**	**400.73**	**2.70**	**4385.62**	**2202.04**	**48.97**
				5.39			35.79	
456.82	146.28	58.41	1.14	395.34	2.70	4385.62	1462.97	48.97
28.52	5.27			86.77	2.20			0.54
							32.37	
66.56							60.66	
7.03	16.05						175.69	
	342.65						287.36	
	271.02						163.54	
	71.63						123.82	
							147.20	
1533.95	**507.68**	**72.58**	**1.62**	**402.39**	**2.70**	**4385.62**	**2387.14**	**129.49**

6－20　广西能源平衡表(实物量)－2004

		煤合计 (万吨) Coal Total (10^4 tn)	原煤 (万吨) Raw Coal (10^4 tn)
一、可供本地区消费的能源量	**Total Primary Energy Supply**	**3366.71**	**3107.6**
1.一次能源生产量	Indigenous Production	521.29	521.3
2.回收能	Recovery of Energy		
3.外省(区、市)调入量	Moving In from Other Provinces	3402.77	3125.0
4.进口量	Import	159.00	159.0
5.我轮、机在外国加油量	Chinese Airplanes & Ships in Refueling Abroad		
6.本省(区、市)调出量(－)	Sending Out to Other Provinces(－)	－710.00	－710.0
7.出口量(－)	Export(－)		
8.外轮、机在我国加油量(－)	Foreign Airplanes & Ships in Refueling in China		
9.库存增(－)、减(＋)量	Stock Change	－6.35	12.3
二、加工转换投入(－)产出(＋)量	**Input(－) & Output(＋) of Transformation**	**－1667.15**	**－1462.2**
1.火力发电	Thermal Power	－1305.00	－1305.0
2.供热	Heating Supply	－53.46	－53.5
3.洗选煤	Coal Washing		
4.炼焦	Coking	－205.00	
5.炼油	Petroleum Refineries		
6.制气	Gas Works	－103.69	－103.7
#焦炭再投入量(－)	Coke Input(－)		
7.煤制品加工	Briquettes		
三、损失量	**Loss**		
四、终端消费量	**Total Final Consumption**	**1699.56**	**1645.4**
1.农、林、牧、渔、水利业	Farming, Forestry, Animal Husbandry, Fishery & Water Conservancy	14.52	14.5
2.工业	Industry	1617.83	1563.7
#用作原料、材料	Non-Energy Use		
3.建筑业	Construction	3.89	3.9
4.交通运输、仓储和邮政业	Transport, Storage and Post	14.70	14.7
5.批发、零售业和住宿、餐饮业	Wholesale, Retail Trade and Hotel, Restaurants	30.87	30.9
6.生活消费	Residential Consumption	17.75	17.8
城镇	Urban	12.86	12.9
乡村	Rural	4.89	4.9
7.其他	Other		
五、平衡差额	**Statistical Difference**		
六、消费量合计	**Sum of Consumption**	**3366.71**	**3107.6**

ENERGY BALANCE OF GUANGXI -2004 (PHYSICAL QUANTITY)

洗精煤（万吨）Cleaned Coal (10^4 tn)	其他洗煤（万吨）Other Washed Coal (10^4 tn)	型煤（万吨）Briquettes (10^4 tn)	焦炭（万吨）Coke (10^4 tn)	焦炉煤气（亿立方米）Coke Oven Gas (10^8 cu. m)	其他煤气（亿立方米）Other Gas (10^8 cu. m)	油品合计（万吨）Petroleum Products Total (10^4 tn)	原油（万吨）Crude Oil (10^4 tn)	汽油（万吨）Gasoline (10^4 tn)
253.05	**4.35**	**1.74**	**191.99**		**65.94**	**526.82**	**82.36**	**112.77**
						3.59	3.59	
					65.94			
271.45	4.52	1.80	204.82			550.74	77.89	115.20
						-32.85		
-18.40	-0.17	-0.06	-12.83			5.34	0.88	-2.43
-205.00			**4.07**	**6.00**		**-4.61**	**-81.37**	**16.24**
-205.00			152.17	6.00				
						-4.61	-81.37	16.24
			-148.10					
48.05	**4.35**	**1.74**	**196.06**	**6.00**	**65.94**	**521.96**	**0.99**	**129.00**
						19.78		6.02
48.05	4.35	1.74	196.06	6.00	65.94	99.29	0.99	11.30
						7.68		3.40
						251.01		45.80
						20.35		6.15
						90.94		40.68
						75.38		30.48
						15.56		10.20
						32.91		15.65
						0.25		**0.01**
253.05	**4.35**	**1.74**	**344.16**	**6.00**	**65.94**	**526.82**	**82.36**	**129.00**

续表

		煤油（万吨）Kerosene (10^4tn)	柴油（万吨）Diesel Oil (10^4tn)
一、可供本地区消费的能源量	**Total Primary Energy Supply**	**5.05**	**259.06**
1.一次能源生产量	Indigenous Production		
2.回收能	Recovery of Energy		
3.外省（区、市）调入量	Moving In from Other Provinces	37.85	260.50
4.进口量	Import		
5.我轮、机在外国加油量	Chinese Airplanes & Ships in Refueling Abroad		
6.本省（区、市）调出量（-）	Sending Out to Other Provinces（-）		
7.出口量（-）	Export（-）		
8.外轮、机在我国加油量（-）	Foreign Airplanes & Ships in Refueling in China	-32.85	
9.库存增（-）、减（+）量	Stock Change	0.05	-1.44
二、加工转换投入（-）产出（+）量	**Input（-） & Output（+） of Transformation**		**27.84**
1.火力发电	Thermal Power		
2.供热	Heating Supply		
3.洗选煤	Coal Washing		
4.炼焦	Coking		
5.炼油	Petroleum Refineries		27.84
6.制气	Gas Works		
#焦炭再投入量（-）	Coke Input（-）		
7.煤制品加工	Briquettes		
三、损失量	**Loss**		
四、终端消费量	**Total Final Consumption**	**5.05**	**286.66**
1.农、林、牧、渔、水利业	Farming, Forestry, Animal Husbandry, Fishery & Water Conservancy		10.20
2.工业	Industry		45.16
#用作原料、材料	Non-Energy Use		
3.建筑业	Construction		4.28
4.交通运输、仓储和邮政业	Transport, Storage and Post	5.05	200.16
5.批发、零售业和住宿、餐饮业	Wholesale, Retail Trade and Hotel ,Restaurants		10.40
6.生活消费	Residential Consumption		
城镇	Urban		
乡村	Rural		
7.其他	Other		16.46
五、平衡差额	**Statistical Difference**		**0.24**
六、消费量合计	**Sum of Consumption**	**5.05**	**286.66**

Continued

燃料油（万吨）Fuel Oil（10^4 tn）	液化石油气（万吨）PLG（10^4 tn）	炼厂干气（万吨）Refinery Gas（10^4 tn）	天然气（亿立方米）Natural Gas（10^8 cu. m）	其他石油制品（万吨）Other Petroleum Products（10^4 tn）	其他焦化产品（万吨）Other Coking Products（10^4 tn）	热力（万百万千焦）Heat（10^{10} kJ）	电力（亿千瓦小时）Electricity（10^8 kW · h）	其他能源（万吨标煤）Other Energy（10^4 tce）
12.30	**55.12**		**0.02**	**0.16**	**1.17**		**258.49**	**253.90**
							172.29	
								253.33
9.00	50.30		0.02				86.20	
3.30	4.82			0.16	1.17			0.57
17.33	**6.32**	**1.93**		**7.10**	**6.81**	**477.45**	**201.43**	
							201.43	
						477.45		
					6.81			
17.33	6.32	1.93		7.10				
							34.62	
29.63	**61.44**	**1.93**	**0.02**	**7.26**	**7.98**	**477.45**	**422.24**	**253.90**
	3.56						14.98	
29.63	3.02	1.93		7.26	7.98	477.45	303.10	253.90
							3.44	
							7.12	
	3.80						12.74	
	50.26		0.02				60.07	
	44.90		0.02				34.99	
	5.36						25.08	
	0.80						20.79	
							3.06	
29.63	**61.44**	**1.93**	**0.02**	**7.26**	**7.98**	**477.45**	**456.86**	**253.90**

6－21 海南能源平衡表(实物量)－2004

		煤合计 (万吨) Coal Total (10^4 tn)	原煤 (万吨) Raw Coal (10^4 tn)
一、可供本地区消费的能源量	**Total Primary Energy Supply**	**477.34**	**477.3**
1.一次能源生产量	Indigenous Production		
2.回收能	Recovery of Energy		
3.外省(区、市)调入量	Moving In from Other Provinces	405.20	405.2
4.进口量	Import	66.14	66.1
5.我轮、机在外国加油量	Chinese Airplanes & Ships in Refueling Abroad		
6.本省(区、市)调出量(－)	Sending Out to Other Provinces(－)		
7.出口量(－)	Export(－)		
8.外轮、机在我国加油量(－)	Foreign Airplanes & Ships in Refueling in China		
9.库存增(－)、减(＋)量	Stock Change	6.00	6.0
二、加工转换投入(－)产出(＋)量	**Input(－) & Output(＋) of Transformation**	**－188.61**	**－188.6**
1.火力发电	Thermal Power	－188.61	－188.6
2.供热	Heating Supply		
3.洗选煤	Coal Washing		
4.炼焦	Coking		
5.炼油	Petroleum Refineries		
6.制气	Gas Works		
#焦炭再投入量(－)	Coke Input(－)		
7.煤制品加工	Briquettes		
三、损失量	**Loss**		
四、终端消费量	**Total Final Consumption**	**288.73**	**288.7**
1.农、林、牧、渔、水利业	Farming, Forestry, Animal Husbandry, Fishery & Water Conservancy	4.55	4.6
2.工业	Industry	272.66	272.6
#用作原料、材料	Non-Energy Use	89.15	89.1
3.建筑业	Construction		
4.交通运输、仓储和邮政业	Transport, Storage and Post	6.10	6.1
5.批发、零售业和住宿、餐饮业	Wholesale, Retail Trade and Hotel, Restaurants	5.42	5.4
6.生活消费	Residential Consumption		
城镇	Urban		
乡村	Rural		
7.其他	Other		
五、平衡差额	**Statistical Difference**		
六、消费量合计	**Sum of Consumption**	**477.34**	**477.3**

ENERGY BALANCE OF HAINAN －2004 (PHYSICAL QUANTITY)

洗精煤（万吨）Cleaned Coal (10^4 tn)	其他洗煤（万吨）Other Washed Coal (10^4 tn)	型煤（万吨）Briquettes (10^4 tn)	焦炭（万吨）Coke (10^4 tn)	焦炉煤气（亿立方米）Coke Oven Gas (10^8 cu. m)	其他煤气（亿立方米）Other Gas (10^8 cu. m)	油品合计（万吨）Petroleum Products Total (10^4 tn)	原油（万吨）Crude Oil (10^4 tn)	汽油（万吨）Gasoline (10^4 tn)
		0.05	**3.51**			**180.54**	**27.74**	**34.21**
		0.05	3.51			146.03	28.63	33.71
						35.79		
						-1.28	-0.89	0.50
						0.28	**-13.87**	
						-0.42		
						0.70	-13.87	
						0.20		**0.09**
		0.05	**3.51**			**180.62**	**13.87**	**34.12**
						23.00		4.50
		0.05	3.51			21.72	13.87	0.74
		0.05				14.31	13.87	
						5.91		2.11
						87.72		9.43
						4.30		4.30
						7.56		3.29
						6.27		2.00
						1.20		1.20
						30.50		9.84
		0.05	**3.51**			**181.24**	**13.87**	**34.21**

续表

		煤油（万吨）Kerosene（10^4tn）	柴油（万吨）Diesel Oil（10^4tn）
一、可供本地区消费的能源量	**Total Primary Energy Supply**	**54.26**	**53.98**
1.一次能源生产量	Indigenous Production		
2.回收能	Recovery of Energy		
3.外省(区、市)调入量	Moving In from Other Provinces	54.45	24.84
4.进口量	Import		29.97
5.我轮、机在外国加油量	Chinese Airplanes & Ships in Refueling Abroad		
6.本省(区、市)调出量(－)	Sending Out to Other Provinces(－)		
7.出口量(－)	Export(－)		
8.外轮、机在我国加油量(－)	Foreign Airplanes & Ships in Refueling in China		
9.库存增(－)、减(＋)量	Stock Change	-0.19	-0.83
二、加工转换投入(－)产出(＋)量	**Input(－) & Output(＋) of Transformation**		**-0.42**
1.火力发电	Thermal Power		-0.42
2.供热	Heating Supply		
3.洗选煤	Coal Washing		
4.炼焦	Coking		
5.炼油	Petroleum Refineries		
6.制气	Gas Works		
#焦炭再投入量(－)	Coke Input(－)		
7.煤制品加工	Briquettes		
三、损失量	**Loss**	**0.06**	**0.05**
四、终端消费量	**Total Final Consumption**	**54.20**	**53.51**
1.农、林、牧、渔、水利业	Farming, Forestry, Animal Husbandry, Fishery & Water Conservancy		18.50
2.工业	Industry	0.11	6.09
#用作原料、材料	Non-Energy Use		0.43
3.建筑业	Construction		3.80
4.交通运输、仓储和邮政业	Transport, Storage and Post	54.09	4.46
5.批发、零售业和住宿、餐饮业	Wholesale, Retail Trade and Hotel ,Restaurants		
6.生活消费	Residential Consumption		
城镇	Urban		
乡村	Rural		
7.其他	Other		20.66
五、平衡差额	**Statistical Difference**		
六、消费量合计	**Sum of Consumption**	**54.26**	**53.98**

Continued

燃料油 （万吨） Fuel Oil (10^4tn)	液化石油气 （万吨） PLG (10^4tn)	炼厂干气 （万吨） Refinery Gas (10^4tn)	天然气 （亿立方米） Natural Gas (10^8 cu. m)	其他石油制品 （万吨） Other Petroleum Products (10^4tn)	其他焦化产品 （万吨） Other Coking Products (10^4 tn)	热力 （万百万千焦） Heat (10^{10} kJ)	电力 （亿千瓦小时） Electricity (10^8kW·h)	其他能源 （万吨标煤） Other Energy (10^4tce)
5.88	**4.03**		**-176.81**	**0.44**			**11.77**	**20.42**
							11.77	
								20.68
4.40								
1.50	3.88			0.44				
			-176.81					
-0.02	0.15							-0.26
	0.27		**-5.26**	**14.30**			**56.89**	
			-5.26				56.89	
	0.27			14.30				
							2.58	
5.88	**4.30**		**18.63**	**14.74**			**66.08**	**20.42**
							3.70	
0.88	0.03		17.64				34.31	20.42
0.01			13.85					1.97
							0.73	
5.00				14.74			1.80	
			0.96				4.22	
	4.27		0.03				10.16	
	4.27		0.03				6.02	
							4.13	
							11.16	
			-200.70					
5.88	**4.30**		**23.89**	**14.74**			**68.66**	**20.42**

6－22 重庆能源平衡表(实物量)－2004

		煤合计 (万吨) Coal Total (10[4] tn)	原煤 (万吨) Raw Coal (10[4] tn)
一、可供本地区消费的能源量	**Total Primary Energy Supply**	**2904.38**	**2850.3**
1. 一次能源生产量	Indigenous Production	3009.20	3009.2
2. 回收能	Recovery of Energy		
3. 外省(区、市)调入量	Moving In from Other Provinces	56.58	
4. 进口量	Import		
5. 我轮、机在外国加油量	Chinese Airplanes & Ships in Refueling Abroad		
6. 本省(区、市)调出量(－)	Sending Out to Other Provinces(－)	－170.00	－170.0
7. 出口量(－)	Export(－)		
8. 外轮、机在我国加油量(－)	Foreign Airplanes & Ships in Refueling in China		
9. 库存增(－)、减(＋)量	Stock Change	8.60	11.1
二、加工转换投入(－)产出(＋)量	**Input(－) & Output(＋) of Transformation**	**－1396.63**	**－1415.9**
1. 火力发电	Thermal Power	－965.24	－875.5
2. 供热	Heating Supply	－69.36	－13.7
3. 洗选煤	Coal Washing	－106.00	－498.0
4. 炼焦	Coking	－255.99	－28.7
5. 炼油	Petroleum Refineries	－0.04	
6. 制气	Gas Works		
#焦炭再投入量(－)	Coke Input(－)		
7. 煤制品加工	Briquettes		
三、损失量	**Loss**		
四、终端消费量	**Total Final Consumption**	**1507.75**	**1434.4**
1. 农、林、牧、渔、水利业	Farming, Forestry, Animal Husbandry, Fishery & Water Conservancy	216.00	216.0
2. 工业	Industry	1080.78	1007.4
#用作原料、材料	Non-Energy Use		
3. 建筑业	Construction	16.07	16.1
4. 交通运输、仓储和邮政业	Transport, Storage and Post	21.28	21.3
5. 批发、零售业和住宿、餐饮业	Wholesale, Retail Trade and Hotel, Restaurants	0.82	0.8
6. 生活消费	Residential Consumption	171.77	171.8
城镇	Urban	1.75	1.8
乡村	Rural	170.02	170.0
7. 其他	Other	1.03	1.0
五、平衡差额	**Statistical Difference**		
六、消费量合计	**Sum of Consumption**	**2904.38**	**2850.3**

ENERGY BALANCE OF CHONGQING －2004 (PHYSICAL QUANTITY)

洗精煤 (万吨) Cleaned Coal (10^4 tn)	其他洗煤 (万吨) Other Washed Coal (10^4 tn)	型煤 (万吨) Briquettes (10^4 tn)	焦炭 (万吨) Coke (10^4 tn)	焦炉煤气 (亿立方米) Coke Oven Gas (10^8 cu. m)	其他煤气 (亿立方米) Other Gas (10^8 cu. m)	油品合计 (万吨) Petroleum Products Total (10^4 tn)	原油 (万吨) Crude Oil (10^4 tn)	汽油 (万吨) Gasoline (10^4 tn)
34.30	**14.43**	**5.33**	**1.93**	**0.48**	**0.40**	**264.40**	**0.48**	**76.37**
33.06	18.21	5.31	3.71	0.48	0.40	269.30	0.25	78.88
1.24	-3.78	0.02	-1.78			-4.90	0.23	-2.51
-8.02	**27.32**		**189.49**	**-0.13**	**0.10**	**-1.71**	**-0.23**	**-0.01**
	-89.72			-0.34	-2.61	-1.63		-0.01
	-55.65							
219.26	172.69					-0.03		
-227.28			189.52	0.21				
						-0.05	-0.23	
			-0.03		2.71			
26.28	**41.75**	**5.33**	**191.42**	**0.35**	**0.50**	**262.69**	**0.25**	**76.36**
						9.03		3.93
26.28	41.75	5.33	191.42	0.35	0.50	27.84	0.25	7.27
						8.15		3.80
						193.60		45.65
						11.60		8.40
						5.86		1.13
						0.60		0.59
						5.26		0.54
						6.61		6.18
253.56	**187.12**	**5.33**	**191.42**	**0.69**	**3.11**	**264.40**	**0.48**	**76.37**

续表

		煤油（万吨）Kerosene（10^4 tn）	柴油（万吨）Diesel Oil（10^4 tn）
一、可供本地区消费的能源量	**Total Primary Energy Supply**	**12.49**	**169.60**
1. 一次能源生产量	Indigenous Production		
2. 回收能	Recovery of Energy		
3. 外省（区、市）调入量	Moving In from Other Provinces	12.48	172.43
4. 进口量	Import		
5. 我轮、机在外国加油量	Chinese Airplanes & Ships in Refueling Abroad		
6. 本省（区、市）调出量（－）	Sending Out to Other Provinces（－）		
7. 出口量（－）	Export（－）		
8. 外轮、机在我国加油量（－）	Foreign Airplanes & Ships in Refueling in China		
9. 库存增（－）、减（＋）量	Stock Change	0.01	－2.83
二、加工转换投入（－）产出（＋）量	**Input（－） & Output（＋） of Transformation**	**0.04**	**－1.17**
1. 火力发电	Thermal Power		－1.14
2. 供热	Heating Supply		
3. 洗选煤	Coal Washing		－0.03
4. 炼焦	Coking		
5. 炼油	Petroleum Refineries	0.04	
6. 制气	Gas Works		
#焦炭再投入量（－）	Coke Input（－）		
7. 煤制品加工	Briquettes		
三、损失量	**Loss**		
四、终端消费量	**Total Final Consumption**	**12.53**	**168.43**
1. 农、林、牧、渔、水利业	Farming, Forestry, Animal Husbandry, Fishery & Water Conservancy		5.10
2. 工业	Industry	1.34	13.86
#用作原料、材料	Non-Energy Use		
3. 建筑业	Construction	0.04	4.31
4. 交通运输、仓储和邮政业	Transport, Storage and Post	9.21	138.74
5. 批发、零售业和住宿、餐饮业	Wholesale, Retail Trade and Hotel ,Restaurants	0.01	3.19
6. 生活消费	Residential Consumption	1.93	2.80
城镇	Urban		0.01
乡村	Rural	1.93	2.79
7. 其他	Other		0.43
五、平衡差额	**Statistical Difference**		
六、消费量合计	**Sum of Consumption**	**12.53**	**169.57**

Continued

燃料油（万吨）Fuel Oil (10^4tn)	液化石油气（万吨）PLG (10^4tn)	炼厂干气（万吨）Refinery Gas (10^4tn)	天然气（亿立方米）Natural Gas (10^8 cu. m)	其他石油制品（万吨）Other Petroleum Products (10^4tn)	其他焦化产品（万吨）Other Coking Products (10^4 tn)	热力（万百万千焦）Heat (10^{10} kJ)	电力（亿千瓦小时）Electricity (10^8kW·h)	其他能源（万吨标煤）Other Energy (10^4tce)
4.32	**0.32**		**30.34**	**0.82**	**1.65**		**155.07**	**29.46**
			47.00				64.38	29.04
4.09	0.32			0.85	1.71		122.77	
			-16.66				-32.08	
0.23				-0.03	-0.06			0.42
-0.48			**-0.13**	**0.14**	**1.12**	**1271.34**	**153.99**	**-20.95**
-0.48							154.80	-20.95
			-0.13			1271.34		
							-0.44	
					1.12		-0.37	
				0.14				
							24.93	
3.84	**0.32**		**30.21**	**0.96**	**2.77**	**1271.34**	**284.13**	**8.51**
							3.29	
3.84	0.32		23.27	0.96	2.77	1271.34	200.10	8.51
			0.04				6.55	
			0.10				6.00	
			0.25				12.77	
			6.50				53.56	
			6.50				36.21	
							17.35	
			0.05				1.86	
4.32	**0.32**		**30.34**	**0.96**	**2.77**	**1271.34**	**309.06**	**29.46**

6-23 四川能源平衡表(实物量)-2004

		煤合计(万吨) Coal Total (10^4 tn)	原煤(万吨) Raw Coal (10^4 tn)
一、可供本地区消费的能源量	**Total Primary Energy Supply**	**8188.68**	**8135.7**
1.一次能源生产量	Indigenous Production	8448.56	8448.6
2.回收能	Recovery of Energy		
3.外省(区、市)调入量	Moving In from Other Provinces	1923.78	1869.1
4.进口量	Import		
5.我轮、机在外国加油量	Chinese Airplanes & Ships in Refueling Abroad		
6.本省(区、市)调出量(-)	Sending Out to Other Provinces(-)	-2133.76	-2133.8
7.出口量(-)	Export(-)	-14.69	-14.7
8.外轮、机在我国加油量(-)	Foreign Airplanes & Ships in Refueling in China		
9.库存增(-)、减(+)量	Stock Change	-35.21	-33.5
二、加工转换投入(-)产出(+)量	**Input(-) & Output(+) of Transformation**	**-4231.73**	**-4549.6**
1.火力发电	Thermal Power	-2747.94	-2747.9
2.供热	Heating Supply	-189.85	-189.9
3.洗选煤	Coal Washing	-263.43	-1560.8
4.炼焦	Coking	-1030.51	-51.0
5.炼油	Petroleum Refineries		
6.制气	Gas Works		
#焦炭再投入量(-)	Coke Input(-)		
7.煤制品加工	Briquettes		
三、损失量	**Loss**	**74.12**	**73.3**
四、终端消费量	**Total Final Consumption**	**3882.83**	**3512.8**
1.农、林、牧、渔、水利业	Farming, Forestry, Animal Husbandry, Fishery & Water Conservancy	46.50	46.5
2.工业	Industry	2883.51	2514.0
#用作原料、材料	Non-Energy Use	42.04	42.0
3.建筑业	Construction	15.87	15.9
4.交通运输、仓储和邮政业	Transport, Storage and Post	13.53	13.5
5.批发、零售业和住宿、餐饮业	Wholesale, Retail Trade and Hotel, Restaurants	52.03	51.7
6.生活消费	Residential Consumption	856.56	856.6
城镇	Urban	198.95	199.0
乡村	Rural	657.61	657.6
7.其他	Other	14.83	14.7
五、平衡差额	**Statistical Difference**		
六、消费量合计	**Sum of Consumption**	**8188.68**	**8135.7**

ENERGY BALANCE OF SICHUAN －2004 (PHYSICAL QUANTITY)

洗精煤 (万吨) Cleaned Coal (10^4 tn)	其他洗煤 (万吨) Other Washed Coal (10^4 tn)	型煤 (万吨) Briquettes (10^4 tn)	焦炭 (万吨) Coke (10^4 tn)	焦炉煤气 (亿立方米) Coke Oven Gas (10^8 cu. m)	其他煤气 (亿立方米) Other Gas (10^8 cu. m)	油品合计 (万吨) Petroleum Products Total (10^4 tn)	原油 (万吨) Crude Oil (10^4 tn)	汽油 (万吨) Gasoline (10^4 tn)
56.95	**－3.95**		**29.72**			**616.49**	**114.99**	**185.83**
						14.62	14.62	
54.70			30.67			602.57	100.36	187.31
						1.92		
						－8.89		
						－0.55		
2.25	－3.95		－0.95			6.82	0.01	－1.48
－46.34	**364.17**		**783.60**			**－24.61**	**－113.80**	**18.19**
						－1.68		
933.16	364.17							
－979.50			783.60					
						－22.93	－113.8	18.19
0.51	**0.32**		**1.23**			**0.53**	**0.04**	**0.05**
10.10	**359.90**		**812.09**			**591.35**	**1.15**	**203.97**
						76.27		3.41
9.58	359.90		799.50			74.58	1.15	17.94
			6.57			32.91		15.70
0.02			0.09			308.26		116.90
0.38			5.65			47.88		12.88
			0.13			6.84		4.52
			0.03			4.18		2.99
			0.10			2.66		1.53
0.12			0.15			44.61		32.62
990.11	**360.22**		**813.32**			**616.49**	**114.99**	**204.02**

续表

		煤油 （万吨） Kerosene （10[4]tn）	柴油 （万吨） Diesel Oil （10[4]tn）
一、可供本地区消费的能源量	**Total Primary Energy Supply**	**77.50**	**230.17**
1.一次能源生产量	Indigenous Production		
2.回收能	Recovery of Energy		
3.外省（区、市）调入量	Moving In from Other Provinces	84.77	221.98
4.进口量	Import		
5.我轮、机在外国加油量	Chinese Airplanes & Ships in Refueling Abroad	1.92	
6.本省（区、市）调出量（－）	Sending Out to Other Provinces（－）	-8.89	
7.出口量（－）	Export（－）		
8.外轮、机在我国加油量（－）	Foreign Airplanes & Ships in Refueling in China	-0.55	
9.库存增（－）、减（＋）量	Stock Change	0.25	8.19
二、加工转换投入（－）产出（＋）量	**Input（－） & Output（＋） of Transformation**	**1.49**	**39.54**
1.火力发电	Thermal Power		
2.供热	Heating Supply		
3.洗选煤	Coal Washing		
4.炼焦	Coking		
5.炼油	Petroleum Refineries	1.49	39.54
6.制气	Gas Works		
#焦炭再投入量（－）	Coke Input（－）		
7.煤制品加工	Briquettes		
三、损失量	**Loss**	**0.04**	**0.40**
四、终端消费量	**Total Final Consumption**	**78.95**	**269.31**
1.农、林、牧、渔、水利业	Farming, Forestry, Animal Husbandry, Fishery & Water Conservancy	0.05	72.71
2.工业	Industry	2.98	18.57
#用作原料、材料	Non-Energy Use		
3.建筑业	Construction	0.08	14.76
4.交通运输、仓储和邮政业	Transport, Storage and Post	73.51	117.85
5.批发、零售业和住宿、餐饮业	Wholesale, Retail Trade and Hotel ,Restaurants	1.73	31.71
6.生活消费	Residential Consumption	0.49	1.83
城镇	Urban	0.10	1.09
乡村	Rural	0.39	0.74
7.其他	Other	0.11	11.88
五、平衡差额	**Statistical Difference**		
六、消费量合计	**Sum of Consumption**	**78.99**	**269.71**

Continued

燃料油 （万吨） Fuel Oil (10^4tn)	液化石油气 （万吨） PLG (10^4tn)	炼厂干气 （万吨） Refinery Gas (10^4tn)	天然气 （亿立方米） Natural Gas (10^8 cu. m)	其他石油制品 （万吨） Other Petroleum Products (10^4tn)	其他焦化产品 （万吨） Other Coking Products (10^4 tn)	热力 （万百万千焦） Heat (10^{10} kJ)	电力 （亿千瓦小时） Electricity (10^8kW · h)	其他能源 （万吨标煤） Other Energy (10^4tce)
8.00			**80.64**				**510.75**	
			118.87				589.02	
8.15							15.23	
			-38.23				-93.50	
-0.15								
-1.57	**5.77**		**-2.36**	**25.77**		**3523.46**	**346.27**	
-1.68			-2.27				346.27	
			-0.09			3523.46		
0.11	5.77			25.77				
			1.63			**13.27**	**81.99**	
6.43	**5.77**		**76.65**	**25.77**		**3510.19**	**775.03**	
0.10							19.93	
2.40	5.77		51.02	25.77		3510.19	532.79	
			39.78					
2.37			1.10				10.70	
.			1.52				19.37	
1.56			3.04				24.44	
			19.87				131.13	
			19.87				77.71	
							53.42	
			0.10				36.67	
8.11	**5.77**		**80.64**	**25.77**		**3523.46**	**857.02**	

6-24 贵州能源平衡表(实物量)-2004

		煤合计(万吨) Coal Total (10⁴ tn)	原煤(万吨) Raw Coal (10⁴ tn)
一、可供本地区消费的能源量	**Total Primary Energy Supply**	**6828.94**	**7196.0**
1.一次能源生产量	Indigenous Production	9756.62	9756.6
2.回收能	Recovery of Energy		
3.外省(区、市)调入量	Moving In from Other Provinces		
4.进口量	Import		
5.我轮、机在外国加油量	Chinese Airplanes & Ships in Refueling Abroad		
6.本省(区、市)调出量(-)	Sending Out to Other Provinces(-)	-2909.89	-2545.0
7.出口量(-)	Export(-)	-29.00	-29.0
8.外轮、机在我国加油量(-)	Foreign Airplanes & Ships in Refueling in China		
9.库存增(-)、减(+)量	Stock Change	11.21	13.4
二、加工转换投入(-)产出(+)量	**Input(-) & Output(+) of Transformation**	**-3877.48**	**-4200.6**
1.火力发电	Thermal Power	-2643.92	-2643.9
2.供热	Heating Supply	-25.43	-25.4
3.洗选煤	Coal Washing	-572.71	-1131.8
4.炼焦	Coking	-640.82	-361.9
5.炼油	Petroleum Refineries		
6.制气	Gas Works		
#焦炭再投入量(-)	Coke Input(-)		
7.煤制品加工	Briquettes	5.40	-37.6
三、损失量	**Loss**	**61.69**	**61.7**
四、终端消费量	**Total Final Consumption**	**4054.57**	**3924.6**
1.农、林、牧、渔、水利业	Farming, Forestry, Animal Husbandry, Fishery & Water Conservancy	248.50	248.5
2.工业	Industry	2382.17	2295.2
#用作原料、材料	Non-Energy Use	676.81	676.8
3.建筑业	Construction	7.20	7.2
4.交通运输、仓储和邮政业	Transport, Storage and Post	9.40	9.4
5.批发、零售业和住宿、餐饮业	Wholesale, Retail Trade and Hotel, Restaurants	151.20	148.6
6.生活消费	Residential Consumption	1044.95	1005.2
城镇	Urban	97.85	78.3
乡村	Rural	947.10	926.9
7.其他	Other	211.15	210.5
五、平衡差额	**Statistical Difference**	**-1164.80**	**-990.9**
六、消费量合计	**Sum of Consumption**	**7999.14**	**8186.9**

ENERGY BALANCE OF GUIZHOU －2004（PHYSICAL QUANTITY）

燃料油（万吨）Fuel Oil (10^4tn)	液化石油气（万吨）PLG (10^4tn)	炼厂干气（万吨）Refinery Gas (10^4tn)	天然气（亿立方米）Natural Gas (10^8 cu. m)	其他石油制品（万吨）Other Petroleum Products (10^4tn)	其他焦化产品（万吨）Other Coking Products (10^4 tn)	热力（万百万千焦）Heat (10^{10} kJ)	电力（亿千瓦小时）Electricity (10^8kW·h)	其他能源（万吨标煤）Other Energy (10^4tce)
-352.59	**-14.44**		**-69.05**			**200.95**		**67.23**
						199.01		65.92
-351.02	-13.87		-65.35					
-1.57	-0.57		-3.70			1.94		1.31
280.09		**43.00**	**338.11**	**9.11**				
559.04								
-278.95			338.11	9.11				
		43.00						
72.50	**14.44**	**43.00**	**269.06**	**9.11**		**200.95**		**67.23**
			27.50			5.55		2.48
72.50	14.44		230.69	7.65		28.00		9.07
			25.91					
			0.55			5.53		0.61
			0.16	0.37		108.92		43.03
		2.60	3.20	0.23		12.42		2.66
		39.75	1.86	0.86		7.32		
		19.55		0.86		6.80		
		20.20	1.86			0.52		
		0.65	5.10			33.21		9.38
-145.00	**-28.88**							
351.45	**14.44**	**43.00**	**269.06**	**9.11**		**200.95**		**67.23**

续表

		煤油（万吨）Kerosene (10^4 tn)	柴油（万吨）Diesel Oil (10^4 tn)
一、可供本地区消费的能源量	**Total Primary Energy Supply**	**2.69**	**108.40**
1. 一次能源生产量	Indigenous Production		
2. 回收能	Recovery of Energy		
3. 外省(区、市)调入量	Moving In from Other Provinces	2.58	108.29
4. 进口量	Import		
5. 我轮、机在外国加油量	Chinese Airplanes & Ships in Refueling Abroad		
6. 本省(区、市)调出量(－)	Sending Out to Other Provinces(－)		
7. 出口量(－)	Export(－)		
8. 外轮、机在我国加油量(－)	Foreign Airplanes & Ships in Refueling in China		
9. 库存增(－)、减(＋)量	Stock Change	0.11	0.11
二、加工转换投入(－)产出(＋)量	**Input(－) & Output(＋) of Transformation**		
1. 火力发电	Thermal Power		
2. 供热	Heating Supply		
3. 洗选煤	Coal Washing		
4. 炼焦	Coking		
5. 炼油	Petroleum Refineries		
6. 制气	Gas Works		
#焦炭再投入量(－)	Coke Input(－)		
7. 煤制品加工	Briquettes		
三、损失量	**Loss**		
四、终端消费量	**Total Final Consumption**	**2.69**	**108.40**
1. 农、林、牧、渔、水利业	Farming, Forestry, Animal Husbandry, Fishery & Water Conservancy	0.05	3.02
2. 工业	Industry	0.94	7.65
#用作原料、材料	Non-Energy Use		
3. 建筑业	Construction		4.92
4. 交通运输、仓储和邮政业	Transport, Storage and Post	0.29	65.60
5. 批发、零售业和住宿、餐饮业	Wholesale, Retail Trade and Hotel ,Restaurants	0.39	4.68
6. 生活消费	Residential Consumption	0.52	
城镇	Urban		
乡村	Rural	0.52	
7. 其他	Other	0.50	22.53
五、平衡差额	**Statistical Difference**		
六、消费量合计	**Sum of Consumption**	**2.69**	**108.40**

Continued

燃料油（万吨）Fuel Oil (10⁴tn)	液化石油气（万吨）PLG (10⁴tn)	炼厂干气（万吨）Refinery Gas (10⁴tn)	天然气（亿立方米）Natural Gas (10⁸ cu. m)	其他石油制品（万吨）Other Petroleum Products (10⁴tn)	其他焦化产品（万吨）Other Coking Products (10⁴ tn)	热力（万百万千焦）Heat (10¹⁰ kJ)	电力（亿千瓦小时）Electricity (10⁸kW·h)	其他能源（万吨标煤）Other Energy (10⁴tce)
10.34	**12.29**		**4.99**				**86.47**	
							216.25	
9.93	12.29		4.99					
							-129.78	
0.41								
						58.34	**496.79**	
							496.79	
						58.34		
						2.50	**31.04**	
10.34	**12.29**		**4.99**			**55.84**	**552.22**	
							17.81	
10.34			4.99			50.96	426.05	
							9.91	
							17.29	
	4.69						14.05	
	6.80					4.88	55.88	
	6.80					4.88	37.52	
							18.36	
	0.80						11.23	
10.34	**12.29**		**4.99**			**58.34**	**583.26**	

6-25 云南能源平衡表(实物量)-2004

		煤合计 (万吨) Coal Total (10^4 tn)	原煤 (万吨) Raw Coal (10^4 tn)
一、可供本地区消费的能源量	**Total Primary Energy Supply**	**3064.70**	**3013.2**
1.一次能源生产量	Indigenous Production	2215.61	2215.6
2.回收能	Recovery of Energy		
3.外省(区、市)调入量	Moving In from Other Provinces	892.29	745.3
4.进口量	Import		
5.我轮、机在外国加油量	Chinese Airplanes & Ships in Refueling Abroad		
6.本省(区、市)调出量(-)	Sending Out to Other Provinces(-)	-153.51	-50.7
7.出口量(-)	Export(-)		
8.外轮、机在我国加油量(-)	Foreign Airplanes & Ships in Refueling in China		
9.库存增(-)、减(+)量	Stock Change	110.31	103.0
二、加工转换投入(-)产出(+)量	**Input(-) & Output(+) of Transformation**	**-1481.18**	**-1539.5**
1.火力发电	Thermal Power	-743.72	-697.8
2.供热	Heating Supply	-32.73	-32.7
3.洗选煤	Coal Washing	-127.43	-456.9
4.炼焦	Coking	-578.24	-346.6
5.炼油	Petroleum Refineries		
6.制气	Gas Works		
#焦炭再投入量(-)	Coke Input(-)		
7.煤制品加工	Briquettes	0.94	-5.6
三、损失量	**Loss**	**66.15**	**66.2**
四、终端消费量	**Total Final Consumption**	**1514.71**	**1406.3**
1.农、林、牧、渔、水利业	Farming, Forestry, Animal Husbandry, Fishery & Water Conservancy	198.34	198.3
2.工业	Industry	772.96	724.6
#用作原料、材料	Non-Energy Use	27.68	27.7
3.建筑业	Construction	10.48	10.2
4.交通运输、仓储和邮政业	Transport, Storage and Post	27.31	27.1
5.批发、零售业和住宿、餐饮业	Wholesale, Retail Trade and Hotel, Restaurants	11.29	11.3
6.生活消费	Residential Consumption	461.89	402.4
城镇	Urban	128.49	69.0
乡村	Rural	333.40	333.4
7.其他	Other	32.44	32.4
五、平衡差额	**Statistical Difference**	**2.66**	**1.2**
六、消费量合计	**Sum of Consumption**	**3062.98**	**3012.0**

ENERGY BALANCE OF YUNNAN －2004 (PHYSICAL QUANTITY)

洗精煤（万吨）Cleaned Coal (10^4 tn)	其他洗煤（万吨）Other Washed Coal (10^4 tn)	型煤（万吨）Briquettes (10^4 tn)	焦炭（万吨）Coke (10^4 tn)	焦炉煤气（亿立方米）Coke Oven Gas (10^8 cu. m)	其他煤气（亿立方米）Other Gas (10^8 cu. m)	油品合计（万吨）Petroleum Products Total (10^4 tn)	原油（万吨）Crude Oil (10^4 tn)	汽油（万吨）Gasoline (10^4 tn)
43.80	**7.69**		**0.35**		**22.82**	**177.42**		**90.96**
					22.82			
147.01			29.10			177.53		91.06
-102.85			-57.95					
-0.36	7.69		29.20			-0.11		-0.10
-23.98	**75.81**	**6.51**	**359.87**	**5.59**				
	-45.93							
207.71	121.74							
-231.69			359.87	5.59				
		6.51						
18.92	**82.94**	**6.51**	**360.00**	**5.59**	**22.82**	**176.66**		**90.79**
			0.29			20.80		11.74
18.92	29.49		358.84	4.03	22.74	42.11		20.03
			75.35					
	0.28		0.60			8.27		2.60
	0.19		0.27			92.81		47.63
						4.03		3.03
	52.98	6.51		1.56	0.08	2.13		
	52.98	6.51		1.56	0.08			
						2.13		
						6.51		5.76
0.90	**0.56**		**0.22**			**0.76**		**0.17**
250.61	**128.87**	**6.51**	**360.00**	**5.59**	**22.82**	**176.66**		**90.79**

续表

		煤油（万吨）Kerosene (10^4 tn)	柴油（万吨）Diesel Oil (10^4 tn)
一、可供本地区消费的能源量	**Total Primary Energy Supply**	**19.69**	**55.60**
1.一次能源生产量	Indigenous Production		
2.回收能	Recovery of Energy		
3.外省(区、市)调入量	Moving In from Other Provinces	19.69	55.59
4.进口量	Import		
5.我轮、机在外国加油量	Chinese Airplanes & Ships in Refueling Abroad		
6.本省(区、市)调出量(－)	Sending Out to Other Provinces(－)		
7.出口量(－)	Export(－)		
8.外轮、机在我国加油量(－)	Foreign Airplanes & Ships in Refueling in China		
9.库存增(－)、减(＋)量	Stock Change		0.01
二、加工转换投入(－)产出(＋)量	**Input(－) & Output(＋) of Transformation**		
1.火力发电	Thermal Power		
2.供热	Heating Supply		
3.洗选煤	Coal Washing		
4.炼焦	Coking		
5.炼油	Petroleum Refineries		
6.制气	Gas Works		
#焦炭再投入量(－)	Coke Input(－)		
7.煤制品加工	Briquettes		
三、损失量	**Loss**		
四、终端消费量	**Total Final Consumption**	**19.24**	**55.46**
1.农、林、牧、渔、水利业	Farming, Forestry, Animal Husbandry, Fishery & Water Conservancy	0.06	9.00
2.工业	Industry	0.20	10.71
#用作原料、材料	Non-Energy Use		
3.建筑业	Construction	0.08	5.59
4.交通运输、仓储和邮政业	Transport, Storage and Post	16.75	28.43
5.批发、零售业和住宿、餐饮业	Wholesale, Retail Trade and Hotel ,Restaurants		1.00
6.生活消费	Residential Consumption	2.13	
城镇	Urban		
乡村	Rural	2.13	
7.其他	Other	0.02	0.73
五、平衡差额	**Statistical Difference**	**0.45**	**0.14**
六、消费量合计	**Sum of Consumption**	**19.24**	**55.46**

Continued

燃料油（万吨）Fuel Oil（10^4tn）	液化石油气（万吨）PLG（10^4tn）	炼厂干气（万吨）Refinery Gas（10^4tn）	天然气（亿立方米）Natural Gas（10^8 cu. m）	其他石油制品（万吨）Other Petroleum Products（10^4tn）	其他焦化产品（万吨）Other Coking Products（10^4 tn）	热力（万百万千焦）Heat（10^{10} kJ）	电力（亿千瓦小时）Electricity（10^8kW·h）	其他能源（万吨标煤）Other Energy（10^4tce）
11.17			**5.17**				**216.96**	**94.52**
			0.08				216.08	94.52
11.19			5.17				3.73	
			-0.08				-2.85	
-0.02								
					8.04	**616.11**	**101.38**	
							101.38	
						616.11		
					8.04			
							25.66	
11.17			**5.17**		**8.04**	**616.11**	**291.59**	**94.52**
							12.22	60.37
11.17			5.17		8.04	616.11	219.51	34.15
			5.17					
							4.94	
							6.25	
							4.15	
							32.93	
							22.77	
							10.16	
							11.59	
							1.09	
11.17			**5.17**		**8.04**	**616.11**	**317.25**	**94.52**

6-26 陕西能源平衡表(实物量)-2004

		煤合计 (万吨) Coal Total (10^4 tn)	原煤 (万吨) Raw Coal (10^4 tn)
一、可供本地区消费的能源量	**Total Primary Energy Supply**	**4984.36**	**4593.2**
1.一次能源生产量	Indigenous Production	9346.75	9346.8
2.回收能	Recovery of Energy		
3.外省(区、市)调入量	Moving In from Other Provinces	1541.95	848.1
4.进口量	Import		
5.我轮、机在外国加油量	Chinese Airplanes & Ships in Refueling Abroad		
6.本省(区、市)调出量(-)	Sending Out to Other Provinces(-)	-5710.67	-5537.2
7.出口量(-)	Export(-)	-121.34	
8.外轮、机在我国加油量(-)	Foreign Airplanes & Ships in Refueling in China		
9.库存增(-)、减(+)量	Stock Change	-72.33	-64.5
二、加工转换投入(-)产出(+)量	**Input(-) & Output(+) of Transformation**	**-3219.29**	**-3184.2**
1.火力发电	Thermal Power	-2428.70	-2428.7
2.供热	Heating Supply	-182.66	-182.7
3.洗选煤	Coal Washing	-38.70	-273.2
4.炼焦	Coking	-548.02	-212.1
5.炼油	Petroleum Refineries	-4.80	-4.8
6.制气	Gas Works	-14.72	-14.7
#焦炭再投入量(-)	Coke Input(-)		
7.煤制品加工	Briquettes	-1.68	-68.1
三、损失量	**Loss**		
四、终端消费量	**Total Final Consumption**	**1738.77**	**1408.9**
1.农、林、牧、渔、水利业	Farming, Forestry, Animal Husbandry, Fishery & Water Conservancy	7.20	7.2
2.工业	Industry	1495.03	1196.9
#用作原料、材料	Non-Energy Use	751.28	700.2
3.建筑业	Construction	39.30	39.3
4.交通运输、仓储和邮政业	Transport, Storage and Post	4.93	4.9
5.批发、零售业和住宿、餐饮业	Wholesale, Retail Trade and Hotel, Restaurants	6.53	6.5
6.生活消费	Residential Consumption	180.74	149.1
城镇	Urban	60.01	45.5
乡村	Rural	120.73	103.6
7.其他	Other	5.04	5.0
五、平衡差额	**Statistical Difference**	**26.30**	
六、消费量合计	**Sum of Consumption**	**4958.06**	**4593.2**

ENERGY BALANCE OF SHAANXI －2004 (PHYSICAL QUANTITY)

洗精煤（万吨） Cleaned Coal （10^4 tn）	其他洗煤（万吨） Other Washed Coal （10^4 tn）	型煤（万吨） Briquettes （10^4 tn）	焦炭（万吨） Coke （10^4 tn）	焦炉煤气（亿立方米） Coke Oven Gas （10^8 cu. m）	其他煤气（亿立方米） Other Gas （10^8 cu. m）	油品合计（万吨） Petroleum Products Total （10^4 tn）	原油（万吨） Crude Oil （10^4 tn）	汽油（万吨） Gasoline （10^4 tn）
395.17	**-4.00**		**-113.9**			**774.57**	**1072.98**	**-126.74**
						1527.97	1527.97	
693.87			95.73			209.84	62.54	25.00
-173.49			-195.38			-953.6	-499.95	-155.00
-121.34			-13.42					
-3.87	-4.00		-0.83			-9.64	-17.58	3.26
-142.13	**40.67**	**66.42**	**296.17**	**0.64**	**2.36**	**-275.59**	**-1071.05**	**271.67**
			-0.78		-0.74	-2.20	-0.01	-0.02
			-57.49			-0.16	-0.01	-0.01
193.73	40.75					-0.51		-0.02
-335.86	-0.08		363.55			-0.16		-0.01
						-272.55	-1071.03	271.73
			-9.11	0.64	3.10	-0.01		
		66.42						
253.04	**36.67**	**40.12**	**182.27**	**0.64**	**2.36**	**498.98**	**1.93**	**144.93**
						23.26		5.10
253.04	36.67	8.45	182.27	0.64	2.36	88.44	1.93	9.10
50.19		0.92				4.90	1.93	0.87
						47.01		6.00
						200.71		59.99
						47.30		17.23
		31.67				73.89		40.50
		14.53				71.81		40.50
		17.14				2.08		
						18.37		7.01
		26.30						
588.90	**36.75**	**40.12**	**249.65**	**0.64**	**3.10**	**774.57**	**1072.98**	**144.96**

续表

		煤油（万吨）Kerosene (10^4 tn)	柴油（万吨）Diesel Oil (10^4 tn)
一、可供本地区消费的能源量	**Total Primary Energy Supply**	**40.25**	**-126.29**
1. 一次能源生产量	Indigenous Production		
2. 回收能	Recovery of Energy		
3. 外省（区、市）调入量	Moving In from Other Provinces	39.89	55.75
4. 进口量	Import		
5. 我轮、机在外国加油量	Chinese Airplanes & Ships in Refueling Abroad		
6. 本省（区、市）调出量（-）	Sending Out to Other Provinces（-）		-180.22
7. 出口量（-）	Export（-）		
8. 外轮、机在我国加油量（-）	Foreign Airplanes & Ships in Refueling in China		
9. 库存增（-）、减（+）量	Stock Change	0.36	-1.82
二、加工转换投入（-）产出（+）量	**Input（-） & Output（+） of Transformation**	**8.21**	**321.74**
1. 火力发电	Thermal Power		-2.16
2. 供热	Heating Supply		-0.14
3. 洗选煤	Coal Washing		-0.49
4. 炼焦	Coking		-0.15
5. 炼油	Petroleum Refineries	8.21	324.68
6. 制气	Gas Works		
#焦炭再投入量（-）	Coke Input（-）		
7. 煤制品加工	Briquettes		
三、损失量	**Loss**		
四、终端消费量	**Total Final Consumption**	**48.46**	**195.45**
1. 农、林、牧、渔、水利业	Farming, Forestry, Animal Husbandry, Fishery & Water Conservancy		18.00
2. 工业	Industry	1.94	26.56
#用作原料、材料	Non-Energy Use		0.76
3. 建筑业	Construction		28.92
4. 交通运输、仓储和邮政业	Transport, Storage and Post	46.52	81.44
5. 批发、零售业和住宿、餐饮业	Wholesale, Retail Trade and Hotel ,Restaurants		29.17
6. 生活消费	Residential Consumption		
城镇	Urban		
乡村	Rural		
7. 其他	Other		11.36
五、平衡差额	**Statistical Difference**		
六、消费量合计	**Sum of Consumption**	**48.46**	**197.75**

Continued

燃料油 （万吨） Fuel Oil （10⁴tn）	液化石油气 （万吨） PLG （10⁴tn）	炼厂干气 （万吨） Refinery Gas （10⁴tn）	天然气 （亿立方米） Natural Gas （10⁸ cu. m）	其他石油制品 （万吨） Other Petroleum Products （10⁴tn）	其他焦化产品 （万吨） Other Coking Products （10⁴ tn）	热力 （万百万千焦） Heat （10¹⁰ kJ）	电力 （亿千瓦小时） Electricity （10⁸kW · h）	其他能源 （万吨标煤） Other Energy （10⁴tce）
-58.40	**-4.36**		**32.77**	**-22.87**			**17.73**	
			74.56				46.43	
23.36	3.30						12.16	
-88.20	-7.61		-41.64	-22.62			-40.86	
6.44	-0.05		-0.15	-0.25				
98.24	**40.62**	**16.87**	**-2.00**	**38.11**	**4.27**	**1871.55**	**437.13**	
-0.01			-1.61				441.97	
			-0.39			1871.55	-0.60	
							-0.16	
					4.27		-0.70	
98.25	40.62	16.87		38.12			-3.23	
				-0.01			-0.15	
							28.54	
39.84	**36.26**	**16.87**	**30.77**	**15.24**	**4.27**	**1871.55**	**431.24**	
0.16							28.39	
27.12	2.33	16.87	15.48	2.59	4.27	1346.69	288.38	
0.66	0.02			0.66			3.12	
12.09							3.81	
0.07	0.04		0.82	12.65			24.81	
0.40	0.50		5.54				14.23	
	33.39		7.97			270.42	45.40	
	31.31		7.97			270.42	29.52	
	2.08						15.88	
			0.96			254.44	26.22	
							-4.92	
39.85	**36.26**	**16.87**	**32.77**	**15.25**	**4.27**	**1871.55**	**459.78**	

6－27 甘肃能源平衡表(实物量)－2004

		煤合计 (万吨) Coal Total (10^4 tn)	原煤 (万吨) Raw Coal (10^4 tn)
一、可供本地区消费的能源量	**Total Primary Energy Supply**	**3479.32**	**3323.2**
1. 一次能源生产量	Indigenous Production	3539.98	3540.0
2. 回收能	Recovery of Energy		
3. 外省(区、市)调入量	Moving In from Other Provinces	453.16	282.3
4. 进口量	Import		
5. 我轮、机在外国加油量	Chinese Airplanes & Ships in Refueling Abroad		
6. 本省(区、市)调出量(－)	Sending Out to Other Provinces(－)	－524.00	－524.0
7. 出口量(－)	Export(－)	－9.23	－9.2
8. 外轮、机在我国加油量(－)	Foreign Airplanes & Ships in Refueling in China		
9. 库存增(－)、减(＋)量	Stock Change	19.41	34.2
二、加工转换投入(－)产出(＋)量	**Input(－) & Output(＋) of Transformation**	**－2150.77**	**－2072.0**
1. 火力发电	Thermal Power	－1595.94	－1595.9
2. 供热	Heating Supply	－329.46	－329.5
3. 洗选煤	Coal Washing	－13.03	－59.3
4. 炼焦	Coking	－219.10	－51.0
5. 炼油	Petroleum Refineries		
6. 制气	Gas Works	－8.74	
#焦炭再投入量(－)	Coke Input(－)		
7. 煤制品加工	Briquettes	15.50	－36.2
三、损失量	**Loss**		
四、终端消费量	**Total Final Consumption**	**1328.55**	**1251.3**
1. 农、林、牧、渔、水利业	Farming, Forestry, Animal Husbandry, Fishery & Water Conservancy	34.18	34.2
2. 工业	Industry	821.83	795.3
#用作原料、材料	Non-Energy Use	77.14	72.3
3. 建筑业	Construction	23.00	23.0
4. 交通运输、仓储和邮政业	Transport, Storage and Post	35.74	35.7
5. 批发、零售业和住宿、餐饮业	Wholesale, Retail Trade and Hotel, Restaurants	20.07	20.1
6. 生活消费	Residential Consumption	383.73	333.0
城镇	Urban	72.51	52.2
乡村	Rural	311.22	280.8
7. 其他	Other	10.00	10.0
五、平衡差额	**Statistical Difference**		
六、消费量合计	**Sum of Consumption**	**3494.82**	**3323.2**

ENERGY BALANCE OF GANSU －2004 (PHYSICAL QUANTITY)

洗精煤 (万吨) Cleaned Coal (10^4 tn)	其他洗煤 (万吨) Other Washed Coal (10^4 tn)	型煤 (万吨) Briquettes (10^4 tn)	焦炭 (万吨) Coke (10^4 tn)	焦炉煤气 (亿立方米) Coke Oven Gas (10^8 cu. m)	其他煤气 (亿立方米) Other Gas (10^8 cu. m)	油品合计 (万吨) Petroleum Products Total (10^4 tn)	原油 (万吨) Crude Oil (10^4 tn)	汽油 (万吨) Gasoline (10^4 tn)
153.20	**2.89**	**-0.01**	**204.37**			**362.78**	**1154.76**	**-156.99**
						283.63	283.63	
167.23	3.63		208.55			900.60	872.43	25.19
						-802.51		-174.98
-14.03	-0.74	-0.01	-4.18			-18.94	-1.30	-7.20
-129.75	**-0.71**	**51.66**	**142.36**	**4.56**	**3.50**	**-47.21**	**-1154.26**	**234.46**
				-0.30	-1.26	-1.05		
				-0.07	-0.32	-7.26		
46.31								
-167.35	-0.71		142.72	4.93	1.58			
						-38.90	-1154.26	234.46
-8.71			-0.36		3.50			
		51.66						
					0.01	**1.42**	**0.50**	**0.45**
23.45	**2.18**	**51.65**	**346.73**	**4.56**	**3.49**	**314.15**		**77.02**
						23.98		3.20
23.45	2.18	0.94	346.73	4.56	3.16	140.69		8.90
3.20	1.52	0.13	49.33			74.70		0.07
						17.73		9.30
						118.00		47.54
						4.37		3.70
		50.71			0.33	4.79		0.58
		20.29			0.33	4.08		0.58
		30.42				0.71		
						4.59		3.80
199.51	**2.89**	**51.65**	**346.73**	**4.93**	**5.08**	**362.78**	**1154.76**	**77.47**

续表

		煤油（万吨）Kerosene (10^4 tn)	柴油（万吨）Diesel Oil (10^4 tn)
一、可供本地区消费的能源量	**Total Primary Energy Supply**	**-35.96**	**-352.44**
1. 一次能源生产量	Indigenous Production		
2. 回收能	Recovery of Energy		
3. 外省(区、市)调入量	Moving In from Other Provinces	0.23	
4. 进口量	Import		
5. 我轮、机在外国加油量	Chinese Airplanes & Ships in Refueling Abroad		
6. 本省(区、市)调出量(-)	Sending Out to Other Provinces(-)	-35.06	-344.78
7. 出口量(-)	Export(-)		
8. 外轮、机在我国加油量(-)	Foreign Airplanes & Ships in Refueling in China		
9. 库存增(-)、减(+)量	Stock Change	-1.13	-7.66
二、加工转换投入(-)产出(+)量	**Input(-) & Output(+) of Transformation**	**42.76**	**457.93**
1. 火力发电	Thermal Power		-0.36
2. 供热	Heating Supply		-0.05
3. 洗选煤	Coal Washing		
4. 炼焦	Coking		
5. 炼油	Petroleum Refineries	42.76	458.34
6. 制气	Gas Works		
#焦炭再投入量(-)	Coke Input(-)		
7. 煤制品加工	Briquettes		
三、损失量	**Loss**	**0.01**	**0.40**
四、终端消费量	**Total Final Consumption**	**6.79**	**105.09**
1. 农、林、牧、渔、水利业	Farming, Forestry, Animal Husbandry, Fishery & Water Conservancy	0.01	20.77
2. 工业	Industry	0.48	11.35
#用作原料、材料	Non-Energy Use	0.01	0.16
3. 建筑业	Construction	0.03	8.00
4. 交通运输、仓储和邮政业	Transport, Storage and Post	6.23	63.57
5. 批发、零售业和住宿、餐饮业	Wholesale, Retail Trade and Hotel ,Restaurants	0.01	0.65
6. 生活消费	Residential Consumption	0.01	
城镇	Urban		
乡村	Rural	0.01	
7. 其他	Other	0.02	0.75
五、平衡差额	**Statistical Difference**		
六、消费量合计	**Sum of Consumption**	**6.80**	**105.90**

Continued

燃料油（万吨）Fuel Oil (10^4 tn)	液化石油气（万吨）PLG (10^4 tn)	炼厂干气（万吨）Refinery Gas (10^4 tn)	天然气（亿立方米）Natural Gas (10^8 cu. m)	其他石油制品（万吨）Other Petroleum Products (10^4 tn)	其他焦化产品（万吨）Other Coking Products (10^4 tn)	热力（万百万千焦）Heat (10^{10} kJ)	电力（亿千瓦小时）Electricity (10^8 kW·h)	其他能源（万吨标煤）Other Energy (10^4 tce)
-57.51	**-22.30**		**8.53**	**-166.78**	**12.16**		**117.13**	**100.70**
			0.20				122.39	
								93.23
2.75			8.33		11.86		55.82	7.49
-58.80	-22.28			-166.61			-61.08	
-1.46	-0.02			-0.17	0.30			-0.02
70.14	**28.02**	**30.30**	**-0.67**	**243.44**	**7.24**	**5854.25**	**334.87**	**-13.11**
-0.69			-0.59			-29.79	334.87	-6.17
-2.16		-5.05	-0.08			5884.04		-2.46
					7.24			-4.48
72.99	28.02	35.35		243.44				
0.05	**0.01**						**18.99**	
12.58	**5.71**	**30.30**	**7.86**	**76.66**	**19.40**	**5854.25**	**433.01**	**87.59**
							41.33	2.29
12.57	0.86	30.30	6.46	76.23	19.40	4227.22	324.29	85.30
0.01			5.36	74.45	0.61			
				0.40			5.08	
0.01	0.65		0.33				14.47	
			0.65	0.01			6.41	
	4.20		0.29			1627.03	27.41	
	3.50		0.29			1627.03	17.05	
	0.70						10.36	
			0.13	0.02			14.02	
15.48	**5.72**	**35.35**	**8.53**	**76.66**	**19.40**	**5854.25**	**452.00**	**96.22**

6-28 青海能源平衡表(实物量)-2004

		煤合计 (万吨) Coal Total (10^4 tn)	原煤 (万吨) Raw Coal (10^4 tn)
一、可供本地区消费的能源量	**Total Primary Energy Supply**	**680.20**	**672.7**
1. 一次能源生产量	Indigenous Production	410.66	410.7
2. 回收能	Recovery of Energy		
3. 外省(区、市)调入量	Moving In from Other Provinces	260.27	252.5
4. 进口量	Import		
5. 我轮、机在外国加油量	Chinese Airplanes & Ships in Refueling Abroad		
6. 本省(区、市)调出量(-)	Sending Out to Other Provinces(-)		
7. 出口量(-)	Export(-)		
8. 外轮、机在我国加油量(-)	Foreign Airplanes & Ships in Refueling in China		
9. 库存增(-)、减(+)量	Stock Change	9.27	9.6
二、加工转换投入(-)产出(+)量	**Input(-) & Output(+) of Transformation**	**-359.24**	**-359.2**
1. 火力发电	Thermal Power	-322.83	-322.8
2. 供热	Heating Supply	-14.88	-14.9
3. 洗选煤	Coal Washing		
4. 炼焦	Coking		
5. 炼油	Petroleum Refineries		
6. 制气	Gas Works	-21.53	-21.5
#焦炭再投入量(-)	Coke Input(-)		
7. 煤制品加工	Briquettes		
三、损失量	**Loss**	**2.35**	**2.4**
四、终端消费量	**Total Final Consumption**	**318.46**	**311.0**
1. 农、林、牧、渔、水利业	Farming, Forestry, Animal Husbandry, Fishery & Water Conservancy	3.89	3.9
2. 工业	Industry	214.37	206.9
#用作原料、材料	Non-Energy Use		
3. 建筑业	Construction	2.38	2.4
4. 交通运输、仓储和邮政业	Transport, Storage and Post	9.60	9.6
5. 批发、零售业和住宿、餐饮业	Wholesale, Retail Trade and Hotel, Restaurants	2.50	2.5
6. 生活消费	Residential Consumption	77.60	77.6
城镇	Urban	16.20	16.2
乡村	Rural	61.40	61.4
7. 其他	Other	8.12	8.1
五、平衡差额	**Statistical Difference**	**0.15**	**0.2**
六、消费量合计	**Sum of Consumption**	**680.05**	**672.6**

ENERGY BALANCE OF QINGHAI －2004 (PHYSICAL QUANTITY)

洗精煤 (万吨) Cleaned Coal (10^4 tn)	其他洗煤 (万吨) Other Washed Coal (10^4 tn)	型煤 (万吨) Briquettes (10^4 tn)	焦炭 (万吨) Coke (10^4 tn)	焦炉煤气 (亿立方米) Coke Oven Gas (10^8 cu. m)	其他煤气 (亿立方米) Other Gas (10^8 cu. m)	油品合计 (万吨) Petroleum Products Total (10^4 tn)	原油 (万吨) Crude Oil (10^4 tn)	汽油 (万吨) Gasoline (10^4 tn)
5.20	**1.78**	**0.50**	**41.20**			**75.17**	**83.22**	**-9.30**
						222.02	222.02	
5.50	1.75	0.52	44.50			21.45		4.00
						-168.30	-138.80	-14.00
-0.30	0.03	-0.02	-3.30					0.70
					6.73	**-6.84**	**-81.83**	**26.27**
						-6.84	-81.83	26.27
					6.73			
					0.02	**4.31**	**1.58**	**1.50**
5.25	**1.74**	**0.50**	**41.23**		**6.71**	**63.58**		**15.31**
						2.86		1.20
5.25	1.74	0.50	41.23			26.30		0.97
						7.08		2.78
						11.36		4.61
						2.90		2.10
					6.71	7.23		
					6.71	7.23		
						5.85		3.65
-0.05	**0.04**		**-0.03**			**0.44**	**-0.19**	**0.16**
5.25	**1.74**	**0.50**	**41.23**		**6.73**	**74.73**	**83.41**	**16.81**

续表

		煤油（万吨）Kerosene (10^4 tn)	柴油（万吨）Diesel Oil (10^4 tn)
一、可供本地区消费的能源量	**Total Primary Energy Supply**		**-11.96**
1. 一次能源生产量	Indigenous Production		
2. 回收能	Recovery of Energy		
3. 外省（区、市）调入量	Moving In from Other Provinces		3.80
4. 进口量	Import		
5. 我轮、机在外国加油量	Chinese Airplanes & Ships in Refueling Abroad		
6. 本省（区、市）调出量（-）	Sending Out to Other Provinces（-）		-15.50
7. 出口量（-）	Export（-）		
8. 外轮、机在我国加油量（-）	Foreign Airplanes & Ships in Refueling in China		
9. 库存增（-）、减（+）量	Stock Change		-0.26
二、加工转换投入（-）产出（+）量	**Input（-） & Output（+） of Transformation**		**36.09**
1. 火力发电	Thermal Power		
2. 供热	Heating Supply		
3. 洗选煤	Coal Washing		
4. 炼焦	Coking		
5. 炼油	Petroleum Refineries		36.09
6. 制气	Gas Works		
#焦炭再投入量（-）	Coke Input（-）		
7. 煤制品加工	Briquettes		
三、损失量	**Loss**		**1.20**
四、终端消费量	**Total Final Consumption**		**22.73**
1. 农、林、牧、渔、水利业	Farming, Forestry, Animal Husbandry, Fishery & Water Conservancy		1.66
2. 工业	Industry		9.00
#用作原料、材料	Non-Energy Use		
3. 建筑业	Construction		2.32
4. 交通运输、仓储和邮政业	Transport, Storage and Post		6.75
5. 批发、零售业和住宿、餐饮业	Wholesale, Retail Trade and Hotel ,Restaurants		0.80
6. 生活消费	Residential Consumption		
城镇	Urban		
乡村	Rural		
7. 其他	Other		2.20
五、平衡差额	**Statistical Difference**		**0.20**
六、消费量合计	**Sum of Consumption**		**23.93**

Continued

燃料油（万吨）Fuel Oil（10^4 tn）	液化石油气（万吨）PLG（10^4 tn）	炼厂干气（万吨）Refinery Gas（10^4 tn）	天然气（亿立方米）Natural Gas（10^8 cu. m）	其他石油制品（万吨）Other Petroleum Products（10^4 tn）	其他焦化产品（万吨）Other Coking Products（10^4 tn）	热力（万百万千焦）Heat（10^{10} kJ）	电力（亿千瓦小时）Electricity（10^8 kW·h）	其他能源（万吨标煤）Other Energy（10^4 tce）
-0.44			**17.94**	**13.65**	**0.11**		**137.33**	**3.48**
			17.94				106.83	
				13.65	0.11		30.50	3.48
-0.44								
2.75	**7.40**	**2.48**				**126.67**	**61.90**	
							61.90	
						126.67		
2.75	7.40	2.48						
	0.03		**0.17**			**0.40**	**9.89**	
2.20	**7.23**	**2.48**	**17.74**	**13.63**	**0.11**	**126.40**	**189.75**	**3.48**
							1.32	
0.22		2.48	4.87	13.63	0.11		171.73	3.48
1.98							1.62	
			0.31				0.97	
			1.76				1.46	
	7.23		6.92			126.40	8.52	
	7.23		6.92			126.40	6.72	
							1.80	
			3.88				4.13	
0.11	**0.14**		**0.03**	**0.02**		**-0.13**	**-0.41**	
2.20	**7.26**	**2.48**	**17.91**	**13.63**	**0.11**	**126.80**	**199.64**	**3.48**

6-29 宁夏能源平衡表(实物量)-2004

		煤合计 (万吨) Coal Total (10^4 tn)	原煤 (万吨) Raw Coal (10^4 tn)
一、可供本地区消费的能源量	**Total Primary Energy Supply**	**2760.32**	**3222.0**
1.一次能源生产量	Indigenous Production	2432.70	2432.7
2.回收能	Recovery of Energy		
3.外省(区、市)调入量	Moving In from Other Provinces	1398.00	1398.0
4.进口量	Import		
5.我轮、机在外国加油量	Chinese Airplanes & Ships in Refueling Abroad		
6.本省(区、市)调出量(-)	Sending Out to Other Provinces(-)	-986.35	-543.9
7.出口量(-)	Export(-)	-54.99	-32.4
8.外轮、机在我国加油量(-)	Foreign Airplanes & Ships in Refueling in China		
9.库存增(-)、减(+)量	Stock Change	-29.04	-32.5
二、加工转换投入(-)产出(+)量	**Input(-) & Output(+) of Transformation**	**-1830.30**	**-2436.6**
1.火力发电	Thermal Power	-1372.74	-1270.1
2.供热	Heating Supply	-47.81	-45.2
3.洗选煤	Coal Washing	-252.28	-1053.8
4.炼焦	Coking	-157.47	-67.5
5.炼油	Petroleum Refineries		
6.制气	Gas Works		
#焦炭再投入量(-)	Coke Input(-)		
7.煤制品加工	Briquettes		
三、损失量	**Loss**	**8.00**	**8.0**
四、终端消费量	**Total Final Consumption**	**922.89**	**778.3**
1.农、林、牧、渔、水利业	Farming, Forestry, Animal Husbandry, Fishery & Water Conservancy	5.00	5.0
2.工业	Industry	783.14	638.6
#用作原料、材料	Non-Energy Use	444.22	357.2
3.建筑业	Construction	4.62	4.6
4.交通运输、仓储和邮政业	Transport, Storage and Post	2.13	2.1
5.批发、零售业和住宿、餐饮业	Wholesale, Retail Trade and Hotel, Restaurants	22.00	22.0
6.生活消费	Residential Consumption	94.00	94.0
城镇	Urban	29.00	29.0
乡村	Rural	65.00	65.0
7.其他	Other	12.00	12.0
五、平衡差额	**Statistical Difference**	**-0.87**	**-0.9**
六、消费量合计	**Sum of Consumption**	**2761.90**	**3222.9**

ENERGY BALANCE OF NINGXIA －2004(PHYSICAL QUANTITY)

洗精煤 (万吨) Cleaned Coal (10^4 tn)	其他洗煤 (万吨) Other Washed Coal (10^4 tn)	型煤 (万吨) Briquettes (10^4 tn)	焦炭 (万吨) Coke (10^4 tn)	焦炉煤气 (亿立方米) Coke Oven Gas (10^8 cu. m)	其他煤气 (亿立方米) Other Gas (10^8 cu. m)	油品合计 (万吨) Petroleum Products Total (10^4 tn)	原油 (万吨) Crude Oil (10^4 tn)	汽油 (万吨) Gasoline (10^4 tn)
－454.12	**－7.56**		**20.91**			**158.96**	**158.92**	**－12.45**
						4.00	4.00	
			40.79			170.00	156.08	
－425.80	－16.68					－14.55		－11.80
－22.64			－5.07					
－5.68	9.12		－14.81			－0.49	－1.16	－0.65
568.40	**37.88**		**93.92**	**0.08**		**－94.42**	**－157.08**	**47.94**
	－102.64					－0.05		
	－2.62							
658.39	143.14							
－89.99			93.92	0.08				
						－94.37	－157.08	47.94
114.25	**30.32**		**114.83**	**0.08**		**64.72**	**2.02**	**35.49**
						4.25		1.05
114.25	30.32		114.83	0.08		23.30	2.02	4.27
84.74	2.26		48.57	0.07		10.12		0.04
						2.86		2.86
						24.34		24.06
						2.55		2.55
						7.39		0.67
						6.25		0.67
						1.14		
						2.89		2.89
0.03						**－0.18**	**－0.18**	
204.24	**135.58**		**114.83**	**0.08**		**221.85**	**159.14**	**35.49**

续表

		煤油（万吨）Kerosene (10^4tn)	柴油（万吨）Diesel Oil (10^4tn)
一、可供本地区消费的能源量	**Total Primary Energy Supply**	**4.13**	**1.92**
1.一次能源生产量	Indigenous Production		
2.回收能	Recovery of Energy		
3.外省(区、市)调入量	Moving In from Other Provinces	4.10	1.06
4.进口量	Import		
5.我轮、机在外国加油量	Chinese Airplanes & Ships in Refueling Abroad		
6.本省(区、市)调出量(－)	Sending Out to Other Provinces(－)		
7.出口量(－)	Export(－)		
8.外轮、机在我国加油量(－)	Foreign Airplanes & Ships in Refueling in China		
9.库存增(－)、减(＋)量	Stock Change	0.03	0.86
二、加工转换投入(－)产出(＋)量	**Input(－) & Output(＋) of Transformation**		**2.01**
1.火力发电	Thermal Power		-0.05
2.供热	Heating Supply		
3.洗选煤	Coal Washing		
4.炼焦	Coking		
5.炼油	Petroleum Refineries		2.06
6.制气	Gas Works		
#焦炭再投入量(－)	Coke Input(－)		
7.煤制品加工	Briquettes		
三、损失量	**Loss**		
四、终端消费量	**Total Final Consumption**	**4.13**	**3.93**
1.农、林、牧、渔、水利业	Farming, Forestry, Animal Husbandry, Fishery & Water Conservancy	3.20	
2.工业	Industry	0.89	3.69
#用作原料、材料	Non-Energy Use		3.10
3.建筑业	Construction		
4.交通运输、仓储和邮政业	Transport, Storage and Post	0.04	0.24
5.批发、零售业和住宿、餐饮业	Wholesale, Retail Trade and Hotel ,Restaurants		
6.生活消费	Residential Consumption		
城镇	Urban		
乡村	Rural		
7.其他	Other		
五、平衡差额	**Statistical Difference**		
六、消费量合计	**Sum of Consumption**	**4.13**	**3.98**

Continued

燃料油（万吨）Fuel Oil (10^4tn)	液化石油气（万吨）PLG (10^4tn)	炼厂干气（万吨）Refinery Gas (10^4tn)	天然气（亿立方米）Natural Gas (10^8 cu. m)	其他石油制品（万吨）Other Petroleum Products (10^4tn)	其他焦化产品（万吨）Other Coking Products (10^4 tn)	热力（万百万千焦）Heat (10^{10} kJ)	电力（亿千瓦小时）Electricity (10^8kW·h)	其他能源（万吨标煤）Other Energy (10^4tce)
-2.32		**6.77**	**11.53**	**1.99**		**16.36**	**4.51**	
						9.67	4.51	
		6.77	11.52	1.99		32.79		
-2.75						-26.10		
			0.01					
0.43								
8.88	**3.83**				**748.73**	**256.47**	**0.47**	
						259.07		
					748.73	-0.12		
						-0.02		
						-0.33		
8.88	3.83					-2.13	0.47	
6.56	**3.83**	**6.77**	**11.52**	**1.99**	**748.73**	**272.83**	**4.98**	
						3.87		
0.01	3.83	6.60	11.52	1.99	469.09	248.55	4.98	
		6.31	0.06	0.67				
						0.89		
						3.70		
						2.76		
6.55		0.17			279.64	9.12		
5.41		0.17			279.64	6.90		
1.14						2.22		
						3.94		
			0.01					
6.56	**3.83**	**6.77**	**11.52**	**1.99**	**748.73**	**272.83**	**4.51**	

6-30 新疆能源平衡表(实物量)-2004

		煤合计(万吨) Coal Total (10^4 tn)	原煤(万吨) Raw Coal (10^4 tn)
一、可供本地区消费的能源量	**Total Primary Energy Supply**	**3602.16**	**3581.8**
1.一次能源生产量	Indigenous Production	3749.40	3749.4
2.回收能	Recovery of Energy		
3.外省(区、市)调入量	Moving In from Other Provinces	22.90	1.0
4.进口量	Import	0.94	0.9
5.我轮、机在外国加油量	Chinese Airplanes & Ships in Refueling Abroad		
6.本省(区、市)调出量(-)	Sending Out to Other Provinces(-)	-244.18	-242.6
7.出口量(-)	Export(-)		
8.外轮、机在我国加油量(-)	Foreign Airplanes & Ships in Refueling in China		
9.库存增(-)、减(+)量	Stock Change	73.10	73.1
二、加工转换投入(-)产出(+)量	**Input(-) & Output(+) of Transformation**	**-1994.36**	**-1999.1**
1.火力发电	Thermal Power	-1251.37	-1240.9
2.供热	Heating Supply	-504.41	-504.4
3.洗选煤	Coal Washing	-9.50	-131.4
4.炼焦	Coking	-229.03	-122.3
5.炼油	Petroleum Refineries		
6.制气	Gas Works	-0.05	-0.1
#焦炭再投入量(-)	Coke Input(-)		
7.煤制品加工	Briquettes		
三、损失量	**Loss**		
四、终端消费量	**Total Final Consumption**	**1637.43**	**1634.6**
1.农、林、牧、渔、水利业	Farming, Forestry, Animal Husbandry, Fishery & Water Conservancy	116.00	116.0
2.工业	Industry	737.43	734.6
#用作原料、材料	Non-Energy Use		
3.建筑业	Construction	27.00	27.0
4.交通运输、仓储和邮政业	Transport, Storage and Post	21.00	21.0
5.批发、零售业和住宿、餐饮业	Wholesale, Retail Trade and Hotel, Restaurants	41.00	41.0
6.生活消费	Residential Consumption	605.00	605.0
城镇	Urban	270.00	270.0
乡村	Rural	335.00	335.0
7.其他	Other	90.00	90.0
五、平衡差额	**Statistical Difference**	**-29.63**	**-51.8**
六、消费量合计	**Sum of Consumption**	**3631.79**	**3633.6**

ENERGY BALANCE OF XINJIAN －2004(PHYSICAL QUANTITY)

洗精煤（万吨）Cleaned Coal (10^4 tn)	其他洗煤（万吨）Other Washed Coal (10^4 tn)	型煤（万吨）Briquettes (10^4 tn)	焦炭（万吨）Coke (10^4 tn)	焦炉煤气（亿立方米）Coke Oven Gas (10^8 cu. m)	其他煤气（亿立方米）Other Gas (10^8 cu. m)	油品合计（万吨）Petroleum Products Total (10^4 tn)	原油（万吨）Crude Oil (10^4 tn)	汽油（万吨）Gasoline (10^4 tn)
21.36	**-1.00**		**-34.36**		**30.18**	**788.4**	**1314.13**	**-124.13**
						2253.02	2253.02	
					30.18			
21.94			2.70					
						38.85	38.85	
-1.56			-8.48			-1454.67	-957.39	-125.01
			-24.80			-0.75		-0.25
						-1.16		
0.98	-1.00		-3.78			-46.89	-20.35	1.13
-18.51	**23.21**		**76.09**	**3.29**		**-47.50**	**-1231.12**	**235.04**
	-10.50					-4.03	-0.06	
						-0.04		
88.22	33.71							
-106.73			152.03			-0.01		
						-43.42	-1231.06	235.04
				3.29				
			-75.94					
2.85	**0.01**		**50.94**	**1.94**	**30.18**	**620.00**	**83.01**	**110.91**
						48.11		7.50
2.85	0.01		50.94	1.94		184.95	83.01	5.20
						28.50		13.50
						150.44		40.21
						145.20		14.00
					30.18	30.50		10.50
					30.18	30.50		10.50
						32.30		20.00
	22.20		**-9.21**	**1.35**		**120.90**		
109.58	**10.51**		**126.88**	**1.94**	**30.18**	**667.50**	**1314.13**	**110.91**

续表

		煤油（万吨）Kerosene (10⁴tn)	柴油（万吨）Diesel Oil (10⁴tn)
一、可供本地区消费的能源量	**Total Primary Energy Supply**	**-8.57**	**-324.11**
1. 一次能源生产量	Indigenous Production		
2. 回收能	Recovery of Energy		
3. 外省（区、市）调入量	Moving In from Other Provinces		
4. 进口量	Import		
5. 我轮、机在外国加油量	Chinese Airplanes & Ships in Refueling Abroad		
6. 本省（区、市）调出量（-）	Sending Out to Other Provinces（-）	-8.41	-297.97
7. 出口量（-）	Export（-）		-0.47
8. 外轮、机在我国加油量（-）	Foreign Airplanes & Ships in Refueling in China	-1.16	
9. 库存增（-）、减（+）量	Stock Change	1.00	-25.67
二、加工转换投入（-）产出（+）量	**Input（-）& Output（+）of Transformation**	**24.45**	**522.21**
1. 火力发电	Thermal Power		-0.41
2. 供热	Heating Supply		-0.04
3. 洗选煤	Coal Washing		
4. 炼焦	Coking		-0.01
5. 炼油	Petroleum Refineries	24.45	522.67
6. 制气	Gas Works		
#焦炭再投入量（-）	Coke Input（-）		
7. 煤制品加工	Briquettes		
三、损失量	**Loss**		
四、终端消费量	**Total Final Consumption**	**18.20**	**195.69**
1. 农、林、牧、渔、水利业	Farming, Forestry, Animal Husbandry, Fishery & Water Conservancy		39.06
2. 工业	Industry	0.04	26.65
#用作原料、材料	Non-Energy Use		
3. 建筑业	Construction		15.00
4. 交通运输、仓储和邮政业	Transport, Storage and Post	18.16	90.98
5. 批发、零售业和住宿、餐饮业	Wholesale, Retail Trade and Hotel, Restaurants		11.00
6. 生活消费	Residential Consumption		3.00
城镇	Urban		3.00
乡村	Rural		
7. 其他	Other		10.00
五、平衡差额	**Statistical Difference**	**-2.32**	**2.41**
六、消费量合计	**Sum of Consumption**	**18.20**	**196.14**

Continued

燃料油 (万吨) Fuel Oil (10^4tn)	液化石油气 (万吨) PLG (10^4tn)	炼厂干气 (万吨) Refinery Gas (10^4tn)	天然气 (亿立方米) Natural Gas (10^8 cu. m)	其他石油制品 (万吨) Other Petroleum Products (10^4tn)	其他焦化产品 (万吨) Other Coking Products (10^4 tn)	热力 (万百万千焦) Heat (10^{10} kJ)	电力 (亿千瓦小时) Electricity (10^8kW · h)	其他能源 (万吨标煤) Other Energy (10^4tce)
0.04	**-15.78**		**53.64**	**-53.18**			**39.56**	**3.36**
			57.48				39.56	
	-15.51		-3.84	-50.38				
				-0.03				
0.04	-0.27			-2.77				3.36
16.40	**47.31**	**32.87**	**-13.43**	**305.34**	**3.15**	**10112.58**	**226.34**	**-3.46**
-0.30		-3.26	-6.27				226.34	-3.46
			-7.13			10112.58		
					3.15			
16.70	47.31	36.13	-0.03	305.34				
							18.21	
19.81	**34.96**	**33.04**	**40.61**	**124.38**	**3.15**	**10112.58**	**247.69**	**0.23**
	1.55						23.76	
19.72	9.91	33.04	39.34	7.38	0.05	6689.63	172.86	0.23
							1.41	
0.09	1.00		0.07			13.00	3.90	
	3.20		0.20	117.00	3.10	30.50	11.76	
	17.00		1.00			3363.45	24.26	
	17.00		1.00			3363.45	18.95	
							5.31	
	2.30					16.00	9.74	
-3.37	**-3.43**	**-0.17**	**-0.40**	**127.78**				**-0.33**
20.11	**34.96**	**36.30**	**54.01**	**124.38**	**3.15**	**10112.58**	**265.90**	**3.69**

七、香港、澳门特别行政区能源数据

Chapter 7 Energy Data for Hong Kong and Macao Special Administrative Region

7－1 香港主要能源及相关指标

MAJOR ENERGY AND RELATED INDICATORS OF HONG KONG

项 目 Item	1990	1995	2000	2001	2002	2003
一次能源供应总量（百万吨标准油） Total Primary Energy Supply (Mtoe)	10.66	13.77	15.45	16.28	16.38	16.52
净进口量（百万吨标准油） Net Imports (Mtoe)	11.93	15.69	18.91	19.99	21.22	21.70
油净进口量（百万吨标准油） Net Oil Imports (Mtoe)	6.58	9.55	12.40	12.26	13.24	13.26
油可供量（百万吨标准油） Oil Supply (Mtoe)	5.27	7.57	8.89	8.51	8.35	8.02
电消费量（十亿千瓦小时） Electricity Consumption (tW·h)	23.83	29.86	36.3	37.26	38.09	38.46
能源最终消费量（百万吨标准油） Total Final Consumption of Energy (Mtoe)	7.1	9.9	11.9	11.6	11.5	11.2
年中人口数（万 人） Mid-year Population (10^4 person)	570.0	615.6	666.5	672.5	678.7	680.3
国内生产总值（10 亿美元,2000 年价） GDP (10^9 US $,2000 price)	106.24	139.35	165.36	166.13	169.26	174.71
人均国内生产总值（美元,2000 年价） Per Capita GDP (US $,2000 price)	18639	22636	24810	24703	24939	25681
人均能源供应量（吨标准油/人） TPES/Population (toe per capita)	1.87	2.24	2.32	2.42	2.41	2.43
人均电力消费量（千瓦小时/人） Per Capita Electricity Consumption (kW·h/capita)	4178	4850	5446	5541	5612	5653

资料来源：IEA《非 OECD 国家能源平衡》。

Source: IEA, *Energy Balances of NON－OECD Countries.*

7－2 香港电力和煤气消费量

CONSUMPTION OF ELECTRICITY AND GAS OF HONG KONG

年 份 Year	电力（太焦耳）Electricity (terajoule)				煤气（太焦耳）Gas (terajoule)			
	住 宅 Residential	商 业 Commercial	工 业 Industrial	总 计 Total	住 宅 Residential	商 业 Commercial	工 业 Industrial	总 计 Total
1990	19037	41830	24934	85801	7596	6877	583	15056
1995	27063	60191	20222	107477	11408	9586	978	21972
2000	32234	80672	17769	130675	13866	11209	982	26057
2001	32799	84580	16759	134139	14493	11060	1011	26564
2002	33394	87606	16112	137112	14794	10860	987	26641
2003	34365	89218	14851	138435	15446	10542	1015	27002
2004	34134	91638	15430	141201	15237	10945	955	27137

资料来源：《香港能源统计》。

Source: *Hong Kong Energy Statistics.*

7-3 香港油产品进口留用量

HONG KONG RETAINED IMPORTS OF OIL PRODUCTS

年份 Year	航空汽油与煤油（千公升） Aviation Gasoline and Kerosene (kilolitre)	车用汽油（千公升） Motor Gasoline (kilolitre)		轻质柴油、重质柴油与石脑油（千公升） Gas Oil, Diesel Oil and Naphtha (kilolitre)	燃料油（千公升） Fuel Oil (kilolitre)	液化石油气和天然气（公吨） LPG、Natural Gas (tonne)
1990	2303262	390577		2690712	1347198	169224
		含铅 Leaded Petrol	不含铅 Unleaded Petrol			
1995	3318386	171456	323351	4691324	1561524	147544
2000	4011029		486087	7802247	2140655	2363434
2001	4198740		524588	6920460	2394450	2459050
2002	4315798		473441	6810838	2973785	2420756
2003	3986920		458985	7094270	3216278	1689413
2004	4937314		458802	6989635	4626483	2299778

7-4 香港煤产品进口留用量

HONG KONG RETAINED IMPORTS OF COAL PRODUCTS

单位:公吨 (tonne)

年份 Year	蒸馏煤与其他煤产品 Steam Coal and Other Coal	木炭 Wood Charcoal	无烟煤 Anthracite	焦煤与半焦煤 Coke and Semi-coke
1990	8928614	16252	2053	1404
1995	9108994	13920		1063
2000	6057802	6050	1310	
2001	8033097	-4764	540	
2002	8717699	8142	201	
2003	10675881	8313	677	
2004	10691194	8052	396	-59

7-5 香港电力生产、消费及进出口

HONG KONG ELECTRICITY PRODUCTION, CONSUMPTION, IMPORTS AND EXPORTS

单位：太焦耳 (terajoule)

年份 Year	本地发电厂产电 Electricity Generated at Local Plant	由大陆进口 Imports to Mainland of China	系统损耗 System Loss	出口往大路 Exports of Mainland of China	由电表量度的本地电力耗用 Local Electricity Consumption as Measured at Meter Point
1990	104256		11985	6470	85801
1995	100496	27164	14843	5340	107477
2000	112783	36732	14587	4253	130675
2001	116745	37278	14192	5692	134139
2002	123522	36655	15235	7830	137112
2003	127822	37428	15988	10827	138435
2004	133663	35413	16763	11112	141201

资料来源:《香港能源统计》

Source: *Hong Kong Energy Statistics.*

7-6 澳门主要能源及相关指标

MAJOR ENERGY RELATED INDICATORS OF MACAO

项　目　Item	1990	1995	2000	2002	2003	2004
净进口量（太焦耳） Net Imports（10^{12} joule）	13955	17487	22742	25322	26340	32087
可供电量（百万千瓦小时） Electricity Supply（gW·h）		1335.1	1657.4	1795.7	1879.5	2028.4
电力消费量（百万千瓦小时） Electricity Consumption（gW·h）		1265.4	1570.1	1688.0	1771.5	1903.1
能源消费量（太焦耳） Energy Consumption（10^{12} joule）	8953	12120	12823	13435	13544	14709
年中人口数（万人） Mid-year Population（10^4 person）	33.50	40.93	43.1	43.9	44.5	45.7
国内生产总值（万澳门元，现价） GDP（10^4 MOP, Current Market Prices）	2617500	5227400	4897200	5481900	6356600	8310300
人均国内生产总值（澳门元，现价） Per Capita GDP（MOP, Current Market Prices）	78134	127716	113624	124872	142845	181845
人均能源消费量（百万焦耳） Per Capita Energy Consumption（10^8 joule）	26725	29612	29752	30604	30436	32186
人均电力消费量（千瓦小时/人） Per Capita Electricity Consumption（kW·h/capita）		3092	3643	3845	3981	4164

7-7 澳门能源平衡表

MACAO ENERGY BALANCE TABLE

单位：太焦耳　　(terajoules)

项　目	Item	1990	1995	2000	2002	2003	2004
进口	Import						
总计	Total Energy	13975	17499	22742	25322	26340	32087
#轻柴油	#Gas Oil and Diesel	3564	3257	3467	4243	5518	8529
#重油	#Fuel Oil	8274	10325	11949	12962	12277	12618
#电力	#Electricity	327	650	701	697	647	545
#汽油	#Gasoline	752	1128	1340	1402	1450	1564
出口	Export						
总计	Total Energy	20	12				
#电力	#Electricity	9	11				
#液化石油气	#LPG		1				
库存变化	Change in Stocks	252	-43	-487	-348	-187	728
内部总消费	Gross Internal Consumption	13704	17670	19795	21601	21966	24529
能源转化	Energy Transformation	-4461	-5124	-6458	-7533	-7728	-9075
电厂自耗和输电损失	Distribution and Transmission Loss	149	240	304	388	389	451
总消费量	Final Consumption	8953	12120	12823	13435	13544	14709

资料来源：《澳门统计年鉴》。

Source: *Source: Macao Statistical Yearbook.*

八、附录

Chapter 8　Appendix

附录1　台湾省能源数据

Appendix Ⅰ Energy Data for Taiwan Province

八 附录

Chapter 8 Appendix

附录1 台湾省能源数据

Appendix 1 Energy Data for Taiwan Province

附录 1－1　台湾省主要能源及相关指标

MAJOR ENERGY RELATED INDICATORS OF TAIWAN

项　目　Item	1990	1995	2000	2001	2002	2003
能源生产量（百万吨标准油） Energy Production（Mtoe）	10.81	10.94	11.49	10.77	11.62	12.53
净进口量（百万吨标准油） Net Imports（Mtoe）	41.78	59.27	80.83	82.25	84.20	87.83
一次能源需求总量（百万吨标准油） Total Primary Energy Supply（Mtoe）	48.26	65.29	83.01	88.95	93.58	98.55
油净进口量（百万吨标准油） Net Oil Imports（Mtoe）	28.92	37.49	45.85	44.71	43.81	45.35
油可供量（百万吨标准油） Oil Supply（Mtoe）	26.00	34.47	37.32	41.46	42.45	43.47
电消费量（十亿千瓦小时） Electricity Consumption（tW·h）	85.12	128.20	184.74	188.95	198.52	201.14
一次能源消费总量（百万吨标准油） Total Primary Energy Consumption（Mtoe）	48.35	65.18	90.64	94.83	100.31	103.42
年中人口数（百万人） Mid-year Population（10^6 persons）	20.40	21.30	22.10	22.30	22.40	22.60
国内生产总值（10亿美元,2000年价） GDP（10^9 US$,2000 price）	157.12	221.60	292.90	286.5	296.8	306.56
人均国内生产总值（美元,2000年价） Per Capita GDP（US$,2000 price）	7702.0	10403.8	13253.4	12845.7	13248.7	13564.6
人均能源消费量（吨标准油/人） Per Capita Energy Consumption（toe/capita）	2.37	3.06	4.10	4.25	4.48	4.58
人均电力消费量（千瓦小时/人） Per Capita Electricity Consumption（kW·h/capita）	4173	6019	8359	8473	8863	8900

资料来源：IEA《非OECD国家能源统计和平衡》。

Source：IEA，*Energy Statistics and Balances of NON-OECD Countries.*

附录 1－2　台湾省分行业电力消费量

TAIWAN ELECTRICITY CONSUMPTION BY SECTOR

单位：百万千瓦小时　　(100 million kW·h)

项　目	Item	1990	1995	2000	2001	2002	2003	2004
总计	Total	51841	68931	94768	94807	100435	106043	113293
农、林、牧、渔业	Farming, Forestry, Animal Husbandry, Fishery	1611	2042	2262	2229	2326	2416	2511
采掘业	Mining and Quarrying	171	209	319	293	367	431	444
制造业	Manufacturing	40698	50792	67378	66127	69696	73691	79267
建筑业	Construction	265	564	490	543	530	544	556
水电煤气卫生服务业	Electricity, Gas and Water Services	804	1037	1832	2065	2253	2415	2461
商业	Commerce	1987	3650	5809	6045	6407	6701	7034
运输仓储及通信业	Transportation, Storage, Post. &Tele. Services	1081	1571	2893	3014	3240	3326	3440
服务业	Services	4252	6763	10578	11165	12013	12718	13494
其他不能归类行业	Others	973	2299	3208	3324	3601	3801	4086

资料来源：中国台湾省编辑的《统计年鉴》。

Source：*Statistical Yearbook*，Taiwan Province of China.

附录1-3 台湾省能源供给总量及构成

TAIWAN ENERGY SUPPLY AND COMPOSITION

年 份 Year	供给量总计 （千公升油当量） Total Supply (10^3 kl oil equivalent)	占供给总量的比重（%）As Percentage of Total Supply（%）				
		煤炭 Coal	石油 Petroleum	天然气 Natural Gas	水力发电 Hydropower	核能发电 Nuclear Power
1990	58198	23.45	55.17	3.86	3.49	14.03
1995	79620	26.20	54.30	5.80	2.80	11.00
2000	105043	31.30	50.90	6.80	2.10	9.10
2001	108521	32.30	50.40	7.10	2.10	8.12
2002	113230	33.10	49.25	7.00	1.40	8.68
2003	121220	32.56	50.76	7.30	1.41	7.97
2004	134060	32.50	51.00	8.00	1.20	7.30

附录1-4 台湾省能源消费总量及分部门消费构成

TAIWAN ENERGY CONSUMPTION AND COMPOSITION BY SECTOR

年 份 Year	消费总计 （千公升油当量） Total Energy Consumption (10^3 kl oil equivalent)	占消费总量比重（%）As Percentage of Total Energy Consumption（%）						
		工业 Industry	运输 Transportation	农业 Agriculture	住宅 Residence	商业 Commerce	其他 Other	非能源消费 Non-energy Use
1990	52007	58.6	15.5	2.8	11.4	3.8	6.4	1.5
1995	68964	55.2	17.8	2.2	12.0	5.0	6.0	1.9
2000	90636	55.2	16.3	1.6	12.4	5.8	6.1	2.6
2001	94828	57.1	15.4	1.6	12.1	5.8	6.2	1.8
2002	100282	57.7	15.3	1.5	11.8	5.7	6.0	2.0
2003	103420	57.3	14.8	1.6	11.8	5.8	6.7	2.1
2004	104375	56.5	15.4	1.7	11.8	6.0	6.8	1.8

附录1-5 台湾省电力生产量和消费量

TAIWAN ElECTRICITY PRODUCTION AND CONSUMPTION

单位：百万千瓦小时 （100 million kW·h）

年 份 Year	发电量 Electricity Generation				耗电量 Electricity Consumption			损失 Loss
	总计 Total	水力发电 Hydropower	火力发电 Thermal Power	核能发电 Nuclear Power	总计 Total	电力用电 Own Consumption	住户及商业用电 Residence and Commerce	
1990	82350	8166	42629	31554	74345	51841	22504	5355
1995	117859	8858	75071	33931	105368	68931	36437	6848
2000	156511	8843	110672	36996	142413	94768	47644	8735
2001	158058	9138	114822	34094	143624	94807	48816	8610
2002	165901	6358	121526	38009	151193	100435	50758	9417
2003	173810	6863	129566	37371	159380	106043	53337	8751
2003	181245	6524	136770	37939	167478	113293	54185	8937

资料来源：中国台湾省编辑的《统计年鉴》。

Source: *Statistical Yearbook*, Taiwan Province of China.

附录2　有关国家和地区能源数据

Appendix Ⅱ Energy Data for Related Countries or Areas

附录2-1 年中人口数

MID-YEAR POPULATION

单位：百万人 (million)

		2000	2001	2002	2003	人口比重(%) Percent of Population
世界总计	**World**	**6045.9**	**6120.9**	**6193.2**	**6267.9**	**100.00**
OECD 合计	**OECD Total**	**1130.9**	**1139.0**	**1146.8**	**1154.5**	**18.42**
美国	United States	282.4	285.4	288.2	291.1	4.64
日本	Japan	126.9	127.3	127.4	127.6	2.04
墨西哥	Mexico	98.7	100.1	101.4	102.7	1.64
德国	Germany	82.2	82.3	82.5	82.5	1.32
法国	France	60.6	60.9	61.2	61.5	0.98
英国	United Kingdom	58.6	59.0	59.2	59.4	0.95
意大利	Italy	57.8	57.9	58.0	58.1	0.93
韩国	Korea	47.0	47.3	47.6	47.9	0.76
西班牙	Spain	39.9	40.3	40.6	40.8	0.65
加拿大	Canada	30.7	31.0	31.4	31.6	0.50
澳大利亚	Australia	19.3	19.5	19.8	20.0	0.32
荷兰	Netherlands	15.9	16.0	16.2	16.2	0.26
比利时	Belgium	10.3	10.3	10.3	10.4	0.17
瑞典	Sweden	8.9	8.9	8.9	9.0	0.14
瑞士	Switzerland	7.2	7.3	7.3	7.4	0.12
非 OECD 合计	**NON-OECD Total**	**4915.0**	**4981.8**	**5046.4**	**5113.4**	**81.58**
中国(大陆)	People's Rep. Of China	1262.6	1271.9	1280.4	1288.4	20.56
印度	India	1015.9	1032.5	1048.6	1064.4	16.98
印度尼西亚	Indonesia	206.3	209.0	211.8	214.7	3.43
巴西	Brazil	170.1	172.4	174.5	176.6	2.82
俄罗斯	Russia	145.6	144.8	144.1	143.4	2.29
埃及	Egypt	64.0	65.2	66.4	67.6	1.08
伊朗	Islamic Republic of Iran	63.7	64.5	65.5	66.4	1.06
泰国	Thailand	60.7	61.2	61.6	62.0	0.99
南非	South Africa	44.0	44.8	45.3	45.8	0.73
阿根廷	Argentina	35.9	36.2	36.5	36.8	0.59
委内瑞拉	Venezuela	24.3	24.8	25.2	25.7	0.41
中国台北	Chinese Taipei	22.3	22.4	22.5	22.6	0.36
沙特阿拉伯	Saudi Arabia	20.7	21.3	21.9	22.5	0.36
中国香港	Hong Kong，China	6.7	6.7	6.8	6.8	0.11
以色列	Israel	6.3	6.4	6.6	6.7	0.11

资料来源：国际能源机构统计年鉴。

Source：*IEA STATISTICS.*

附录2－2 国内生产总值汇率算法(2000年价格)

GROSS DOMESTIC PRODUCTS USING EXCHANGE RATES(US＄2000)

单位:十亿美元 (billion US＄)

		2000	2001	2002	2003	GDP比重(%) Percent of GDP
世界总计	**World**	**31463.19**	**31919.71**	**32477.36**	**33390.74**	**100.00**
OECD 合计	**OECD Total**	**25566.54**	**25846.54**	**26206.27**	**26791.78**	**80.24**
美国	United States	9764.80	9838.90	10023.50	10330.00	30.94
日本	Japan	4746.09	4766.67	4749.83	4876.13	14.60
德国	Germany	1870.28	1885.95	1887.47	1885.19	5.65
英国	United Kingdom	1438.22	1471.32	1497.34	1530.97	4.59
法国	France	1308.40	1335.82	1351.65	1357.97	4.07
意大利	Italy	1074.76	1093.73	1097.66	1100.48	3.30
加拿大	Canada	714.45	727.17	752.10	767.13	2.30
西班牙	Spain	562.50	578.23	591.13	605.90	1.81
墨西哥	Mexico	580.69	580.72	584.52	592.13	1.77
韩国	Korea	511.66	531.29	568.32	585.76	1.75
澳大利亚	Australia	387.53	402.57	415.49	431.16	1.29
荷兰	Netherlands	370.64	375.93	378.06	374.74	1.12
瑞典	Sweden	239.57	242.08	246.86	250.48	0.75
瑞士	Switzerland	246.04	248.61	249.42	248.54	0.74
比利时	Belgium	228.42	230.06	232.14	235.06	0.70
非 OECD 合计	**NON-OECD Total**	**5896.65**	**6073.18**	**6271.09**	**6598.96**	**19.76**
中国(大陆)	People's Rep. Of China	1080.74	1161.80	1258.23	1375.18	4.12
巴西	Brazil	601.73	609.56	621.14	619.89	1.86
印度	India	457.38	480.94	500.82	543.70	1.63
俄罗斯	Russia	259.71	272.93	285.70	306.69	0.92
中国台北	Chinese Taipei	292.90	286.46	296.77	306.56	0.92
阿根廷	Argentina	284.20	271.67	242.08	263.47	0.79
沙特阿拉伯	Saudi Arabia	188.69	189.79	189.97	203.61	0.61
中国香港	Hong Kong, China	165.36	166.13	169.28	174.71	0.52
印度尼西亚	Indonesia	150.20	155.38	161.11	167.72	0.50
泰国	Thailand	122.73	125.39	132.07	141.15	0.42
南非	South Africa	128.02	131.46	136.14	138.66	0.42
以色列	Israel	115.45	115.05	114.22	115.69	0.35
伊朗	Islamic Republic of Iran	96.21	99.50	106.82	113.88	0.34
埃及	Egypt	99.43	102.91	106.20	109.60	0.33
委内瑞拉	Venezuela	121.26	124.64	113.57	102.93	0.31

资料来源:国际能源机构统计年鉴。

Source: *IEA STATISTICS.*

附录2-3　国内生产总值购买力平价算法(2000年价格)

GROSS DOMESTIC PRODUCTS USING PURCHASING POWER PARITIES(US $ 2000)

单位:十亿美元　　　　(billion US $)

		2000	2001	2002	2003	GDP比重(%) Percent of GDP
世界总计	**World**	**45135.62**	**46190.97**	**47516.00**	**49314.96**	**100.00**
OECD合计	**OECD Total**	**27100.27**	**27409.70**	**27850.44**	**28465.44**	**57.72**
美国	United States	9764.80	9838.90	10023.50	10330.00	20.95
日本	Japan	3308.63	3322.98	3311.24	3399.28	6.89
德国	Germany	2068.88	2088.21	2087.90	2085.37	4.23
法国	France	1552.09	1584.62	1603.40	1610.89	3.27
英国	United Kingdom	1503.02	1537.61	1564.80	1599.95	3.24
意大利	Italy	1444.11	1469.59	1474.87	1478.66	3.00
加拿大	Canada	860.19	875.49	905.51	923.61	1.87
墨西哥	Mexico	897.24	897.28	903.15	914.92	1.86
西班牙	Spain	822.71	845.71	864.59	886.19	1.80
韩国	Korea	768.65	798.14	853.77	879.97	1.78
澳大利亚	Australia	508.88	828.63	545.59	566.18	1.15
荷兰	Netherlands	435.13	441.34	443.84	439.95	0.89
比利时	Belgium	269.10	271.03	273.48	276.92	0.56
瑞典	Sweden	238.83	241.33	246.10	249.71	0.51
瑞士	Switzerland	219.04	221.32	222.04	221.25	0.45
非OECD合计	**NON-OECD Total**	**18035.35**	**18781.27**	**19665.56**	**20849.52**	**42.28**
中国(大陆)	People's Rep. Of China	4824.70	5200.99	5606.74	6089.51	12.35
印度	India	2453.93	2572.63	2697.57	2907.78	5.90
巴西	Brazil	1252.99	1279.65	1305.23	1299.66	2.64
俄罗斯	Russia	1054.15	1094.22	1151.49	1250.62	2.54
印度尼西亚	Indonesia	629.04	629.52	647.51	681.63	1.38
中国台北	Chinese Taipei	438.10	428.46	443.88	458.53	0.93
南非	South Africa	415.09	429.91	442.10	447.91	0.91
泰国	Thailand	385.64	394.38	415.30	444.94	0.90
伊朗	Islamic Republic of Iran	354.99	370.25	411.40	438.71	0.89
阿根廷	Argentina	439.26	420.95	389.02	420.53	0.85
沙特阿拉伯	Saudi Arabia	260.21	263.04	262.50	281.49	0.57
埃及	Egypt	226.11	233.68	243.51	252.09	0.51
中国香港	Hong Kong, China	171.85	170.04	173.35	175.00	0.35
以色列	Israel	129.65	126.71	125.12	126.57	0.26
委内瑞拉	Venezuela	136.93	141.78	130.68	119.29	0.24

资料来源:国际能源机构统计年鉴。

Source: *IEA STATISTICS.*

附录2－4　能源生产总量

TOTAL ENERGY PRODUCTION

单位：百万吨标准油　　　　　　(million toe)

		2000	2001	2002	2003	产量比重(%) Percent of Production
世界总计	**World**	**10077.71**	**10212.17**	**10309.46**	**10709.00**	**100.00**
OECD合计	**OECD Total**	**3827.40**	**3868.90**	**3845.85**	**3801.98**	**35.50**
美国	United States	1676.40	1698.45	1665.98	1632.01	15.24
加拿大	Canada	372.44	376.84	384.05	385.29	3.60
澳大利亚	Australia	232.26	248.88	254.49	253.53	2.37
英国	United Kingdom	272.47	262.03	257.93	246.38	2.30
墨西哥	Mexico	226.13	230.09	230.02	242.51	2.26
法国	France	131.19	132.83	134.53	136.32	1.27
德国	Germany	135.34	134.70	134.90	134.52	1.26
日本	Japan	106.48	105.45	97.67	84.64	0.79
荷兰	Netherlands	57.16	60.95	60.51	58.47	0.55
韩国	Korea	33.37	34.20	34.12	36.92	0.34
西班牙	Spain	31.66	33.47	31.78	32.99	0.31
瑞典	Sweden	30.83	34.29	32.46	31.66	0.30
意大利	Italy	28.24	26.92	27.52	27.66	0.26
比利时	Belgium	13.53	13.08	13.25	13.45	0.13
瑞士	Switzerland	11.79	12.36	11.94	12.00	0.11
非OECD合计	**NON-OECD Total**	**6250.31**	**6343.28**	**6463.61**	**6907.02**	**64.50**
中国(大陆)	People's Rep. Of China	1107.65	1138.65	1220.81	1380.79	12.89
俄罗斯	Russia	966.51	996.15	1034.52	1106.92	10.34
沙特阿拉伯	Saudi Arabia	494.47	485.13	469.85	533.66	4.98
印度	India	421.70	430.68	440.94	455.29	4.25
伊朗	Islamic Republic of Iran	240.82	243.19	236.39	265.40	2.48
印度尼西亚	Indonesia	227.52	235.18	242.56	249.96	2.33
委内瑞拉	Venezuela	221.00	216.93	206.54	179.62	1.68
巴西	Brazil	143.04	146.88	161.45	171.14	1.60
南非	South Africa	144.65	144.40	142.98	154.48	1.44
阿根廷	Argentina	82.29	84.53	81.38	84.32	0.79
埃及	Egypt	56.94	56.74	58.03	61.00	0.57
泰国	Thailand	43.56	42.80	45.30	48.25	0.45
中国台北	Chinese Taipei	11.49	10.77	11.62	12.53	0.12
以色列	Israel	0.65	0.69	0.72	0.75	0.01
中国香港	Hong Kong, China	0.05	0.05	0.05	0.05	

资料来源：国际能源机构统计年鉴。

Source: *IEA STATISTICS.*

附录 2－5 能源生产量/一次能源供应量(能源自给率)

ENERGY PRODUCTION/TPES(SELF SUFFICIENCY)

		2000	2001	2002	2003
世界	**World**	**1.01**	**1.02**	**1.01**	**1.01**
OECD 合计	**OECD Total**	**0.72**	**0.73**	**0.72**	**0.70**
澳大利亚	Australia	2.12	2.30	2.27	2.25
墨西哥	Mexico	1.50	1.52	1.48	1.52
加拿大	Canada	1.48	1.52	1.54	1.48
英国	United Kingdom	1.17	1.12	1.13	1.06
荷兰	Netherlands	0.75	0.78	0.77	0.72
美国	United States	0.73	0.75	0.73	0.72
瑞典	Sweden	0.64	0.67	0.61	0.61
法国	France	0.51	0.50	0.51	0.50
瑞士	Switzerland	0.45	0.44	0.44	0.44
德国	Germany	0.39	0.38	0.39	0.39
西班牙	Spain	0.25	0.26	0.24	0.24
比利时	Belgium	0.23	0.22	0.23	0.23
韩国	Korea	0.17	0.18	0.17	0.18
日本	Japan	0.20	0.20	0.19	0.16
意大利	Italy	0.16	0.16	0.16	0.15
非 OECD 合计	**NON-OECD Total**	**1.35**	**1.35**	**1.32**	**1.33**
沙特阿拉伯	Saudi Arabia	4.33	4.07	3.78	4.08
委内瑞拉	Venezuela	3.90	3.73	3.70	3.31
伊朗	Islamic Republic of Iran	2.03	1.96	1.81	1.95
俄罗斯	Russia	1.57	1.60	1.67	1.73
印度尼西亚	Indonesia	1.59	1.55	1.54	1.55
阿根廷	Argentina	1.33	1.44	1.45	1.41
南非	South Africa	1.33	1.30	1.29	1.30
埃及	Egypt	1.23	1.16	1.14	1.17
中国(大陆)	People's Rep. Of China	0.97	1.00	0.99	0.98
巴西	Brazil	0.77	0.79	0.85	0.89
印度	India	0.82	0.82	0.82	0.82
泰国	Thailand	0.58	0.55	0.54	0.54
中国台北	Chinese Taipei	0.14	0.12	0.12	0.13
以色列	Israel	0.03	0.03	0.04	0.04
中国香港	Hong Kong, China				

资料来源：国际能源机构统计年鉴。

Source: *IEA STATISTICS.*

附录 2－6　能源供应量/GDP(吨标准油/千美元 2000 年价格)

TPES/GDP(toe per thousand 2000 US $)

		2000	2001	2002	2003
世界	**World**	**0.32**	**0.31**	**0.32**	**0.32**
OECD 合计	**OECD Total**	**0.21**	**0.21**	**0.20**	**0.20**
日本	Japan	0.11	0.11	0.11	0.11
瑞士	Switzerland	0.11	0.11	0.11	0.11
英国	United Kingdom	0.16	0.16	0.15	0.15
意大利	Italy	0.16	0.16	0.16	0.16
德国	Germany	0.18	0.19	0.18	0.18
法国	France	0.20	0.20	0.20	0.20
瑞典	Sweden	0.20	0.21	0.21	0.20
荷兰	Netherlands	0.20	0.21	0.21	0.22
美国	United States	0.24	0.23	0.23	0.22
西班牙	Spain	0.22	0.22	0.22	0.22
比利时	Belgium	0.26	0.25	0.24	0.25
澳大利亚	Australia	0.28	0.27	0.27	0.26
墨西哥	Mexico	0.26	0.26	0.27	0.27
加拿大	Canada	0.35	0.34	0.33	0.34
韩国	Korea	0.37	0.36	0.35	0.35
非 OECD 合计	**NON-OECD Total**	**0.79**	**0.78**	**0.78**	**0.79**
中国香港	Hong Kong, China	0.09	0.10	0.10	0.09
以色列	Israel	0.17	0.17	0.18	0.18
阿根廷	Argentina	0.22	0.22	0.23	0.23
巴西	Brazil	0.31	0.31	0.31	0.31
中国台北	Chinese Taipei	0.28	0.31	0.32	0.32
埃及	Egypt	0.47	0.47	0.48	0.48
委内瑞拉	Venezuela	0.47	0.47	0.49	0.53
泰国	Thailand	0.61	0.62	0.63	0.63
沙特阿拉伯	Saudi Arabia	0.61	0.63	0.65	0.64
南非	South Africa	0.85	0.84	0.81	0.86
印度尼西亚	Indonesia	0.95	0.98	0.98	0.96
中国(大陆)	People's Rep. Of China	1.06	0.98	0.98	1.02
印度	India	1.13	1.09	1.08	1.02
伊朗	Islamic Republic of Iran	1.23	1.25	1.22	1.20
俄罗斯	Russia	2.36	2.28	2.16	2.09

资料来源：国际能源机构统计年鉴。

Source: *IEA STATISTICS.*

附录2－7　人均能源供应量（吨标准油/人）

TPES/POPULATION（toe per capita）

		2000	2001	2002	2003
世界	**World**	**1.65**	**1.64**	**1.65**	**1.69**
OECD 合计	**OECD Total**	**4.71**	**4.66**	**4.67**	**4.67**
加拿大	Canada	8.21	8.01	7.95	8.24
美国	United States	8.16	7.92	7.94	7.84
瑞典	Sweden	5.46	5.79	5.92	5.75
比利时	Belgium	5.75	5.70	5.47	5.70
澳大利亚	Australia	5.69	5.54	5.66	5.63
荷兰	Netherlands	4.76	4.85	4.87	4.98
法国	France	4.25	4.37	4.34	4.41
韩国	Korea	4.06	4.09	4.22	4.28
德国	Germany	4.18	4.29	4.19	4.21
日本	Japan	4.16	4.09	4.09	4.05
英国	United Kingdom	3.97	3.97	3.86	3.91
瑞士	Switzerland	3.67	3.85	3.70	3.66
西班牙	Spain	3.12	3.17	3.25	3.34
意大利	Italy	2.99	2.99	2.99	3.12
墨西哥	Mexico	1.52	1.52	1.53	1.56
非 OECD 合计	**NON-OECD Total**	**0.94**	**0.95**	**0.97**	**1.01**
沙特阿拉伯	Saudi Arabia	5.51	5.60	5.68	5.81
俄罗斯	Russia	4.22	4.29	4.29	4.46
中国，台北	Chinese Taipei	3.73	3.97	4.16	4.36
以色列	Israel	3.06	3.11	3.05	3.09
南非	South Africa	2.48	2.47	2.44	2.59
中国，香港	Hong Kong, China	2.32	2.42	2.41	2.42
委内瑞拉	Venezuela	2.33	2.35	2.22	2.11
伊朗	Islamic Republic of Iran	1.86	1.93	1.99	2.06
阿根廷	Argentina	1.73	1.62	1.54	1.63
泰国	Thailand	1.23	1.28	1.35	1.43
巴西	Brazil	1.09	1.08	1.09	1.09
中国（大陆）	People's Rep. Of China	0.90	0.89	0.96	1.09
埃及	Egypt	0.72	0.75	0.77	0.78
印度尼西亚	Indonesia	0.70	0.73	0.74	0.75
印度	India	0.51	0.51	0.51	0.52

资料来源：国际能源机构统计年鉴。

Source: *IEA STATISTICS.*

附录2－8　硬煤生产量

HARD COAL PRODUCTION

单位：百万吨　　　　(million ton)

		2000	2001	2002	2003	产量比重(％) Percent of Production
世界总计	**World**	**3794.1**	**3902.1**	**4231.3**	**4629.2**	**100.00**
中国	PR of China	1267.9	1397.9	1670.1	1956.2	42.26
美国	United States	948.8	917.9	893.9	932.5	20.14
印度	India	324.8	337.8	358.4	373.2	8.06
澳大利亚	Australia	264.2	273.2	274.9	285.2	6.16
南非	South Africa	223.6	220.2	240.0	238.0	5.14
俄罗斯	Russia	164.8	163.6	177.4	209.9	4.53
印度尼西亚	Indonesia	92.5	103.4	115.3	129.1	2.79
波兰	Poland	104.0	103.7	102.9	100.0	2.16
哈萨克斯坦	Kazakhstan	81.7	77.9	84.7	83.0	1.79
乌克兰	Ukraine	60.9	61.2	63.8	62.4	1.35
哥伦比亚	Colombia	43.4	39.5	50.0	56.7	1.22
德国	Germany	30.7	29.2	28.8	29.2	0.63
英国	United Kingdom	31.9	30.0	28.3	25.0	0.54
加拿大	Canada	34.0	29.6	26.6	29.3	0.63

附录2－9　原油生产量

CRUDE OIL PRODUCTION

单位：千吨　　　　(1000 ton)

		2001	2002	2003	2004	产量比重(％) Percent of Production
世界总计	**World**	**3622896**	**3597187**	**3720306**	**3887613**	**100.00**
石油输出国家组织	**OPEC**	**1481719**	**1390473**	**1470852**	**1581636**	**40.68**
沙特阿拉伯	Saudi Arabia	432144	414074	474773	492303	12.66
俄罗斯	Russia	345841	377173	418582	456335	11.74
美国	United States	355099	354279	346904	337382	8.68
伊朗	Iran	186149	172411	193687	202966	5.22
墨西哥	Mexico	175498	178302	189289	191697	4.93
中国	PR of China	164162	167219	169835	174030	4.48
委内瑞拉	Venezuela	171776	165048	139990	152950	3.93
挪威	Norway	162536	156716	151201	150929	3.88
加拿大	Canada	126579	132852	140426	145777	3.75
尼日利亚	Nigeria	120116	102189	117666	128663	3.31
阿联酋	United Arab Emirates	114036	105934	121117	124978	3.21
科威特	Kuwait	102659	97381	111125	119941	3.09
伊拉克	Iraq	116771	99776	65602	98990	2.55
英国	United Kingdom	116805	116069	106193	95433	2.45
阿尔及利亚	Algeria	66745	71035	79180	85627	2.20
利比亚	Libya	66681	62629	70227	76431	1.97
哈萨克斯坦	Kazakhstan	40091	47269	51451	59435	1.53
印度尼西亚	Indonesia	68288	62766	59356	56784	1.46
安哥拉	Angola	36469	44045	43083	48535	1.25
阿根廷	Argentina	42844	41576	40369	38124	0.98

资料来源：国际能源机构统计年鉴。

Source: *IEA STATISTICS.*

附录2－10 天然气生产量

NATURAL GAS PRODUCTION

单位：百万立方米　　　　(million cu. m)

		2000	2001	2002	2003	产量比重(%) Percent of Production
世界总计	**World**	**2526037**	**2566454**	**2617223**	**2716934**	**100.00**
俄罗斯	Russia	572802	570362	583514	608200	22.39
美国	United States	545728	557916	537900	540954	19.91
加拿大	Canada	181673	186003	187576	183438	6.75
英国	United Kingdom	115386	111277	109211	108532	3.99
阿尔及利亚	Algeria	85983	80891	83244	87940	3.24
印度尼西亚	Indonesia	72189	69698	75507	78956	2.91
伊朗	Iran	58453	60986	69143	77527	2.85
荷兰	Netherland	72467	77785	75776	72896	2.68
沙特阿拉伯	Saudi Arabia	49667	53688	57313	60059	2.21
土库曼斯坦	Turkmenistan	47153	51557	53768	59457	2.19
乌兹别克斯坦	Uzbekistan	56401	57414	57836	57370	2.11
马来西亚	Malaysia	45370	44152	45540	47663	1.75
阿联酋	United Arab Emirates	39065	38594	42546	43918	1.62
阿根廷	Argentina	40253	40008	38430	42730	1.57
墨西哥	Mexico	37221	36868	37762	39646	1.46
中国	China	30222	33699	36290	38906	1.43
澳大利亚	Australia	32819	33561	34970	36089	1.33
卡塔尔	Qatar	28068	28938	31777	33213	1.22
巴基斯坦	Pakistan	22275	23278	23848	29611	1.09
埃及	Egypt	19542	22493	24447	28667	1.06
印度	India	25358	25367	27260	27904	1.03
特立尼达和多巴哥	Trinidad and Tobago	13166	14077	16402	24957	0.92
委内瑞拉	Venezuela	28382	26512	23400	23168	0.85
德国	Germany	22049	22232	22310	22217	0.82
泰国	Thailand	20182	19621	20556	21664	0.80

资料来源：国际能源机构统计年鉴。

Source: *IEA STATISTICS.*

附录2－11 总发电量及核发电量(2003年)

TOTAL PRODUCTION OF ELECTRICITY AND NUCLEAR ELECTRICITY(2003)

单位:百万千瓦小时 (million kW · h)

		总发电量 Total Production of Electricity	发电量比重% Percent of Production	核发电量 Production of Nuclear Electricity	核电/总发电量(%) Nuclear/TPE(%)
世界总计	**World**	**16741884**	**100.00**	**2642492**	**15.78**
美国	United States	4010830	23.96	786640	19.61
中国(大陆)	China	1907384	11.39	43342	2.27
日本	Japan	1083730	6.47	250230	23.09
俄罗斯	Russia	916286	5.47	150342	16.41
印度	India	633275	3.78	17780	2.81
德国	Germany	593100	3.54	165260	27.86
加拿大	Canada	583780	3.49	74510	12.76
法国	France	568470	3.40	441070	77.59
英国	United Kingdom	394940	2.36	88940	22.52
巴西	Brazil	364899	2.18	13358	3.66
韩国	Korea	347330	2.07	129670	37.33
西班牙	Spain	262910	1.57	61880	23.54
南非	South Africa	231075	1.38	12663	5.48
墨西哥	Mexico	221310	1.32	10500	4.74
中国台北	Chinese Taipei	209052	1.25	38890	18.60
乌克兰	Ukraine	180354	1.08	81406	45.14
瑞典	Sweden	132520	0.79	65430	49.37
荷兰	Netherlands	96710	0.58	4020	4.16
阿根廷	Argentina	92074	0.55	7566	8.22
比利时	Belgium	84340	0.50	47380	56.18
芬兰	Finland	83840	0.50	22740	27.12
捷克	Czech Republic	83230	0.50	25870	31.08
巴基斯坦	Pakistan	80830	0.48	1760	2.18
瑞士	Switzerland	67330	0.40	27490	40.83
罗马尼亚	Romania	55140	0.33	4906	8.90
保加利亚	Bulgaria	42533	0.25	17280	40.63
匈牙利	Hungary	34150	0.20	11010	32.24
斯洛伐克	Slovak Republic	31600	0.19	17870	56.55
立陶宛	Lithuania	19488	0.12	15484	79.45
斯洛文尼亚	Slovenia	14019	0.08	5207	37.14
亚美尼亚	Armenia	5501	0.03	1998	36.32

资料来源：国际能源机构统计年鉴。

Source: *IEA STATISTICS*..

附录2－12 能源最终消费量

TOTAL FINAL CONSUMPTION OF ENERGY

单位：百万吨标准油 (million toe)

		2000	2001	2002	2003	消费比重(%) Percent of Consumption
世界	**World**	**5946.56**	**5983.56**	**6075.74**	**6265.09**	**100.00**
OECD 合计	**OECD Total**	**3679.19**	**3663.18**	**3686.20**	**3753.53**	**59.91**
美国	United States	1566.54	1538.61	1550.89	1571.09	25.08
日本	Japan	353.20	349.58	356.24	353.53	5.64
德国	Germany	242.53	246.35	241.16	245.67	3.92
加拿大	Canada	190.96	184.45	190.15	197.49	3.15
法国	France	168.07	173.98	169.30	173.06	2.76
英国	United Kingdom	160.99	161.73	158.18	160.62	2.56
韩国	Korea	126.18	128.80	138.03	140.57	2.24
意大利	Italy	131.85	134.62	133.80	139.18	2.22
西班牙	Spain	89.14	93.29	94.63	100.21	1.60
墨西哥	Mexico	96.23	94.25	95.07	96.78	1.54
澳大利亚	Australia	71.99	72.94	70.94	72.27	1.15
荷兰	Netherlands	59.41	60.29	59.98	62.12	0.99
比利时	Belgium	42.26	43.05	40.92	42.67	0.68
瑞典	Sweden	35.11	35.32	35.90	35.80	0.57
瑞士	Switzerland	21.19	21.60	21.05	21.57	0.34
非 OECD 合计	**NON-OECD Total**	**2393.75**	**2438.17**	**2503.59**	**2630.04**	**41.98**
中国(大陆)	People's Rep. Of China	551.13	560.14	591.90	667.82	10.66
俄罗斯	Russia	419.50	422.29	409.62	415.81	6.64
印度	India	170.69	170.11	178.73	184.04	2.94
巴西	Brazil	119.21	118.34	119.68	118.46	1.89
伊朗	Islamic Republic of Iran	92.77	96.06	102.35	108.02	1.72
沙特阿拉伯	Saudi Arabia	66.16	71.59	74.63	79.28	1.27
印度尼西亚	Indonesia	71.73	72.87	74.65	74.17	1.18
中国台北	Chinese Taipei	50.34	54.80	58.67	60.62	0.97
南非	South Africa	46.59	46.65	48.99	50.66	0.81
泰国	Thailand	41.94	44.48	47.25	49.95	0.80
阿根廷	Argentina	43.22	40.24	39.02	41.81	0.67
埃及	Egypt	31.04	32.75	34.14	35.32	0.56
委内瑞拉	Venezuela	34.72	36.47	34.37	35.05	0.56
以色列	Israel	12.76	12.40	12.22	12.69	0.20
中国香港	Hong Kong, China	11.92	11.60	11.49	11.20	0.18

资料来源：国际能源机构统计年鉴。

Source: *IEA STATISTICS.*

附录2－13 硬煤需求量

HARD COAL DEMAND

单位：千吨 （1000 ton）

		2000	2001	2002	2003	需求比重（%）Percent of Demand
世界	**World**	**3735059**	**3752299**	**3901813**	**4251482**	**100.00**
OECD 合计	**OECD Total**	**1579143**	**1584331**	**1590204**	**1620849**	**38.12**
美国	United States	892126	888748	896996	901276	21.20
日本	Japan	153489	158009	162684	168307	3.96
韩国	Korea	66548	72364	73907	75413	1.77
德国	Germany	68963	67338	63286	66364	1.56
澳大利亚	Australia	60830	63212	63581	62417	1.47
英国	United Kingdom	58663	64036	58490	62221	1.46
西班牙	Spain	32804	29868	33653	31476	0.74
意大利	Italy	18013	19425	20006	21146	0.50
法国	France	21801	18218	19270	20770	0.49
墨西哥	Mexico	12290	14019	14130	16025	0.38
加拿大	Canada	22502	20098	16837	15681	0.37
荷兰	Netherlands	12928	13460	13414	13667	0.32
比利时	Belgium	11046	10141	9042	8663	0.20
瑞典	Sweden	2861	3271	3021	2923	0.07
瑞士	Switzerland	175	195	168	181	
非 OECD 合计	**NON-OECD Total**	**2155916**	**2167968**	**2311609**	**2630633**	**61.88**
中国（大陆）	People's Rep. Of China	1214916	1191945	1313899	1582205	37.22
印度	India	338481	348318	362408	374017	8.80
南非	South Africa	157135	158371	152362	168974	3.97
俄罗斯	Russia	142222	142495	147085	146074	3.44
中国台北	Chinese Taipei	44816	47847	50795	54891	1.29
印度尼西亚	Indonesia	19215	27259	29194	30597	0.72
巴西	Brazil	20270	19879	17787	17734	0.42
以色列	Israel	10591	11486	12467	12666	0.30
中国香港	Hong Kong，China	6058	8033	8718	10676	0.25
泰国	Thailand	2559	3032	4143	5117	0.12
伊朗	Islamic Republic of Iran	1879	1727	1859	1800	0.04
埃及	Egypt	1127	1496	1422	1014	0.02
阿根廷	Argentina	1058	1051	804	927	0.02
委内瑞拉	Venezuela	181	67	25	59	
沙特阿拉伯	Saudi Arabia					

资料来源：国际能源机构统计年鉴。

Source：*IEA STATISTICS.*

附录 2－14　石油需求量

OIL DEMAND

单位:千吨　　(1000 ton)

		2000	2001	2002	2003	需求比重(%) Percent of Demand
世界	**World**	**3541493**	**3559791**	**3595919**	**3651976**	**100.00**
OECD 合计	**OECD Total**	**2190890**	**2186698**	**2192935**	**2219856**	**60.79**
美国	United States	888383	888931	891313	906947	24.83
日本	Japan	256786	247746	254292	250039	6.85
德国	Germany	129741	131660	127361	125184	3.43
韩国	Korea	99413	98957	99194	100674	2.76
加拿大	Canada	91016	91187	93280	99110	2.71
法国	France	94638	97036	93499	94446	2.59
意大利	Italy	90396	89232	91242	91471	2.50
墨西哥	Mexico	90968	89332	86525	86018	2.36
英国	United Kingdom	80034	78197	78216	79590	2.18
西班牙	Spain	69720	72697	73417	75491	2.07
荷兰	Netherlands	40608	42594	42717	43448	1.19
澳大利亚	Australia	39473	39384	38622	39582	1.08
比利时	Belgium	28523	28843	29295	30929	0.85
瑞典	Sweden	15604	15911	16036	16610	0.45
瑞士	Switzerland	12772	12896	12443	12584	0.34
非 OECD 合计	**NON-OECD Total**	**1350603**	**1373093**	**1402984**	**1432120**	**39.21**
中国(大陆)	People's Rep. Of China	213251	218149	233920	258635	7.08
俄罗斯	Russia	125280	125546	121342	118474	3.24
印度	India	108900	108140	111908	115895	3.17
巴西	Brazil	101691	100717	99679	95519	2.62
沙特阿拉伯	Saudi Arabia	68108	69553	72146	76077	2.08
伊朗	Islamic Republic of Iran	62414	64841	65437	65418	1.79
印度尼西亚	Indonesia	52603	54032	55549	55469	1.52
中国台北	Chinese Taipei	40347	41690	42873	44266	1.21
泰国	Thailand	34006	34735	37036	38660	1.06
埃及	Egypt	26866	26427	26558	26756	0.73
委内瑞拉	Venezuela	22877	26399	25162	23890	0.65
南非	South Africa	20377	20763	21112	22367	0.61
阿根廷	Argentina	23263	20017	18636	19438	0.53
中国香港	Hong Kong, China	11873	11871	12891	12991	0.36
以色列	Israel	12101	11207	11552	11773	0.32

资料来源:国际能源机构统计年鉴。

Source: *IEA STATISTICS.*

附录2-15 天然气消费量
NATURE GAS CONSUMPTION

单位:百万立方米 (million cubic metre)

		2000	2001	2002	2003	消费比重(%) Percent of Consumption
世界	**World**	**2524780**	**2539351**	**2612584**	**2709336**	**100.00**
OECD 合计	**OECD Total**	**1390568**	**1371421**	**1410562**	**1436066**	**53.00**
美国	United States	661261	629956	651145	633532	23.38
德国	Germany	87728	91729	90739	100972	3.73
英国	United Kingdom	101812	101319	100033	100606	3.71
加拿大	Canada	90297	85922	89794	93490	3.45
日本	Japan	80217	80152	82900	86214	3.18
意大利	Italy	70745	70393	70458	77354	2.86
荷兰	Netherlands	48858	50085	50041	50260	1.86
墨西哥	Mexico	39592	39511	44388	48156	1.78
法国	France	39723	41697	42242	44592	1.65
澳大利亚	Australia	22567	23817	25136	25962	0.96
韩国	Korea	18932	20354	23117	24088	0.89
西班牙	Spain	16663	17956	20530	23269	0.86
比利时	Belgium	15683	15483	15957	17000	0.63
瑞士	Switzerland	2972	3093	3036	3209	0.12
瑞典	Sweden	805	880	887	888	0.03
非 OECD 合计	**NON-OECD Total**	**1134212**	**1167930**	**1202022**	**1273270**	**47.00**
俄罗斯	Russia	391161	395851	396264	416881	15.39
伊朗	Islamic Republic of Iran	61742	65144	73147	79845	2.95
沙特阿拉伯	Saudi Arabia	49667	53688	57313	60059	2.22
印度尼西亚	Indonesia	36279	37248	38077	39899	1.47
中国(大陆)	People's Rep. Of China	27395	30640	32583	37821	1.40
阿根廷	Argentina	36315	33930	33334	36989	1.37
泰国	Thailand	22390	26122	28002	29733	1.10
埃及	Egypt	19542	22493	24447	28667	1.06
印度	India	25320	25298	27123	28199	1.04
委内瑞拉	Venezuela	28382	26512	23400	23168	0.86
巴西	Brazil	9339	12011	14860	15328	0.57
中国台北	Chinese Taipei	6180	6802	7847	8150	0.30
南非	South Africa	1711	2223	2204	2252	0.08
中国香港	Hong Kong, China	2457	2479	2355	1515	0.06
以色列	Israel	9	9	8	8	

资料来源：国际能源机构统计年鉴。
Source: *IEA STATISTICS.*

附录 2－16　国内生产总值电耗(千瓦小时/美元)(2000 年价)

ELECTRICITY CONSUMPTION/GDP(kW·h per US $ 2000 prices)

		2000	2001	2002	2003
世界	**World**	**0.45**	**0.44**	**0.45**	**0.46**
OECD 合计	**OECD Total**	**0.35**	**0.35**	**0.35**	**0.35**
OECD 北美区	OECD North America	0.41	0.40	0.40	0.39
OECD 太平洋区	OECD Pacific	0.26	0.26	0.27	0.27
OECD 欧洲区	OECD Europe	0.34	0.34	0.34	0.35
非 OECD 合计	**NON-OECD Total**	**0.85**	**0.85**	**0.87**	**0.90**
中国香港	Hong Kong, China	0.22	0.22	0.23	0.22
阿根廷	Argentina	0.27	0.29	0.31	0.32
以色列	Israel	0.35	0.36	0.37	0.38
巴西	Brazil	0.55	0.51	0.52	0.55
印度尼西亚	Indonesia	0.55	0.57	0.56	0.56
委内瑞拉	Venezuela	0.53	0.54	0.59	0.66
中国台北	Chinese Taipei	0.60	0.63	0.64	0.66
沙特阿拉伯	Saudi Arabia	0.62	0.66	0.69	0.72
埃及	Egypt	0.66	0.68	0.70	0.73
泰国	Thailand	0.74	0.76	0.78	0.78
印度	India	0.89	0.87	0.87	0.85
伊朗	Islamic Republic of Iran	1.05	1.09	1.09	1.12
中国(大陆)	People's Rep. Of China	1.16	1.17	1.21	1.29
南非	South Africa	1.50	1.46	1.46	1.49
俄罗斯	Russia	2.93	2.82	2.70	2.58

附录 2－17　人均电力消费量(千瓦小时/人)

ELECTRICITY CONSUMPTION/POPULATION(kW·h per capita)

		2000	2001	2002	2003
世界	**World**	**2323**	**2316**	**2365**	**2429**
OECD 合计	**OECD Total**	**8000**	**7891**	**7996**	**8044**
OECD 北美区	OECD North America	11066	10612	10691	10659
OECD 太平洋区	OECD Pacific	7541	7551	7920	7925
OECD 欧洲区	OECD Europe	5754	5858	5871	5989
非 OECD 合计	**NON-OECD Total**	**1017**	**1042**	**1086**	**1161**
中国台北	Chinese Taipei	7927	8072	8441	8897
以色列	Israel	6372	6383	6486	6599
沙特阿拉伯	Saudi Arabia	5649	5924	6027	6481
中国香港	Hong Kong, China	5447	5541	5612	5642
俄罗斯	Russia	5236	5319	5350	5525
南非	South Africa	4361	4288	4381	4504
委内瑞拉	Venezuela	2654	2720	2653	2664
阿根廷	Argentina	2148	2186	2081	2259
巴西	Brazil	1939	1794	1859	1934
伊朗	Islamic Republic of Iran	1593	1683	1782	1916
泰国	Thailand	1501	1563	1682	1784
中国(大陆)	People's Rep. Of China	993	1069	1184	1379
埃及	Egypt	1023	1070	1126	1189
印度尼西亚	Indonesia	400	422	428	440
印度	India	400	403	417	435

资料来源：国际能源机构统计年鉴。

Source: *IEA STATISTICS.*

附录2－18　硬煤进口量

IMPORT OF HARD COAL

单位:千吨　　(1000 ton)

		2000	2001	2002	2003	进口比重(%) percent of import
世界总计	**World**	**612718**	**651872**	**667428**	**708699**	**100.0**
日本	Japan	150472	155090	162684	168307	23.7
韩国	Korea	63724	64967	70114	71699	10.1
中国台北	Chinese Taipei	45424	48797	51952	54747	7.7
德国	Germany	27948	33511	33125	34899	4.9
英国	United Kingdom	23445	35542	28687	31891	4.5
俄罗斯	Russia	25518	27820	20866	25217	3.6
美国	United States	11271	18672	16060	22614	3.2
印度	India	20930	20548	23260	21683	3.1
西班牙	Spain	21649	18916	24514	21552	3.0
法国	France	18980	15960	18142	16643	2.3
加拿大	Canada	18790	17608	13988	13431	1.9
巴西	Brazil	13234	12990	13012	12985	1.8
中国(大陆)	PR of China	2178	2661	11258	11098	1.6
比利时	Belgium	11347	12681	9905	9390	1.3
乌克兰	Ukraine	6606	4813	4378	7078	1.0

附录2－19　原油、液化天然气进口量

IMPORT OF CRUDE OIL AND NGL

单位:千吨　　(1000 ton)

		2000	2001	2002	2003	进口比重(%) percent of import
世界总计	**World**	**2031251**	**2049018**	**2032590**	**2114695**	**100.00**
美国	United States	511411	526331	514791	544768	25.76
日本	Japan	217802	205312	206584	209208	9.89
韩国	Korea	123320	118896	108225	108047	5.11
德国	Germany	103684	105171	104897	106464	5.03
意大利	Italy	90403	91250	89910	91807	4.34
中国(大陆)	PR of China	70265	60260	69406	91020	4.30
印度	India	74097	78706	81989	90434	4.28
法国	France	85698	86362	80058	85465	4.04
西班牙	Spain	58782	57833	57694	57998	2.74
荷兰	Netherlands	60553	60810	55236	57312	2.71
英国	United Kingdom	54387	53551	56968	54177	2.56
中国台北	Chinese Taipei	38433	39483	40686	46103	2.18
加拿大	Canada	46185	45663	43760	44771	2.12
比利时	Belgium	37441	35495	36637	39257	1.86
新加坡	Singapore	41832	40817	40660	37502	1.77
泰国	Thailand	32528	34305	35044	37321	1.76
土耳其	Turkey	21583	23242	23662	24095	1.14
希腊	Greece	20383	20081	20605	21102	1.00

资料来源：国际能源机构年鉴《油信息》、《煤信息》2005 年。

Source: *IEA*, *Oil Information*, *Coal Information* 2005.

附录 2-20 天然气进口量

IMPORT OF NATURAL GAS

单位:百万立方米　　　　(million cu. m)

		2000	2001	2002	2003	进口比重(%) percent of import
世界总计	**World**	**642098**	**664192**	**710933**	**750150**	**100.0**
美国	United States	107082	112613	113705	113167	15.1
德国	Germany	75767	78728	81341	84478	11.3
日本	Japan	75821	76189	77026	81782	10.9
意大利	Italy	57447	54775	59291	62144	8.3
乌克兰	Ukraine	59220	56937	56228	55274	7.4
法国	France	41041	40156	42090	43419	5.8
荷兰	Netherland	17417	21393	26771	25488	3.4
韩国	Korea	18999	21108	23280	25378	3.4
西班牙	Spain	16934	17328	20725	23177	3.1
土耳其	Turkey	14380	15754	17110	20650	2.8
白俄罗斯	Belarus	17115	17266	17578	18113	2.4
比利时	Belgium	15564	15395	16003	16695	2.2
匈牙利	Hungary	9047	9587	10700	12176	1.6
墨西哥	Mexico	2863	3861	7201	9709	1.3
加拿大	Canada	1627	3911	6604	9680	1.3
捷克	Czech Republic	9209	9521	9734	9525	1.3
波兰	Poland	8097	8782	8202	9200	1.2
哈萨克斯坦	Kazakstan	4217	4278	8174	8694	1.2
俄罗斯	Russia	12808	4069	7097	8606	1.1
泰国	Thailand	2209	6501	7446	8069	1.1
奥地利	Austria	6218	6296	6553	8050	1.1
中国台北	Chinese Taipei	5839	6249	7046	7348	1.0

资料来源:国际能源机构《2005 年天然气信息》。

Source: *IEA*, *Natural Gas Information*, 2005.

附录2－21 硬煤出口量

EXPORT OF HARD COAL

单位:千吨 (1000 ton)

		2000	2001	2002	2003	出口比重(%) percent of export
世界总计	**World**	**601664**	**665711**	**653047**	**707352**	**100.0**
澳大利亚	Australia	177174	192739	202855	208749	29.5
中国	China	55057	90125	83887	93986	13.3
印度尼西亚	Indonesia	57389	65281	74178	84681	12.0
南非	South Africa	69909	68240	68472	71458	10.1
俄罗斯	Russian Fed.	36737	41553	43497	54625	7.7
哥伦比亚	Colombia	35614	38374	34534	44694	6.3
美国	United States	53006	44066	35805	38896	5.5
加拿大	Canada	32082	29618	26732	28211	4.0
波兰	Poland	23245	23029	22623	20119	2.8
印度	India	1292	1903	1517	1627	0.2

附录2－22 原油、液化天然气出口量

EXPORT OF CRUDE OIL AND NGL

单位:千吨 (1000 ton)

		2000	2001	2002	2003	出口比重(%) percent of export
世界总计	**World**	**1976627**	**1950288**	**1898997**	**2013463**	**100.0**
沙特阿拉伯	Saudi Arabia	311673	300847	283339	332595	16.5
俄罗斯	Russia	144414	162109	188385	227856	11.3
挪威	Norway	146172	151426	137449	135252	6.7
伊朗	Iran	107659	106154	92970	116080	5.8
尼日利亚	Nigeria	110453	108423	91634	111848	5.6
墨西哥	Mexico	91611	92740	96860	104702	5.2
委内瑞拉	Venezuela	113048	107106	104955	90383	4.5
阿联酋	United Arab Emirates	92491	84106	74164	88071	4.4
加拿大	Canada	76156	74495	79460	82882	4.1
英国	United Kingdom	92918	86918	87144	74898	3.7
科威特	Kuwait	61721	62937	54695	63098	3.1
利比亚	Libya	50047	48197	44388	52341	2.6
阿尔及利亚	Algeria	37332	35955	40286	48344	2.4
哈萨克斯坦	Kazakstan	29170	32479	39950	44265	2.2
安哥拉	Angola	37074	34367	42060	41141	2.0
阿曼	Oman	47114	47790	44152	40236	2.0
伊拉克	Iraq	102506	90189	71281	39973	2.0
卡塔尔	Qatar	30864	32381	28966	28872	1.4
印度尼西亚	Indonesia	29098	31697	28112	25520	1.3
马来西亚	Malaysia	17856	18647	18732	19401	1.0
澳大利亚	Australia	18342	22309	22147	18477	0.9

资料来源：国际能源机构《油信息》、《煤信息》2005 年。Source:*IEA*, *Oil Information*、*Coal Information*, 2005.

附录2－23 天然气出口量

EXPORT OF NATURAL GAS

单位:百万立方米　　　　(million cubic metre)

		2000	2001	2002	2003	出口比重(%) percent of export
世界总计	**World**	**648553**	**663477**	**707411**	**746190**	**100.0**
俄罗斯	Russia	190543	177770	182365	186152	24.9
加拿大	Canada	101246	108176	107728	101472	13.6
挪威	Norway	48631	50328	61905	69892	9.4
阿尔及利亚	Algeria	65255	59887	61282	63812	8.6
荷兰	Netherland	41418	49556	52529	48111	6.4
土库曼斯坦	Turkmenistan	33700	37487	39497	43618	5.8
印度尼西亚	Indonesia	36383	33098	37690	38359	5.1
马来西亚	Malaysia	19008	18990	20149	21712	2.9
美国	United States	6901	10570	14618	19592	2.6
卡塔尔	Qatar	15075	15773	18408	19477	2.6
英国	United Kingdom	13395	12496	13681	16106	2.2
特立尼达	Trinidad	3322	3299	5113	13026	1.7
尼日利亚	Nigeria	5613	9016	8046	12100	1.6
哈萨克斯坦	Kazakstan	5219	5536	10433	11005	1.5
澳大利亚	Australia	10252	9744	9834	10127	1.4
文莱	Brunei	9095	9364	9531	10010	1.3
阿曼	Oman	3016	7570	8393	9336	1.3
德国	Germany	5369	6674	7329	7681	1.0
阿联酋	United Arab Emirates	6932	6942	7011	7011	0.9
阿根廷	Argentina	4629	6179	5845	6637	0.9

资料来源：国际能源机构《天然气信息》2005 年。

Source: *IEA*, *Natural Gas Information*, 2005.

附录2-24 主要高耗能产品单位能耗中外比较

ENERGY CONSUMPTION FOR MAIN ENERGY INTENSIVE PRODUCTS BY COMPARING CHINA WITH SELECTED COUNTRIES

1. 原煤耗电 Electricity Consumption for Coal

单位：千瓦小时/吨 (kW·h/tn)

国 家	Country	1980	1991	1994
中国①	China	24.27	29.82	31.19
英国②	United Kingdom	61.43	61.13	30.07
美国②	United States	20.26	17.45	16.99

资料来源(Source)：1. UN. Annual Bulletin of Electric Energy Statistics 1994.

2.〔USA〕Coal Data 1996, The National Mining Association, June, 1996

①国有重点煤矿(key state-owned coal mines).

②商品煤,占原煤比例美国86%，英国72%(commercial coal, as % of raw coal: USA 86%, UK 72%).

2. 发电厂自用电率 Rate of Electricity Used by Power Plant

单位：% (%)

国 家	Country	1990	1995	1997	1998
中国(6MW及以上机组)	China(over 6MW)	6.90	6.78	6.80	6.66
欧盟平均	Average European	5.29	5.26	5.11	5.07

资料来源(Source)：1. European Commission, 1999 Annual Energy Review, Jan. 2000.

3. 乙烯综合能耗 Fully Energy Consumption for Ethylene

单位：千克标准煤/吨 (kgce/tn)

国家	Country	1980	1990	1995	2000	2003
中国	China	2013	1580	1277	1212	889.8
日本	Japan	1100	857	870	714	629

资料来源(Source)：〔日〕节能总览，通产资料调查会

(Japan) Energy Conservation

4. 火电厂供电标准煤耗 Coal Consumption for Power Supply (Thermalpower Plant)

单位：克/千瓦小时 (gce/kW·h)

国家	Country	1980	1985	1990	1995	1998	1999	2000	2001	2003
中国(6MW及以上机组)	China(over 6MW)	448	431	427	412	404	399	392	385	380
美国	United States	378	376	373	376					
日本③	Japan	339	338	332	331	322	316	314	312	

资料来源(Source)：1. 日本电气事业手册(*Japan Electricity Handbook*, 2002)。

③ 九大电力公司平均(average level of 9 large electricity company)。

5. 吨钢可比能耗 Energy Consumption for Steel Production

单位：千克标煤/吨 (kgce/tn)

国家	Country	1980	1985	1990	1995	2000	2003
中国（重点企业）	China(key enterprises)	1201	1062	997	976	781	726
日本	Japan	705	640	629	656	646	646
美国	United States	880	761	757			
英国	United Kingdom	794	721	677	721 (1994)		
法国	France	826	764	707	735 (1994)		

资料来源(Source)：1. 日本能源学会志，2001，No.7.
2.〔日〕铁钢界
3. World Energy Council ,Energy Efficiency Improvement Utilising High Technology.

6. 合成氨综合能耗(大型装置) Fully Energy Consumption for Sythetic Ammonia

单位：千克标准煤/吨 (kgce/tn)

国家	Country	1980	1990	1995	1998	2000
中国	China	1431	1343	1284	1352	1200
美国	United States	1320	1000	970	970	970

资料来源（Source)：1.〔USA〕Hydrocarbon Processing.
2.〔USA〕Chemical Engineering ,Progress.

7. 水泥综合能耗 Fully Energy Consumption for Cement

单位：千克标准煤/吨 (kgce/tn)

国家	Country	1980	1985	1990	1995	2000	2003
中国（大中型企业）	China(large,medium)	218.8	208	201	199.2	181	181
日本	Japan	135.7	123.4	122.6	124.4	125.7	128.4

资料来源(Source)：1. 日本能源学会志，2001，No.7.

8. 铁路货运综合能耗 Fully Energy Consumption for Railway Freight Traffic

单位：千克标准煤/万吨公里 ($kgce/10^4 tn\text{-}km$)

国家	Country	1980	1985	1990	1995	2000
中国	China	147.4	118.7	84.2	74.0	72.5
日本	Japan	122.9	125.7	85.7	87.1	90.0

资料来源(Source)：日本能源经济统计手册。
Handbook of energy and economic statistics in Japan.

9. 载货汽车运输耗油 Oil Consumption for Trucks

单位：升/百吨公里 ($l/10^2 tn\text{-}km$)

国家	Country	1980	1985	1990	1995	2000
中国	China					
汽油车	Gasoline Trucks	8.70	7.70	7.10	7.06	
柴油车	Diesel Oil Trucks	6.20	5.80	4.80	4.82	
美国	United States	3.43	3.36	3.50	3.54	

资料来源(Source)：〔USA〕DOE/EIA，*Annual Energy Outlook*1997，Nov.1996 .

附录3　主要统计指标解释

Appendix Ⅲ Explanatory Notes of Main Statistical Indicators

主要统计指标解释

国内生产总值 是按市场价格计算的国内生产总值的简称。国内生产总值及其产业构成的资料,是由国家统计局国民经济核算司根据不同产业部门的特点和资料来源情况而采用不同的方法计算的,有的部门以生产法计算增加值为准,有的部门以收入法计算的增加值为准,最后将各产业部门增加值求和得到国内生产总值的标准数据。按支出法计算的国内生产总值等于总消费、总投资、货物和服务净出口之和,它与按上述方法计算的国内生产总值不相等,两者的差率一般在 ±3% 以内。

三次产业 根据社会生产活动历史发展的顺序对产业结构的划分,产品直接取自自然界的部门称为第一产业。对初级产品进行再加工的部门称为第二产业。为生产和消费提供各种服务的部门称为第三产业。它是世界上通用的产业结构分类,但各国的划分不尽一致。我国的三次产业划分是:

第一产业:农业(包括种植业、林业、牧业、副业和渔业)。

第二产业:工业(包括采掘业、制造业、自来水、电力、蒸汽、热水、煤气)和建筑业。

第三产业:除第一、第二产业以外的其他行业。

能源生产总量 指一定时期内全国(地区)一次能源生产量的总和,是观察全国(地区)能源生产水平、规模、过程构成和发展速度的总量指标。一次能源生产量包括原煤、原油、天然气、水电及其他动力能(如风能、地热能等)发电量。不包括低热值燃料生产量、生物质能、太阳能等的利用和由一次能源加工转换而成的二次能源产量。

能源消费总量 指一定时期内全国(地区)各行业和居民生活消费的各种能源的总观察能源消费水平、构成和增长速度的总量指标。能源消费总量包括原煤、原油及其制品、天然气、电力。不包括低热值燃料、生物质能和太阳能等的利用。能源消费总量分为三部分,即终端能源消费量、能源加工转换损失量和损失量。

(1)终端能源消费量 指一定时期内全国(地区)各行业和居民生活消费的各种能源在扣除了用于加工转换二次能源消费量和损失量以后的数量。

(2)能源加工转换损失量 指一定时期内全国(地区)投入加工转换的各种能源数量之和与产出各种能源产品之和的差额。它是观察能源在加工转换过程中损失量变化的指标。

(3)能源损失量 指一定时期内能源在输送、分配、储存过程中发生的损失和由客观原因造成的各种损失量。不包括各种气体能源放空、放散量。

能源生产弹性系数 是研究能源生产量的增长与国民经济增长之间关系的指标。计算公式:

$$\text{能源生产弹性系数} = \frac{\text{能源生产总量年平均增长速度}}{\text{国民经济年平均增长速度}}$$

本资料采用国内生产总值指标计算国民经济年平均增长速度。

电力生产弹性系数 是研究电力生产量的增长与国民经济增长之间关系的指标。计算公式：

$$\text{电力生产弹性系数} = \frac{\text{电力生产量年平均增长速度}}{\text{国民经济年平均增长速度}}$$

能源消费弹性系数 是反映能源消费增长速度与国民经济增长速度之间比例关系的指标。计算公式：

$$\text{能源消费弹性系数} = \frac{\text{能源消费总量年平均增长速度}}{\text{国民经济年平均增长速度}}$$

电力消费弹性系数 是反映电力消费增长速度与国民经济增长速度之间比例关系的指标。计算公式：

$$\text{电力消费弹性系数} = \frac{\text{电力消费量年平均增长速度}}{\text{国民经济年平均增长速度}}$$

能源加工转换效率 指一定时期内能源经过加工转换后，产出的各种能源产品的数量与投入加工转换的各种能源数量的比率。它是观察能源加工转换装置和生产工艺先进与落后、管理水平高低等的重要指标。计算公式：

$$\text{能源加工转换效率} = \frac{\text{加工转换产出量}}{\text{加工转换投入量}} \times 100\ \%$$

Explanatory Notes on Main Statistical Indicators

Gross Domestic Products(GDP) refers to gross domestic products calculated at market price. The data on GDP and its industrial composition are calculated by the Department of National Economic Accounting, State Statistical Bureau (SSB) with various approaches in the light of the features of various sectors and the data sources. The value added in some sectors is calculated with the production approach. The value added in other sectors is calculated with the income approach. Finally, the GDP is the result of the sum of the value added of various sectors. This is the standard data of GDP. The GDP calculated with the expenditure approach equals to the sum of total consumption, total investment and the net export of goods and services. However, it is not equal to the GDP calculated with the method mentioned above. The difference between the two figures is generally within ±3%.

Three Industries: Industry structure has been classified according to the sequence of historical development of social production activities. Primary industry refers to extraction of natural resources; secondary industry involves processing of primary products; and tertiary industry provides services of various kinds for production and consumption. The above classification is universal although it to some extent from country to country. Industry classification in China comprises:

Primary Industry: agriculture (including farming, forestry, animal husbandry, sideline production and fishery).

Secondary Industry: industry (including mining and quarrying, manufacturing, water supply, electricity generation and supply, steam, hot water, gas) and construction.

Tertiary Industry: all other industries not included in primary and secondary industry.

Total Energy Productionrefers to the total production of primary energy by all energy producing enterprises in the country (region) in a given period of time. It is a comprehensive indicator to show the capacity, scale, composition and development of energy production of the country (region). The production of primary energy includes that of coal, crude oil, natural gas, hydro power and electricity generated by other means such as wind power and geothermal power. However, it excludes the production of fuels of low calorific value, bioenergy, solar energy and the secondary energy converted from the primary energy.

Total Energy Consumption refer to the total consumption of energy of various kinds by industry and residential in the country (region) in a given period of time. The total energy consumption includes that of coal, crude oil and their products, natural gas and electricity. However, it excludes the consumption of fuel of low calorific value, bioenergy and other non-commercial energy. Total energy consumption can be divided into three parts:

(1) **Final Energy Consumption**: refers to the total energy consumption by industry and residential in the country (region) in a given period of time, but excludes the consumption in conversion of the primary energy into the secondary energy and the loss in the process of energy transformation.

(2) **Loss During Energy Transformation**: refers to the total input of various kinds of energy for transformation, minus the total output of various kinds of energy in the country in a given period of time. It is an indicator to show the loss that occurs during the process of energy transformation.

(3) **Loss**: refers to the total of the loss of energy during the course of energy transport, distribution and storage and the loss caused by any objective reason in a given period of time. The loss of various kinds of gas due to gas discharges and stocktaking is excluded.

Elasticity of Energy Production: is an indicator to show the relationship between the growth rate of energy production and the growth rate of the national economy. The formula is:

$$\text{Elasticity of Energy Production} = \frac{\text{average annual growth rate of energy production}}{\text{average annual growth rate of national economy}}$$

The gross domestic products (GDP) is used to calculate the growth rate of national economy in this book.

Elasticity of Electricity Production: is an indicator to show the relationship between the growth rate of electricity production and the growth rate of the national economy. The formula is:

$$\text{Elasticity of Electricity Production} = \frac{\text{average annual growth rate of electricity production}}{\text{average annual growth rate of national economy}}$$

Elasticity of Energy Consumption: is an indicator to show the relationship between the growth rate of energy consumption and the growth rate of the national economy. The formula is:

$$\text{Elasticity of Energy Consumption} = \frac{\text{average annual growth rate of energy consumption}}{\text{average annual growth rate of national economy}}$$

Elasticity of Electricity Consumption: is an indicator to show the relationship between the growth rate of electricity consumption and the growth rate of the national economy. The formula is:

$$\text{Elasticity of Electricity Consumption} = \frac{\text{average annual growth rate of electricity consumption}}{\text{average annual growth rate of national economy}}$$

Efficiency of Energy Transformation: refers to the ratio of the total output of energy products after transformation and the total input of energy for transformation in the same reference period. It is an indicator to show the current conditions of energy processing and conversion equipment, production technique and management. The formula is:

$$\text{Efficiency of Energy Transformation} = \frac{\text{output of energy from transformation}}{\text{input of energy for transformation}} \times 100\%$$

附录4　各种能源折标准煤参考系数

Appendix Ⅳ Conversion Factors from Physical Units to Coal Equivalent

各种能源折标准煤参考系数

能源名称	平均低位发热量	折标准煤系数
原煤	20 908 千焦 /（5 000 千卡）/ 千克	0.7143 千克标准煤 / 千克
洗精煤	26 344 千焦/（6 300 千卡）/ 千克	0.9000 千克标准煤 / 千克
其它洗煤		
洗中煤	8 363 千焦/（2 000 千卡）/ 千克	0.2857 千克标准煤 / 千克
煤泥	8 363 ~ 12 545 千焦 /（2 000 千卡 ~ 3 000 千卡）/ 千克	0.2857 ~ 0.4286 克标准煤 / 千克
焦炭	28 435 千焦 /（6 800 千卡）/ 千克	0.9714 千克标准煤 / 千克
原油	41 816 千焦 /（10 000 千卡）/ 千克	1.4286 千克标准煤 / 千克
燃料油	41 816 千焦 /（10 000 千卡）/ 千克	1.4286 千克标准煤 / 千克
汽油	43 070 千焦 /（10 300 千卡）/ 千克	1.4714 千克标准煤 / 千克
煤油	43 070 千焦 /（10 300 千卡）/ 千克	1.4714 千克标准煤 / 千克
柴油	42 652 千焦 /（10 200 千卡）/ 千克	1.4571 千克标准煤 / 千克
液化石油气	50 179 千焦 /（12 000 千卡）/ 千克	1.7143 千克标准煤 / 千克
炼厂干气	46055 千焦 /（11 000 千卡）/ 千克	1.5714 千克标准煤 / 千克
天然气	38 931 千焦 /（9 310 千卡）/ 立方米	1.3300 千克标准煤 / 立方米
焦炉煤气	16 726 千焦 ~ 17 981 千焦/（4 000 千卡 ~ 4 300 千卡）/ 立方米	0.5714 千克标准煤 ~ 0.6143 千克标准煤 / 立方米
其它煤气		
发生炉煤气	5 227 千焦 /（1 250 千卡）/ 立方米	0.1786 千克标准煤 / 立方米
重油催化裂解煤气	19 235 千焦 /（4 600 千卡）/ 立方米	0.6571 千克标准煤 / 立方米
重油热裂解煤气	35 544 千焦 /（8 500 千卡）/ 立方米	1.2143 千克标准煤 / 立方米
焦炭制气	16 308 千焦 /（3 900 千卡）/ 立方米	0.5571 千克标准煤 / 立方米
压力气化煤气	15 054 千焦 /（3 600 千卡）/ 立方米	0.5143 千克标准煤 / 立方米
水煤气	10 454 千焦 /（2 500 千卡）/ 立方米	0.3571 千克标准煤 / 立方米
煤焦油	33 453 千焦 /（8 000 千卡）/ 千克	1.1429 千克标准煤 / 千克
粗苯	41 816 千焦 /（10 000 千卡）/ 千克	1.4286 千克标准煤 / 千克
热力（当量）		0.03412 千克标准煤 / 百万焦耳 （0.14286 千克标准煤 / 1000 千卡）
电力（当量）	3 596 千焦 /（860 千卡）/ 千瓦小时	0.1229 千克标准煤 / 千瓦小时
（等价）	按当年火电发电标准煤耗计算	
生物质能		
人粪	18 817 千焦 /（4 500 千卡）/ 千克	0.643 千克标准煤 / 千克
牛粪	13 799 千焦 /（3 300 千卡）/ 千克	0.471 千克标准煤 / 千克
猪粪	12 545 千焦 /（3 000 千卡）/ 千克	0.429 千克标准煤 / 千克
羊、驴、马、骡粪	15 472 千焦 /（3 700 千卡）/ 千克	0.529 千克标准煤 / 千克
鸡粪	18 817 千焦 /（4 500 千卡）/ 千克	0.643 千克标准煤 / 千克
大豆秆、棉花秆	15 890 千焦 /（3 800 千卡）/ 千克	0.543 千克标准煤 / 千克
稻秆	12 545 千焦 /（3 000 千卡）/ 千克	0.429 千克标准煤 / 千克
麦秆	14 635 千焦 /（3 500 千卡）/ 千克	0.500 千克标准煤 / 千克
玉米秆	15 472 千焦 /（3 700 千卡）/ 千克	0.529 千克标准煤 / 千克
杂草	13 799 千焦 /（3 300 千卡）/ 千克	0.471 千克标准煤 / 千克
树叶	14 635 千焦 /（3 500 千卡）/ 千克	0.500 千克标准煤 / 千克
薪柴	16 726 千焦 /（4 000 千卡）/ 千克	0.571 千克标准煤 / 千克
沼气	20 908 千焦 /（5 000 千卡）/ 立方米	0.714 千克标准煤 / 立方米

Conversion Factors from Physical Unit to Coal Equivalent

Energy	Average Low Calorific Value	Conversion Factor
Raw Coal	20 908 kjoule / (5 000 kcal) / kg	0.7143 kgce / kg
Cleaned Coal	26 344 kjoule/ (6 300 kcal) / kg	0.9000 kgce / kg
Other Washed Coal		
Middlings	8 363 kjoule/ (2 000 kcal) / kg	0.2857 kgce / kg
Slimes	8 363 kjoule ~ 12 545 kjoule / (2 000 ~ 3 000kcal)/ kg	0.2857 gce ~ 0.4286 gce / kg
Coke	28 435 kjoule / (6 800 kcal) / kg	0.9714 kgce / kg
Crude Oil	41 816 kjoule / (10 000 kcal) / kg	1.4286 kgce / kg
Fuel Oil	41 816 kjoule / (10 000 kcal) / kg	1.4286 kgce / kg
Gasoline	43 070 kjoule / (10 300 kcal) / kg	1.4714 kgce / kg
kerosene	43 070 kjoule / (10 300 kcal) / kg	1.4714 kgce / kg
Diesel	42 652 kjoule / (10 200 kcal) / kg	1.4571 kgce / kg
Liquefied Petroleum Gas	50 179 kjoule / (12 000 kcal) / kg	1.7143 kgce / kg
Refinery Gas	46055 kjoule / (11 000 kcal) / kg	1.5714 kgce / kg
Natural Gas	38 931kjoule / (9 310 kcal) / cu. m	1.3300 kgce / cu. m
Coke Oven Gas	16 726 kjoule ~ 17 981kjoule/ (4 000 kcal ~ 4 300 kcal)/ cu. m/ cu. m	0.5714 kgce ~ 0.6143 kgce
Other Coal Gas		
By Gas Furnace	5 227 kjoule / (1 250 kcal) / cu. m	0.1786 kgce / cu. m
By Heavy Oil Catalytic Cracking	19 235 kjoule / (4 600 kcal) / cu. m	0.6571 kgce / cu. m
By Heavy Oil Thermal Cracking	35 544 kjoule / (8 500 kcal) / cu. m	1.2143 kgce / cu. m
Coke Gas	16 308 kjoule / (3 900 kcal) / cu. m	0.5571 kgce / cu. m
By Pressure Gasification	15 054 kjoule / (3 600 kcal) / cu. m	0.5143 kgce / cu. m
Water Coal Gas	10 454 kjoule / (2 500 kcal) / cu. m	0.3571 kgce / cu. m
Coal Tar	33 453 kjoule / (8 000 kcal) / kg	1.1429 kgce / kg
Benzene	41 816 kjoule / (10 000 kcal) / kg	1.4286 kgce / kg
Heat (in calorific value)		0.03412 kgce / mjoule (0.14286 kgce / 1000 kcal)
Electricity (in calorific value)	3 596 kjoule / (860 kcal) / kW · h	0.1229 kgce / kW · h
(in coal equivalent)	calculated by average coal input for thermal power generation in the year	
Biomass Energy		
Night Soil	18 817 kjoule / (4 500 kcal) / kg	0.643 kgce / kg
Cow Dung	13 799 kjoule / (3 300 kcal) / kg	0.471 kgce / kg
Pig Dung	12 545 kjoule / (3 000 kcal) / kg	0.429 kgce / kg
Sheep/Donkey/Horse/Mule Dung	15 472 kjoule / (3 700 kcal) / kg	0.529 kgce / kg
Poultry Manure	18 817 kjoule / (4 500 kcal) / kg	0.643 kgce / kg
Soybean Stalk, Cotton Stalk	15 890 kjoule / (3 800 kcal) / kg	0.543 kgce / kg
Paddy Stalk	12 545 kjoule / (3 000 kcal) / kg	0.429 kgce / kg
Wheat stalk	14 635 kjoule / (3 500 kcal) / kg	0.500 kgce / kg
Maize Stalk	15 472 kjoule / (3 700 kcal) / kg	0.529 kgce / kg
Fireweed	13 799 kjoule / (3 300 kcal) / kg	0.471 kgce / kg
Leaves	14 635 kjoule / (3 500 kcal) / kg	0.500 kgce / kg
Firewood	16 726 kjoule / (4 000 kcal) / kg	0.571 kgce / kg
Biogas	20 908 kjoule / (5 000 kcal) / cu. m	0.714 kgce / cu. m